"十四五"职业教育国家规划教材

高职高专 **汽车检测与维修技术** 专业系列教材

U0694426

汽车结构认识 与拆装

（第4版）

主　编　李穗平　甘守武
副主编　姚晶晶　张晓旭
　　　　徐跃进　邓　璘
主　审　罗永前

重庆大学出版社

内容提要

为适应国家职业教育改革,按照"管好两端、规范中间、书证融通、办学多元"的原则,严把教学标准和毕业学生质量标准两个关口,更好地培养服务区域发展的高素质汽车技术技能人才,特编写本书。本书共包括9个项目32个任务,按照知识技能一体化的教学要求组织编写内容,对汽车基本结构、工作原理、总成部件的拆装方法以及工具设备的使用进行了较为全面的介绍,采用项目化的编写格式,将各项目分解为多个可实施的任务,每个任务均包括能力标准、任务描述、相关知识及任务实施4个部分。结合目前汽车技术的发展应用情况,努力将新技术、新工艺、新规范纳入教学内容,强化学生实训,每个项目附加知识拓展;同时配套工作任务单、能力鉴定表和信息反馈表,具有较强的实用性、可操作性,学生能够明确能力目标,教师能够掌握学生学习情况及教学中的不足,充分实现教与学的互动,教学相长。

本书可作为高等职业院校、成人教育等汽车类专业的教材,也可供汽车制造企业、汽车运输企业、汽车维修企业的技术人员参考。

图书在版编目(CIP)数据

汽车结构认识与拆装 / 李穗平,甘守武主编. -- 4
版. --重庆:重庆大学出版社,2021.9(2025.7重印)
高职高专汽车检测与维修技术专业系列教材
ISBN 978-7-5689-1858-9

Ⅰ.①汽… Ⅱ.①李… ②甘… Ⅲ.①汽车—结构—
高等职业教育—教材②汽车—装配(机械)—高等职业教育
—教材 Ⅳ.①U463②U472

中国版本图书馆 CIP 数据核字(2021)第 188402 号

汽车结构认识与拆装
(第4版)

主 编 李穗平 甘守武
副主编 姚晶晶 张晓旭
　　　 徐跃进 邓 璘
主 审 罗永前

责任编辑:范 琪 版式设计:范 琪
责任校对:谢 芳 责任印制:张 策

*

重庆大学出版社出版发行
社址:重庆市沙坪坝区大学城西路 21 号
邮编:401331
电话:(023) 88617190 88617185(中小学)
传真:(023) 88617186 88617166
网址:http://www.cqup.com.cn
邮箱:fxk@ cqup.com.cn(营销中心)
全国新华书店经销
重庆正文印务有限公司印刷

*

开本:787mm×1092mm 1/16 印张:24.25 字数:592 千
2012 年 8 月第 1 版 2021 年 9 月第 4 版 2025 年 7 月第 5 次印刷(总第 10 次印刷)
印数:20 501—22 500
ISBN 978-7-5689-1858-9 定价:59.00 元

第四版前言

　　为深化"三教"改革、健全"双元"育人机制作出了专门部署。高等职业院校应针对类型教育的特点,改变人才培养模式,提升专业建设,将新工艺、新技术、新规范纳入教学标准和教学模式,使职业教育真正适应学生就业发展需要。为满足学以致用的需求,编者深入多家汽车制造企业及维修企业,与行业一线人员进行实地接触和深入交流,同时通过问卷调查了解毕业生对专业知识及能力的需求情况,提炼出多个项目,通过行业专家委员会论证,本书内容最终选择确定了 9 个项目 32 个任务。结合目前各职业院校普遍尝试和推行"双元"育人机制教学模式,采用的"资讯—决策—计划—实施—检查—评估"六步教学法,编者作了重要改革与创新,以满足普遍推行的教学模式和方法需求。本书各个任务的"能力标准—任务描述—相关知识—实施要求—实施步骤—评估总结"6 个环节与 6 个教学步骤相吻合,并以任务工作单的形式将 6 个环节串起来,以学生为主体,使用任务和行动导向方法进行编写。

　　"汽车结构认识与拆装"作为高职汽车类专业的专业核心课程,主要讲述汽车基本结构、工作原理、总成部件的拆装以及工具设备的使用知识,对培养学生的基础职业技能至关重要。本书自第一版编写就在内容选取和组织形式上作了调整与创新,自 2012 年 8 月第一版发行以来,受到了用书院校广大师生的好评。结合各院校使用情况意见反馈,编者会同汽车行业专家委员会,通过充分调研论证,在第三版的基础上对本书进行了第四版修订编写,形成以下典型特色:

　　①结合职业教育教材设计的三维理论,构建课程与职业密切相关的知识体系,对书中理论知识进行了合理组织,对每个项目课程内容力求知识与操作的联系更加紧密,理实一体化

教学更加易于操作,同时为保证教材建设与汽车技术同步发展,增加了近几年发展比较成熟且已应用的新技术内容。

②为实现能力本位的职业教育教材活页化、手册化的重要理念,进一步增加教材内容的实用性,按照六步法进行编写,促使学生作出相应的决策及制订相关计划,在实施中不断记录工作内容和步骤,并能结合理论知识进行总结评估,真正实现综合能力的提高。

③结合在线开放课程的建设与应用,在原有的课程课件的基础上自主开发了课程视频,推进了教学模式与方法的改革,实现以教为主向以学为主、以课堂教学为主向课内外结合教学的转变。

④突出操作技能,尽量应用实物图,形象直观地描述各项任务中的实施操作步骤及操作方法,方便学生在动手操作的过程中尽快掌握专业技能。

⑤加强了结果和过程的评价,做到了课堂反思,不仅方便教学过程中教师进行理论考核,也有利于学员自学,掌握重点和难点。

本书的第四版由重庆电子工程职业学院李穗平、甘守武、姚晶晶、张晓旭、徐跃进、邓璘完成编写。其中,李穗平、甘守武担任主编,姚晶晶、张晓旭、徐跃进、邓璘担任副主编。

本书由重庆电子工程职业学院罗永前担任主审。

本书在编写过程中参考和借鉴了大量资料和书籍,在此向原作者表示感谢。

由于编者水平有限、经验不足,书中难免有缺点与错误,衷心期望广大读者批评指正。

编　者

2021 年 9 月

目录

规范及基本能力训练

任务 1.1　汽车维修安全与规范

能力标准

学完本任务,你应获得以下能力:

①了解安全定义,能正确识别安全标志。

②能辨别汽车维修作业中的有害因素并能正确防范。

③熟悉汽车维修操作的安全规程。

任务描述

请以下列任务为指导,完成相关知识的学习和实施练习:

①能正确识别各汽车维修企业的安全标志,安全防护要求和规章制度,建立安全意识。

②能正确规避安全隐患,安全操作设备和工具。

相关知识

汽车维修安全的内容

安全生产是指生产过程处于避免人身伤害、设备损坏及其他不可接受的损害风险(危险)的状态。正确贯彻执行国家和地方的安全生产、劳动保护和环境卫生的法律法规、方针政策和标准规程,使维修现场安全生产工作做到目标明确,组织、措施落实,保障作业安全。汽车维修作业中的安全包含以下两个方面的内容:

①维修过的汽车不得存在任何安全隐患。

②维修过程中,维修人员的人身安全要得到全方位的保护,尤其要能预见到可能的伤害。通过严格的安全制度、规范的操作规程、完善的劳动纪律来保证维修人员的安全。做到预防为主,养成安全操作的习惯。

汽车维修企业安全标志

汽车维修企业常用的安全标志用于提醒机械、电器等的使用者,注意避免可能造成人身伤害及机械损坏的危险。所有员工必须养成进入工作场所首先注意设施和墙壁等处警告标志的习惯。

（1）**防火标志**

有发生火灾危险的场所,有易燃易爆危险的物品及位置,防火、灭火设备位置,如图 1.1 所示。

| 禁止吸烟 | 禁止放易燃物 | 禁止烟火 | 禁止燃放鞭炮 | 禁止带火种 | 当心火灾-易燃物品 |

图 1.1　汽车维修厂防火标志

（2）**禁止标志**

所禁止的危险行动,如图 1.2 所示。

禁止通行　　禁止攀登　　禁止抛物　　禁止堆放

图 1.2　汽车维修厂禁止标志

（3）**危险标志**

有直接危险性的物体和场所并对危险状态作警告,如图 1.3 所示。

运转时禁止加油　禁止触摸　修理时禁止转动　禁止启动

图 1.3　汽车维修厂危险标志

（4）**注意标志**

由于不安全行为或不注意就有危险的场所,如图 1.4 所示。

当心机械伤人　当心爆炸　当心超压　当心滑跌

图 1.4　汽车维修厂注意标志

（5）**小心标志**

小心标志如图 1.5 所示。

必须系安全带　　当心触电　　当心扎脚

图 1.5　汽车维修厂小心标志

📖 汽车维修作业中的安全防范

汽车维修作业中的有害因素有火灾、机械伤害、废气、化工用品、粉尘及噪声等。

（1）火灾的防范

汽车发生火灾大部分是由于车辆供油系统故障和电气线路设备故障或违规操作所引起的，也有少部分是吸烟、使用明火不当引起的。

火灾防范措施：

①吸烟应到吸烟室。

②严禁一切低燃点油、气、醇与照明设施及带电的线路接触，焊工工作场地严禁存放汽油、香蕉水等易燃、易爆物品。

③千万不要在处于充电状态的电池附近使用明火或产生火花，因为它们会产生可以点燃的爆炸性气体。

④有毒、易燃、易爆物品及化学物品，粉尘、腐蚀剂、污染物及压力容器等应有安全防护措施和设施，压力容器及仪表等应严格按有关部门要求定期校验。

⑤如果发现电气设备有任何异常、短路或发生火灾，应首先关闭电源。

⑥不要靠近断裂或摇晃的电线，千万不要用湿手接触任何电气设备，千万不要接触标有"发生故障"的开关。拔下插头时，不要拔电线，而应当拉插头本身，不要让电缆通过潮湿、浸有油的地方，炽热的表面以及尖角附近。

（2）机械伤害的防范

在汽车维修过程中，会因操作不规范而引起员工的挤、夹、扭、摔、划、割、砸、压等伤害。

机械伤害的防范措施：

①操作前应认真穿戴好规定的防护用品，检查所用设备及工具是否完好和安全可靠。

②维修车辆前，应将车辆停、架牢固后方可作业。举升设备应由专人操作，非工作人员不准进入车下，举车时不准检修举升设备。

③加强设备的维护，保持作业场地的整洁、安全消防通道的畅通，做好文明生产，正确使用和妥善保管好各种操作工具。

④路试车辆必须由具有驾驶证及技术熟练的试车员进行，并在规定的路段上进行。试车前，应仔细检查方向、前桥、制动及灯光等安全部件装配是否符合要求，以确保试车安全。

⑤在操作旋转物体时，不要戴手套。

（3）化工用品伤害防范

汽车内使用的各种化工用品往往会产生有害的气体或对人体造成伤害，例如：

①防冻液。防冻液的主要成分是有毒的乙二醇。

②化油器清洁剂。大部分的化油器清洁剂中都含有甲基氯化物、芳香族类，还有乙醇，它们都有一定的毒性。

③电解液。电解液是由硫酸和水组成的，硫酸具有强烈的腐蚀性。

④苯。苯是燃油类、油漆、稀料等有机溶剂的成分之一，会造成人体神经等器官的伤害，甚至致癌。

⑤石油产品。燃油及废、旧机油等都含有对人体有害的物质,长期接触会导致癌变或中毒。这些液体若被误食、吸入,或溅入眼睛、接触皮肤,均会造成人身伤害。

化工用品伤害防范措施:在使用化工用品时,要戴好各类防护用品,包括防毒面具、防护眼镜和防护手套等。若这些化工用品被误食、吸入,或溅入眼睛、接触皮肤,应立即用清水冲洗再就医。

(4)噪声伤害防范

汽车维修企业场所的某些设备(如切割机、鼓风机)以及进行钣金作业时,会产生极大的噪声,持久的高分贝噪声会损伤人们的听力。

噪声防范措施:戴好防护耳塞。

汽车维修企业应定期组织员工进行有关安全的学习和讨论,员工可互相交流他们在日常工作中所遭遇的险情,陈述身边的险情是如何发生的,目的是防止别人重蹈覆辙,然后要分析这些危险情况发生的因素,以及如何采取适当措施来创造一个更安全的工作环境。

📖 汽车维修安全规程

安全操作规程是在生产过程中保证工作人员作业安全和工具设备使用安全的规定。下面列举一些汽车维修企业的相关安全规程:

(1)汽车维修工安全操作规程

①工作前应检查所使用的工具是否完整无损。施工时,工具必须摆放整齐,不得随地乱放;工作后,应将工具清点检查并擦干净,按要求放入工具车或工具箱内。

②拆装零部件时,必须使用合适的工具或专用工具,不得大力蛮干,不得用硬物手锤直接敲击零件。所有零件拆卸后要按顺序摆放整齐,不得随地堆放。

③废油应倒入指定废油桶收集,不得随地倒流或倒入排水沟内,防止废油污染。

④修理作业时,应注意保护汽车漆面光泽、装饰、座位以及地毯,并保持修理车辆的整洁。车间内不准吸烟。

⑤用千斤顶进行底盘作业时,必须选择平坦、坚实场地并用角木将前后轮塞稳,然后用安全凳按车型规定支承点将车辆支承稳固。严禁单纯用千斤顶顶起车辆进行车底作业。

⑥修配过程中,应认真检查原件或更换件是否符合技术要求,并严格按修理技术规范精心进行施工和检查调试。

⑦修竣发动机启动检验前,应先检查各部件装配是否正确,是否按规定加足润滑油、冷却水,置变速器于空挡,轻点启动马达试运转。任何时候车底有人时,严禁发动车辆。

⑧发动机过热时,不得打开水箱盖,谨防沸水烫伤。

⑨地面指挥车辆行驶、移位时,不得站在车辆正前方与后方,并注意周围障碍物。

⑩严禁一切低燃点油、气、醇与照明设施及带电的线路接触。

(2)电动、气动工具安全操作规程

①检查各部件外部安装是否牢固,连接是否可靠,电缆及插头有无损坏,开关是否灵活,等等。

②尽量使用 220 V 电源,必须用 380 V 电源时应确保地线连接可靠。

③使用前应检查所用电压是否符合铭牌规定。

④接通电源空运转,检查有无异响。

⑤使用中发现异常现象(如火花、异响、过热、冒烟或转速过低等)应立即停止使用,并由专业维修人员进行检修(不得擅自拆卸)。

⑥电动、气动工具应及时维护,以确保其清洁及可靠润滑。

⑦电气设备与元件应存放在干燥处,以防受潮锈蚀。

⑧使用气动工具时,应防止连接不牢而造成压缩空气损失和人身事故。

⑨工具必须在关闭并完全停稳后才能放下,转动着的工具不得随意放置。

⑩使用砂轮时,身体要避开其旋转的方向,工件要轻轻接触砂轮,以防止发生事故。

(3)照明装置安全操作规程

①应使用防爆灯作为照明装置。

②工作灯必须使用 36 V 的安全电压。

③开关应为密封式,操作要灵活轻便。

任务实施

📖 实施要求

☞ 任务目标与要求

①小组成员分工协作,依据任务工作单制订工作计划,并通过小组自评或互评检查工作计划。

②查找和记录汽车维修企业或汽车实训基地的安全标志和安全规程,树立安全意识。

③对汽车维修企业或实训基地工作场所进行清洁和整理,对不安全因素进行合理的规避。

☞ 注意事项

在任务实施过程中,严格遵守相关实验实训制度和规范的要求,注意职场健康与安全需求,做好废料的处理,并保持工作场所的整洁。

📖 实施步骤

☞ 准备工作

①小组接受工作任务,到达工作场地,做好实施准备工作。

②组长带领组内成员阅读任务工作单,查阅相关手册或指导书,合理分工,制订任务计划,并检查计划有效性。

☞ 实施步骤

①依照任务工作单的引导,查找和记录汽车维修企业或汽车实训基地的安全标志和安全规程,并填写任务工作单。

②依照任务工作单的引导,观察汽车维修企业或实训基地工作场所并对其进行清洁和整理,填写任务工作单。

☞ 评估总结

①回答指导教师提问,并接受指导教师相关考核。

②对本次任务完成过程及效果进行自我评价和小组互评,填写任务工作单。

③清洁工作场所,清点归还相关工具设备,完成本次任务。

任务工作单

项目	规范及基本能力训练			
任务	汽车维修安全与规范		姓名	
班级		组号	日期	
任务目的	①能正确识别安全标志 ②能辨别汽车维修作业中的有害因素并能正确防范 ③熟悉汽车维修操作的安全规程			
环节	内　容		批注及备注	
资讯	①火灾的防范措施有哪些 ②如何安全地使用电动工具			
工作任务	①能正确识别各汽车维修企业的安全标志,安全防护要求和规章制度,建立安全意识 ②能正确规避安全隐患,安全操作设备和工具			
分析和计划	根据工作任务,确定所需工具、设备等,并制订小组工作计划: ①讨论确定所需仪器、工具及辅助资料 ②团队协作,组织及人员分工 ③操作安全、规范注意事项及技术标准			

实施	依照制订的实训步骤完成各作业项目,识别安全标志,认识的标志打"√",不认识的打"×",同时指出该标志的意义 请依照以上要求完成下表:

序号	安全标志	认　识	标志意义	考　核
1				
2				
3				
4				
5				
6				
7				
8				
9				
10				
11				
12				

检查评估	自评项根据自己对任务的完成情况进行评估并提出改进意见;互评项由组内组外互相交流和评分;教师评估可纳入任务实施过程中或对照上表随机选取几个项目评估。总评采用合格和不合格两级评价

序号	评估项目	自评	互评	教师评估
1	安全标志的查找及认识			
2	安全标志的意义			
3	职场安全及操作规范等			
4	总　评			

任务实施心得:

任务 1.2　拆装工具与设备的使用

能力标准

学完本任务,你应获得以下能力:
①了解常用工具的种类和功用。
②掌握各种扳手、钳子和锤子等常用拆装工具的使用方法。
③学会汽车举升机、吊车和千斤顶等举升设备的使用方法。

发动机常用工具
的使用

任务描述

请以下列任务为指导,完成相关知识的学习和实施练习:
①能正确认识各种常用拆装工具。
②能正确使用各种拆装工具,并能说出其使用注意事项。
③能安全操作举升机、吊车和千斤顶等举升设备。

相关知识

　汽车拆装常用工具

（1）**扳手**

扳手是用来拆、装螺纹连接件(螺栓、螺母)的工具。由于螺纹连接件的具体结构及其所处的位置、受力大小等不同,故扳手的种类很多。常用的扳手有呆扳手、梅花扳手、两用扳手及套筒扳手等。

1)呆扳手

呆扳手又称"开口扳手",它是最常见的一种扳手。它主要是用来紧固、拆卸一般标准规格的螺母和螺栓。如图 1.6 所示,呆扳手的开口方向与其中间柄部错开一个角度,通常有 15°、45°、90°等,以便在受限制的部位中扳动方便,其规格是以两端开口的宽度(mm)来表示的,通常是成套装备,有 8 件一套、10 件一套等,通常用 45 钢、50 钢锻造,并经热处理。国外有些呆扳手采用英制单位,适用于英制螺栓拆卸。

使用时,应根据螺栓或螺母的尺寸,选择相应开口尺寸的呆扳手。为了防止扳手损坏和滑脱,应使拉力作用在开口较厚的一边,呆扳手的操作方法如图 1.7 所示。

2)梅花扳手

梅花扳手两端内孔为正六边形,如图 1.8 所示。按其闭口尺寸大小分有 8～10 mm、12～14 mm、17～19 mm 等。通常是成套装备,有 8 件一套、10 件一套等。

使用时,根据螺栓或螺母的尺寸,选择相应闭口尺寸的梅花扳手。与开口扳手相比,由于

梅花扳手扳动 30°后,即可换位再套,适于狭窄场合下操作,而且强度高,使用时不易滑脱,应优先选用。梅花扳手的操作方法如图 1.9 所示。

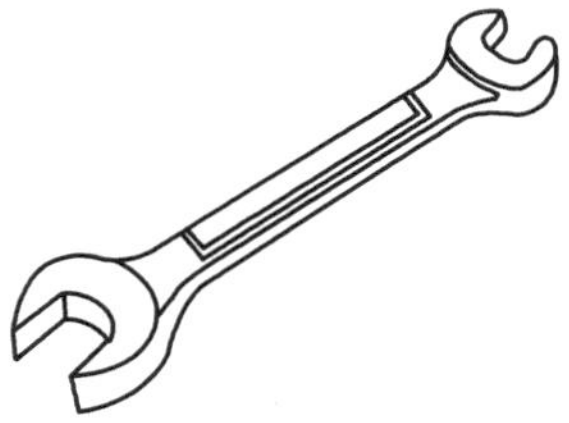

图 1.6　呆扳手

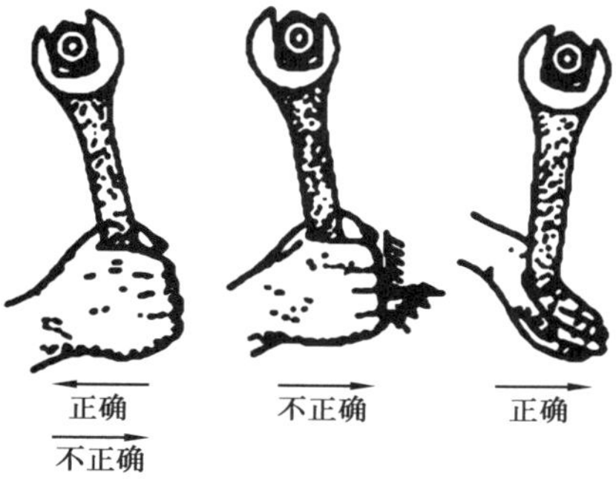

正确
不正确

不正确

正确

图 1.7　呆扳手的操作方法

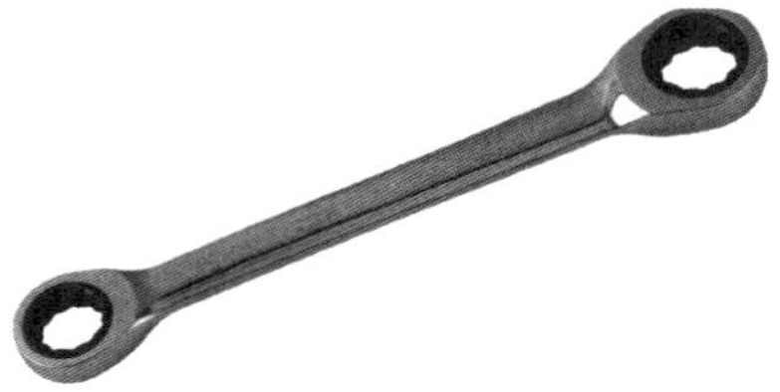

图 1.8　梅花扳手

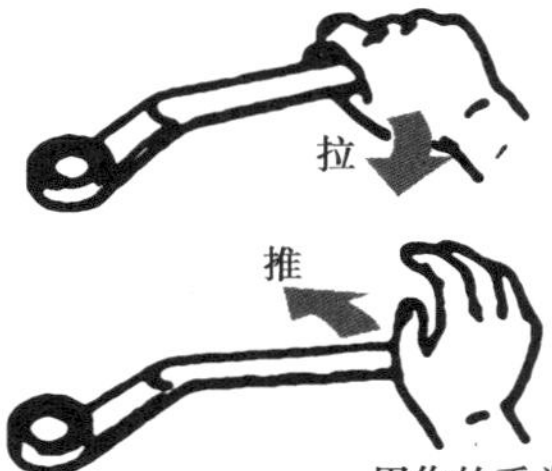

拉

推

用你的手掌

图 1.9　梅花扳手的操作方法

3)两用扳手

为方便操作,扳手一头是开口扳手,另一头是梅花扳手,称为两用扳手,如图 1.10 所示。

4)套筒扳手

套筒扳手是拆卸螺栓最方便、最灵活且安全的工具,如图 1.11 所示。使用套筒扳手不易损坏螺母的棱角。套筒呈短管状,一端内部呈六角形或十二角形,用来套住螺栓头;另一端有一个正方形的头孔,该头孔用来与配套手柄的方榫配合。常见的有 6.3 mm 系列、10 mm 系列和 12.5 mm 系列。如使用英寸(in)表示,则对应为 1/4in 系列、3/8in 系列和 1/2in 系列。除常见的标准套筒外,还有很多特殊套筒,如六角长套筒、六角或十二角花形套筒、风动套筒、旋具套筒等。如头部制成特殊形状的螺栓、螺母,就必须采用专用套筒进行拆卸。

图 1.10　两用扳手

图 1.11　套筒

套筒的使用方法(见图1.12)及注意事项:将套筒套在配套手柄的方榫上(需要与长接杆、短接杆或万向接头配合使用),再将套筒套住螺栓或螺母,左手握住手柄与套筒连接处,保持套筒与所拆卸或紧固的螺栓同轴,右手握住配套手柄加力。在使用套筒的过程中,左手握紧手柄与套筒连接处,切勿摇晃,以免套筒滑出或损坏螺栓或螺母的棱角。朝向自己的方向用力,可防止滑脱造成手部受伤。

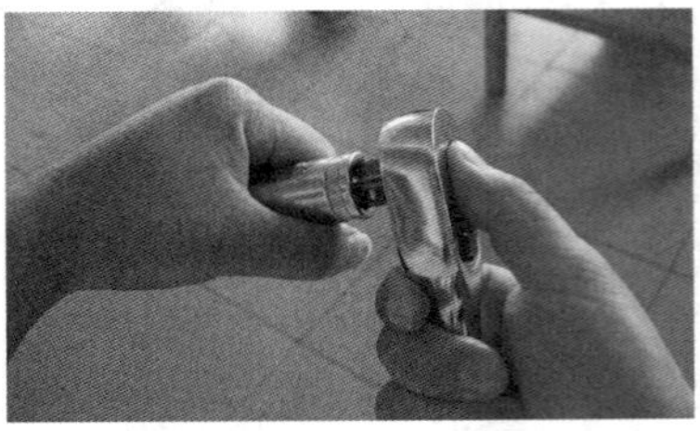

(a)套筒扳手的安装    (b)套筒扳手的使用

图1.12　套筒扳手的使用方法

5)活扳手

活扳手也称活动扳手(见图1.13),其开口尺寸能在一定的范围内任意调整,适用于不规则螺栓或螺母。其规格是以最大开口宽度(mm)×扳手长度(mm)来表示。

使用时,应将钳口调整到与螺栓或螺母的对边距离同宽,并使其贴紧,让扳手可动钳口承受推力,固定钳口承受拉力。活扳手操作起来不太方便,需旋转蜗杆才能使活动钳口张开及缩小,而且容易从螺栓上滑移,应尽量少用,仅在缺少相应其他扳手(如英制扳手)时使用。

6)扭力扳手

扭力扳手主要用于有规定扭矩值的螺栓和螺母的装配,如汽缸盖、连杆、曲轴主轴承等处的螺栓。

常用的扭力扳手有两种:指针式和预置力式,如图1.14所示。

图1.13　活扳手   图1.14　扭力扳手

①指针式扭力扳手。结构相对比较简单,它有一个刻度盘,当紧固螺栓时,扭力扳手的杆身在力的作用下发生弯曲,这样就可以通过指针的偏转角度大小表示螺栓、螺母的旋紧程度,其数值可通过刻度盘读出。汽车维修中常用扭矩扳手的规格为300 N·m。

使用指针式扭力扳手时(见图1.15),应注意左手在握住扳手与套筒连接处时,不要碰到指针杆,否则会造成读数不准。

図 1.15　指针式扭力扳手的使用方法　　　图 1.16　预置力式扭力扳手的使用方法

②预置力式扭力扳手。可通过旋转手柄,预先调整设定扭矩,达到设定扭矩时,该扳手会发出警告声响以提示操作者。当听到"咔哒"声响后,立即停止旋力以保证扭矩正确,当扳手设在较低扭力值时,警告声可能很小,所以应特别注意。

在使用扭力扳手拧紧时(见图 1.16),要用左手握住套筒,并保持扭力扳手的方榫部及套筒垂直于紧固件所在平面;右手握紧扭力扳手手柄,向自己这边扳转。禁止向外推动工具,以免滑脱而造成身体伤害。

7)特种扳手

特种扳手也称棘轮扳手(见图 1.17),应配合套筒扳手使用。一般用于螺栓或螺母在狭窄的地方拧紧或拆卸,它可以不变更扳手相对位置就能拆卸或装配螺栓或螺母。

图 1.17　特种扳手

8)风动扳手和电动扳手

这两种扳手必须与相应套筒合用才能完成拆装螺纹连接件的作业。风动扳手(见图 1.18)用压缩空气作动力;电动扳手(见图 1.19)是用电作动力。使用时,注意用手握牢"枪柄","枪头"上的套筒应垂直稳妥套住螺栓或螺母的棱头才可开动"扳机"开关。这种工具需按规定及时维修、维护,尤其是电动扳手需定期清洗、检查冲击机构和换向器。

(2)**起子**

起子又称螺丝刀(见图 1.20),是用来拧紧或旋松带槽螺栓的工具。

使用起子时,要求起子刃口端平齐,并与螺栓槽的宽度一致,起子上应无油污。让起子口与螺栓槽完全吻合,起子中心线与螺栓中心线同轴后,拧转起子,即可将螺栓拧紧或旋松。

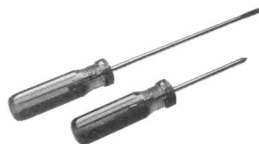

图 1.18　风动扳手　　　　　图 1.19　电动扳手　　　　　图 1.20　起子

11

（3）钳子

钳子种类很多,汽车修理常用钢丝钳、尖嘴钳、鲤鱼钳及挡圈钳等。

1）钢丝钳

钢丝钳(见图1.21(a))按其钳长,可分为3种:150 mm、175 mm、200 mm。

钢丝钳主要用于夹持圆柱形零件,也可以代替扳紧固或起松小螺栓、小螺母,钳口后部的刃口可剪切金属丝。

2）鲤鱼钳

鲤鱼钳(见图1.21(b))作用与钢丝钳相同,其中部凹口粗长,便于夹持圆柱形零件。一片钳体上有两个互相贯通的孔,可以方便地改变钳口大小,以适应夹持不同大小的零件,是汽车维修中使用较多的手钳。规格以钳长来表示,一般有两种:165 mm、200 mm。

3）尖嘴钳(见图1.21(c))

尖嘴钳因其头部细长而得名,能在较小的空间使用,其刃口也能剪切细小金属丝,使用时不能用力太大,否则钳口头部会变形或断裂,规格以钳长来表示,汽车拆装常用的是160 mm。

⚠️ 注意:使用上述钳子时,应注意不要用钳子代替扳手松紧 M5 以上螺纹连接件,以免损坏螺母或螺栓。

4）挡圈钳

挡圈钳(见图1.21(d))也称卡簧钳,有多种结构形式,用于拆装发动机中的各种卡簧(挡圈)。使用时,根据卡簧(挡圈)结构形式,选择相应的挡圈钳。

(a)钢丝钳　　　(b)鲤鱼钳　　　(c)尖嘴钳　　　(d)挡圈钳

图 1.21　各种钳子

（4）手锤

手锤(见图1.22)由锤头和手柄组成,锤头多用钢材锻造而成,锤头重有 0.25、0.5、0.75 和 1 kg 等。锤头形状有圆头和方头。手柄用硬杂木制成,长一般为 320~350 mm。

图 1.22　各种形状的手锤

（5）铜棒

铜棒用于不允许直接锤击的工件表面,不能用力太大,使用时一般和锤子共用,一手握住铜棒,将其一端置于工作表面,一手用锤锤击铜棒另一端。

⚠ 注意:铜棒不可代替锤子或当撬棍使用。

（6）撬棍

撬棍用于撬动旋转件或撬开结合面,也可用于工件的整形,使用时将其稳定地支承于某一位置,加力使之旋转或撬起。

⚠ 注意:撬棍不可代替铜棒使用,不可用于软材质结合面。

（7）轴承顶拔器

轴承顶拔器(见图1.23)用于轴承的取出。使用时,将轴承顶拔器张开,置于轴承端头,使顶拔器将轴承拉紧,逐渐收紧顶拔器,将轴承取出即可。

⚠ 注意:顶拔器放置及拉紧部位要正确,用力均匀,缓慢拉出,防止损坏轴承。

（8）火花塞套筒

火花塞套筒(见图1.24)用于拆装发动机火花塞。套筒内六角对边尺寸为 22~26 mm,用于拆装 14 mm 和 18 mm 的火花塞;套筒内六角对边尺寸为 17 mm 的,用于拆装 10 mm 的火花塞。

（9）活塞环装卸钳

活塞环装卸钳(见图1.25)用于装卸发动机活塞环。操作时,应避免活塞环受力不均匀而折断。使用时,将活塞环装卸钳卡住活塞环开口,轻握手柄,慢慢收缩,活塞环就慢慢张开,将活塞环装入或拆出活塞环槽。

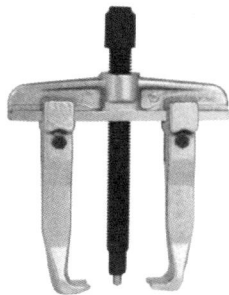

图 1.23　轴承顶拔器　　　　图 1.24　火花塞套筒　　　　图 1.25　活塞环装卸钳

（10）气门弹簧装卸钳

气门弹簧装卸钳(见图1.26)用于装卸气门弹簧。使用时,将钳口收缩到最小位置,插入气门弹簧座下,然后旋转手柄。左手掌向前压牢,使钳口贴紧弹簧座,装卸好气门锁(销)片后,反方向旋转气门弹簧装卸手柄,取出装卸钳。

（11）黄油枪

黄油枪（见图1.27）用于各润滑点加注润滑脂,由油嘴、压油阀、柱塞、进油孔、杆头、杠杆、弹簧及活塞杆等组成。使用时,将润滑脂小团小团地装入贮油筒,排出空气。装好后,拧紧端盖即可使用。对油嘴加注润滑脂时,应对正油嘴,不得歪斜。若不进油,应停止注油,检查油嘴是否堵塞。

图1.26　气门弹簧装卸钳 　　　　　　　　　　　　图1.27　黄油枪

（12）千斤顶

千斤顶（见图1.28）有螺旋千斤顶、液压千斤顶和液压举升机。汽车常用液压千斤顶,千斤顶的举升力为3 t、5 t、8 t等。

液压千斤顶用于举升汽车及其他重物。使用千斤顶前,用三角木垫好汽车;在松软路面上使用时,应在千斤顶底下加垫木;举升时,千斤顶应与重物垂直对正;千斤顶未支牢前及回落时,禁止在车下工作。

使用千斤顶时,先将开关拧紧,放好千斤顶,对正被顶部位,压动手柄,就将重物顶起。当落下千斤顶时,将开关慢慢旋开,重物就逐渐下降。

图1.28　千斤顶

（13）汽车举升机

汽车举升机按立柱数可分为单立柱式、双立柱式和四立柱式;按结构特点可分为电动机械举升机和电动液压举升机。

使用注意事项:

①车辆的总质量不能大于举升机的起升能力。

②根据车型和停车位置的不同,尽量使汽车的重心与举升机的中心相接近,严防偏重。为了打开车门,汽车与立柱间应留有一定的距离。

③转动、伸缩、调整举升臂至汽车底盘指定位置并接触牢靠。

④汽车举高前,操作人员应检查汽车周围人员的动向,防止意外。

⑤汽车举升时,要在汽车离开地面较低位置进行反复升降,无异常现象时方可举升至所需高度。

⑥汽车举升后,应落槽于棘牙之上并立即进行锁紧。

（14）起重吊车

常用的吊车有门式、悬臂式、单轨式及梁式4种类型。在汽车拆装实训中,使用最多的是悬臂式吊车。

使用注意事项:

①吊运重物不允许超过核定载荷。

②钢丝绳及绳扣应安装牢固。

③吊件应尽量靠近地面,以减小晃动。下放吊件时,要平稳,不可过急。

④严禁用吊车拖拉非起吊范围内的吊件。

📖 汽车拆装应遵循的原则及注意事项

实践证明,汽车的技术状况与拆装的质量有很大的关系。装配不良,往往使零件与零件之间不能保持正确的位置及配合关系;拆卸不当,会造成零件不应有的缺陷,甚至损坏。这样不仅浪费维修工时,而且直接影响维修质量、成本以及汽车的使用寿命。

(1)拆卸与装配

拆卸的目的是检查和维修汽车的零部件,以便对需要维修、保养的汽车总成进行保养,或对有缺陷的零件进行修复或更换,使配合关系失常的零件经过维修调整达到规定的技术标准。拆卸应遵循以下原则:

1)掌握汽车的构造及工作原理

若不了解汽车的结构和特点,拆卸时不按规定任意拆卸、敲击或撬打,均会造成零件的变形或损坏。因此,必须了解汽车的构造和工作原理,这是确保正确拆卸的前提。

2)按需要进行拆卸

零部件经过拆卸,容易产生变形和损坏,特别是过盈配合件更是如此。不必要的拆卸不仅会降低汽车的使用寿命,而且会增加维修成本、延长维修工期。因此,应防止盲目地大拆大卸。不拆卸检查就可以判定零件的技术状况时,则尽量不予拆卸,以免损坏零件。

3)掌握正确的拆卸方法

①使用相应的工具和设备。为提高拆卸功效,减少零部件的损伤和变形,应使用相应的专用工具和设备,严禁任意敲击和撬打。如在拆卸过盈配合件时,尽量使用压力机和顶拔器;拆卸螺栓连接件时,要选用适当的工具,依螺栓紧固的力矩大小优先选用套筒扳手、梅花扳手和固定扳手,尽量避免使用活扳手和钳子;防止损坏螺栓的六角棱边,给下次的拆卸带来不必要的麻烦。另外,应充分利用汽车大修配备的拆卸专用工具。

②由表及里按顺序逐级拆卸。一般先拆车厢、外部线路、管路及附件等,然后按"机器→总成→部件→组合件→零件"的顺序进行拆卸。

4)拆卸时应考虑装配过程,做好装配准备工作

①拆卸时要注意检查校对装配标记。为了保证一些组合件的装配关系,在拆卸时应对原有的记号加以校对和辨认,没有记号或标记不清的应重新做好标记。有的组合件是分组选配的配合副,或是在装合后加工的不可互换的合件,如轴承盖、连杆盖等,它们都是与相应合件一起加工的,均为不可互换的组件,必须做好装配标记,否则将会破坏它们的装配关系甚至动平衡。

②按分类、顺序摆放零件。为了便于清洗、检查应按不同的要求分类顺序摆放,否则,零件胡乱堆放在一起,不仅容易相互撞伤,而且会在装配时造成错装或找不到零件的麻烦。

为此,应按零件的大小和精度归类存放,同一总成、部件的零件应集中在一起放置,不可互换的零件应对应放置,易变形、丢失的零件应专门放置。

5)拆卸和装配作业注意事项

①当需要顶起汽车的前端或后端时,应在车轮处正确地安放楔块。当顶起汽车时,举升

机的垫座或千斤顶的支点要对准车体上的安全支撑点。

②在进行任何电气系统的拆装、发动机的移动作业之前,要拆除蓄电池的负极接线。

③每次拆卸零件时,应观察零件的装配状况,看是否有变形、损坏、磨损或划痕等现象,为修理提供依据。

④对于结构复杂的组件和总成,以及初次拆卸的零件,要在适当非工作面上打上记号,以便组装时将其安装到原来的位置上。

⑤对于较高配合要求的零件,如主轴承盖、连杆轴承盖、气门、柴油机的高压油泵柱塞等,必须做好记号。组装时,按记号装回原位,不能互换。

⑥零件装配时,必须符合原车技术要求,包括规定的间隙、紧固力矩等。

⑦组装时,必须做好清洁工作,尤其是重要的配合表面、油道等,要用压缩空气吹净。

⑧为了提高工作效率和保证精度质量,要尽可能使用专业维修工具,操作时禁止吸烟,远离火源。

(2)常见连接件的拆卸

汽车上零部件之间的连接形式有多种,主要有螺纹连接、过盈配合连接、键连接、铆钉连接、焊接、粘接及卡扣连接等。这里主要介绍应用非常广泛的螺纹连接、过盈配合连接和卡扣连接的拆卸与装配。

1)螺纹连接的拆卸

螺纹连接的零件有螺栓、紧固螺栓、螺母、垫圈及防松零件(如开口销、止动垫片等)。连接的主要类型有螺栓连接、双头螺柱连接、螺栓连接及紧固螺栓连接等。

拆装螺纹连接使用的工具有手动和机动两种。手动工具主要有固定扳手(梅花)、活扳手、套筒扳手、螺栓旋具等。拆装工具的选用,应根据螺母、螺栓的尺寸,拧紧力矩及所在部位的回转空间等具体条件来选择。一般情况下,为了避免损坏螺栓、螺母的棱角,缩短作业时间,减轻劳动强度,能用固定扳手的不用活扳手;能用梅花扳手的不用呆扳手;能用套筒扳手的不用固定扳手。

2)螺纹连接件拆装的技术要领及注意事项

①用扳手拆装螺栓或螺母时,扳手的开口尺寸必须适合螺栓头部或螺母的六方尺寸,不得放松。旋转时,扳手开口与六方表面应尽量靠合。操作空间允许时,要用一只手握住扳手开口处,避免扳手因用力过大脱出。使用螺栓旋具拆装开槽螺栓时,刀头与槽口的尺寸必须合适;无论拧紧还是旋松螺栓,均要用力将螺栓旋具顶住螺栓,避免损坏螺栓槽口,造成拆装困难。

②在向螺栓上拧紧螺母或向螺孔内拧紧螺栓(钉)时,一般先用手旋进一定距离,这样既可感觉螺纹配合是否合适,又可提高工作效率。在旋进螺母(栓)两圈后,如果感觉阻力很大,则应拆下检查原因:有时是螺纹生锈或夹有铁屑等杂物造成的,清洗后涂少许机油(全损耗系统用油)即可解决;有时是螺纹乱牙造成的,可用板牙或丝锥修整一下;有时是粗、细螺纹不相配造成的,应重新选配。

③在螺纹连接件中,垫圈的作用非常重要,既可以保护被连接件的支承表面,还能防松,绝不能随意弃之不用,应根据原车要求,安装到位。

④在发动机缸体上有许多不通的螺纹孔(盲孔),在旋入螺栓前,必须清除孔中的铁屑、水、油等杂物,否则螺栓不能拧紧到位。如加力拧进,有可能造成螺栓断裂及缸体开裂等

后果。

⑤锈死螺栓的拆卸。对锈死螺栓的拆卸可用以下方法：

a.将螺栓拧紧 1/4 圈左右再退回,反复松动,逐渐拧出。

b.用锤子振击螺母,借以振碎锈层,以便拧出。

c.在煤油中浸泡 20~30 min,使煤油渗到锈层中去,使锈层变松,以便拧出。

🔧 任务实施

📖 实施要求

☞ 任务目标与要求

①小组成员分工协作,利用老师提供的汽车拆装常用工具,依据任务工作单制订工作计划,并通过小组自评或互评检查工作计划。

②认识汽车拆装常用工具,并能正确使用。

③正确说出各种工具的使用注意事项。

☞ 注意事项

在任务实施过程中,严格遵守相关实验实训制度和规范的要求,注意职场健康与安全需求,做好废料的处理,并保持工作场所的整洁。

📖 实施步骤

☞ 准备工作

①小组接受工作任务,准备实训工具箱、发动机(丰田 5A 系带翻转架型)配套器材,清理场地,做好实施准备工作。

②组长带领组内成员阅读任务工作单,合理分工,制订任务计划,并检查计划有效性。

☞ 实施步骤

①依照任务工作单的引导,逐一认识汽车拆装常用工具,并填写任务工作单。

②依照任务工作单的引导,正确操作工具,并填写任务工作单。

☞ 评估总结

①回答指导教师提问,并接受指导教师相关考核。

②对本次任务完成过程及效果进行自我评价和小组互评,填写任务工作单。

③清洁工作场所,清点归还相关工具设备,完成本次任务。

任务工作单

项目	规范及基本能力训练			
任务	拆装工具与设备的使用		姓名	
班级		组号	日期	
任务目的	①能认识各种汽车拆装常用工具 ②能正确使用各种拆装工具和举升机具 ③能对各种工具进行维护保养			
环节	内　容		批注及备注	
资讯	①工具选用的优先原则是什么 ②常用的扳手有哪几种？怎样正确使用 ③千斤顶有哪些规格？使用中应注意什么			
工作任务	①每位同学实际操作各种扳手 ②每位同学拆装一道活塞环、一个气门 ③正确使用千斤顶,将汽车车桥顶起,并可靠支承			
分析和计划	根据工作任务,确定所需工具、设备等,并制订小组工作计划: ①讨论确定所需仪器、工具及辅助资料 ②团队协作,组织及人员分工 ③操作安全、规范注意事项及技术标准			

实施	依照制订的实训步骤完成各作业项目,练习工具的使用 请依照以上要求完成下表:

<table>
<tr><td colspan="4">实训项目</td></tr>
<tr><td>名　　称</td><td>拆装所需的工具</td><td>拆装要求</td><td>考　　核</td></tr>
<tr><td>活塞环的拆装</td><td></td><td></td><td></td></tr>
<tr><td>气门的拆装</td><td></td><td></td><td></td></tr>
<tr><td>千斤顶的使用</td><td></td><td></td><td></td></tr>
</table>

检查评估	自评项根据自己对任务的完成情况进行评估并提出改进意见;互评项由组内组外互相交流和评分;教师评估可纳入任务实施过程中或对照上表随机选取几个项目评估。总评采用合格和不合格两级评价

序号	评估项目	自评	互评	教师评估
1	工具选择和使用			
2	活塞环的拆装			
3	气门的拆装			
4	千斤顶的使用			
5	职场安全及操作规范等			
6	总　评			

任务实施心得:

能力鉴定表1

项目		规范及基本能力训练			
班级		姓名		组长	
学号		组号		日期	
序号	能力目标	鉴定内容	鉴定结果		
			合格	不合格	
1	专业技能	汽车维修企业安全标志的识别	☐	☐	
2		各种拆装工具的认识和使用	☐	☐	
3		各种拆装设备的使用	☐	☐	
4	学习方法	是否主动进行任务实施	☐	☐	
5		能否使用各种媒介完成任务	☐	☐	
6		是否具备相应的信息收集能力	☐	☐	
7	能力拓展	团队是否配合	☐	☐	
8		操作方法是否具有创新	☐	☐	
9		是否具有责任意识	☐	☐	
10		是否具有沟通能力	☐	☐	
11		总结与建议	☐	☐	
鉴定结果	☐合格 ☐不合格	教师意见		教师签字	
				日期	

注:①请根据结果在相关的方框"☐"内打"√"。
②请指导教师重点对相关鉴定结果不合格的同学给予指导意见。

信息反馈表 1

项目：<u>规范及基本能力训练</u>　　　　组号：_____

姓名：_____　　日期：_____

请你在相应栏内打"√"	非常同意	同意	没有意见	不同意	非常不同意
①本项目充分提供了关于操作规范的基本能力训练的相关知识					
②本项目为我提供了关于汽车常用拆装工具、设备的认识和使用等大量的实践操作机会					
③我现在对正确使用常用汽车拆装的工具和设备充满信心					
④本项目配套的实验设备和器材充分齐全,能满足学习需要					
⑤本项目的内容选取合理,教学组织和安排有序					
⑥本项目的内容适合我的需求					
⑦本项目中组织了各种活动					
⑧本项目的不同单元融合得很好					
⑨学习中教师待人友善,愿意帮忙					
⑩通过本项目学习让我做好了参加鉴定的准备					
⑪本项目中所有的教学方法对我学习起到了帮助的作用					
⑫本项目提供的信息量适当					
⑬本项目鉴定是公平、适当的					
你对改善本科目的教学建议：					

思考题

一、选择题

1.工作灯必须使用(　　)的安全电压。

　A.220 V　　　　　　　　　B.120 V　　　　　　　　　C.36 V

2.头部制成特殊形状的螺栓、螺母,必须采用(　　)进行拆卸。

　A.专用套筒　　　　　　B.梅花扳手　　　　　　C.开口扳手

3.在装配有规定扭矩值的螺栓和螺母时,应使用(　　)。

　A.套筒扳手　　　　　　B.扭力扳手　　　　　　C.电动扳手

4.下列哪种工具用于拆装发动机中各种卡簧?(　　)

　A.钢丝钳　　　　　　　B.尖嘴钳　　　　　　　C.卡簧钳

5.在进行任何电气系统拆装、发动机移动作业之前,要拆除(　　)的负极接线。

　A.蓄电池　　　　　　　B.电脑板　　　　　　　C.传感器

二、简答题

1.汽车维修作业中火灾防范措施有哪些?

2.电动、气动工具安全操作规程是什么?

3.在拆装作业中,各种扳手优先使用顺序是什么?

4.汽车举升机使用注意事项是什么?

5.拆卸和装配作业注意事项是什么?

项目 **2**　汽车总体构造认识

任务 2.1　汽车分类及代码认识

能力标准

学完本任务,你应获得以下能力:
①了解汽车的分类与代码。
②能识读汽车的铭牌。

任务描述

请以下列任务为指导,完成相关知识的学习和实施练习:
①识别汽车的种类。
②查找和记录汽车铭牌,并分析解释其主要技术参数。

相关知识

汽车的定义与分类

(1)汽车的定义

汽车是由动力装置驱动、具有 4 个或 4 个以上车轮的非轨道无架线的车辆。它主要用于载运人员或货物,牵引载运人员或货物的车辆以及特殊用途。

(2)汽车的分类

汽车的分类方法很多。

1)按用途分类

汽车按用途进行分类,可以分为轿车、货车、越野汽车、自卸汽车、牵引汽车、客车及专用汽车等,如图 2.1 所示。

①轿车

轿车是指乘坐 2~8 人的小型载客车辆。根据发动机排量大小,可分为微型、普遍级、中级、中高级及高级轿车 5 种。轿车可按发动机排量分级,见表 2.1。

(a) 轿车  (b) 货车  (c) 越野汽车

(d) 自卸汽车  (e) 牵引汽车  (f) 客车

图 2.1 各种汽车

表 2.1 轿车的分级

类　　型	微　型	普通型	中　级	中高级	高　级
发动机排量/L	<1.0	1.0～1.6	1.6～2.5	2.5～4.0	>4.0

②货车

货车又称"载货汽车""载重汽车""卡车",主要用来运送各种货物或牵引全挂车。货车按载质量可分为微型、轻型、中型、重型4种。

载货汽车可按其总质量分级,见表2.2。

表 2.2 载货汽车的分级

类　　型	微　型	轻　型	中　型	重　型
总质量/t	<1.8	1.8～6	6～14	>14

③越野汽车

越野汽车主要用于非公路上载运人员和货物或牵引设备,一般为全轴驱动。按驱动形式可分为4×4、6×6、8×8几种。越野汽车可按其总质量进行分级(见表2.3)。

表 2.3 越野汽车的分级

类　　型	轻　型	中　型	重　型
总质量/t	<5	5～13	>13

④自卸汽车

自卸汽车是指货厢能自动倾翻的载货汽车。自卸汽车有向后倾卸的和左右后3个方向均可倾卸的两种。

⑤牵引汽车

牵引汽车是指专门或主要用来牵引的车辆。它可分为全挂牵引车和半挂牵引车。

⑥客车

客车是指乘坐 9 人以上,具有长方形车厢,主要用于载运人员及其行李物品的车辆。根据车辆的长度(3.5、7、10、12 m),可将客车分为微型、轻型、中型、大型及特大型 5 种。客车可按车身长度分级,见表 2.4。

表 2.4　客车的分级

类　型	微　型	轻　型	中　型	大　型	特大型
车身长度/m	<3.5	3.5~7	7~10	10~12	>12(铰接式) 10~12(双层)

⑦专用汽车

为了承担专门的运输任务或作业,装有专用设备,具备专用功能的车辆。

2)按发动机和驱动桥在汽车上的位置分类

汽车按发动机和驱动桥在汽车上的位置分类如图 2.2 所示。

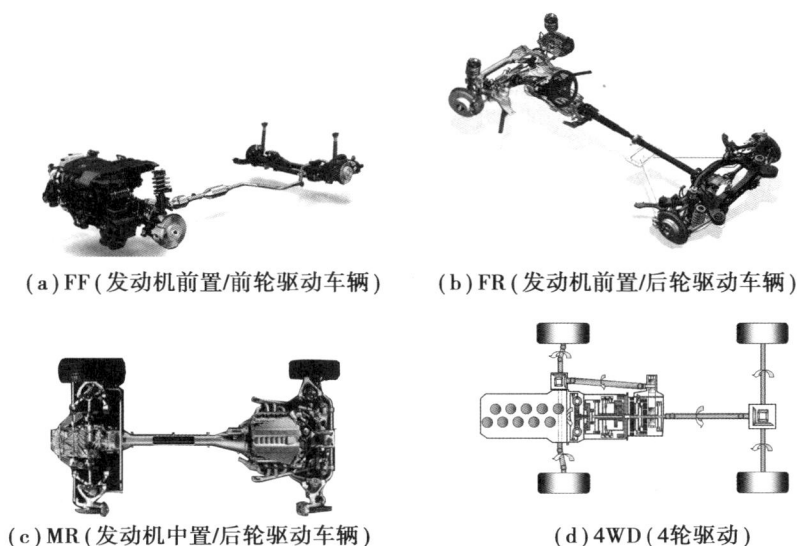

(a)FF(发动机前置/前轮驱动车辆)　　(b)FR(发动机前置/后轮驱动车辆)

(c)MR(发动机中置/后轮驱动车辆)　　(d)4WD(4轮驱动)

图 2.2　发动机和驱动桥位置分类

①FF(发动机前置/前轮驱动车辆)(见图 2.2(a))。由于 FF 车辆没有传动轴,故成员室内宽敞,乘坐很舒适。

②FR(发动机前置/后轮驱动车辆)(见图 2.2(b))。由于 FR 车辆有很好的重平衡,故其控制性和稳定性很好。

③MR(发动机中置/后轮驱动车辆)(见图 2.2(c))。由于 MR 车辆在前桥和后桥上有很好的重平衡,故其控制性很好。

④4WD(4 轮驱动)(见图 2.2(d))。由于四轮驱动车用 4 轮驱动,故其可以以稳定的方式在很差的状况下行驶。其质量比其他类型车辆大。

📖 汽车代码认识

（1）汽车产品型号

1988 年国家颁布了国家标准 GB 9417—88《汽车产品型号编制规则》。汽车型号应能表明汽车的厂牌、类型和主要特征参数等。该项国家标准规定,国家汽车型号均应由汉语拼音字母和阿拉伯数字组成。汽车型号包括如下 3 部分(见图 2.3):

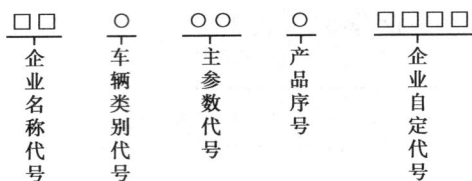

□□ ○ ○○ ○ □□□□
企业名称代号　车辆类别代号　主参数代号　产品序号　企业自定代号

图 2.3　汽车型号组成

1)首部

首部由 2 个或 3 个汉语拼音字母组成,是识别企业名称的代号。例如,CA 代表第一汽车制造厂,EQ 代表第二汽车制造厂,TJ 代表天津汽车制造厂等。

2)中部

中部由 4 位阿拉伯数字组成。第一位数字代表该车的类型,第二、第三位数字代表各类汽车的主要特征参数,末位是产品的生产序号,见表 2.5。

表 2.5　汽车型号中部 4 位阿拉伯数字代号的含义

首位数字表示汽车类型		中间两位数字表示各类汽车的主要参数特征	末位数字表示企业自定产品序号
载货汽车	1	①表示汽车总质量(t)的数值 ②当汽车总质量小于 10 t 时,前面以"0"占位 ③当汽车总质量大于 100 t 时,允许用 3 位数字	以 0,1,2,3,…依次排序
越野汽车	2		
自卸汽车	3		
牵引汽车	4		
专用汽车	5		
客　车	6	①表示汽车的总长度 0.1 m 的数值 ②表示汽车总长度大于 10 m 时,计算单位为 m	
轿　车	7	表示发动机工作容积 0.1 L 的数值	
	8		
半挂车及专用半挂车	9	①表示汽车的总质量(t)的数值 ②当汽车总质量小于 10 t 时,前面以"0"占位 ③当汽车总质量大于 100 t 时,允许用 3 位数字	

3)尾部

尾部分为两部分:前部分由汉语拼音组成,表示专用汽车分类代号。例如,X 代表厢式汽车,G 代表罐式汽车,C 代表仓栅式汽车等。后部分为企业自定代号。当同一种汽车结构略有变化需加以区别时,可以用汉语拼音字母或数字表示,位数由企业自定。基本型汽车一般没有尾部。

下面举例说明:

BJ2020S——BJ 代表北京汽车制造厂,2 代表越野车,02 代表该车总质量为 2 t,0 代表该车为第一代产品,S 为厂家自定义。

TJ7131U——TJ 代表天津汽车制造厂,7 代表轿车,13 代表排气量为 1.3 L,1 代表该车为第二代产品,U 为厂家自定义。

⚠ 注意:最后一位数字较易弄错,0 代表的是第一代产品,1 代表的是第二代产品。

(2)汽车 VIN

车辆识别代号(VIN),VIN 是英文 Vehicle Identification Number(车辆识别码)的缩写。ASE 标准规定 VIN 码由 17 位字符组成,俗称"17 位码"。正确解读 VIN 码,对于正确地识别车型,正确地诊断和维修都是十分重要的。

车辆识别代号是国际上通行的标志机动车辆的代码,是制造厂给每一辆车指定的一组字码,可谓一车一码,就如人的身份证一样,具有在世界范围内对一辆车的唯一识别性。当每一辆新出厂的车被刻上 VIN,此代号将伴随着车辆的注册、保险、年检、维修与保养,直至回收或报废而载入每辆车的服役档案。利用 VIN 可方便地查找车辆的制造者、销售者及使用者。

VIN 位于易于看到并且能够防止磨损或替换的部位,所选择的部位一般在仪表与前风挡左下的交界处、发动机的前横梁上、左前门边或立柱上、驾驶员左腿前方或前排左座椅下方等部位。

VIN 由 3 部分组成,如图 2.4 所示。

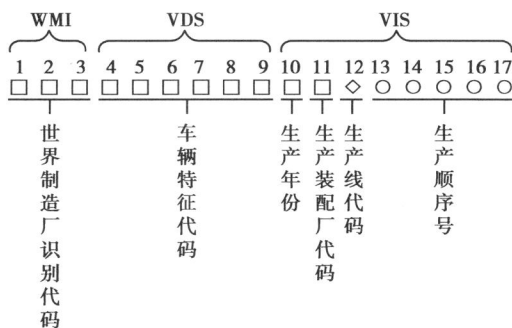

图 2.4　车辆识别代号(VIN)组成

□—大写英文字母或数字;○—阿拉伯数字;◇—大写英文字母

第 1 部分:世界制造厂识别代码(WMI)。

它具有世界车辆制造厂的唯一性。WMI 共有 3 位字码,是由制造厂以外的组织预先指定的,用来代表生产国、厂家、车辆类别。例如,LFV——中国第一汽车集团公司,WDB——德国奔驰,WBA——德国宝马,KMH——韩国现代,等等。

其中,第一位字码代表生产国,为国际汽车厂通用。例如,1——美国,2——加拿大,3——墨西哥,J——日本,L——中国,Z——意大利,等等。

ISO 授权美国汽车工程师学会(SAE)作为其国际代理,负责为世界各国指定地区代码及国别代码,负责 WMI 的保存与核对。我国机械局汽车行业管理处获得授权负责中国境内(包括内地和港、澳、台地区)的 VIN 的统一管理,负责 WMI 的分配。

第 2 部分:车辆特征识别代码(VDS)。

轿车:种类、系列、车身类型、发动机类型及约束系统类型。

MPV:种类、系列、车身类型、发动机类型及车辆额定总重。

载货车:型号或种类、系列、底盘、驾驶室类型、发动机类型、制动系统及车辆额定总重。

客车:型号或种类、系列、车身类型、发动机类型及制动系统。

第 3 部分:车辆指示部分(VIS)。

它是 VIN 的最后部分,由 8 位字码组成。一般情况下,VIS 的第一位字码指示年份(也有一部分汽车制造厂的 VIS 的第一位字码并不指示年份,如奔驰(欧款)、宝马(欧款)、雪铁龙、菲亚特、福特在欧洲及亚洲生产的汽车等。第二位字码指示生产装配厂址,后 6 位指示生产序列号。

例如,某辆凌志(LEXUS)轿车的 VIN 为 JT8BD10UBYO015678。其含义如下:

第 1 位:生产国别代码(J——日本)

第 2 位:生产厂家代码(T——丰田汽车公司)

第 3 位:汽车类别代码(8——乘用车)

第 4 位:车身类型代码(B——4 门乘用车)

第 5 位:发动机型号代码(D——2JZGE3.0LV6)

第 6 位:汽车系列类型代码(1——RX300)

第 7 位:安全防护系统代码(0——双前部和侧向安全气囊)

第 8 位:汽车型号代码(U——RX300)

第 9 位:检验代码(B——制造厂家内部编码)

第 10 位:生产年份代码(Y——2000)

第 11 位:总装工厂代码(O——日本)

第 12—17 位:出厂顺序代码。

随着车型年款的不同和汽车发往国家的不同(各国政府对 VIN 有不同的规定),VIN 规定会有所不同。有的按公司各车分部进行规定(美国 GM);有的直接按系列车型或车名进行规定(如日本凌志汽车)。在使用中,一般要由两种 VIN 规定才可验证出一辆车的型号和车型参数。因此,大量积累这方面的资料具有重要的意义,随着车型年款的变化,今后还会陆续出现各种 VIN 规定。

任务实施

实施要求

☞ 任务目标与要求

①小组成员分工协作,利用提供的实训车辆,依据任务工作单制订工作计划,并通过小组自评或互评检查工作计划。

②查找和记录汽车代码,正确解释其型号含义。

☞ 注意事项

在任务实施过程中,严格遵守相关实验实训制度和规范的要求,注意职场健康与安全需求,做好废料的处理,并保持工作场所的整洁。

📖 实施步骤

☞ 准备工作

①小组接受工作任务,准备实训车辆,清理场地,做好实施准备工作。

②组长带领组内成员阅读任务工作单,查阅相关手册或指导书,合理分工,制订任务计划,并检查计划有效性。

☞ 实施步骤

依照任务工作单的引导,查找和记录所用车辆的汽车代码,分析主要参数含义,并填写任务工作单。

☞ 评估总结

①回答指导教师提问,并接受指导教师相关考核。

②对本次任务完成过程及效果进行自我评价和小组互评,填写任务工作单。

③清洁工作场所,清点归还相关工具设备,完成本次任务。

任务工作单

项目	汽车总体构造认识		
任务	汽车分类及代码认识	姓名	
班级		组号	日期
任务目的	能正确识别汽车代码,并能依据具体型号查阅相关技术资料,分析主要参数		
环节	内 容		批注及备注
资讯	①记录所用车辆以下信息 表格: 车辆型号 | | 排量 | VIN码 | | ②下图提供的汽车代码是什么含义 LFVBA11G223082993		
工作任务	对所用汽车的代码进行识别		
分析和计划	根据工作任务,确定所需工具、设备等,并制订小组工作计划: ①讨论确定所需仪器、工具及辅助资料 ②团队协作,组织及人员分工 ③操作安全、规范注意事项及技术标准		

	所用汽车代码号的含义：_____
实施	_____ _____ _____ _____
检查 评估	自评项根据自己对任务的完成情况进行评估并提出改进意见；互评项由组内组外互相交流和评分；教师评估可纳入任务实施过程中或对照上表随机选取几个项目评估。总评采用合格和不合格两级评价 （见下表） 任务实施心得：

表格：

序　号	评估项目	自评	互评	教师评估
1	汽车代码查找及认识			
2	职场安全及操作规范等			
3	总　评			

任务 2.2　汽车总体结构与认识

汽车的总体构造
及布置形式

能力标准

学完本任务,你应获得以下能力:
①能熟练认知汽车的基本组成部分和主要零部件。
②能熟练识别汽车各组成部件间的相互位置关系。

任务描述

请以下列任务为指导,完成相关知识的学习和实施练习:
①对汽车进行总体认识,识别 4 个基本组成部分的主要部件。
②查找和记录各个系统的主要零部件具体位置和它们之间的相互位置关系。

相关知识

汽车的总体结构

汽车一般由发动机、底盘、车身和电气设备 4 个基本部分组成(见图 2.5)。

(1)发动机

发动机是汽车的动力装置,发动机又称为汽车的心脏,是一种能够将其他形式的能量转化为另一种能量的装置,通常是将化学能转化为机械能,作用是使燃料燃烧产生动力,然后通过底盘的传动系统驱动车轮使汽车行驶。汽油发动机由两大机构与五大系统等组成。

1)曲柄连杆机构

曲柄连杆机构是发动机实现工作循环、完成能量转换的主要运动零件。在做功行程中,活塞承受燃气压力在汽缸内作直线运动,通过连杆转换成曲轴的旋转运动,并从曲轴对外输出动力。而在进气、压缩和排气行程中,飞轮释放能量又将曲轴的旋转运动转化成活塞的直线运动。曲柄连杆机构由机体组、活塞连杆组、曲轴飞轮组等组成。

2)配气机构

配气机构的功用是根据发动机的工作顺序和工作过程,定时开启和关闭进气门和排气门,使可燃混合气或空气进入汽缸,并使废气从汽缸内排出,实现换气过程。配气机构由气门组、气门传动组和气门驱动组组成。配气机构大多采用顶置气门式配气机构。

3)冷却系统

冷却系统由水泵、散热器、风扇、水套及节温器等组成。

4)润滑系统

润滑系统由机油泵、机油滤清器、机油冷却器及集滤器等组成。

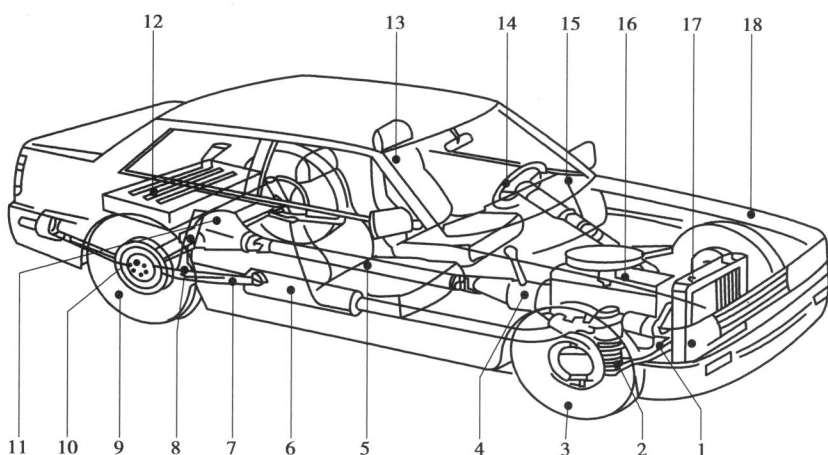

图 2.5　汽车的总体组成

1—前桥;2—前悬架;3—前车轮;4—变速器;5—传动轴;

6—消声器;7—后悬架钢板弹簧;8—减振器;9—后轮;

10—制动器;11—后桥;12—油箱;13—座椅;14—方向盘;

15—转向器;16—发动机;17—散热器;18—车身

5)点火系统

点火系统由蓄电池、点火器、点火线圈及火花塞等组成。

6)启动系统

启动系统由蓄电池、启动控制、传动机构及启动机(马达)等组成。

7)燃料供给系统

燃料供给系统由空气供给系统、燃油供给系统和电子控制系统等组成。

(2)底盘

底盘作用是支承、安装汽车发动机及其各部件、总成,形成汽车的整体造型,并接受发动机的动力,使汽车产生运动,保证正常行驶。底盘由传动系统、行驶系统、转向系统及制动系统4部分组成。

1)传动系统

汽车发动机所发出的动力靠传动系统传递到驱动车轮,使汽车前进或后退。它由离合器、变速器、传动轴、中间轴承、万向节、主减速器、差速器及半轴等组成。

2)行驶系统

行驶系统接受传动系统的动力,通过驱动轮与路面的作用产生牵引力并承受汽车的总质量和地面的反力,使汽车正常行驶。它由汽车的车架、车桥、车轮、悬架等组成。

3)转向系统

转向系统是在驾驶员的操纵下改变或保持汽车行驶的方向。它由转向操纵机构、转向传动机构、转向盘及转向轴等组成。

4）制动系统

制动系统保证汽车行驶中能按驾驶的要求减速或停车（驻车）。它由制动踏板、制动总泵、助力器、分泵、制动鼓及制动片等组成。

（3）车身

车身安装在底盘的车架上，用以驾驶员、旅客乘坐或装载货物。

（4）电气设备

电气设备给汽车所有用电设备供电，并给蓄电池充电。它由电源系统、启动系统、点火系统、照明信号系统、仪表信息系统、辅助设备系统、安全舒适系统、发动机电控系统及车身电控系统等组成。

📖 汽车主要技术参数

汽车的主要特征和技术特性随所装用的发动机类型和特性的不同，通常有以下的结构参数和性能参数：

①整车装备质量（kg）。汽车完全装备好的质量，包括润滑油、燃料、随车工具及备胎等所有装置的质量。

②最大总质量（kg）。汽车满载时的总质量。

③最大装载质量（kg）。汽车在道路上行驶时的最大装载质量。

④最大轴载质量（kg）。汽车单轴所承载的最大总质量。它与道路通过性有关。

⑤车长（mm）。汽车长度方向两极端点间的距离。

⑥车宽（mm）。汽车宽度方向两极端点间的距离。

⑦车高（mm）。汽车最高点至地面间的距离。

⑧轴距（mm）。汽车前轴中心线至后轴中心线的距离。

⑨轮距（mm）。同一车轿左右轮胎胎面中心线间的距离。

⑩前悬（mm）。汽车最前端至前轴中心线的距离。

⑪后悬（mm）。汽车最后端至后轴中心线的距离。

⑫最小离地间隙（mm）。汽车满载时，最低点至地面的距离。

⑬接近角（°）。汽车前端突出点向前轮引的切线与地面的夹角。

⑭离去角（°）。汽车后端突出点向后轮引的切线与地面的夹角。

⑮转弯半径（mm）。汽车转向时，汽车外侧转向轮的中心平面在车辆支承平面上的轨迹圆半径。转向盘转到极限位置时的转弯半径为最小转弯半径。

⑯最高车速（km/h）。汽车在平直道路上行驶时能达到的最大速度。

⑰最大爬坡度（%）。汽车满载时的最大爬坡能力。

⑱平均燃料消耗量（L/100 km）。汽车在道路上行驶时每百公里平均燃料消耗量。

⑲车轮数和驱动轮数（$n×m$）。车轮数以轮毂数为计量依据，n 代表汽车的车轮总数，m 代表驱动轮数。

任务实施

实施要求

任务目标与要求

①小组成员分工协作,利用汽车维修手册及实训车辆,依据任务工作单制订工作计划,并通过小组自评或互评检查工作计划。

②查找和记录汽车代码,正确解释其代号含义。

③对汽车总体构造进行认识,并能识别各机构及系统的结构以及它们之间的相互位置关系,确定主要部件的位置。

注意事项

在任务实施过程中,严格遵守相关实验实训制度和规范的要求,注意职场健康与安全需求,做好废料的处理,并保持工作场所的整洁。

实施步骤

准备工作

①小组接受工作任务,准备东风 EQ1090 载货汽车、上海桑塔纳轿车各一辆,举升机两台。清理场地,做好实施准备工作。

②组长带领组内成员阅读任务工作单,查阅相关手册或指导书,合理分工,制订任务计划,并检查计划有效性。

实施步骤

①依照任务工作单的引导,查找和记录所用车辆的代码,分析代码主要参数含义,并填写任务工作单。

②依照任务工作单的引导,观察认识所用车辆主要机构及系统组成,查找各主要部件的安装位置,并填写任务工作单。

评估总结

①回答指导教师提问,并接受指导教师相关考核。

②对本次任务完成过程及效果进行自我评价和小组互评,填写任务工作单。

③清洁工作场所,清点归还相关工具设备,完成本次任务。

任务工作单

项目	汽车总体构造认识				
任务	汽车总体结构与认识			姓名	
班级		组号		日期	
任务目的	①能正确识别汽车代码,并能依据具体型号查阅相关技术资料,分析主要参数 ②能正确认识汽车总体结构 ③能正确描述各部件之间的位置关系				
环节	内　　容				批注及备注
资讯	1)记录所用车辆以下信息:				

车辆型号		排　量	
VIN 码			

请解释该车辆代码所描述的含义:＿＿＿＿＿＿＿＿＿＿＿＿

＿＿＿＿＿＿＿＿＿＿＿＿＿＿＿＿＿＿＿＿＿＿＿＿＿＿＿＿＿

2)汽车总体由＿＿＿＿＿、＿＿＿＿＿、＿＿＿＿＿、＿＿＿＿＿组成

3)指认汽车外观各部件(从前至后):＿＿＿＿＿＿＿＿＿＿＿＿

＿＿＿＿＿＿＿＿＿＿＿＿＿＿＿＿＿＿＿＿＿＿＿＿＿＿＿＿＿

4)利用下图中的汽车底盘系统写出其组成部分的名称

①＿＿＿＿　②＿＿＿＿　③＿＿＿＿　④＿＿＿＿

⑤＿＿＿＿　⑥＿＿＿＿　⑦＿＿＿＿

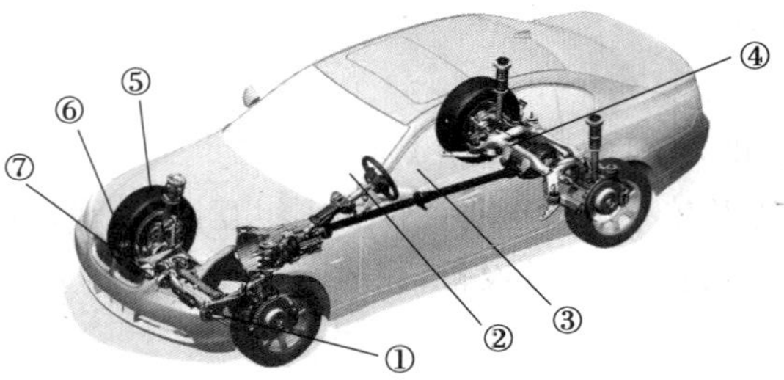

A.请在实物上指认离合器、变速器、万向传动装置、主减速器、差速器、半轴。其传动路线是:＿＿＿＿＿＿＿＿＿＿＿＿＿＿＿

＿＿＿＿＿＿＿＿＿＿＿＿＿＿＿＿＿＿＿＿＿＿＿＿＿＿＿＿＿

B.指出该车转向装置的主要零件:＿＿＿＿＿＿＿＿＿＿＿＿＿

| 工作任务 | ①对汽车代码进行认识,并清楚主要参数的含义
②对整车进行结构认识,并指出汽车各部件具体位置及关系 | | | | |

分析 和计划	根据工作任务,确定所需工具、设备等,并制订小组工作计划: ①讨论确定所需仪器、工具及辅助资料 ②团队协作,组织及人员分工 ③操作安全、规范注意事项及技术标准
实施	①依照制订的实训步骤完成各作业项目,并观察各部件,描述其名称,认识的 部件打"√",不认识的打"×",同时指出该部件所属系统或机构 ②拆卸过程中明确技术标准,仔细观察各零部件的型号及其螺栓扭力大小 ③按正确顺序和技术标准完成装配任务 请依照以上要求完成下表: {{TABLE1}}
检查 评估	自评项根据自己对任务的完成情况进行评估并提出改进意见;互评项由组内 组外互相交流和评分;教师评估可纳入任务实施过程中或对照上表随机选取几 个项目评估。总评采用合格和不合格两级评价 {{TABLE2}}

下表1:

序号	部件名称	所属机构或系统	考　核
1			
2			
3			
4			
5			
6			
7			
8			
9			
10			
11			
12			

下表2:

序号	评估项目	自评	互评	教师评估
1	设备的使用			
2	汽车代码查找及认识			
3	汽车各系统及机构组成以及部件认识			
4	职场安全及操作规范等			
5	总　评			

任务实施心得:

📖 知识拓展

📖 现代汽车的分类

(1)汽车的综合分级分类

按照德国标准,将轿车分成 A、B、C、D 级,主要依据轴距、排量、质量等参数,字母顺序越靠后,该级别车的轴距越长、排量和质量越大,轿车的豪华程度也随之提高。

A0 级轿车的轴距为 2.2~2.3 m,排量为 1~1.3 L,比较典型的是两厢夏利轿车;一般 A 级车其轴距范围为 2.3~2.45 m,排量为 1.3~1.6 L,一汽大众的捷达、上海大众的 POLO 都算得上是 A 级车中的明星。

B 级中档轿车轴距为 2.45~2.6 m,排量为 1.6~2.4 L。近年来,B 级车市场逐渐成为国内汽车企业拼杀的主战场,奥迪 A4、帕萨特、中华、东方之子等众多车型均属于 B 级车阵营。

C 级高档轿车的轴距为 2.6~2.8 m,发动机排量为 2.3~3.0 L,国内名气最大的 C 级车非奥迪 A6 莫属。

D 级豪华轿车大多外形气派,车内空间极为宽敞,发动机动力也非常强劲,其轴距一般均大于 2.8 m,排量基本都在 3.0 L 以上,目前的 D 级车有诸如奔驰 S 系列、宝马 7 系、奥迪 A8、劳斯莱斯、宾利等多个品牌的车型。

(2)按汽车设计理念分类

1)SUV

SUV 的全称是 Sport Utility Vehicle,即运动型多用途车。20 世纪 80 年代起源于美国,是为迎合年轻白领阶层的爱好而在皮卡底盘上发展起来的一种厢体车。

入选的福布斯杂志 2007 年度十佳 SUV 有凯迪拉克 Escalade、陆虎 Range Rover、荷兰的世爵 D12、本田阿库拉 MDX、别克 Enclave 等。

2)SRV

SRV 的英文全称是 Small Recreation Vehicle,意即小型休闲车,一般指两厢轿车,如吉利豪情 SRV 和上海通用赛欧 SRV。

3)CRV

CRV 是本田的一款车,国产的版本称为东风本田 CR-V,取英文 City Recreation Vehicle 之意,即城市休闲车。

4)CUV

CUV 是英文 Car-Based Utility Vehicle 的缩写,是以轿车底盘为设计平台,融轿车、MPV 和 SUV 特性为一体的多用途车,也被称为 Crossover。三菱欧蓝德和长城哈弗都是典型的 CUV。

5)RV

RV 的全称是 Recreation Vehicle,即休闲车,是一种适用于娱乐、休闲和旅行的汽车,首先提出 RV 汽车概念的国家是日本。RV 的覆盖范围比较广泛,没有严格的范畴。广义上讲,除了轿车和跑车外的轻型乘用车,如 MPV、SUV、CUV 等都归属于 RV。

6) HRV

HRV 源于上海通用别克凯越 HRV 轿车,取 Healthy(健康)、Recreational(休闲)、Vigorous(活力)之意,是一个全新的汽车设计概念。

7) RAV

RAV 源于丰田的一款小型运动型车 RAV4。丰田公司的解释是 Recreational(休闲)、Activity(运动)、Vehicle(车),缩写就成了 RAV,又因为是四轮驱动,故又加了个 4。

8) MPV

MPV 的全称是 Multi-Purpose Vehicle,即多用途汽车。它集轿车、旅行车和厢式货车的功能于一身,车内的每个座椅都可调整,并有多种组合的方式。像长城 2.0L 嘉誉、金杯阁瑞斯、上海通用 GL8、普力马、奥德赛等都属于 MPV。

近年来,MPV 趋于小型化,并出现了所谓的 S-MPV,S 是小的意思,即 Small,车身紧凑,一般为 5~7 座,昌河北斗星是 S-MPV 的典型代表。

9) NCV

NCV 的全称是 New Concept Vehicle,即新概念轿车。它是以轿车底盘为平台,兼顾了轿车的舒适性和 SUV 的越野性的车辆,如三菱欧蓝德、长城哈弗、瑞虎 NCV。

能力鉴定表2

项目			汽车总体构造认识			
班级				姓名		组长	
学号				组号		日期	
序号	能力目标	鉴定内容		鉴定结果	
			合　格	不合格
1	专业技能	汽车代码的识别	□	□
2		汽车总体结构的认识	□	□
3		各总成部件的位置关系	□	□
4	学习方法	是否主动进行任务实施	□	□
5		能否使用各种媒介完成任务	□	□
6		是否具备相应的信息收集能力	□	□
7	能力拓展	团队是否配合	□	□
8		操作方法是否具有创新	□	□
9		是否具有责任意识	□	□
10		是否具有沟通能力	□	□
11		总结与建议	□	□
鉴定结果	□合格 □不合格	教师意见		教师签字	
				日期	

注：①请根据结果在相关的方框"□"内打"√"。

②请指导教师重点对相关鉴定结果不合格的同学给予指导意见。

信息反馈表 2

项目：<u>汽车总体构造认识</u>　　　　　组号：_____
姓名：_____　　　　　　　日期：_____

请你在相应栏内打"√"	非常同意	同意	没有意见	不同意	非常不同意
①本项目充分提供了关于汽车总体结构认识的相关知识及拓展阅读					
②本项目为我提供了认识汽车各总成之间相互位置关系的机会					
③我现在对正确说出汽车各总成名称和传动关系充满信心					
④本项目配套的实验设备和器材充分齐全,能满足学习需要					
⑤本项目的内容选取合理,教学组织和安排有序					
⑥本项目的内容适合我的需求					
⑦本项目中组织了各种活动					
⑧本项目的不同单元融合得很好					
⑨学习中教师待人友善,愿意帮忙					
⑩通过本项目学习让我做好了参加鉴定的准备					
⑪本项目中所有的教学方法对我学习起到了帮助的作用					
⑫本项目提供的信息量适当					
⑬本项目鉴定是公平、适当的					
你对改善本科目的教学建议：					

思考题

一、选择题

1.汽车发动机在汽车上的相对位置 FF 表示什么？（　　）

　　A.发动机前置/后轮驱动　　　　B.发动机前置/前轮驱动　　　　C.发动机中置/后轮驱动

2.车辆识别代号 VIN 由（　　）位字符组成。

　　A.17　　　　　　　　　　　　B.18　　　　　　　　　　　　C.16

3.汽车发动机所发出的动力靠（　　）传递到驱动车轮,使汽车前进或后退。

　　A.行驶系统　　　　　　　　　　B.转向系统　　　　　　　　　C.传动系统

4.（　　）保证汽车行驶中能按驾驶的要求减速或停车(驻车)。

　　A.发动机　　　　　　　　　　　B.制动系统　　　　　　　　　C.点火系统

5.现代汽车发动机配气机构大多采用（　　）配气机构。

　　A.顶置气门式　　　　　　　　　B.中置气门式　　　　　　　　C.下置气门式

6.汽车平均燃料消耗量以（　　）为单位。

　　A.km/h　　　　　　　　　　　B.L/km　　　　　　　　　　　C.L/100 km

二、简答题

1.汽车一般由哪 4 个基本部分组成?

2.汽油发动机由哪两大机构和哪 5 大系统组成?

3.汽车冷却系统的作用是什么?

4.发动机配气机构的功用是什么?

项目 3 汽油发动机结构认识与拆装

任务 3.1 发动机工作原理及总体结构认识

发动机的分类、基本术语及总体构造

⊚ 能力标准

学完本任务,你应获得以下能力:
①能正确理解发动机基本术语及四冲程汽油机基本工作原理。
②能正确认识发动机总体结构。
③能对发动机外围附件实施拆装。

🔧 任务描述

请以下列任务为指导,完成相关知识的学习和实施练习:
①查找和记录发动机型号,并分析解释其主要技术参数。
②实施发动机附件拆装练习。

四冲程汽油机的工作原理

▣ 相关知识

📖 发动机工作原理

(1)发动机基本术语

如图 3.1 所示,汽车发动机的基本术语如下:

①上止点(TDC)。活塞在汽缸内作往复直线运动时,活塞离曲轴旋转中心最远的位置为上止点。

②下止点(BDC)。活塞在汽缸内作往复直线运动时,活塞离曲轴旋转中心最近的位置为下止点。

③曲轴半径 R。曲轴上连杆轴颈的轴线到曲轴主轴颈之间的距离称为曲轴半径。

④活塞行程 S。上下止点之间的距离称为活塞行程,简称行程(又称"冲程",mm),曲轴每转半圈,相当于一个冲程,$S = 2R$。

⑤燃烧室容积 V_c。活塞在上止点时,活塞顶与汽缸盖

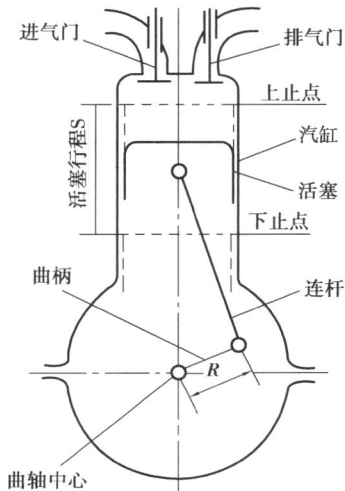

图 3.1 发动机基本术语

43

之间的容积称为燃烧容积,也称压缩容积。

⑥汽缸工作容积 V_h。活塞从上止点到下止点所让出的空间容积(L),即

$$V_h = \frac{\pi D^2}{4 \times 10^6} S$$

式中　D——汽缸直径,mm;

　　　S——活塞行程,mm。

⑦排量(V_l)。发动机所有汽缸工作容积之和,也称发动机工作容积(L),即

$$V_l = V_h \times i$$

式中　i——汽缸数。

⑧汽缸总容积 V_a。活塞在下止点时,活塞顶上面的空间容积,即

$$V_a = V_h + V_c$$

⑨压缩比 ε。汽缸总容积 V_a 与燃烧室容积 V_c 的比值,即

$$\varepsilon = \frac{V_a}{V_c} = \frac{V_h + V_c}{V_c} = 1 + \frac{V_h}{V_c}$$

压缩比越大,压缩终了时的气体压力和温度越高,混合气越易燃烧,燃烧产生的压力越高。若汽油机压缩比太大,则易产生爆燃。汽油机压缩比一般为 7~10,柴油机压缩比一般为 14~22。

(2)发动机基本工作原理

四冲程汽油机每一个工作循环包括 4 个活塞行程,即进气行程、压缩行程、做功行程及排气行程,如图 3.2 所示。

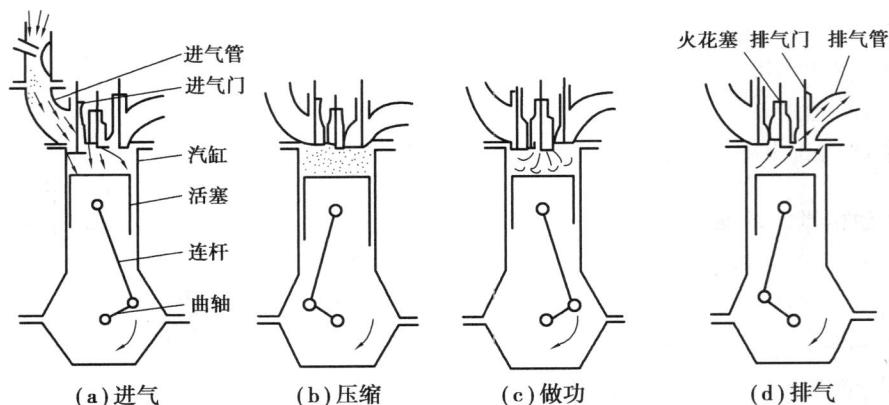

(a)进气　　　(b)压缩　　　(c)做功　　　(d)排气

图 3.2　四冲程汽油机工作原理

1)进气行程

活塞在曲轴的带动下由上止点移至下止点。此时进气门开启,排气门关闭,曲轴转动 180°。在活塞移动过程中,汽缸容积逐渐增大,汽缸内形成一定的真空度,空气和汽油的混合气通过进气门被吸入汽缸,直到活塞到达下止点时,进气行程结束。由于进气系统存在阻力,进气终点汽缸内气体压力小于大气压力,为 0.080~0.090 MPa。进入汽缸内的可燃混合气的

温度,由于进气管、汽缸壁、活塞顶、气门及燃烧室壁等高温零件的加热以及与残余废气的混合而升高到 340~400 K。

2)压缩行程

压缩冲程时,进、排气门同时关闭。活塞从下止点向上止点运动,曲轴转动 180°。活塞上移时,工作容积逐渐缩小,缸内混合气受压缩后压力和温度不断升高,到达压缩终点时,其压力可达 0.6~1.2 MPa,温度达 600~750 K。

3)做功行程

当活塞接近上止点时,由火花塞点燃可燃混合气,此时进排气门均处于关闭状态,混合气燃烧释放出大量的热能,汽缸内气体的压力和温度迅速提高。燃烧最高压力可达 5~9 MPa,温度达 2 200~2 800 K。高温高压的燃气推动活塞从上止点向下止点运动,并通过曲柄连杆机构对外输出机械能。随着活塞下移,汽缸容积增加,气体压力和温度逐渐下降,到达下止点时,其压力降至 0.3~0.5 MPa,温度降至 1 200~1 500 K。在做功冲程,进气门、排气门均关闭,曲轴转动 180°。

4)排气行程

排气行程时,排气门开启,进气门仍然关闭,活塞从下止点向上止点运动,曲轴转动 180°。排气门开启时,燃烧后的废气一方面在汽缸内外压差作用下向缸外排出,另一方面通过活塞的排挤作用向缸外排气。由于排气系统的阻力作用,排气终点时,缸内压力稍高于大气压力,为 0.105~0.115 MPa,排气终点温度为 900~1 100 K。活塞运动到上止点时,燃烧室中仍留有一定容积的废气无法排出,这部分废气称残余废气。

至此,汽油机完成一个工作循环,接着又开始下一个新的工作循环。

📖 发动机总体结构

(1)发动机总体结构

由于发动机的工作原理相似,基本结构也就大同小异。汽油发动机通常是由两大机构与 5 大系统组成;柴油发动机通常是由两大机构与 4 大系统组成(无点火系),各机构及系统如下:

1)曲柄连杆机构

曲柄连杆机构将燃料燃烧时产生的热量转变为活塞往复运动的机械能,再通过连杆将活塞往复运动变为曲轴的旋转运动而对外输出动力。它由机体组、活塞连杆组和曲轴飞轮组等组成。

2)配气机构

配气机构根据发动机的工作顺序和工作过程,定时开启和关闭进气门和排气门,使可燃混合气或空气进入汽缸,并使废气从汽缸内排出,实现换气过程。它主要由气门和气门传动组组成。

3)燃料供给系统

汽油机燃料供给系统的功用:根据发动机的要求,配制出一定数量和浓度的混合气,供入汽缸,并将燃烧后的废气从汽缸内排出到大气中去。目前,普遍采用的电喷汽油机燃料供给系统主要由燃油供给系统、进气系统和电子控制系统组成。

柴油机燃料供给系统的功用:将柴油和空气分别供入汽缸,在燃烧室内形成混合气并燃烧,最后将燃烧后的废气排出。一般由燃油箱、喷油泵、喷油器、进(排)气管、滤清器等组成。

4)润滑系统

润滑系统的功用是向作相对运动的零件表面输送定量的清洁润滑油,以实现液体摩擦,减小摩擦阻力,减轻机件的磨损。润滑系统通常由润滑油道、机油泵、机油滤清器及一些阀门等组成。

5)冷却系统

冷却系统的功用是将受热零件吸收的部分热量及时散发出去,保证发动机在最适宜的温度状态下工作。水冷发动机的冷却系统通常由冷却水套、水泵、风扇、水箱及节温器等组成。

6)点火系统

在汽油机中,汽缸内的可燃混合气是靠电火花点燃的,为此在汽油机的汽缸盖上装有火花塞,火花塞头部伸入燃烧室内。能够按时在火花塞电极间产生电火花的全部设备,称为点火系统。点火系统通常由蓄电池、发电机、点火线圈、分电器及火花塞等组成。

7)启动系统

启动系统的作用是带动飞轮旋转,以获得必要的动能和启动转速,使静止的发动机启动。

(2)发动机常见类型

将燃料燃烧的热能转换为机械能的发动机称为热力发动机,其中热力发动机又分为外燃机和内燃机。内燃机的特点是燃料在机器内部燃烧,产生的热能直接转变为机械能,内燃机具有热效率高,体积小、质量小,便于移动,启动性能好等优点,广泛应用于各类车辆上。

内燃机分类方法很多,按照不同的分类方法可以将内燃机分成不同的类型。

1)按所用燃料分类

按照所使用燃料的不同,可分为汽油机、柴油机和气体燃料发动机。使用汽油为燃料的内燃机,称为汽油机;使用柴油为燃料的内燃机,称为柴油机。气体燃料则主要包括天然气、液化石油气等燃料。

2)按行程数分类

根据行程数可分为四行程和二行程发动机。曲轴转两圈(720°),活塞在汽缸内上下往复运动4个行程,完成一个工作循环称为四行程发动机;而曲轴转一圈(360°),活塞在汽缸内上下往复运动两个行程,完成一个工作循环则称为二行程发动机。汽车发动机广泛使用四行程内燃机。

3)按冷却方式分类

按照冷却方式的不同,可分为水冷发动机和风冷发动机。水冷发动机是利用在汽缸体和汽缸盖冷却水套中进行循环的冷却液作为冷却介质进行冷却的;而风冷发动机是利用流动于汽缸体与汽缸盖外表面散热片之间的空气作为冷却介质进行冷却的。水冷发动机冷却均匀,工作可靠,冷却效果好,被广泛地应用于现代车用发动机。

4)按照汽缸数目分类

按照汽缸数目的不同,可分为单缸发动机和多缸发动机。仅有一个汽缸的发动机称为单缸发动机;有两个以上汽缸的发动机称为多缸发动机。例如,双缸、三缸、四缸、五缸、六缸、八缸、十二缸等都是多缸发动机。现代车用发动机多采用四缸、六缸、八缸发动机。

5）按照汽缸排列方式分类

按照汽缸排列方式的不同,可分为单列式和双列式。单列式发动机的各个汽缸排成一列,一般是垂直布置的,但为了降低高度,有时也将汽缸布置成倾斜的甚至水平的;双列式发动机将汽缸排成两列,两列之间的夹角<180°（一般为 90°）为"V"形或"W"形发动机,若两列之间的夹角等于 180°称为对置式发动机。

6）按照进气方式分类

按照进气方式不同,可分为自然吸气(非增压)式发动机和强制进气(增压式)式发动机。

任务实施

实施要求

☞ 任务目标与要求

①小组成员分工协作,利用汽车维修手册及实训资料,依据任务工作单制订工作计划,并通过小组自评或互评检查工作计划。

②认识发动机整体结构,识别各机构及系统的组成,确定主要部件安装位置。

③完成发动机外围附件的拆装。

☞ 注意事项

在任务实施过程中,严格遵守相关实验实训制度和规范的要求,注意职场健康与安全需求,做好废料的处理,并保持工作场所的整洁。

实施步骤

☞ 准备工作

①小组接受工作任务,准备实训车辆、发动机(丰田 5A 系带翻转架型)或发动机解剖教具、拆装工具、维修手册等配套器材,清理场地,做好实施准备工作。

②组长带领组内成员阅读任务工作单,查阅相关手册或指导书,合理分工,制订任务计划,并检查计划有效性。

☞ 实施步骤

①依照任务工作单的引导,观察认识所用发动机解剖模型的主要机构及系统组成,查找各主要部件的安装位置,并填写任务工作单。

②合理选择工具,并正确使用各类工具完成丰田 5A 带翻转架型发动机外围主要附件的拆装。拆装过程中,请参考维修手册,严格按照相关技术标准和要求完成拆装任务。

③清洁工具,整理工位,废弃物分类放置。工具清洁后放回原位。现场恢复到作业前整洁。图 3.3 所示为丰田 5A 发动机总成组件。

拆装步骤如下:

①拆发电机皮带张紧螺栓,并拆下发电机皮带。

②拆发电机固定螺栓,取下发电机,并拆下发电机支架。

③取下水泵皮带盘。

④取下曲轴皮带轮。

火花塞

18(180, 13)

通风阀
分总成

7.8(80, 9in.lbf)

加油孔盖

2号正时链条或皮带罩

9.3(95, 82in.lbf)

气门室罩分总成

正时皮带

曲轴齿轮或
皮带轮罩分
总成

垫片

9.3(95, 82in.lbf)

127(1, 300, 94)

正时皮带导轮

正时链条或皮
带罩分总成

9.3(95, 82in.lbf)

曲轴皮带轮

51(520, 38)

1号发电机支架

横向发动机安装支架

惰轮张紧弹簧

1号正时皮带惰
轮分总成

37(375, 27)

曲轴正时皮带轮

◆ 非重复使用零件

N·m(kgf·cm,ft·lbf) ：标准扭矩

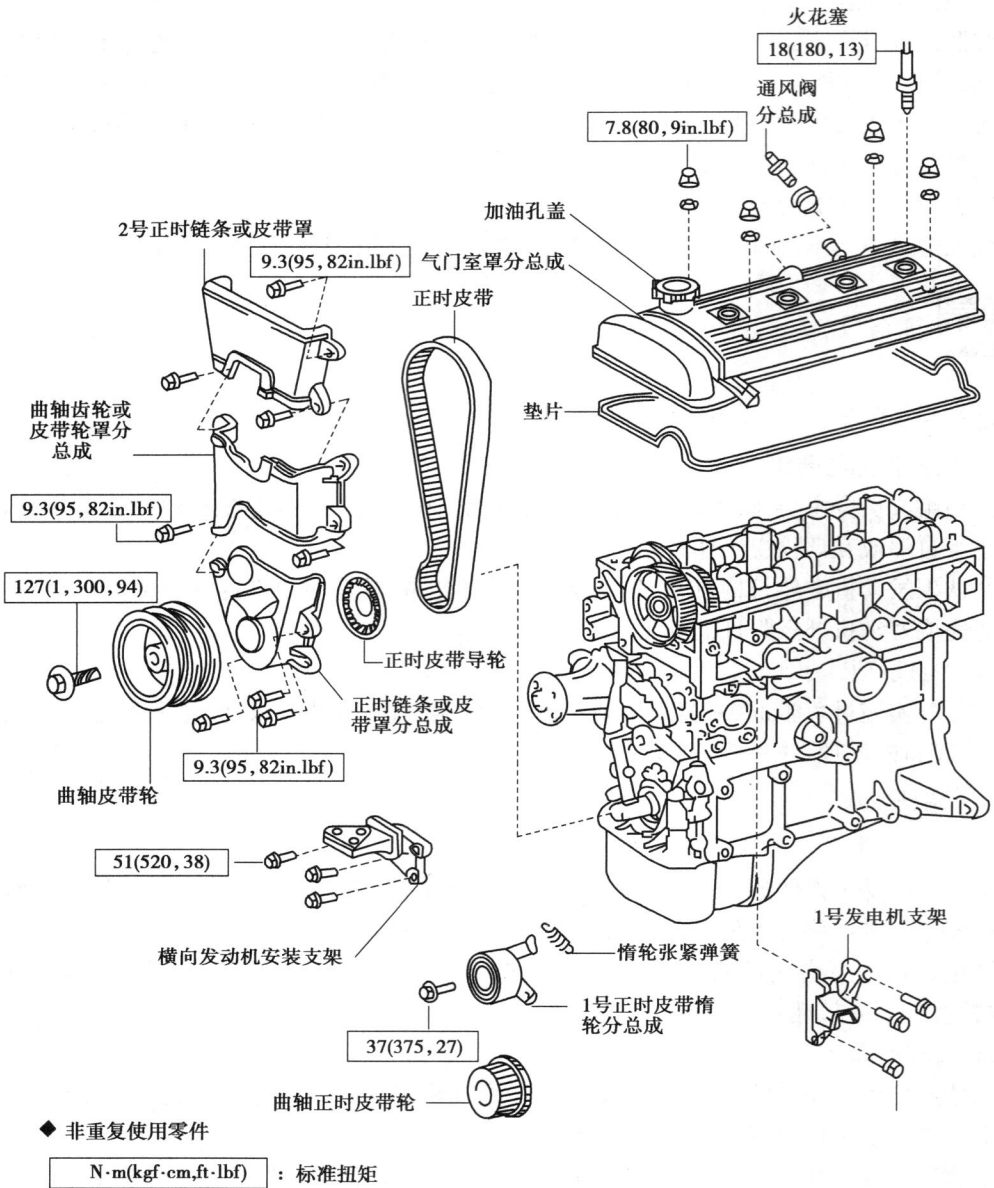

图 3.3　丰田 5A 发动机总成组件

⑤拆下节气门阀体,分别拆下进气管和排气管。

⑥拆下通风阀分总成及气门室盖分总成,如图 3.4 所示。

⑦拆下 2 号正时链条或皮带罩。

⑧拆下曲轴齿轮和皮带轮罩分总成。

⑨将 1 号汽缸设定在上止点即压缩位置,如图 3.5 所示。其具体方法是通过转动曲轴,将皮带轮槽口对准 1 号正时皮带罩上的正时标记"0"。然后检查曲轴正时皮带轮上的"K"标记

与轴承盖的正时标记对准,否则转动曲轴 1 周。

图 3.4　拆卸汽缸盖罩

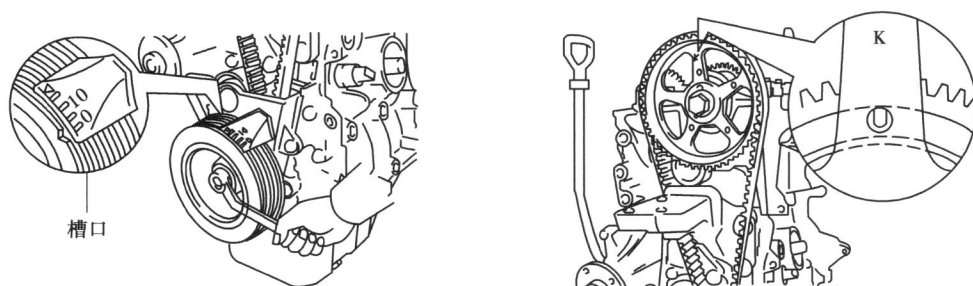

图 3.5　查找 1 缸上止点

⑩拧松凸轮轴皮带轮螺栓,并利用专用工具拆下皮带轮,如图 3.6 所示。

图 3.6　拆凸轮轴皮带轮

⑪拆下正时链条和皮带罩分总成。

⑫拆下正时皮带导轮和惰轮张紧弹簧。

⑬拆下正时皮带。如果重复使用正时皮带,在皮带上画一个方向箭头(按发动机旋转的方向),并如图 3.7 所示在皮带轮和皮带上作出定位标记。

49

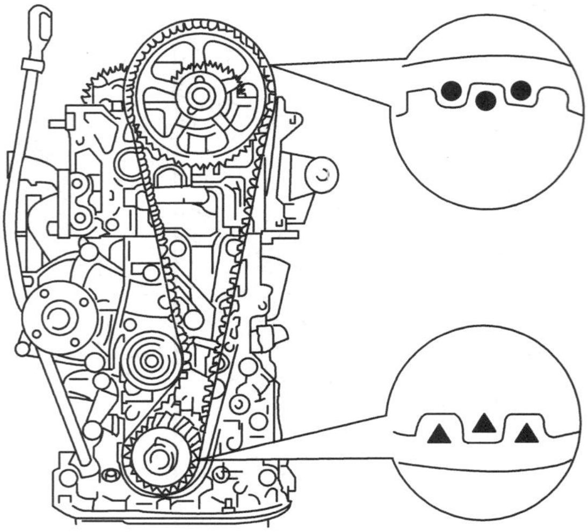

图 3.7　正时皮带定位标记

⑭拆下 1 号正时皮带惰轮分总成。

⑮拆下横置发动机安装支架。

⑯拆下曲轴正时皮带轮。按如图 3.8 所示垫上抹布,防止损坏。

图 3.8　拆曲轴正时齿轮

⑰分别取下 1 号和 2 号发动机吊钩。

⑱取下机油尺导管。

⑲分别取下进水管、排水管及水泵总成。

⑳按相反顺序装回各部件。

☞ 评估总结

①回答指导教师提问,并接受指导教师相关考核。

②对本次任务完成过程及效果进行自我评价和小组互评,填写任务工作单。

③清洁工作场所,清点归还相关工具设备,完成本次任务。

任务工作单

项目	汽油发动机结构认识与拆装				
任务	发动机工作原理及总体结构认识			姓名	
班级		组号		日期	
任务目的	①能正确识别发动机的型号,并能依据具体型号查阅相关技术资料,分析主要参数 ②能正确认识发动机总体结构 ③能对发动机外围附件实施拆装				
环节	内　容			批注及备注	
资讯	①记录所用车辆以下信息: 	车辆型号		排量	
VIN 码		发动机铭牌号	| ②利用下图中发动机的相关术语描述其工作过程 发动机工作过程:＿＿＿＿＿＿＿＿＿＿＿＿＿＿＿＿＿＿ ＿＿＿＿＿＿＿＿＿＿＿＿＿＿＿＿＿＿＿＿＿＿＿＿＿				
工作任务	①对发动机进行总体认识,识别两大机构与 5 大系统具体位置 ②实施发动机附件拆装练习				
分析和计划	根据工作任务,确定所需工具、设备等,并制订小组工作计划: ①讨论确定所需仪器、工具及辅助资料 ②团队协作,组织及人员分工 ③明确拆装的发动机附件,制订拆装步骤及要求 ④操作安全、规范注意事项及技术标准				

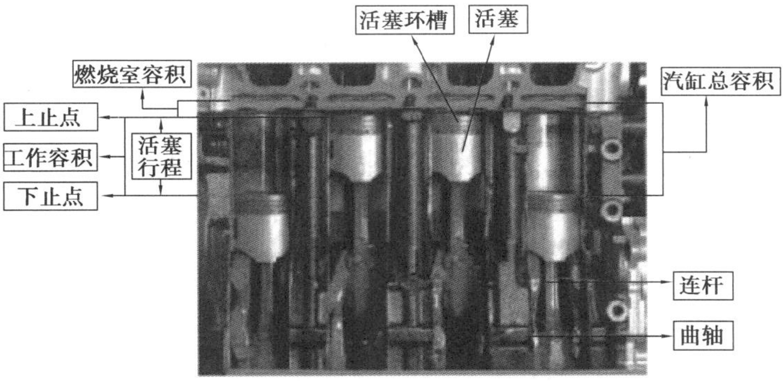

实施	①依照制订的拆装步骤完成各作业项目,并观察各部件,描述其名称,认识的部件打"√",不认识的打"×",同时指出该部件所属系统或机构 ②拆卸过程中明确技术标准,仔细观察各零部件的型号及其螺栓扭力大小 ③按正确顺序和技术标准完成装配任务 请依照以上要求完成下表:

序号	作业项目	部件名称	技术标准或要求	认识	所属机构或系统	考核
1						
2						
3						
4						
5						
6						
7						
8						
9						
10						
11						
12						
13	除上述拆卸的部件外,请补充发动机和系统内的其他部件					

检查评估

自评项根据自己对任务的完成情况进行评估并提出改进意见;互评项由组内组外互相交流和评分;教师评估可纳入任务实施过程中或对照上表随机选取几个项目评估。总评采用合格和不合格两级评价

序号	评估项目	自评	互评	教师评估
1	工具选择和使用			
2	发动机各系统组成及部件认识			
3	发动机拆装任务及技能			
4	职场安全及操作规范等			
5	总　评			

任务实施心得:

任务 3.2　机体组结构认识与拆装

能力标准

学完本任务,你应获得以下能力:
① 能正确识别机体组各零部件。
② 能正确描述机体组主要部件作用及结构特点。
③ 能正确规范实施机体组的拆卸和装配。

任务描述

请以下列任务为指导,完成相关知识的学习和实施练习:
① 实施某型号发动机机体组拆装练习。
② 识别所拆卸的某型号发动机机体组部件。

相关知识

汽车发动机机体组是构成发动机的骨架,是发动机各机构和各系统的安装基础,其内、外安装着发动机的所有主要零件和附件,承受各种载荷。因此,机体必须要有足够的强度和刚度。机体组主要由汽缸体、曲轴箱、汽缸盖及汽缸垫等零件组成,如图 3.9 所示。

图 3.9　机体组主要部件

汽缸体

现代汽车基本都采用水冷多缸发动机,对于多缸发动机,汽缸的排列形式决定了发动机外形尺寸和结构特点,对发动机机体的刚度和强度也有影响,并关系到汽车的总体布置。

图 3.10　汽缸体的结构

（1）汽缸体的结构

水冷发动机的汽缸体和上曲轴箱常铸成一体，称为汽缸体-曲轴箱，也可称为汽缸体。汽缸体一般用灰铸铁铸成，汽缸体上部的圆柱形空腔称为汽缸，下半部为支承曲轴的曲轴箱，其内腔为曲轴运动的空间。在汽缸体内部铸有许多加强筋、冷却水套和润滑油道等，如图 3.10 所示。

曲轴箱的主要功能是保护和安装曲轴，也可用于安装发动机附件。其常见形式有平分式、龙门式和隧道式 3 种，如图 3.11 所示。其中，曲轴中心线和曲轴箱下表面在同一平面内的为平分式，这种结构便于机械加工，机体高度低、质量小、结构紧凑，便于加工拆卸，多用于中小型发动机上。将曲轴箱下平面移至曲轴中心线以下的为龙门式，这种结构强度和刚度较好，但工艺性差、结构笨重，多用于大中型发动机中。隧道式曲轴箱主轴承座孔为整体式，其强度和刚度最高，但工艺性较差，仅用于少数机械负荷大，采用组合式曲轴的发动机上。

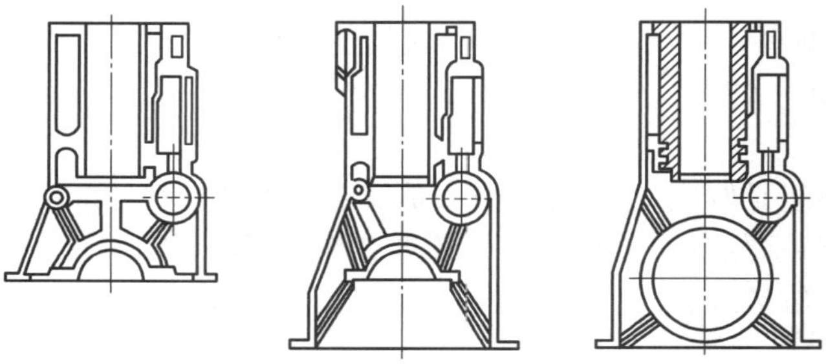

（a）平分式　　　（b）龙门式　　　（c）隧道式

图 3.11　曲轴箱结构形式

（2）汽缸体排列形式

按照汽缸的排列方式不同，汽缸体可以分成直列式、"V"形和对置式 3 种，如图 3.12 所示。

1）直列式

发动机的各个汽缸排成一列，一般垂直布置。直列式汽缸体结构简单，加工容易，但发动机长度和高度较大，一般六缸以下发动机多采用直列式。

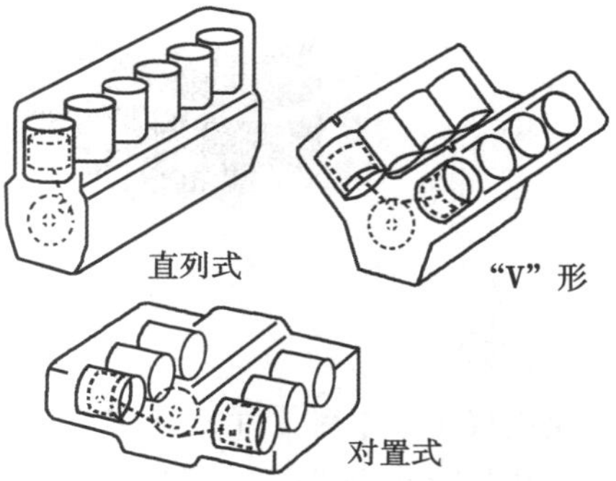

2）"V"形

汽缸排成两列，左右两列汽缸中心线的夹角小于 180°（一般为 60°或 90°），称为"V"形发动机，"V"形发动机与直列发动机相比，缩短了机体长度和高度，增加了汽缸体的刚度，减轻了发动机的质

直列式　　"V"形　　对置式

图 3.12　发动机汽缸排列方式

量,但加大了发动机的宽度,且形状较复杂,加工困难,一般用于八缸以上的发动机,六缸发动机也有采用这种形式的汽缸体。

3)对置式

汽缸排成两列,左右两列汽缸在同一水平面上,即左右两列汽缸中心线的夹角等于180°,称为对置式。它的特点是高度低,总体布置方便,有利于风冷。

📖 **汽缸套**

汽缸内表面由于受高温高压燃气的作用并与高速运动的活塞接触而极易磨损。但如果缸体全部采用优质的耐磨材料制造,将造成成本浪费。因此,在大中型发动机上多采用镶入刚体内的汽缸套,形成汽缸的工作表面。汽缸套有干式汽缸套和湿式汽缸套,如图3.13所示。

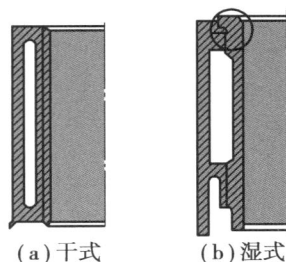

(a)干式　(b)湿式

图3.13 汽缸套

①干式汽缸套的外壁不直接与冷却水接触,而与汽缸体的壁面直接接触,壁厚较薄,一般为1~3 mm。强度和刚度都较好,但加工比较复杂,内、外表面都需要进行精加工,拆装不方便,散热不良。

②湿式汽缸套的外壁直接与冷却水接触,汽缸套仅在上、下各有一圆环地带和汽缸体接触,壁厚一般为5~9 mm。它散热良好,冷却均匀,加工容易,通常只需要精加工内表面,而与水接触的外表面不需要加工,拆装方便,但缺点是强度、刚度都不如干式汽缸套好,而且容易产生漏水现象。应该采取一些防漏措施。

📖 **汽缸盖**

(1)汽缸盖结构

汽缸盖安装在汽缸体的上面,从上部密封汽缸并构成燃烧室。它经常与高温高压燃气相接触,因此承受很大的热负荷和机械负荷。水冷发动机的汽缸盖内部制有冷却水套,缸盖下端面的冷却水孔与缸体的冷却水孔相通,利用循环水来冷却燃烧室等高温部分。

缸盖上还装有进、排气门座,气门导管孔,用于安装进、排气门,还有进气通道和排气通道等。汽油机的汽缸盖上加工有安装火花塞的孔,而柴油机的汽缸盖上加工有安装喷油器的孔。顶置凸轮轴式发动机的汽缸盖上还加工有凸轮轴轴承孔,用以安装凸轮轴,如图3.14所示。

汽缸盖一般采用灰铸铁或合金铸铁铸成。铝合金的导热性好,有利于提高压缩比,因此,近年来铝合金汽缸盖被采用得越来越多。

(2)燃烧室

汽缸盖是燃烧室的组成部分,燃烧室的形状对发动机的工作影响很大,由于汽油机和柴油机的燃烧方式不同,其汽缸盖上组成燃烧室的部分差别较大。汽油机的燃烧室主要在汽缸盖上,而柴油机的燃烧室主要在活塞顶部的凹坑。汽油机燃烧室常见的3种形式为半球形燃烧室、楔形燃烧室和盆形燃烧室,如图3.15所示。

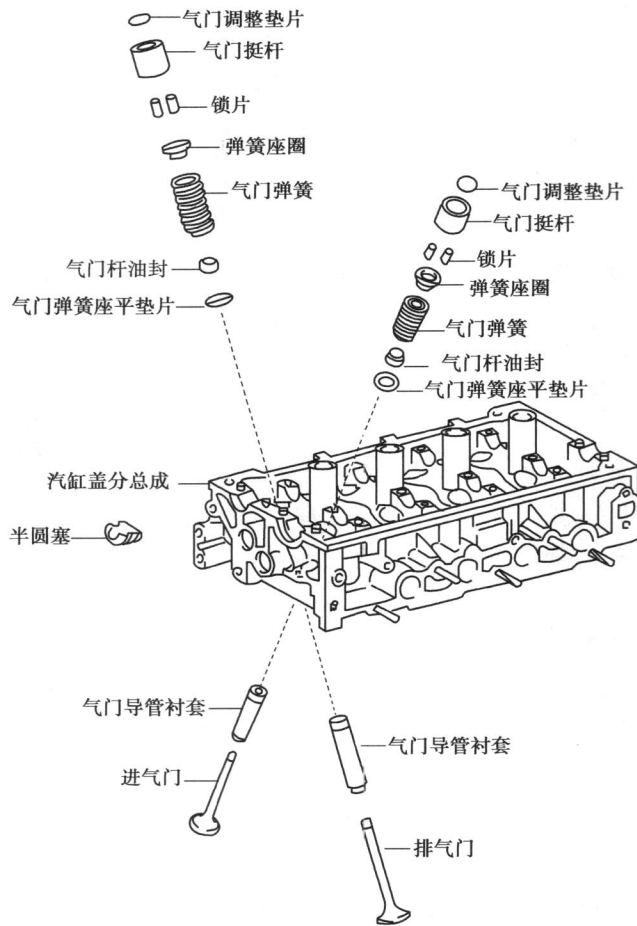

图 3.14 汽缸盖总成

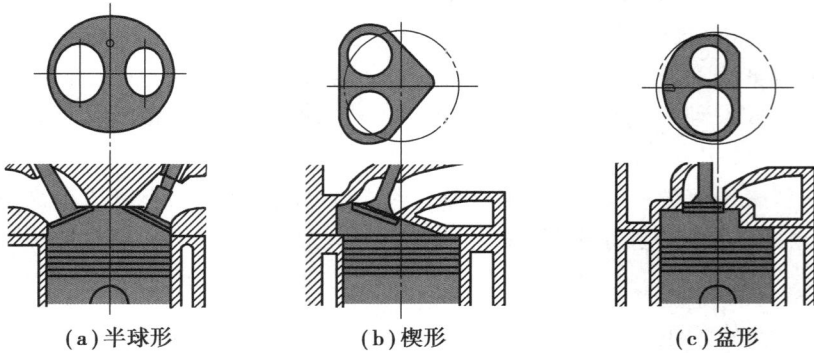

(a)半球形   (b)楔形   (c)盆形

图 3.15 汽油机的燃烧室形状

📖 汽缸垫与油底壳

(1)汽缸垫

汽缸垫装在汽缸盖和汽缸体之间,其功用是保证汽缸盖与汽缸体接触面的密封,防止漏气、漏水和漏油,如图 3.16 所示。

安装汽缸垫时,首先要检查汽缸垫的质量和完好程度,所有汽缸垫上的孔要与汽缸体上的孔对齐。其次要严格按照说明书上的要求上好汽缸盖螺栓。拧紧汽缸盖螺栓时,必须由中央对称地向四周扩展的顺序分 2~3 次进行,最后一次拧紧到规定的力矩。

图 3.16　汽缸垫　　　　　　　　　　图 3.17　油底壳总成

(2)油底壳

油底壳又称"下曲轴箱",用来储存润滑油,并封闭上曲轴箱,如图 3.17 所示。油底壳受力很小,一般采用薄钢板冲压而成,其形状取决于发动机的总体布置和机油的容量。油底壳内装有稳油挡板,以防止汽车颠动时油面波动过大。油底壳底部还装有放油螺塞,通常放油螺塞上装有永久磁铁,以吸附润滑油中的金属屑,减少发动机的磨损。在上下曲轴箱接合面之间装有衬垫,防止润滑油泄漏。

🔧 任务实施

📖 实施要求

☞ 任务目标与要求

①小组成员分工协作,利用汽车维修手册(丰田 5A 发动机维修手册)及实训资料,依据任务工作单制订工作计划,并通过小组自评或互评检查工作计划。

②完成指定发动机汽缸盖和油底壳的拆装。

③清楚拆装方法和要求,了解相关参数值。

④认识所拆部件的名称,能完成对拆卸部件的检查。

☞ 注意事项

在任务实施过程中,严格遵守相关实验实训制度和规范的要求,注意职场健康与安全需求,做好废料的处理,并保持工作场所的整洁。

📖 实施步骤

☞ 准备工作

①小组接受工作任务,准备发动机(丰田 5A 系带翻转架型)、拆装工具、维修手册等配套器材,清理场地,做好实施准备工作。

②组长带领组内成员阅读任务工作单,查阅相关手册或指导书,合理分工,制订任务计划,并检查计划有效性。

☞ 实施步骤

①合理选择工具,并正确使用各类工具完成丰田 5A 带翻转架型发动机的汽缸盖和油底壳的拆装。拆装过程中,请参考维修手册,严格按照相关技术标准和要求完成拆装任务。

②清洁工具,整理工位,废弃物分类放置。工具清洁后放回原位。现场恢复到作业前整洁。

发动机汽缸盖主要部件及部分附件如图 3.18 所示。

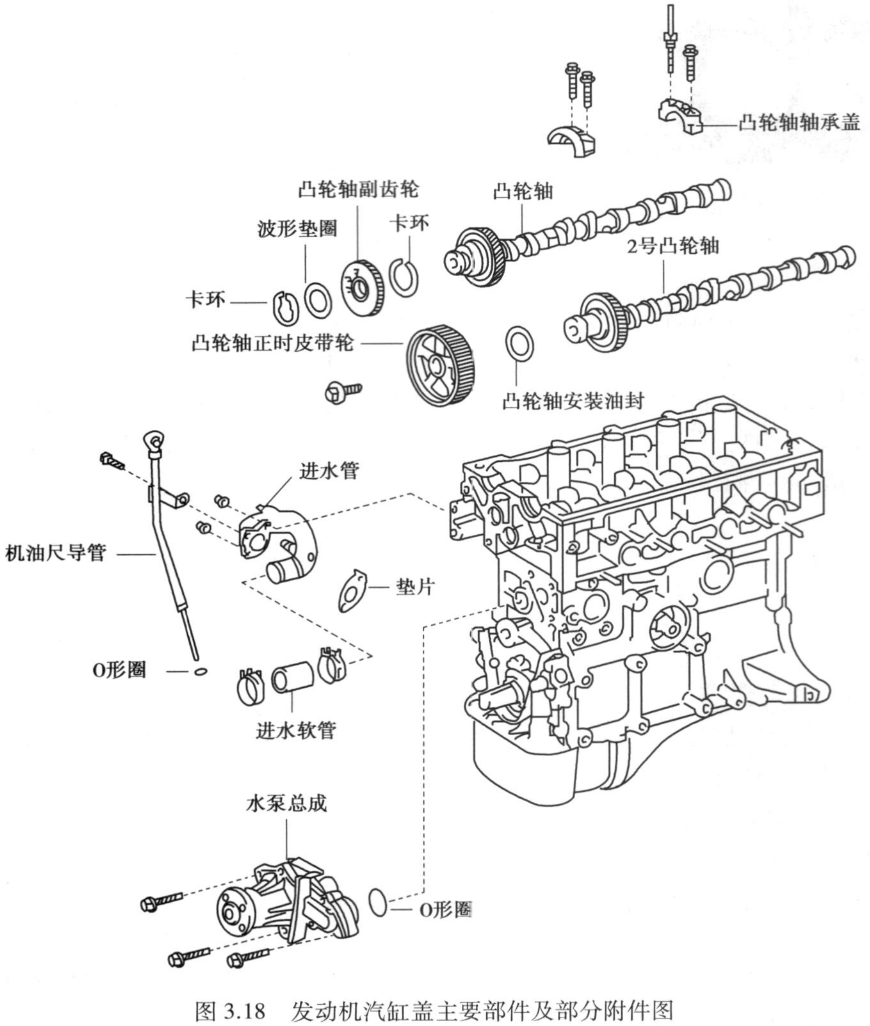

图 3.18　发动机汽缸盖主要部件及部分附件图

(1)汽缸盖的拆卸

①拆下凸轮轴正时皮带轮

用扳手夹持凸轮轴的六角头部分,并松开皮带轮螺栓,然后拆下皮带轮螺栓,如图 3.19 所示。

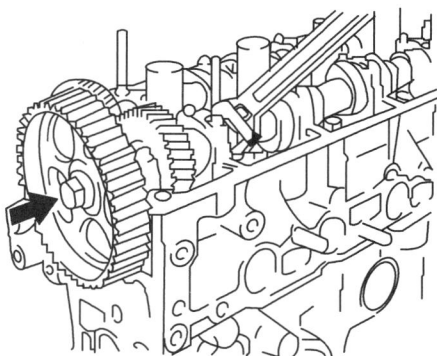

图 3.19　凸轮轴正时皮带轮拆卸

⚠ 注意:小心扳手损坏汽缸盖。

②拆下凸轮轴

转动凸轮轴的六角部分,将副齿轮的小孔转上来(它定位主齿轮和副齿轮)。

拆下两个螺栓和 1 号轴承盖,并使用维修螺栓固定主副齿轮,如图 3.20 所示。

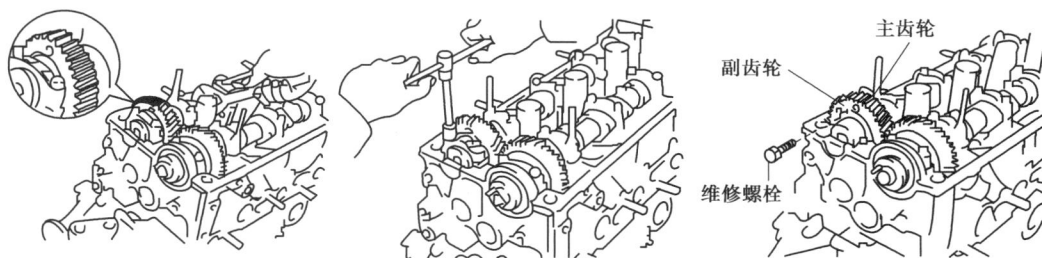

图 3.20　1 号凸轮轴轴承盖的拆卸

按两边到中间对称顺序分几次均匀地拧松 8 个轴承盖螺栓,拆下 4 个轴承盖和凸轮轴,如图 3.21 所示。

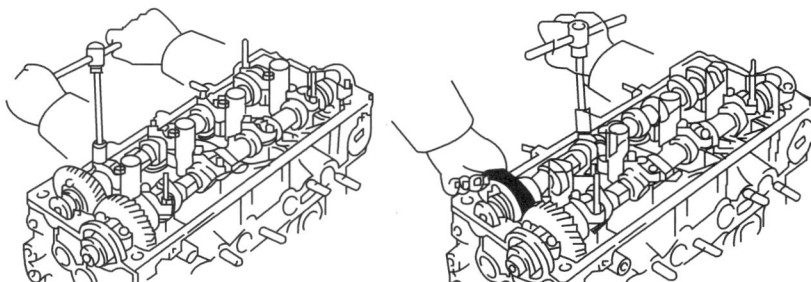

图 3.21　凸轮轴拆卸

⚠ 注意:如果凸轮轴没有被水平地向上顶起,用两个螺栓重新安装轴承盖,然后向上拉凸轮轴齿轮并交替地旋松拆下轴承盖螺栓。不要用力或其他工具撬动或拆卸凸轮轴。

③拆卸凸轮轴定位油封

转动2号凸轮轴的六角部分,使定位销位于2号凸轮轴的垂直中心线偏右的位置,然后拆下两个螺栓、凸轮轴定位油封和1号轴承盖,如图3.22所示。

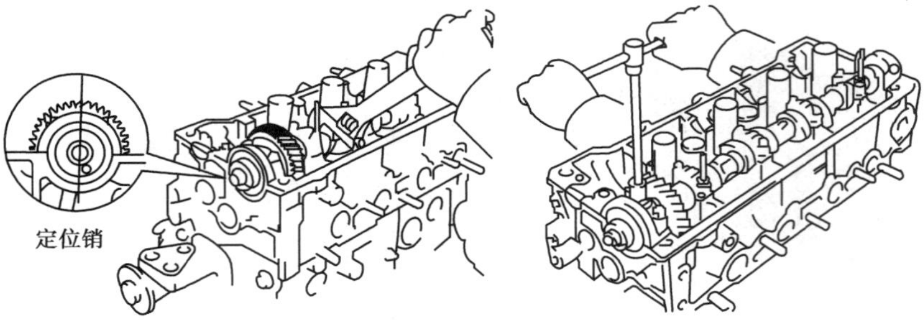

图 3.22　凸轮轴定位油封拆卸

④拆卸2号凸轮轴

按顺序分几次均匀地旋松8个轴承盖螺栓,如图3.23所示。

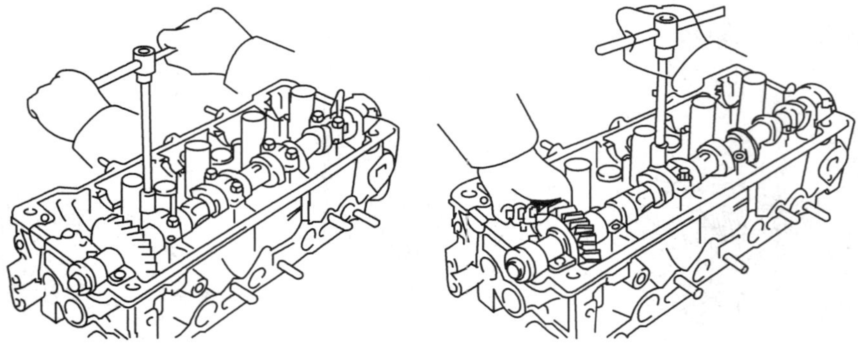

图 3.23　2号凸轮轴拆卸

⑤拆下汽缸盖分总成

按由四周向中央对称扩展的顺序分几次均匀旋松缸盖螺栓,先拆下10个平垫圈,如图3.24所示。

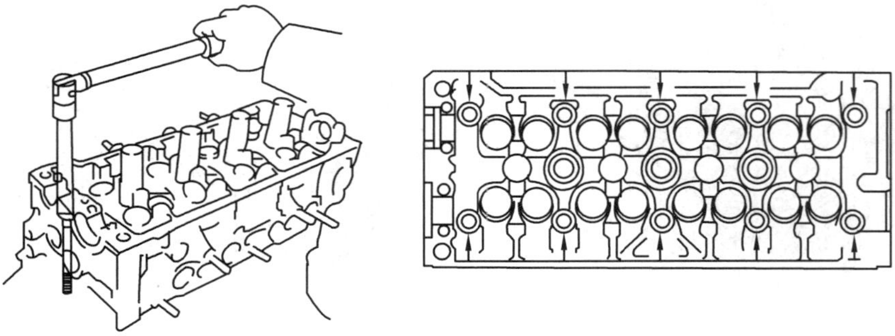

图 3.24　汽缸盖螺栓拆卸

从汽缸体的定位销处撬起汽缸盖,取下汽缸盖并放置在长形木块上。

⚠ 注意:不要损坏汽缸体和汽缸盖的接触表面。

（2）拆卸汽缸垫

拆卸发动机的汽缸垫。

（3）拆卸油底壳及机油滤清器分总成

①拆卸 19 颗螺栓和两颗螺母。

②在缸体和油底壳之间插入铲刀,铲掉密封垫并取下油底壳。

③拆卸机油滤清器分总成。拆下两个螺栓和两个螺母、机油滤清器和垫片,如图 3.25 所示。

（4）拆卸机油泵总成

拆下机油泵 7 颗固定螺栓,用塑料榔头轻轻敲击机油泵,取下机油泵及其垫片,如图 3.26 所示。

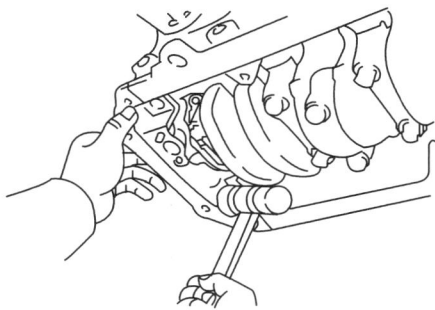

图 3.25　机油滤清器总成拆卸

图 3.26　机油泵总成的拆装

（5）拆下发动机后油封

拆下后油封座圈 6 颗螺栓,用撬棍拆下发动机后油封及其垫片,发动机总成拆卸完成,如图 3.27 所示。

（6）以相反顺序完成以上部件的安装

①安装发动机后油封。更换一块新垫片,并用 6 个螺栓安装后油封座圈。

②安装机油泵总成。更换新的垫片,用 7 个螺栓安装机油泵,螺栓扭力达 22 N·m。

③安装机油滤清器总成。

④安装油底壳分总成。去除旧密封材料,并在油底壳上涂上新的密封材料,用 19 颗螺栓和两颗螺母安装油底壳。

⑤安装汽缸垫。在汽缸体上安装新的汽缸垫。

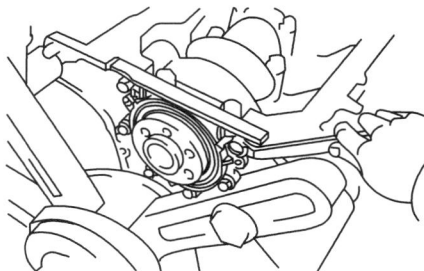

图 3.27　后油封拆卸

⚠ 注意:安装的正反方向。

⑥安装汽缸盖分总成。

首先在汽缸盖螺栓的螺纹和螺栓头下部涂一层薄机油,按如图 3.28 所示的顺序分几次均匀拧紧 10 个汽缸盖螺栓,扭矩为 29 N·m。

图 3.28　汽缸盖螺栓安装顺序

然后用油漆在汽缸盖螺栓的前面做标记,按顺序号再将汽缸盖螺栓拧紧 180°,检查标记转过 90°,如图 3.29 所示。

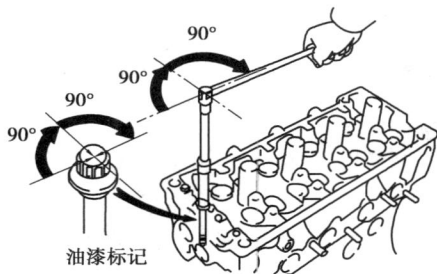

图 3.29　汽缸盖螺栓加扭力

⑦安装 2 号凸轮轴。

在 2 号凸轮轴的止推位置涂黄油,并放置 2 号凸轮轴,使定位销在凸轮轴的垂直中心线偏右的位置。清除旧密封材料,并填充新密封材料在汽缸盖上。

将 5 个轴承盖放在各自相应的位置上。在轴承盖螺栓的螺纹和螺栓头下部涂一层薄机油,并按中间往四周的顺序均匀拧紧 10 个轴承盖螺栓,扭力为 13 N·m,如图 3.30 所示。最后安装该凸轮轴的定位油封。

⑧安装 1 号凸轮轴。

首先定位 2 号凸轮轴,以便定位销位于汽缸盖顶部稍微偏上的位置,如图 3.31 所示。

匹配每个齿轮的安装标记,让进气凸轮轴齿轮啮入 2 号凸轮轴齿轮。沿着两个齿轮的啮合位置向下滚动进气凸轮轴落在轴承轴颈上,如图 3.32 所示。

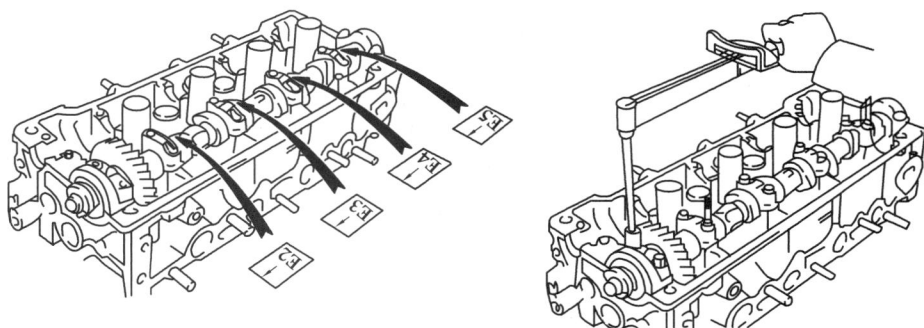

图 3.30　2 号凸轮轴轴承盖的安装

定位销

图 3.31　2 号凸轮轴定位销

安装标记

安装标记

正时标记

图 3.32　正时标记匹配

将 4 个轴承盖安装在各自的位置上,在轴承盖螺栓的螺纹和螺栓头下部涂一层薄机油,按如图 3.33 所示的顺序分几次均匀拧紧 8 个轴承盖螺栓,扭力达 13 N·m,并拆下维修螺栓。最后安装 1 号轴承盖,使标记箭头朝前,在轴承盖螺栓的螺纹和螺栓头下部涂一层薄机油,交替拧紧两个轴承螺栓,扭矩达 13 N·m,如图 3.33 所示。

顺时针转动 2 号凸轮轴,使定位销朝上,检查凸轮轴正时标记是否对正,如图 3.34 所示。

⑨安装正时皮带轮。

将凸轮轴定位销对准皮带轮带"K"标记的定位销槽,并在正时皮带轮侧暂时安装正时皮带轮螺栓,夹持凸轮轴六角部位,拧紧正时皮带轮螺栓,扭力为 59 N·m,如图 3.35 所示。

图 3.33　1 号凸轮轴轴承盖安装

图 3.34　正时标记检查

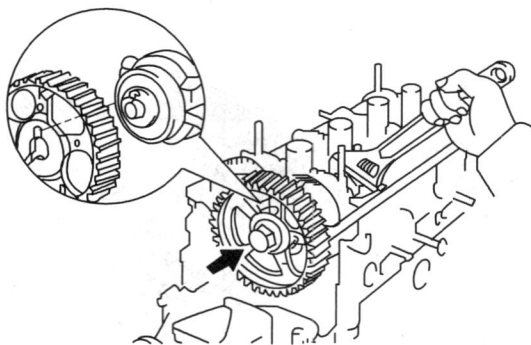

图 3.35　正时皮带轮安装

☞ 评估总结

①回答指导教师提问,并接受指导教师相关考核。

②对本次任务完成过程及效果进行自我评价和小组互评,填写任务工作单。

③清洁工作场所,清点归还相关工具设备,完成本次任务。

任务工作单

项目	汽油发动机结构认识与拆装				
任务	机体组结构认识与拆装			姓名	
班级		组号		日期	
任务目的	①能正确识别机体组各零部件 ②能正确描述机体组主要部件作用及结构特点 ③能正确规范实施机体组的拆卸和装配				
环节	内　容				批注及备注
资讯	①请写出下列汽缸体的布置形式 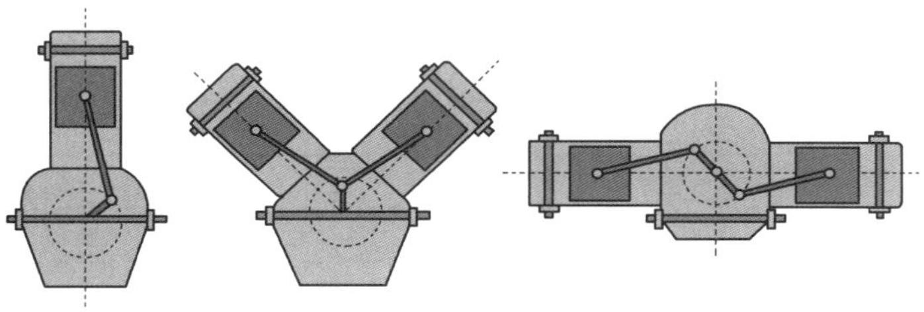 ＿＿＿＿＿＿　　＿＿＿＿＿＿　　＿＿＿＿＿＿ ②在汽缸盖和汽缸垫的拆装过程中有哪些需要注意的事项				
工作任务	①实施某型号发动机机体组拆装练习 ②识别所拆卸的某型号发动机机体组部件				
分析和计划	根据工作任务,确定所需工具、设备等,并制订小组工作计划: ①讨论确定所需仪器、工具及辅助资料 ②团队协作,组织及人员分工 ③明确拆装步骤及要求,制订操作方案 ④操作安全、规范注意事项及技术标准				

	①依照制订的拆装步骤完成各作业项目,并观察各部件,描述其名称,认识的部件打"√",不认识的打"×",同时描述该部件的作用 ②拆卸过程中明确技术标准,仔细观察各零部件的型号及其螺栓扭力大小 ③按正确顺序和技术标准完成装配任务 请依照以上要求完成下表:

实施

序号	作业项目	部件名称	技术标准或要求	认识	作　用	考核
1						
2						
3						
4						
5						
6						
7						
8						
9						
10						
11						
12						
13						
14						
15						
16						

检查评估

自评项根据自己对任务的完成情况进行评估并提出改进意见;互评项由组内组外成员互相交流和评分;教师评估可纳入任务实施过程中或对照上表随机选取几个项目评估。总评采用合格和不合格两级评价

序号	评估项目	自评	互评	教师评估
1	工具选择和使用			
2	发动机机体组主要部件认识			
3	缸盖拆装方法			
4	凸轮轴拆装方法及对正时标记			
5	各主要螺栓安装扭力要求			
6	职场安全及操作规范等			
7	总　评			

任务实施心得:

任务 3.3　活塞连杆组认识与拆装

活塞连杆组

能力标准

学完本任务,你应获得以下能力:
①能根据相关技术规定,制订发动机活塞连杆组的拆装方案。
②能正确规范实施活塞连杆组的拆卸和装配。
③能正确识别活塞连杆组主要零部件。
④能正确描述活塞连杆组主要部件作用及结构特点。

任务描述

请以下列任务为指导,完成相关知识的学习和实施练习:
①实施某型号发动机活塞连杆组的拆装练习。
②识别所拆卸活塞连杆组的部件。

相关知识

活塞连杆组是将燃烧过程中获得的动力传递给曲轴,以驱动汽车车轮转动及带动其他附属装置。活塞连杆组主要包括活塞、活塞环、活塞销、连杆及连杆轴等,如图 3.36 所示。

📖 活塞总成

(1)活塞

活塞承受交变的机械负荷和热负荷,是发动机中工作条件最恶劣的关键零部件之一。活塞的功用是承受气体压力,并通过活塞销传给连杆驱使曲轴旋转,活塞顶部还是燃烧室的组成部分。

活塞一般采用铝合金材料铸造或锻造而成,其基本结构可分为活塞顶部、活塞头部和活塞裙部 3 个部分,如图 3.37 所示。

1)活塞顶部

活塞顶部是燃烧室的组成部分,主要作用承受气体压力。

图 3.36　活塞连杆组主要部件

为适合发动机的不同要求,活塞顶部主要分为平顶、凸顶和凹顶等形式,如图 3.38 所示。多数汽油机采用平顶活塞,有些发动机(如直喷式柴油机和新型的缸内喷射汽油机)为了混合气形成的需要,提高燃烧效率,将爆燃减少到最低程度,需要活塞顶端具有较复杂的形状,设有一定深度的凹坑作为燃烧室的一部分。

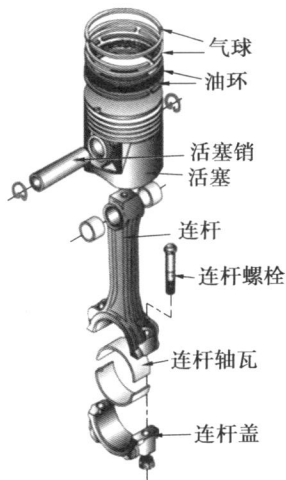

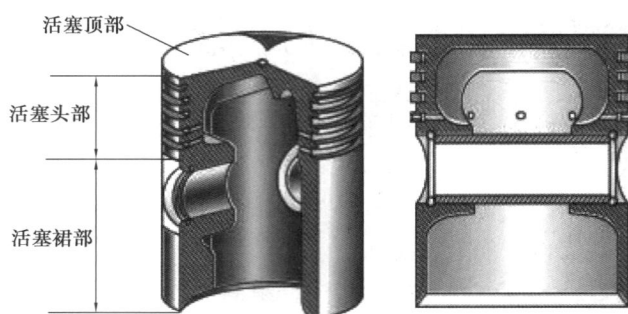

图 3.37　活塞的结构

（a）平顶活塞　　　　（b）凸顶活塞　　　　（c）凹顶活塞

图 3.38　活塞顶部形状

　　活塞顶部标有一定的记号,如箭头、三角、实心圆点、"A"或数字等字符,分别表示不同的意思。如图 3.39 所示为丰田 5A 发动机活塞头部标记,其中前(凹坑)标记朝向发动机前方,标记 1、2 或 3 表示活塞标准尺寸级别。

　　2)活塞头部

　　活塞头部是指第一道活塞环槽到活塞小孔以上的部分,它有数道环槽,用来安装活塞环,起密封作用。汽油机一般有 3 道活塞环,其中上部两道为气环,下部为油环。油环槽底部上钻有许多径向小孔,使从汽缸壁上刮下来的机油经过这些孔流回油底壳。

图 3.39　活塞顶上的标记

　　活塞顶部吸收的热量主要通过活塞环传给汽缸壁,再由冷却水传出去。活塞头部的作用除了用来安装活塞环外,还有密封和传热的作用。

　　3)活塞裙部

　　活塞裙部是从油环槽下端面起至活塞最下端的部分。它的作用是尽量保持活塞在往复运动中垂直的姿态,也就是活塞的导向部分,同时还承受侧压力,防止油膜破坏。裙部的长短取决于侧压力的大小和活塞直径。

　　（2）活塞环

　　活塞环是具有弹性的开口环,可分为气环和油环。

　　1)功用

　　活塞环的功用体现为密封、调节机油(控油)、导热(传热)及导向(支承)4 个作用。

①密封。密封指密封燃气,不让燃烧室的气体漏到曲轴箱,将气体的泄漏量控制在最低限度,提高热效率。漏气不仅会使发动机的动力下降,而且会使机油变质,这是气环的主要任务。

②调节机油(控油)。将汽缸壁上多余的润滑油刮下,同时又使汽缸壁上布有薄薄的油膜,保证汽缸和活塞及环的正常润滑,这是油环的主要任务。在现代高速发动机上,特别重视活塞环控制油膜的作用。

③导热。通过活塞环将活塞的热量传导给缸套,即起冷却作用。资料表明,活塞顶所受的热量中有 70%~80% 是通过活塞环传给缸壁而散掉的。

④支承。活塞环将活塞保持在汽缸中,防止活塞与汽缸壁直接接触,保证活塞平顺运动,降低摩擦阻力,而且防止活塞敲缸。

一般汽油发动机的活塞采用两道气环、一道油环,而柴油发动机则采用三道气环、一道油环。

2)工作条件及材料

活塞在高温、高压、高速及润滑条件极差的条件下工作,同时由于它的运动情况复杂,不仅与汽缸壁有相对高速的滑动摩擦,而且与环槽侧面上下撞击,因此,活塞环磨损严重,是发动机零件中工作寿命最短的部件之一。

一般活塞环多用优质灰铸铁、球墨铸铁或合金铸铁制造,其中第一道活塞在其外表面采用镀铬来减缓磨损,其他的环多采用镀锡、磷化或硫化处理来提高磨合性。

3)气环

气环为带有切口的弹性片状圆环(见图3.40),在自由状态下,气环的外径略大于汽缸的直径。当气环装入汽缸后,产生弹力使环紧压在汽缸壁上,形成第一密封面,被密封的气体不能通过环周与汽缸之间进入,只能通过环与环槽间的空隙,一方面将环压入环槽断面形成第二密封面,另一方面作用在环背的气体压力又大大加强了第一密封面的密封作用。

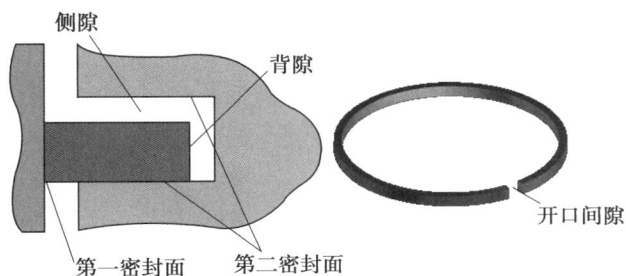

图 3.40　气环结构及间隙

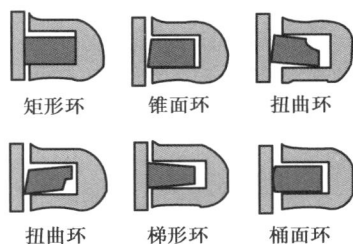

图 3.41　气环断面形状

为了提高密封性,加速磨合,减少泵油和改善润滑,不同发动机上装有的气环断面形状各异。气环的断面形状很多,常见的有矩形环、锥面环、梯形环及桶面环,如图3.41所示。

断面为矩形的气环形状简单,加工方便,与汽缸壁接触面积大,有利于活塞头部的散热,但缺点是会产生"泵油"作用,即矩形环随活塞往复运动时,会将汽缸壁面上的机油不断送入汽缸内。

为了消除和减少有害的"泵油"作用,除了在气环的下面装有油环外,广泛采用了非矩形断面的环。

4）油环

油环按结构分为整体式和组合式两种。整体式油环如图 3.42 所示，一般用于负荷较大的发动机上，其外圆柱中部切有一道凹槽，凹槽底部开有若干个回油孔或回油槽，有的在其背面加装弹性衬垫，既保证对汽缸壁的弹力，又具有较好的柔性，延长使用寿命。发动机工作时，利用上下刮油唇将汽缸壁上的多余润滑油刮下，并通过回油孔或回油槽流回曲轴箱。多数轿车发动机采用组合式油环如图 3.43 所示，它由上下刮片和一个衬簧组成，刮油片很薄，刮油作用强，对防止润滑油窜入燃烧室有利。

图 3.42　整体式油环　　　　图 3.43　组合式油环

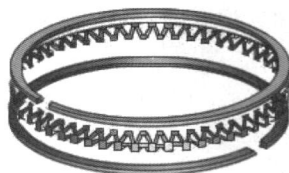

（3）活塞销

1）功用

活塞销用来连接活塞和连杆，并将活塞承受的力传给连杆。活塞销在高温条件下承受很大的周期性冲击负荷，且由于活塞销在销孔内摆动角度不大，难以形成润滑油膜，因此润滑条件较差。为此活塞销必须有足够的刚度、强度和耐磨性，质量尽可能小，销与销孔应该有适当的配合间隙和良好的表面质量。

2）材料和结构

活塞销的材料一般为低碳钢或低碳合金钢，如 20、20Mn、15Cr、20Cr 或 20MnV 等。外表面渗碳淬硬，再经精磨和抛光等精加工。这样既提高了表面硬度和耐磨性，又保证有较高的强度和冲击韧性。

活塞销的结构基本上是一个厚壁空心圆柱，如图 3.44 所示。其内孔形状有圆柱形、两段截锥形和组合形。圆柱形孔加工容易，但活塞销的质量较大；两段截锥形孔的活塞销质量较小，且因为活塞销所受的弯矩在其中部最大，因此，接近于等强度梁，但锥孔加工较难。

图 3.44　活塞销的结构　　　　图 3.45　活塞销连接方式

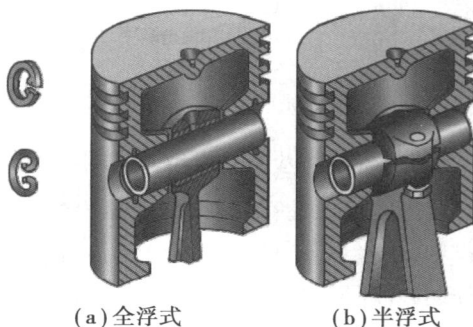

圆柱形内孔

截锥形内孔

组合形内孔

（a）全浮式　　（b）半浮式

3）连接方式

活塞销与活塞销座孔及连杆小头衬套孔的连接配合有两种方式：全浮式连接和半浮式连

接,如图 3.45 所示。

全浮式连接是当发动机工作时,活塞销、连杆小头和活塞销座都有相对运动,这样,活塞销能在连杆衬套和活塞销座中自由摆动,使磨损均匀。为了防止全浮式活塞销轴向窜动刮伤汽缸壁,在活塞销两端装有挡圈,进行轴向定位。由于活塞是铝活塞,而活塞销采用钢材料,铝比钢热膨胀量大。为了保证高温工作时活塞销与活塞销座孔为过渡配合,装配时,先将铝活塞加热到一定程度,然后将活塞销装入,这种安装方式应用较广泛。

半浮式连接是在发动机工作时,活塞销和活塞销座孔为间隙配合,而活塞销与连杆小头为过盈配合,活塞销只能在销座孔内浮动,销座孔内无卡环,两端小头不必装连杆衬套,活塞销各部分磨损不均匀。

📖 连杆总成

连杆是活塞与曲轴的连接部件,其功用是将活塞承受的力传给曲轴,从而使活塞的往复运动转变成曲轴的旋转运动。连杆组由连杆体、连杆盖、连杆轴瓦及连杆螺栓等组成。

(1)连杆工作条件及材料

连杆主要承受压缩、拉伸和弯曲等交变载荷,因此,要求连杆有足够的强度和刚度。强度不足会导致连杆杆身、大头盖及连杆螺栓断裂,造成严重事故。刚度不足则会造成大头失圆破坏润滑,连杆螺栓承受附加载荷。杆身弯曲会造成活塞和汽缸偏磨、活塞环漏气与窜油等。为了增强其强度和刚度,应采用合理的结构设计,同时应选用强度高而轻的材料以及合理工艺。连杆材料一般选用优质中碳 45 结构钢,并采用正火或调质等热处理。

(2)连杆结构

连杆由连杆小头、杆身和连杆大头(包括连杆盖)等组成,如图 3.46 所示。

1)连杆小头

连杆小头与活塞销相连。小头一般为整体圆环或椭圆环外形,内圆孔中压装连杆衬套作为减摩轴承。连杆小头下半部支承面往往较上半部大,即支承面呈阶梯形。为了润滑活塞销与连杆衬套这对摩擦副,在小头及衬套上加工出集油孔或油槽,收集发动机运转时飞溅上来的润滑油进行润滑。

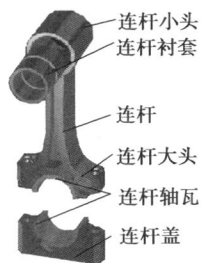

图 3.46　连杆结构

2)杆身

连杆杆身为连接小头与大头之间的一段杆体。大、小头座孔中心线间的距离称连杆长度。为尽量减轻质量及增大抗弯能力,杆身采用工字形截面,并使工字截面的长轴置于摆动平面内。连杆大、小头与杆身相接处用大圆弧光滑过渡来减小应力。杆身中央或稍偏位置处钻有深长油孔,以供应连杆衬套及活塞销座的润滑用油。

3)连杆大头及大头盖

连杆大头与曲轴连接,为便于装拆,连杆大头孔为剖分式,由连杆大头与大头盖即连杆盖组合成大头圆孔,孔安装连杆轴瓦,用连杆螺栓使盖和连杆大头紧固。连杆大头剖分的形式有平切口式和斜切口式,如图 3.47 所示。连杆螺栓与螺栓孔配合起定位作用,防止装配时连杆盖与连杆错位。

（a）平切口连杆盖

（b）斜切口连杆盖

图 3.47　连杆大头连接形式

4）连杆轴瓦

连杆轴瓦俗称"小瓦"，承受气体力及活塞、连杆组往复运动惯性力合力的循环交变载荷，工作负荷大。连杆轴瓦普遍采用承载能力较高的锡铝合金瓦、铜铅合金瓦或铅青铜 3 种合金瓦。连杆轴瓦的上半瓦为工作瓦，内表面一般不开油槽，有的仅在瓦口处设过渡油槽及出油孔。下半瓦为非工作瓦，其内表面开油槽及出油孔，以将部分机油引入连杆盖油槽内。连杆轴瓦具有一定的弹胀量、紧余量和削薄量。为了防止工作中连杆轴瓦发生转动或轴向移动，在上下两半轴瓦的剖分面上分别冲压出高于钢背面的两个定位凸键，如图 3.48 所示，装配时凸键分别嵌入连杆大头和连杆盖上的相应凹槽内。

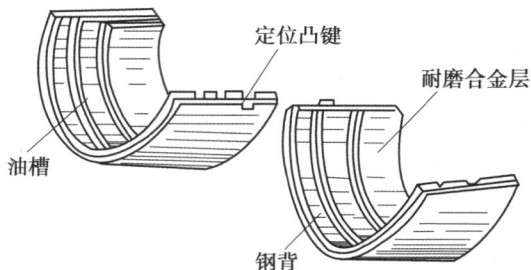

图 3.48　连杆轴瓦

（3）"V"形发动机连杆

"V"形发动机左右两列汽缸共用一根曲轴，在同一连杆轴颈上连接着两组连杆。"V"形发动机连杆组的布置形式有并列连杆式、主副连杆式和叉形连杆式 3 种形式，如图 3.49 所示。

1）并列式连杆

左右两列汽缸的连杆组结构相同，且左右相邻汽缸的连杆组并排地安装在同一连杆轴颈上，并使左右相邻汽缸的中心错开一定距离。

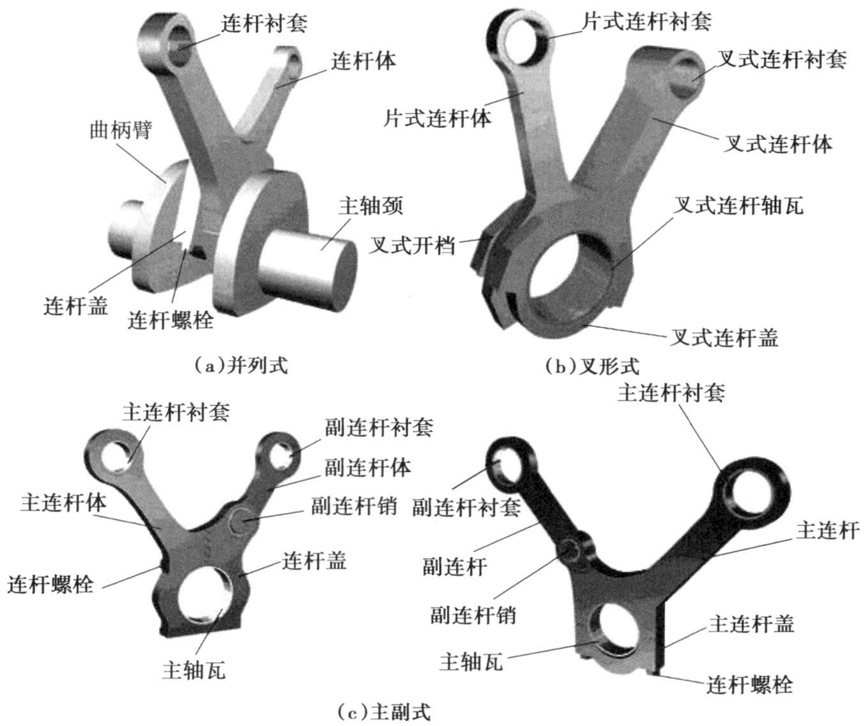

(a)并列式　(b)叉形式　(c)主副式

图 3.49　“V”形发动机连杆形式

2)叉片式连杆

安装在同一连杆轴颈上,左右缸的连杆组不相同,其中,有叉形开档的连杆大头者称为叉式连杆,另一较薄的连杆大头的称为片式连杆。

3)主副式连杆

安装在同一连杆轴颈上两缸的连杆组不同,一列汽缸的连杆组连接于另一列汽缸连杆组的大头上,前者称为副连杆,后者称为主连杆。主连杆与连杆轴颈相连,副连杆通过副连杆销借主连杆的大头与连杆轴颈相连。主连杆的大头刚度较大,在同样的条件下,主连杆轴瓦的宽度也小于并列式连杆瓦的总宽度,同时左右相邻汽缸中心一致,这利于使机体和曲轴长度缩短,提高曲轴刚度。但是,主副连杆结构复杂;左右两活塞-连杆组的运动规律不同,活塞行程也不相同;两种连杆组受力不同,副连杆传力到主连杆大头,使主连杆及主缸活塞的侧表面受附加力。

任务实施

实施要求

☞ 任务目标与要求

①小组成员分工协作,利用汽车维修手册(丰田 5A 发动机维修手册)及实训资料,依据任务工作单制订工作计划,并通过小组自评或互评检查工作计划。

②完成指定发动机活塞连杆组的拆装,能认识并说出所拆部件的名称。

③清楚拆装方法、要求及相关技术参数。

☞ 注意事项

在任务实施过程中,严格遵守相关实验实训制度和规范的要求,注意职场健康与安全需求,做好废料的处理,并保持工作场所的整洁。

📖 实施步骤

☞ 准备工作

①小组接受工作任务,准备发动机(丰田5A系带翻转架型)、拆装工具、维修手册等配套器材,清理场地,做好实施准备工作。

②组长带领组内成员阅读任务工作单,查阅相关手册或指导书,合理分工,制订任务计划,并检查计划有效性。

☞ 实施步骤

①合理选择工具,并正确使用各类工具完成丰田5A发动机活塞连杆组的拆装任务。拆装过程中,请参考维修手册,严格按照相关技术标准和要求完成拆装任务。

②清洁工具,整理工位,废弃物分类放置。工具清洁后放回原位。现场恢复到作业前整洁。

(1)活塞连杆组总成的拆卸

①清洁发动机缸体。用抹布和钢丝刷清洁发动机缸体,用压缩空气吹净。

②翻转发动机,选用梅花扳手转动曲轴,将准备拆卸的连杆对应的活塞转到下止点。

③选用扭力扳手拆卸连杆螺母。

④使用塑料榔头,轻轻敲击连杆螺栓,取下连杆轴承盖,并将下轴承(轴瓦)装入连杆盖内。

⑤用一段短软管套在连杆螺栓上(见图3.50),防止损伤曲轴。用塑料或木质工具从汽缸体上面推出活塞、连杆总成及上轴承,并按顺序摆放,如图3.51所示。

⚠️ 注意:取出活塞连杆组时不要硬撬、硬敲,以免损伤汽缸。取出活塞连杆组后,应将连杆轴承盖、螺栓螺母按原位装回,并注意检查各缸活塞序号及向前指示标记,如果没有,必须做好记号。

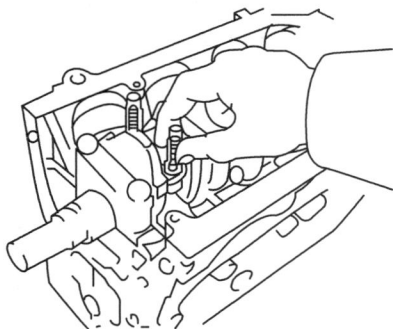

图3.50 活塞连杆总成拆卸

图3.51 活塞连杆总成顺序摆放

（2）**活塞组拆卸**

①用活塞环扩张器拆下活塞环,并整齐放置活塞
环,如图 3.52 所示。

⚠ 注意:拆下活塞环时,注意观察活塞环上的
标记,"TOP"朝向活塞顶。

②热状态下拆下活塞销和活塞,并整齐放置在工
作台上。

⚠ 注意:活塞和活塞销是配套的,所以需按正
确顺序摆放活塞、活塞销、活塞环和轴承。

③彻底清洗活塞连杆组所有部件,用压缩空气吹净。

图 3.52 活塞环拆卸

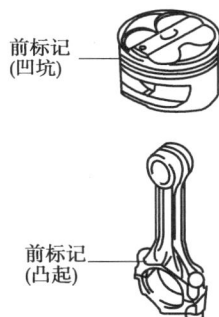

（3）**检查曲柄销和轴承**

检查曲柄销和轴承有无麻点和划痕或损伤,必要时需更换。

（4）**安装带活塞销分总成**

①将活塞销和销孔涂上机油。

②对正活塞和连杆的朝前标记(见图3.53),用拇指推入活塞销,再使用专用工具压入活
塞销。

图 3.53 活塞及连杆朝前标记

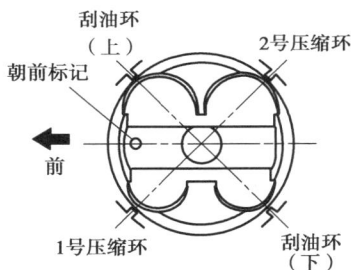

图 3.54 各活塞环开口布置

（5）**安装活塞环组**

①用手安装油环弹簧和两个刮油环。

②使用活塞环扩张器安装两个气环,2 号气环标记朝上。

③按如图 3.54 所示布置活塞环端口。

⚠ 注意:不要对齐活塞环端口。

（6）**清洁发动机缸体**

用抹布清洁发动机缸体,用压缩空气吹净,并涂上适量的机油维护和保养发动机。

（7）**安装连杆轴承**

对准轴承凸起和连杆或连杆盖的凹槽，将轴承安装到连杆和连杆盖中，如图 3.55 所示。

（8）**安装连杆总成**

①用软管套在连杆螺栓上，防止损伤曲轴。

②使用活塞收紧器，按正确位置将活塞和连杆总成推入各自的汽缸，活塞的标记朝前。

③匹配连杆盖和连杆的号码，安装连杆盖，标记朝前，如图 3.56 所示。

图 3.55 连杆轴承安装

图 3.56 连杆总成安装

（9）**连杆盖螺栓加力**

①在连杆盖螺母下方涂上一层薄机油，分几次交替拧紧螺母，扭矩为 29 N·m，如图 3.57(a) 所示。

②用油漆在螺母和连杆螺栓上做标记，如图 3.57(b) 所示将螺母拧紧 90°。

③检查曲轴能灵活转动。

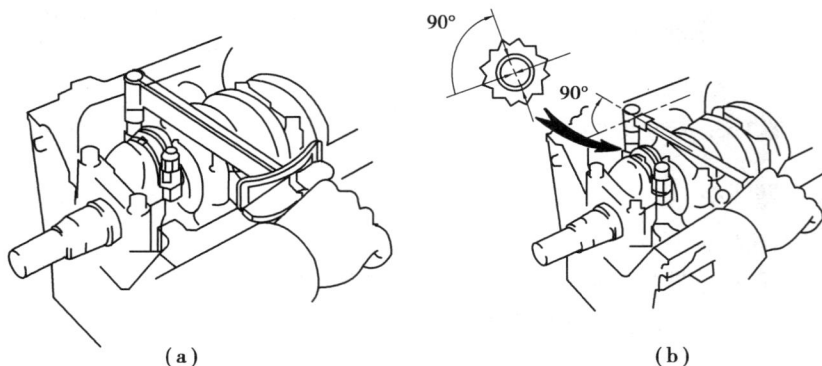

（a）

（b）

图 3.57 连杆盖螺栓加力

☞ 评估总结

①回答指导教师提问，并接受指导教师相关考核。

②对本次任务完成过程及效果进行自我评价和小组互评，填写任务工作单。

③清洁工作场所，清点归还相关工具设备，完成本次任务。

任务工作单

项目	汽油发动机结构认识与拆装			
任务	活塞连杆组认识与拆装		姓名	
班级		组号	日期	
任务目的	①能根据相关技术规定,制订发动机活塞连杆组的拆装方案 ②能正确规范实施活塞连杆组的拆卸和装配 ③能正确识别活塞连杆组主要零部件 ④能正确描述活塞连杆组主要部件作用及结构特点			
环节	内　容			批注及备注
资讯	①请在下图横线旁边批注各部件名称 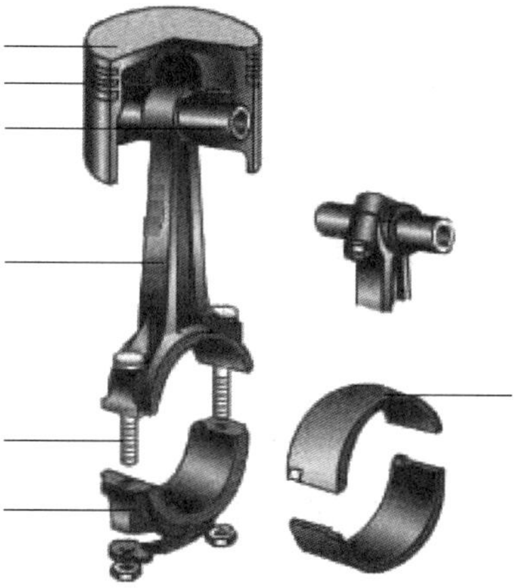 ②在活塞连杆组的拆装过程中有哪些需要注意的事项			
工作任务	①实施某型号发动机活塞连杆组的拆装练习 ②识别所拆卸活塞连杆组的部件			
分析和计划	根据工作任务,确定所需工具、设备等,并制订小组工作计划: ①讨论确定所需仪器、工具及辅助资料 ②团队协作,组织及人员分工 ③明确拆装步骤及要求,制订操作方案 ④操作安全、规范注意事项及技术标准			

实施	①依照制订的拆装步骤完成各作业项目,并观察各部件,描述其名称,认识的部件打"√",不认识的打"×",同时描述该部件的作用 ②拆卸过程中明确技术标准,仔细观察各零部件的型号及其螺栓扭力大小 ③按正确顺序和技术标准完成装配任务 请依照以上要求完成下表:

序号	作业项目	部件名称	技术标准或要求	认识	作　用	考核
1						
2						
3						
4						
5						
6						
7						
8						
9						
10						
11						
12						
13						
14						

检查评估	自评项根据自己对任务的完成情况进行评估并提出改进意见;互评项由组内组外成员互相交流和评分;教师评估可纳入任务实施过程中或对照上表随机选取几个项目评估。总评采用合格和不合格两级评价

序号	评估项目	自评	互评	教师评估
1	工具选择和使用			
2	活塞连杆组主要部件认识			
3	连杆分总成拆装方法			
4	活塞环拆装方法			
5	主要技术标准和技术参数要求			
6	职场安全及操作规范等			
7	总　评			

任务实施心得:

任务 3.4　曲轴飞轮组认识与拆装

能力标准

学完本任务,你应获得以下能力:

①能根据相关技术规定,制订发动机曲轴飞轮组的拆装方案。
②能正确规范实施曲轴飞轮组的拆卸和装配。
③能正确识别曲轴飞轮组主要零部件。
④能正确描述曲轴飞轮组主要部件作用及结构特点。

曲轴飞轮组

任务描述

请以下列任务为指导,完成相关知识的学习和实施练习:

①实施某型号发动机曲轴飞轮组的拆装练习。
②识别所拆卸曲轴飞轮组的部件。

相关知识

曲轴飞轮组主要由曲轴和飞轮以及其他不同作用的零件和附件组成。其零件和附件的种类和数量取决于发动机的结构和性能要求,某六缸发动机曲轴飞轮组结构如图 3.58 所示。

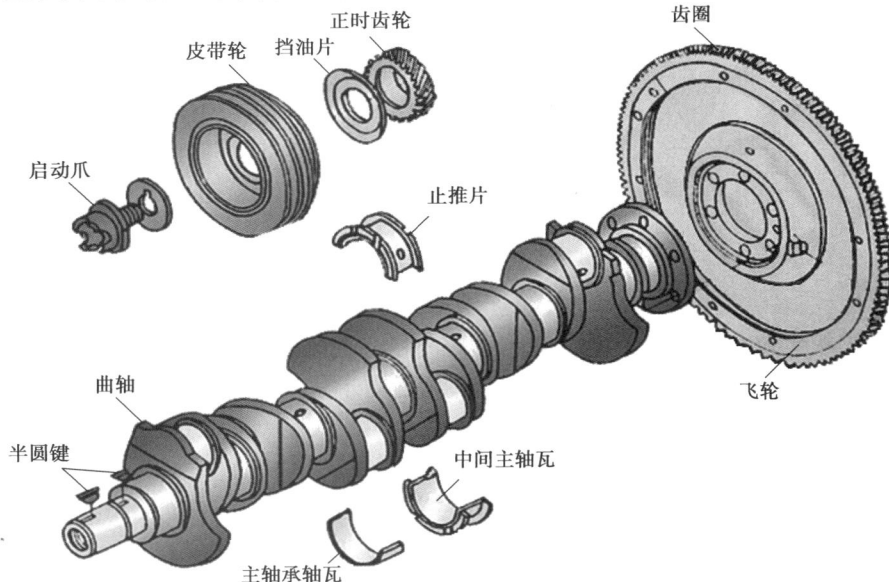

图 3.58　发动机曲轴飞轮组结构图

📖 曲轴

曲轴是发动机最重要的部件之一。其功用是将活塞、连杆传来的气体压力转变为转矩，用以驱动汽车的传动系统和发动机的配气机构以及其他辅助装置(如发电机、水泵、风扇、空气压缩机、机油泵及柴油机喷油泵等)。为了满足其足够的强度和刚度，同时提高其耐磨性，曲轴一般采用优质中碳钢或合金钢锻造而成，轴颈表面经精加工和热处理。为了节约成本，近年来开始采用高强度球墨铸铁铸造曲轴。

（1）**曲轴的结构**

曲轴一般由主轴颈、连杆轴颈、曲柄、平衡块及前后端组成，如图 3.59 所示。其中一个主轴颈、一个连杆轴颈和一个曲柄组成一个曲拐。直列式发动机曲轴的曲拐数目等于汽缸数；"V"形发动机曲轴的曲拐数等于汽缸数的一半。

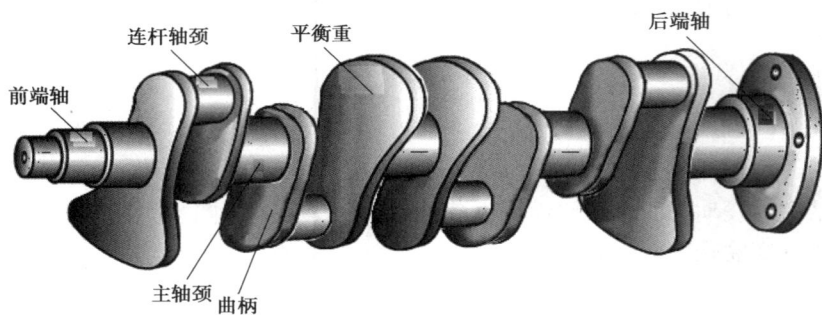

图 3.59 曲轴结构

1）主轴颈

主轴颈是曲轴的支承部分。按照主轴颈数可以将曲轴分为全支承曲轴和非全支承曲轴两种，如图 3.60 所示。在相邻的两个曲拐之间都设置一个主轴颈的曲轴，称为全支承曲轴；否则，称为非全支承曲轴。

（a）全支承曲轴　　　　　　　　（b）非全支承曲轴

图 3.60 曲轴支承形式

全支承式的优点是提高曲轴强度和刚度，并且减轻主轴承的载荷；其缺点是曲轴的加工表面多，主轴承数增多，机体增长。这两种形式均适用于汽油机。柴油机因载荷较大，通常采用全支承曲轴。

2）连杆轴颈（曲柄销）

连杆轴颈与连杆大头相连，并在连杆轴承中转动，连杆轴颈与汽缸数相同。为了使曲轴平衡，连杆轴颈对称布置。例如，四缸发动机曲轴的一、四缸连杆轴颈在同一侧，二、三缸连杆轴颈在另一侧，两者相差 180°。

曲轴上钻有贯穿主轴颈、曲柄和连杆轴颈的油道,以使汽缸体上的主油道内的润滑油能够润滑主轴颈和连杆轴颈。在维修中,对曲轴上的油道要彻底疏通并清洁干净,以免造成事故。

3)曲柄及平衡重

曲柄是连杆轴颈和主轴颈的连接部分,也是曲轴受力最复杂、结构最薄弱的地方。曲柄形状多为矩形或椭圆形,它与主轴颈和连杆轴颈的连接处形状突变,存在严重的应力集中现象,曲轴裂纹或断裂多数出现在这个部位。为了减少应力集中,此处采用过渡圆角连接。

为了平衡发动机不平衡的离心力及力矩以及部分往复惯性力,曲柄处铸有或紧固有平衡重,保证曲轴的平稳旋转。不同发动机曲轴设置平衡重的数量是不同的,可设置 4 块、6 块或8 块平衡重。加平衡重会导致曲轴质量和材料的增加,锻造工艺复杂。因此是否加平衡重,要根据具体情况而定。

平衡重可以与曲轴制成一体,也可单独制成后再用螺钉固定在曲柄上。无论有无平衡重,曲轴在装用前必须经过动平衡试验。对不平衡的曲轴,有时在其偏重的一侧钻去一部分质量,因此在平衡重外侧或曲柄两端,可以见到一些钻孔。

4)曲轴前、后端密封及轴向定位

由于曲轴的前后端都伸出了曲轴箱,为了防止润滑油外漏,在曲轴的前后端都设有防漏装置。常见防漏装置有挡油盘、回油螺纹、油封等。为了保证密封的可靠,一般都采用两种密封方式,如图 3.61 所示为采用了挡油盘和油封组合的防漏结构。

为防止车辆行驶过程中,离合器经常接合与分离和带锥齿轮驱动时施加于曲轴上的轴向力以及在上、下坡或突然加速、减速出现的曲轴轴向窜动,曲轴必须用推力轴承加以限制,以保证曲柄连杆机构正常工作。但也应允许曲轴受热后能自由膨胀,因此曲轴轴向只有一处设置定位装置。

轴向定位装置为安装在某一主轴颈两侧的两个止推片,安装在曲轴前端第一道主轴颈两侧的止推片一般为整体式,如图 3.61 所示的止推片(止推轴承)。安装在中间某一道主轴颈两侧的止推片一般为分开式结构,带有减磨合金面,如图 3.62 所示。

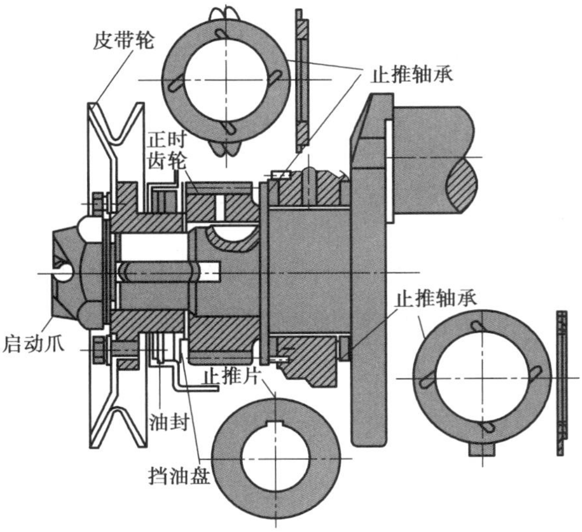

图 3.61　曲轴前端

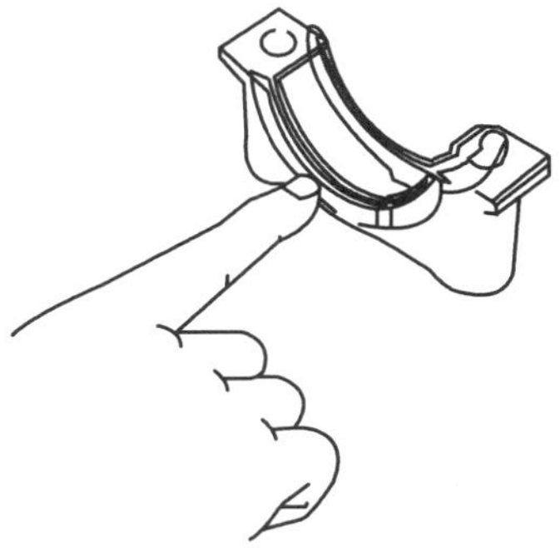

图 3.62　分开式止推片

5）曲拐布置

曲轴形状和各曲拐的相对位置或曲拐布置取决于汽缸数、汽缸排列形式和发动机工作顺序。当汽缸数和汽缸排列形式确定之后，曲拐布置就只取决于发动机工作顺序。在选择发动机工作顺序时，应注意以下 3 点：

①应该使连续做功的两个汽缸相距尽可能远，以减轻主轴承载荷和避免在进气行程中发生抢气现象。

②各汽缸发火的间隔时间应该相同。发火间隔时间若以曲轴转角计则称发火间隔角。在发动机完成一个工作循环的曲轴转角内，每个汽缸都应发火做功一次。对于汽缸数为 i 的四冲程发动机，其发火间隔角应为 $720°/i$，即曲轴每转 $720°/i$ 时，就有一缸发火做功，以保证发动机运转平稳。

③"V"形发动机左右两列汽缸应交替发火。

常见的多缸发动机曲拐布置和发火次序如下：

①四冲程直列式四缸发动机

四冲程直列四缸发动机的发火间隔角为 $720°/4 = 180°$，曲拐布置如图 3.63 所示。4 个曲拐在同一平面内。发动机工作顺序为 1—3—4—2 或 1—2—4—3，其工作循环见表 3.1 和表 3.2。

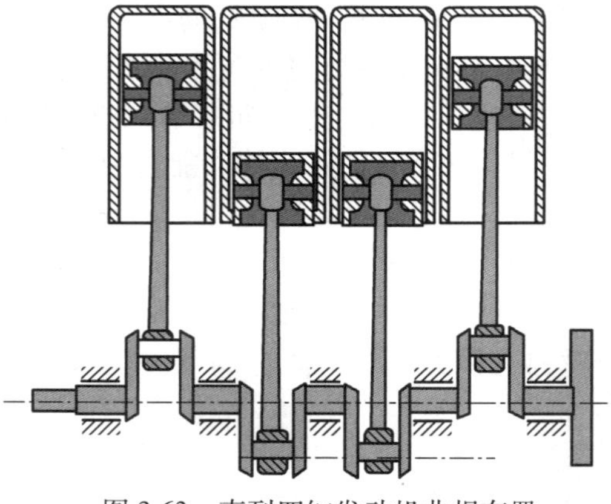

图 3.63 直列四缸发动机曲拐布置

表 3.1 直列四缸发动机工作顺序（1—3—4—2）

曲轴转角/（°）	第一缸	第二缸	第三缸	第四缸
0~180	做功	排气	压缩	进气
180~360	排气	进气	做功	压缩
360~540	进气	压缩	排气	做功
540~720	压缩	做功	进气	排气

表 3.2 直列四缸发动机工作顺序（1—2—4—3）

曲轴转角/（°）	第一缸	第二缸	第三缸	第四缸
0~180	做功	压缩	排气	进气
180~360	排气	做功	进气	压缩
360~540	进气	排气	压缩	做功
540~720	压缩	进气	做功	排气

②四冲程直列六缸发动机

四冲程直列六缸发动机的发火间隔角为 $720°/6 = 120°$，曲拐布置如图 3.64 所示。每两个缸布置在一个平面内，互成 120°夹角。发动机工作顺序为 1—5—3—6—2—4，这个顺序较常见。其工作循环见表 3.3,另一种为 1—4—2—6—3—5。

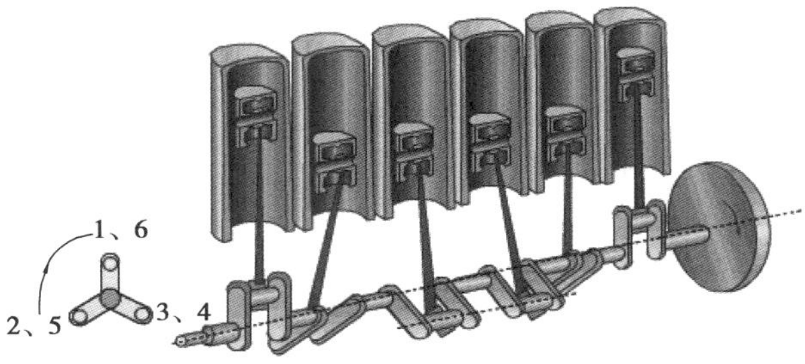

图 3.64　直流六缸发动机曲拐布置形式(1—5—3—6—2—4)

表 3.3　直列六缸发动机工作顺序(1—5—3—6—2—4)

曲轴转角/(°)		第一缸	第二缸	第三缸	第四缸	第五缸	第六缸
0~180	0~60	做功	排气	进气	做功	压缩	进气
	60~120						
	120~180			压缩	排气		
180~360	180~240	排气	进气			做功	压缩
	240~300						
	300~360			做功	进气		
360~540	360~420	进气	压缩			排气	做功
	420~480						
	480~540			排气	压缩		
540~720	540~600	压缩	做功			进气	排气
	600~660			进气	做功		
	660~720		排气			压缩	

(2)轴承及轴承盖

曲轴主轴承俗称"大瓦",其基本结构与连杆轴承相同,不同点在于为了向连杆轴承输送润滑油,在主轴承上都开有周向油槽和主油孔;有些负荷不太大的发动机,为了通用化,上下两片轴瓦都制有油槽,有些只在上轴瓦上开油槽或通油孔。

主轴承盖用螺栓与主轴承座相连。为了保证孔形,它们必须一起加工,因此,每个主轴承座和主轴承盖是配对的,为了装配时不出错,都做有序号标记。现代发动机为了增大曲轴的支承强度和刚度,尤其是铝合金缸体,将各个主轴承盖制成一体,形成主轴承盖梁,有利于改善缸体的刚度并加强曲轴的抗弯强度。

📖 **飞轮**

发动机飞轮的主要作用是用来储存做功行程的能量,用于克服进气、压缩和排气行程的阻力和其他阻力,使曲轴能均匀旋转。飞轮外缘压有的齿圈与启动机的驱动齿轮啮合,以启动发动机。汽车离合器也装在飞轮上,利用飞轮后端面作为驱动件的摩擦面,对外传递动力。飞轮是高速旋转件,因此要进行精确地平衡校准,平衡性能要好,达到静平衡和动平衡。为保证飞轮与曲轴的正确安装位置,避免装错影响平衡,一般用定位销或不对称螺栓孔来保证。

飞轮上一般刻有正时标记,以便校准点火正时。各型发动机的正时标记不同,如 CA6102 发动机飞轮正时标记如图 3.65 所示,当飞轮上的标记与飞轮壳上的标记对正时,即表示 1 缸或 6 缸活塞处于上止点。

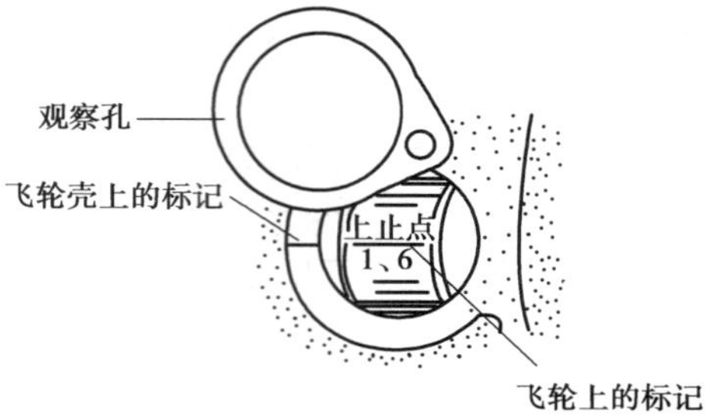

图 3.65　CA6102 发动机飞轮正时标记

任务实施

实施要求

☞ 任务目标与要求

①小组成员分工协作,利用汽车维修手册(丰田 5A 发动机维修手册)及实训资料,依据任务工作单制订工作计划,并通过小组自评或互评检查工作计划。

②完成指定发动机曲轴飞轮组的拆装,能认识并说出所拆部件的名称。

③清楚拆装方法、要求和相关技术参数。

☞ 注意事项

在任务实施过程中,严格遵守相关实验实训制度和规范的要求,注意职场健康与安全需求,做好废料的处理,并保持工作场所的整洁。

实施步骤

☞ 准备工作

①小组接受工作任务,准备发动机(丰田 5A 系带翻转架型)、拆装工具、维修手册等配套器材,清理场地,做好实施准备工作。

②组长带领组内成员阅读任务工作单,查阅相关手册或指导书,合理分工,制订任务计划,并检查计划有效性。

☞ 实施步骤

①合理选择工具,并正确使用各类工具完成丰田 5A 发动机曲轴飞轮组的拆装任务。拆装过程中,请参考维修手册,严格按照相关技术标准和要求完成拆装任务。

②清洁工具,整理工位,废弃物分类放置。工具清洁后放回原位。现场恢复到作业前整洁。

丰田 5A 发动机曲轴飞轮组分解图如图 3.66 所示。

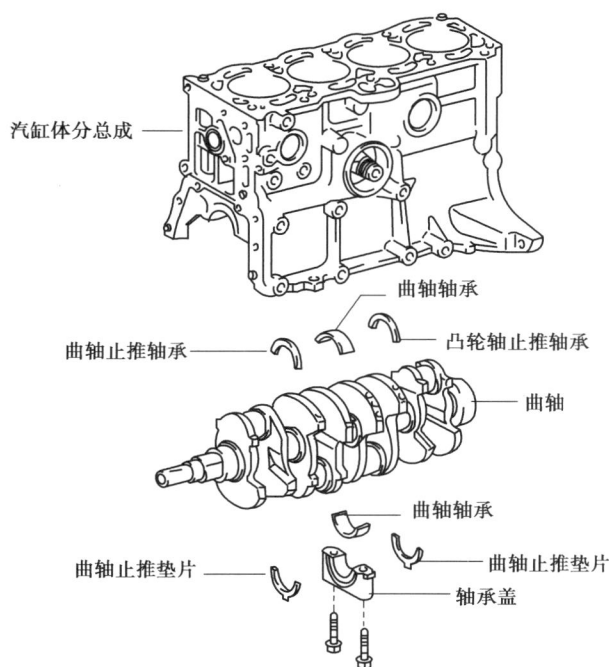

图 3.66　丰田 5A 发动机曲轴飞轮组分解图

（1）**曲轴前、后端的拆卸**

曲轴前、后端的机油泵及前后油封座等部件的拆卸方法见任务 3.2 中关于机体组拆装的说明。

（2）**曲轴的拆卸**

①按由两边往中央分几次均匀对称松开主轴承盖螺栓。

②使用拆下的主轴承盖螺栓，前后撬动并拆下主轴承盖和下止推垫片（只在 3 号主轴承盖处），如图 3.67 所示。

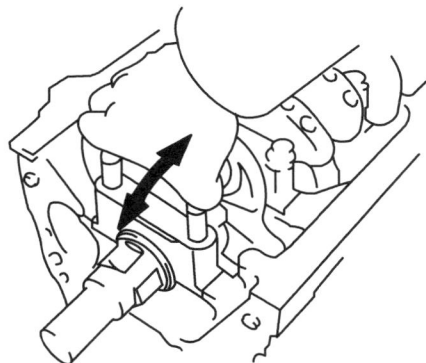

图 3.67　主轴承盖拆卸

注意:为保证各道轴承和轴承盖能配对,拆卸时按顺序摆放主轴承盖和下止推垫片。

③抬出曲轴,从汽缸体拆下上轴承和上止推片。

④检查每个主轴承和轴颈有无划痕和麻点,如较轻微可作简单处理。

⑤按顺序放好分解后的曲轴飞轮组零件。

(3)曲轴安装

①将清洗干净的汽缸体倒置在工作台上,并用压缩空气吹净,缸体和曲轴上的油道要用压缩空气反复吹通吹干净。

②按顺序安装曲轴上各道轴承,上下轴承如图 3.68 所示。

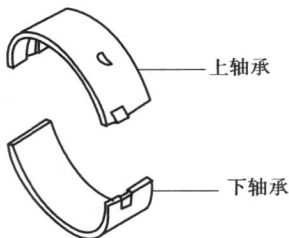

图 3.68　曲轴上、下轴承

注意:上轴承有油孔和油槽。

③对准轴承凸起和缸体的凹槽,按顺序装上 5 个上轴承;对准轴承凸起和主轴承盖的凹槽,按顺序安装 5 个下轴承,如图3.69所示。

(a)上轴承安装　　　　　(b)下轴承安装

图 3.69　上、下轴承安装

④安装曲轴止推垫片。先在缸体 3 号轴颈位置安装两个上止推片,带油槽的一面朝外,将曲轴放在缸体上,最后在 3 号轴承盖上安装两个下止推片,带油槽的一面朝外,如图3.70所示。

⑤安装曲轴主轴承盖。按顺序安装 5 个主轴承盖,如图 3.71 所示。在主轴承盖螺栓的螺纹和螺栓头下面涂一层薄机油,按照由中间往两边对称均匀拧紧 10 个主轴承盖螺栓,扭矩为 60 N·m。

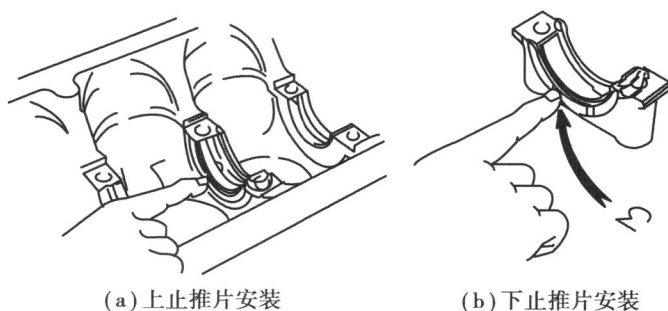

（a）上止推片安装　　　　（b）下止推片安装

图 3.70　止推片安装

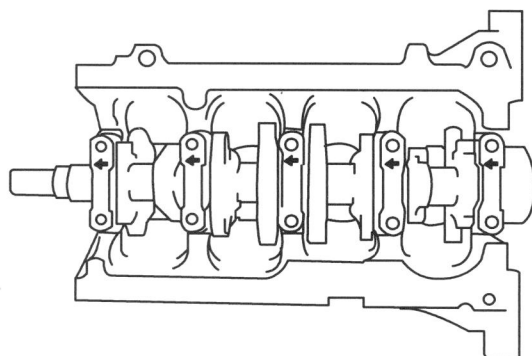

图 3.71　主轴承盖安装

⚠ 注意:各个轴承盖的序号和朝前标记。

⑥检查曲轴转动灵活及轴向间隙。

⑦安装曲轴前、后端油封及机油泵等部件,详见前述任务 3.2。

☞ 评估总结

①回答指导教师提问,并接受指导教师相关考核。

②对本次任务完成过程及效果进行自我评价和小组互评,填写任务工作单。

③清洁工作场所,清点归还相关工具设备,完成本次任务。

任务工作单

项目	汽油发动机结构认识与拆装			
任务	曲轴飞轮组认识与拆装		姓名	
班级		组号	日期	

任务目的	①能根据相关技术规定,制订发动机曲轴飞轮组的拆装方案 ②能正确规范实施曲轴飞轮组的拆卸和装配 ③能正确识别曲轴飞轮组主要零部件 ④能正确描述曲轴飞轮组主要部件作用及结构特点

环节	内　　容	批注及备注
资讯	1）请依次写出右图各序号所指示部件名称 ①＿＿＿＿＿＿＿＿ ②＿＿＿＿＿＿＿＿ ③＿＿＿＿＿＿＿＿ ④＿＿＿＿＿＿＿＿ ⑤＿＿＿＿＿＿＿＿ ⑥＿＿＿＿＿＿＿＿ ⑦＿＿＿＿＿＿＿＿ 2）在曲轴飞轮组的拆装过程中有哪些需要注意的事项 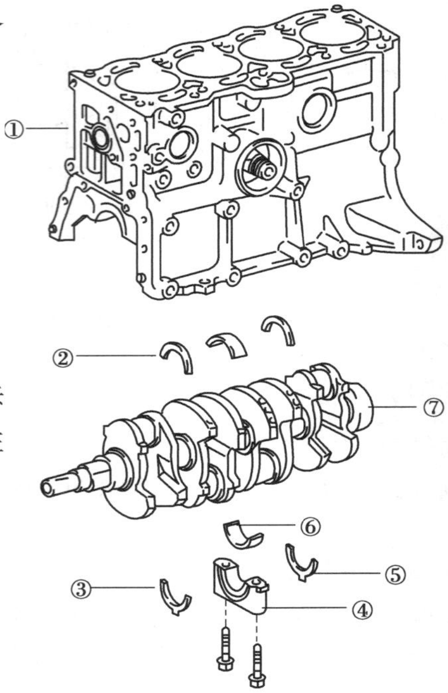	
工作任务	①实施某型号发动机曲轴飞轮组的拆装练习 ②识别所拆卸曲轴飞轮组的部件	
分析和计划	根据工作任务,确定所需工具、设备等,并制订小组工作计划: ①讨论确定所需仪器、工具及辅助资料 ②团队协作,组织及人员分工 ③明确拆装步骤及要求,制订操作方案 ④操作安全、规范注意事项及技术标准	

实施	①依照制订的拆装步骤完成各作业项目,并观察各部件,描述其名称,认识的部件打"√",不认识的打"×",同时描述该部件的作用 ②拆卸过程中明确技术标准,仔细观察各零部件的型号及其螺栓扭力大小 ③按正确顺序和技术标准完成装配任务 请依照以上要求完成下表: 表见下

序号	作业项目	部件名称	技术标准或要求	认识	作　用	考核
1						
2						
3						
4						
5						
6						
7						
8						
9						
10						
11						
12						
13						
14						

检查 评估	自评项根据自己对任务的完成情况进行评估并提出改进意见;互评项由组内组外成员互相交流和评分;教师评估可纳入任务实施过程中或对照上表随机选取几个项目评估。总评采用合格和不合格两级评价

序号	评估项目	自评	互评	教师评估
1	工具选择和使用			
2	曲轴飞轮组主要部件认识			
3	曲轴飞轮组拆装方法			
4	主要技术标准和技术参数要求			
5	职场安全及操作规范等			
6	总　评			

任务实施心得:

任务 3.5 配气机构认识与拆装

能力标准

学完本任务,你应获得以下能力:
①能根据相关技术规定,制订发动机配气机构的拆装方案。
②能正确规范实施配气机构的拆卸和装配。
③能正确识别配气机构主要零部件。
④能正确描述配气机构主要部件作用及结构特点。

配气机构布置
与传动

任务描述

请以下列任务为指导,完成相关知识的学习和实施练习:
①实施某型号发动机配气机构的拆装练习。
②识别所拆卸配气机构的部件。

相关知识

配气机构的功用是按照发动机每一汽缸所进行的工作循环和发火次序的要求,定时开启和关闭进、排气门,使新鲜可燃混合气(汽油机)或空气(柴油机)得以及时进入汽缸,废气得以及时从汽缸排出。

📖 概述

(1)**基本组成**

配气机构主要包括气门组和气门传动组两部分,如图 3.72 所示。其中,气门组的组成与配气机构的形式基本无关,主要包括气门、气门座、气门弹簧、气门导管等;气门传动组包括驱动气门动作的所有零件,其组成取决于配气机构的形式,主要零件包括正时齿轮(或正时链轮和链条,或正时带轮和传动带)、凸轮轴、挺柱、推杆、摇臂轴及摇臂等。

发动机工作时,曲轴通过正时齿轮驱动凸轮轴旋转,使凸轮轴上的凸轮凸起部分通过挺柱和推杆推动摇臂绕摇臂轴摆动,摇臂的另一端便向下推开气门,并使气门弹簧进一步压缩。当凸轮的顶点转过挺柱后,便逐渐减小了对挺柱的推力,气门在弹簧弹力的作用下,开度逐渐减小,直到最后关闭。

(2)**配气机构常见类型**

四冲程发动机通常采用气门式配气机构,气门式配气机构由气门组和气门传动组零件组成。配气机构可以从不同角度分类。按气门的布置形式,可分为气门顶置式和气门侧置式;按凸轮轴的布置位置,可分为凸轮轴下置式、凸轮轴中置式和凸轮轴上置式;按曲轴和凸轮轴的传动方式,可分为齿轮传动式、链传动式和带传动式。按每汽缸气门数目,有 2 气门式、4 气门和 5 气门等多气门式。

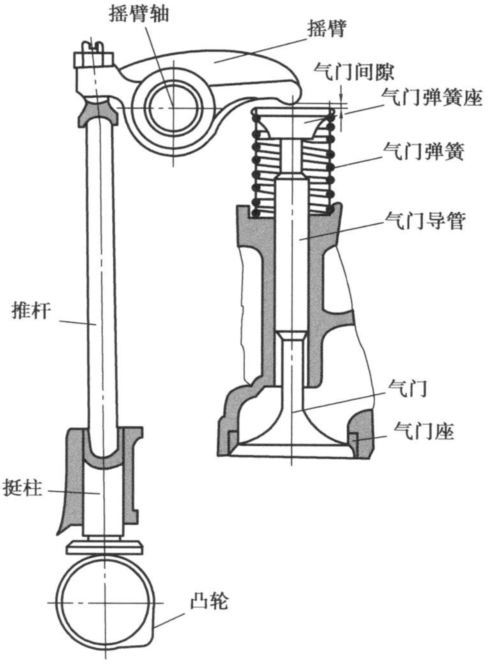

图 3.72　配气机构基本组成

1)按凸轮轴的布置形式

按凸轮轴的布置形式,可分为下置、中置和上置 3 种。三者都可以用于气门顶置式配气机构,如图 3.73 所示。

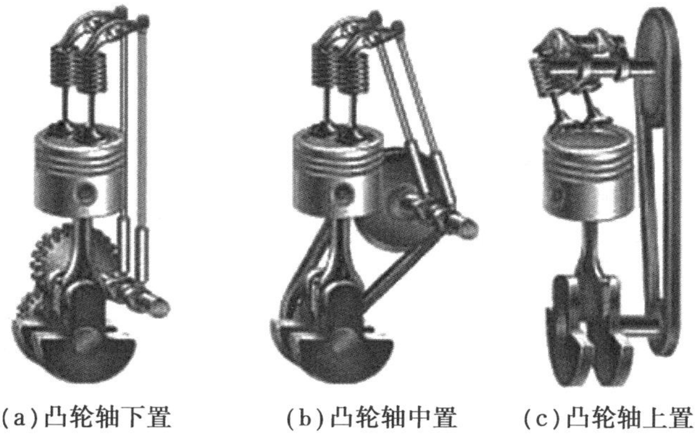

（a）凸轮轴下置　　　（b）凸轮轴中置　　　（c）凸轮轴上置

图 3.73　凸轮轴布置形式

①下置凸轮轴配气机构(见图 3.73(a))

凸轮轴布置在曲轴箱上,由曲轴正时齿轮驱动。其优点是凸轮轴离曲轴较近,可用齿轮驱动,传动简单。但存在零件较多、传动链长、系统弹性变形大、影响配气准确性等缺点。

②中置凸轮轴配气机构(见图 3.73(b))

凸轮轴布置在曲轴箱上。与下置凸轮轴相比,省去了推杆,由凸轮轴经过挺柱直接驱动摇臂,减小了气门传动机构的往复运动质量,适应更高速的发动机。

③上置凸轮轴配气机构(见图3.73(c))

凸轮轴直接布置在汽缸盖上,直接通过摇臂或凸轮来推动气门的开启和关闭。这种传动机构没有推杆等运动件,系统往复运动质量大大减小,非常适合现代高速发动机,尤其是轿车发动机。

根据顶置气门凸轮轴的个数,顶置式又分为单顶置凸轮轴(SOHC)和双顶置凸轮轴(DOHC)两种。双凸轮轴布置适用于多气门式发动机,特点是使用两个凸轮轴分别驱动进气门和排气门。在凸轮轴驱动气门的方法上,双顶置凸轮轴与单凸轮轴结构是相仿的,但由于使用两根凸轮轴,使凸轮轴与气门的距离变小了,因此传动用的摇臂将变短,有的甚至可以省去摇臂,直接使用凸轮轴驱动气门。双凸轮轴多气门的配气机构,是高速现代汽车发动机配气机构的主要形式。如图3.74所示为顶置双凸轮轴直接驱动5气门的配气机构。

2)按凸轮轴的传动方式

按凸轮轴传动方式可分为齿轮传动、链传动和带传动3种形式。

①齿轮传动

下置凸轮轴和中置凸轮轴与曲轴之间的传动大多采用圆柱形正时齿轮传动,一般从曲轴到凸轮轴只需要一对齿轮传动,如果传动齿轮直径过大,可以再增加一个中间惰轮。为了啮合平稳并降低工作噪声,正时齿轮大多采用斜齿轮。正时齿轮上都有正时记号,装配时必须按要求对齐。

②链传动

链传动特别适用于凸轮轴顶置式配气机构,如图3.75所示。为使链条在工作时具有一定的张力而不致脱链,装有导链板,上、下链条张紧轮等部件。为了使链条调整方便,有的发动机使用一根链条传动。其优点是布置容易,若传动距离较远时,还可用两级链传动。缺点是结构质量及噪声较大,链的可靠性和耐久性不易得到保证。

图3.74　双顶置凸轮轴直接驱动气门的配气机构

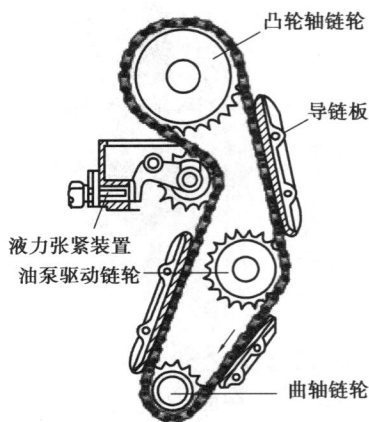

图3.75　链传动

③齿带传动

近年来,在高转速发动机上广泛使用齿形胶带代替传动链条,如图 3.76 所示。但在一些大功率发动机上仍然使用链条传动。齿形胶带具有工作噪声小、工作可靠以及成本低等特点。对于双顶置凸轮轴,一般是排气凸轮轴通过正时齿形胶带或链条由曲轴驱动,进气凸轮轴通过金属链条由排气凸轮轴驱动,或进气凸轮轴和排气凸轮轴均由曲轴通过齿形胶带或链条驱动。

3)按每缸气门数

发动机气门数通常有 2 气门、3 气门、4 气门和 5 气门。多气门结构(3~5 气门),使发动机的进排气流通截面积增大,提高了充气效率,改善了发动机的动力、经济性能和排放性能。

图 3.76　带传动

(3)气门间隙

发动机工作时,气门将因温度的升高而膨胀。如果气门及其传动件之间在冷却时无间隙或间隙过小,则在热态下,气门及其传动件的受热膨胀势必引起气门关闭不严,造成发动机在压缩行程和做功行程中的漏气,从而使功率下降,严重时甚至不易启动。为了消除这种现象,通常在发动机冷态装配时,在气门与其传动机构中留有一定的间隙,以补偿气门受热后的膨胀量。这一间隙称为气门间隙。有的发动机采用液力挺柱,挺柱的长度能自动变化,随时补偿气门的热膨胀量,故不需要预留气门间隙。

📖 气门组

气门组包括气门、气门导管、气门座及气门弹簧等零件,如图 3.77 所示。有的进气门还设有气门旋转机构。气门组应保证气门能够实现汽缸的密封,因此要求如下:

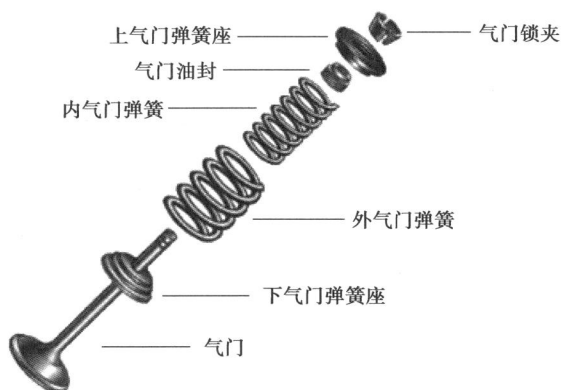

图 3.77　气门组

①气门头部与气门座接合严密。

②气门导管对气门杆的上下运动有良好的导向。

③气门弹簧的两端面与气门杆的中心线相垂直,以保证气门头在气门座上不偏斜。

④气门弹簧的弹力足以克服气门及其传动件的运动惯性力,使气门能及时关闭,并保证气门紧压在气门座上。

(1)气门

气门由头部和杆部两部分组成。头部的工作温度很高,而且还要承受气体压力、气门弹簧力以及传动组零件惯性力的作用,其冷却和润滑条件又较差。因此,要求气门必须具有足够的强度、刚度、耐热和耐磨能力。进气门的材料采用合金钢(如铬钢或镍铬钢等),排气门则采用耐热合金钢(硅铬钢等)。为了节省耐热合金钢,有的发动机排气门头部用耐热合金钢制造,而杆部则用铬钢制造,然后将两者焊在一起。

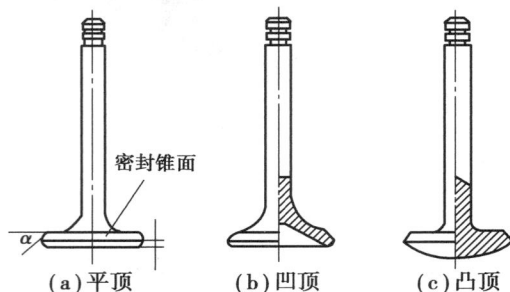

图3.78 气门顶部形状

气门头部的形状有平顶、凹顶和凸顶等,如图3.78所示。目前,使用最多的是平顶气门。平顶气门结构简单,制造方便,吸热面积小,质量也小,进、排气门都可以采用。

气门头部与气门座之间接触的工作面称为气门密封锥面,气门密封锥面与气门顶平面之间的夹角,称为气门锥角,一般制作为45°,有些为30°。

气门锥角的作用如下:

①就像锥形塞子可以塞紧瓶口一样,能获得较大的气门座闭合压力,以提高密封性和导热性。

②气门落座时有自动定位作用。

③避免使气流拐弯过大而降低流速。

④有了锥角,气门落座时能挤掉接触面的沉积物,即有自洁作用。

气门杆与弹簧连接方式有锁片式,有两个半圆形锥形锁片(见图3.79(a));锁销式,在气门杆端有一个孔安装一个锁销(见图3.79(b))。

图3.79 气门弹簧座固定形式

拆装气门时,必须先使用专用气门拆装钳压缩气门弹簧,然后拆下或装上气门锁片或锁销,并慢慢放松气门弹簧。拆下的气门,必须按标记并按顺序摆放,以免破坏气门与气门座及气门导管的配合。气门锁片或锁销很小,应注意防止丢失。

(2)气门导管

气门导管的功用是起导向作用,保证气门作直线往复运动,使气门与气门座能正确贴合。此外,气门导管还在气门杆与汽缸盖之间起导热作用。其结构如图3.80所示。

　　气门导管的工作温度也较高,约 200 ℃。气门杆在导管中运动时,仅靠配气机构飞溅出来的机油进行润滑,因此容易磨损。气门导管大多数用灰铸铁、球墨铸铁或铁基粉末冶金制造。

　　为了防止气门导管在使用过程中松落,有的发动机对气门导管用卡环定位。气门杆与气门导管之间一般留有 0.05～0.12 mm 间隙,使气门杆能在导管中自由运动。

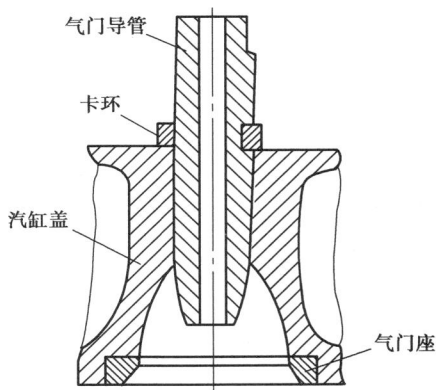

图 3.80　气门座及气门导管

　　(3)气门座

　　汽缸盖的进、排气道与气门锥面相贴合的部位称为气门座,气门座可在汽缸盖或汽缸体上直接镗出,但大多数是用耐热合金钢单独制成座圈(称气门座圈),压入汽缸盖(体)中,以提高使用寿命和便于维修更换。

　　气门座也有相应的锥角,气门座锥角是与气门锥角相适应的,以保证两者紧密贴合,可靠地密封。

　　(4)气门弹簧

　　气门弹簧的功用是克服在气门关闭过程中气门及传动件的惯性力,防止各传动件之间因惯性力的作用而产生间隙,保证气门及时落座并紧紧贴合,防止气门发生跳动,破坏其密封性。为此,气门弹簧应有足够的刚度和安装预紧力。气门弹簧是圆柱形螺旋弹簧,其一端支承在汽缸盖(体)上,而另一端则压靠在气门杆端的弹簧座上,弹簧座用锁片固定在气门杆的末端。

　　📖 气门传动组

　　气门传动组主要包括凸轮轴、正时齿轮、挺柱,此外还有推杆、摇臂和摇臂轴等。气门传动组的作用是使进、排气门能按配气相位规定的时刻开闭,且保证有足够的开度。

　　(1)凸轮轴

　　凸轮轴用于驱动和控制各缸气门的开启和关闭,使其符合发动机的工作顺序、配气相位及气门开度的变化规律等要求。有些汽油机还用它来驱动汽油泵、机油泵和分电器等部件。凸轮轴材料多用优质碳钢或合金钢锻制,并经表面高频淬火(中碳钢)或渗碳淬火(低碳钢)处理。

　　凸轮轴主要由凸轮、凸轮轴轴颈等组成。对于下置式凸轮轴的汽油机还具有用以驱动机油泵、分电器的螺旋齿轮和驱动汽油泵的偏心轮,如图 3.81 所示。

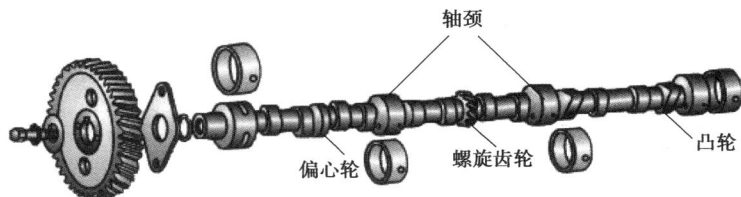

图 3.81　凸轮轴的结构

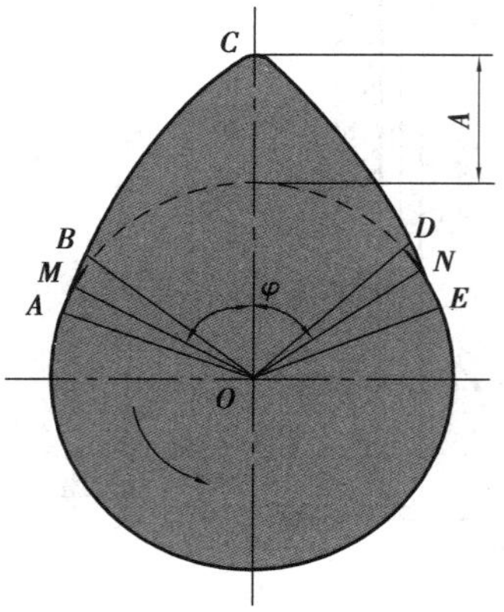

图 3.82　凸轮轮廓示意图

1）凸轮

气门开启和关闭的持续时间是由凸轮的轮廓来保证的,而且凸轮的轮廓还在很大程度上决定了气门的最大升程和升降行程的运动规律。如图 3.82 所示的凸轮轮廓中,O 为凸轮轴的轴心,圆弧 EA 为凸轮的基圆,AB 和 DE 为凸轮的缓冲段,缓冲段中凸轮的升程变化速度较慢,BCD 为凸轮的工作段,此段升程较快,C 点时升程最大,它决定了气门的最大开度。

以下置式凸轮轴为例,凸轮的工作过程如下:当凸轮按图 3.82 中方向转过 EA 时,挺柱处于最低位置不动,气门处于关闭状态。凸轮转至 A 点时,挺柱开始移动。继续转动,在缓冲段 AB 内的某点 M 处消除气门间隙,气门开始开启,至 C 点时气门开度最大,而后逐渐关小,至缓冲段 DE 内某点 N 时,气门完全关闭。此后,挺柱继续下落,出现气门间隙,至 E 点时挺柱又处于最低位置。

由于气门开始开启和最后关闭时均在凸轮升程变化较慢的缓冲段内,这就使气门杆尾端在消除气门间隙的瞬间和气门头落座的瞬间的冲击力均较小,有利于减小噪声和减少磨损。

2）凸轮轴轴颈

凸轮轴轴颈用来支承凸轮轴。

凸轮轴各道轴颈的直径有的相等,但也有的从前往后逐渐减小,以便于安装。有些发动机其摇臂的润滑是靠凸轮轴轴承处通过缸体上的油道输送润滑油。为此,在凸轮轴颈上(2、4道)有两个不通的圆弧形节油槽,润滑油经该槽间歇地输送到摇臂轴。

3）凸轮轴的轴向限位

凸轮轴的轴向限位装置是为了防止凸轮轴在工作中产生轴向窜动和承受斜齿轮产生的轴向力,凸轮轴都有轴向限位装置。常见的限位装置如图 3.83 所示。在凸轮轴前轴颈与正时齿轮之间,压装有调节环,调节环外面松套一止推板,止推板用螺钉固定于汽缸体前端面,调节环的厚度大于止推板的厚度,两者之差称为凸轮轴的轴向间隙,其间隙为 0.08~0.20 mm。这种装置使止推板既能限制凸轮轴的轴向窜动,又能使凸轮轴自由转动。但轴向间隙过大时,除一般限位效能降低外,对于斜齿轮传动的凸轮轴来说还会由于轴移量过大,使轴产生角移动,而影响配气正时的正确性。

（2）**挺柱**

挺柱用于将凸轮的推力传给推杆或气门,同时还承受凸轮所施加的侧向力,并将其传递给机体或汽缸盖。挺柱常用材料有中碳钢、合金钢、合金铸铁和冷激铸铁等。它与凸轮轴的材料必须有合理的组合配对。挺柱可分为普通机械挺柱和液力挺柱两大类。

1）普通挺柱

普通挺柱一般应用在凸轮轴下置或中置式配气机构中,普通挺柱常见结构如图 3.84 所示。普通挺柱一般为筒式结构,在发动机工作时挺柱底部与凸轮接触,为使挺柱底部磨损均匀,挺柱底部的工作表面制作成球面。挺柱的下端设有油孔,以便将漏入挺柱内的润滑油排出到凸轮上进行润滑。普通挺柱内孔的底部也制成球面,它与推杆下端的球面接触,以减少磨损。

图 3.83　凸轮轴轴向限位装置

2）液力挺柱

具有气门间隙的配气机构,发动机工作时便会发生撞击而产生噪声。为了解决这一矛盾,有些发动机采用了液力挺柱,液力挺柱能自动保持配气机构无间隙传动,从而降低噪声和减少磨损,如图 3.85 所示。

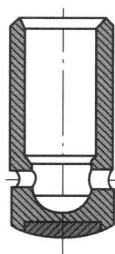

图 3.84　普通挺柱

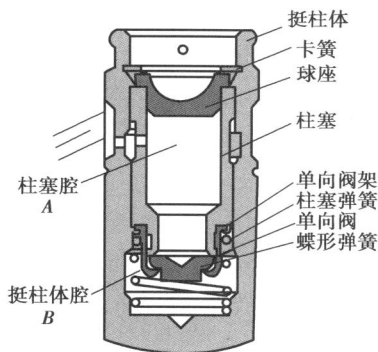

图 3.85　液力挺柱

挺柱体内装有柱塞,柱塞上端压有球座作为推杆的支承座,同时将柱塞内腔堵住。弹簧用来将柱塞经常压向上方,卡簧用来对柱塞限位。柱塞下端单向阀架内装有碟形弹簧,用以关闭单向阀。

（3）推杆

推杆的作用是将从凸轮轴经过挺柱传来的推力传给摇臂,它是气门机构中最易弯曲的零件,要求有很高的刚度。在动载荷大的发动机中,推杆应尽量制作得短些。对于缸体和缸盖都是铝合金制造的发动机,其推杆最好用硬铝制造。推杆可以是实心或空心的,其上端一般是凹槽,下端是凸头。

（4）摇臂及摇臂组

摇臂的结构如图 3.86（a）所示,它是一个以中间轴孔为支承,两臂不等长的双臂杠杆(其比值为 1.2~1.8)。短臂一端装有气门间隙调整螺钉及锁紧螺母,长臂一端有用以推动气门的圆弧工作面。由于靠气门一端的臂长,因此在一定的气门升程下,可减小推杆、挺柱的运动距离和加速度,从而减小了工作中的惯性力。摇臂的材料一般为中碳钢,也有的用球墨铸铁或合金铸铁。

图 3.86（b）所示为一组摇臂。两端带堵的中空摇臂轴通过支座固定于汽缸盖上。机油从支座的油道经摇臂轴内腔和摇臂中的油道流向摇臂两端进行润滑。为了防止摇臂轴向窜动,在摇臂一侧装有弹簧。摇臂轴支座并非都有油道,不可装错。

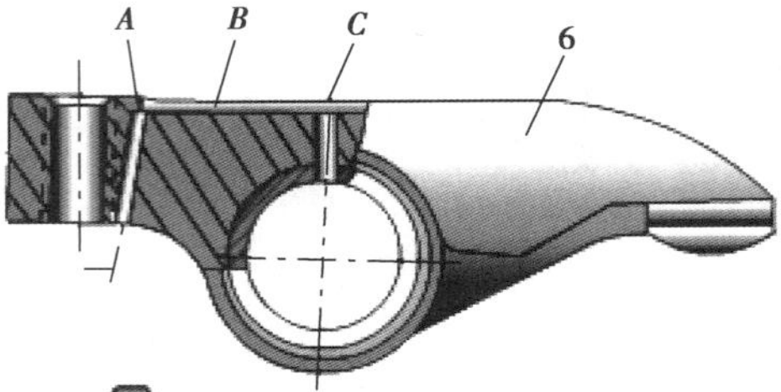

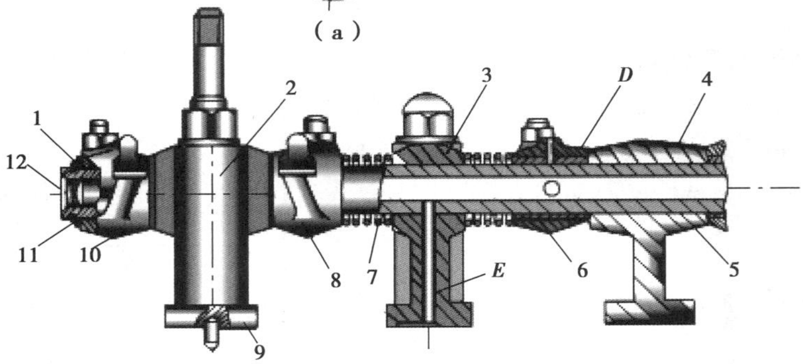

图 3.86 摇臂及摇臂组
1—垫圈;2、3、4—摇臂轴支座;5—摇臂轴;6、8、10—摇臂;
7—弹簧;9—定位销;11—锁簧;12—堵头;A、C、D、E—油孔;B—油槽

任务实施

实施要求

☞ **任务目标与要求**

①小组成员分工协作,利用汽车维修手册(丰田 5A 发动机维修手册)及实训资料,依据任务工作单制订工作计划,并通过小组自评或互评检查工作计划。

②完成指定发动机配气机构的拆装,能认识并说出所拆部件的名称。

③清楚拆装方法、要求和相关技术参数。

☞ **注意事项**

在任务实施过程中,严格遵守相关实验实训制度和规范的要求,注意职场健康与安全需求,做好废料的处理,并保持工作场所的整洁。

📖 实施步骤

☞ 准备工作

①小组接受工作任务,准备发动机(丰田 5A 系带翻转架型)、拆装工具、维修手册等配套器材,清理场地,做好实施准备工作。

②组长带领组内成员阅读任务工作单,查阅相关手册或指导书,合理分工,制订任务计划,并检查计划有效性。

☞ 实施步骤

①合理选择工具,并正确使用各类工具完成丰田 5A 发动机配气机构的拆装任务。拆装过程中,请参考维修手册,严格按照相关技术标准和要求完成拆装任务。

②清洁工具,整理工位,废弃物分类放置。工具清洁后放回原位。现场恢复到作业前整洁状态。

丰田 5A 发动机配气机构分解图如图 3.87 所示。

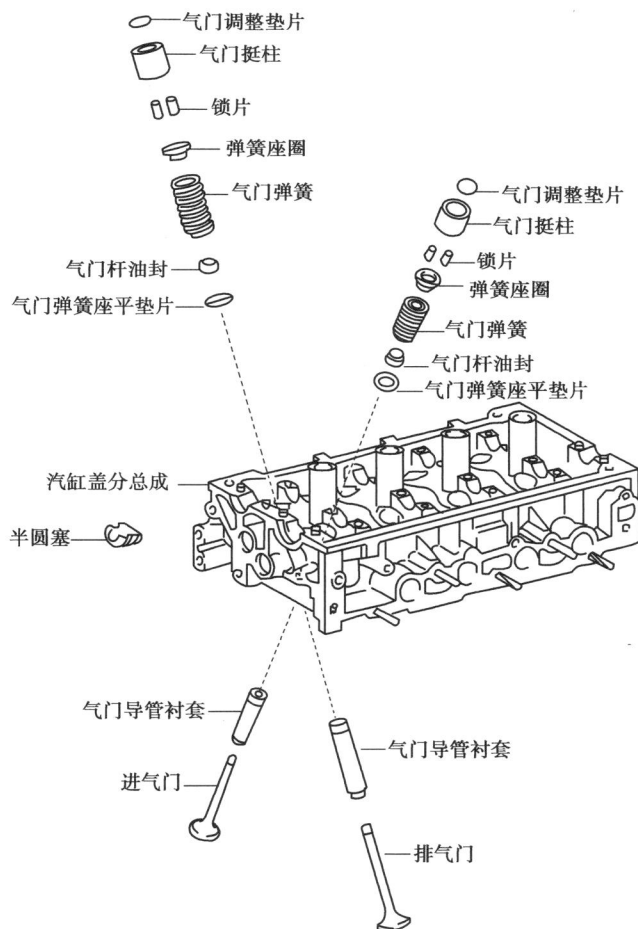

图 3.87　丰田 5A 发动机配气机构分解图

(1)配气机构传动组的拆装

配气机构传动组的拆装详见前述相关任务。

（2）气门组的拆卸

①拆下气门调整垫片。

②拆下进、排气门。使用气门拆装钳压缩气门弹簧,先后拆下锁片、弹簧座、气门弹簧及气门,如图3.88所示。

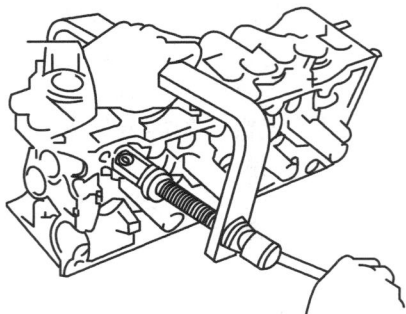

图 3.88　进气门拆卸

图 3.89　气门弹簧座垫圈拆卸

⚠ 注意:按正确的顺序摆放气门、气门弹簧、弹簧座和锁片。

③使用尖嘴钳拆下气门杆油封。

④使用压缩空气和磁棒,拆下弹簧座平垫圈,如图3.89所示。

⑤拆下半圆键,如图3.90所示。

⑥汽缸盖分总成清洁,如图3.91所示。

a.使用垫片铲刀,从汽缸体接合面清除所有垫片材料,如图3.91(a)所示。

b.使用钢丝刷,清除燃烧室积炭,如图3.91(b)所示。

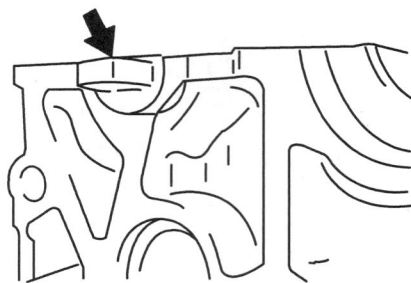

图 3.90　半圆键拆卸

c.使用气门导管衬套刷和溶剂,清洁所有气门导管,如图3.91(c)所示。

d.使用软毛刷和溶剂,彻底清洁汽缸盖,如图3.91(d)所示。

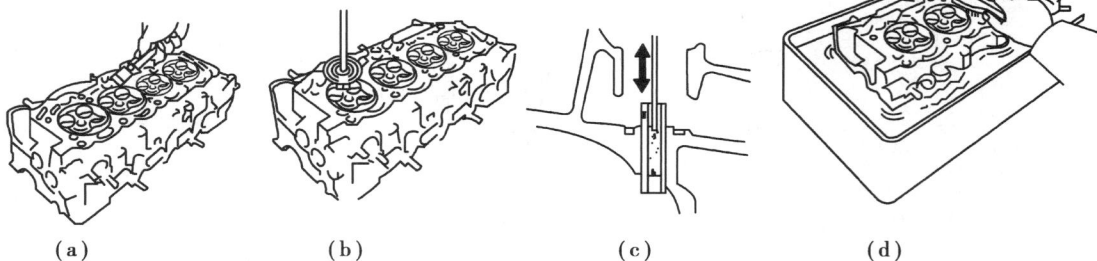

|(a)|(b)|(c)|(d)|

图 3.91　汽缸盖分总成清洁

⚠ 注意:清洁过程中注意各摩擦表面,别损伤。

⑦清洁气门,使用垫片铲刀,铲掉气门顶部的积炭,使用钢丝刷,彻底清洁气门,如图3.92所示。

⑧拆卸气门导管衬套。

加热汽缸到 80~100 ℃,使用专用工具和榔头敲出气门导管衬套。

(3)气门组的安装

按照拆卸的相反顺序完成气门组的安装。

①安装气门导管衬套。加热发动汽缸盖到规定温度,然后用专用工具和榔头将气门导管衬套敲入。

②安装半圆键。

③安装气门杆油封,如图 3.93 所示。

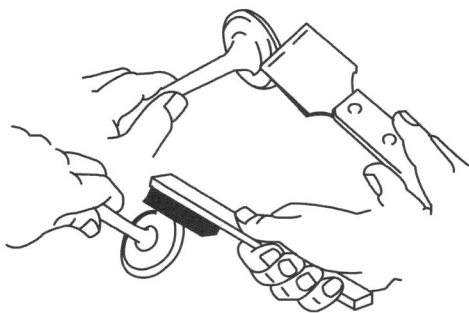

图 3.92 清洁气门

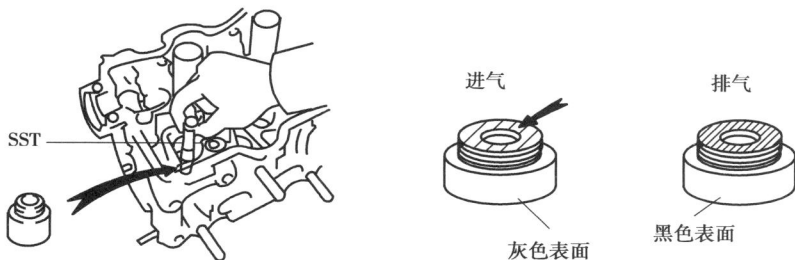

图 3.93 气门杆油封安装

⚠ 注意:进气门油封为灰色,排气门油封是黑色。

④安装进、排气门,如图 3.94 所示。

使用气门拆装钳压缩气门弹簧,并在气门杆周围放入两个锁片。使用塑料榔头,轻轻敲击气门端头确保装配合适。

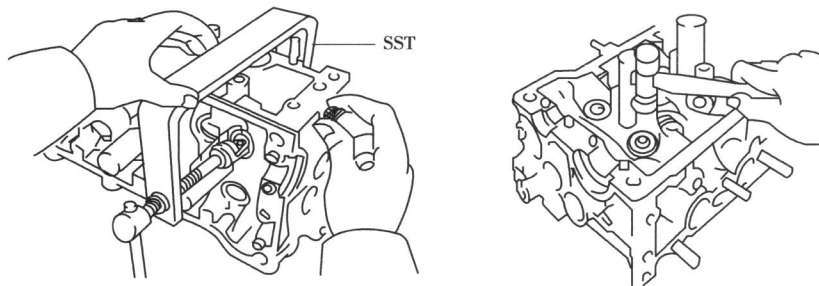

图 3.94 进、排气门安装

⑤安装气门挺杆。

⑥安装气门调整垫片。给调整垫片涂一层薄机油,装入气门杆上。

☞ 评估总结

①回答指导教师提问,并接受指导教师相关考核。

②对本次任务完成过程及效果进行自我评价和小组互评,填写任务工作单。

③清洁工作场所,清点归还相关工具设备,完成本次任务。

任务工作单

项目	汽油发动机结构认识与拆装			
任务	配气机构认识与拆装		姓名	
班级		组号	日期	
任务目的	①能根据相关技术规定,制订发动机配气机构的拆装方案 ②能正确规范实施配气机构的拆卸和装配 ③能正确识别配气机构的主要零部件 ④能正确描述配气机构主要部件作用及结构特点			
环节	内　容			批注及备注
资讯	1)下图是桑塔纳轿车液压挺柱结构图,请填写各编号对应零件名称 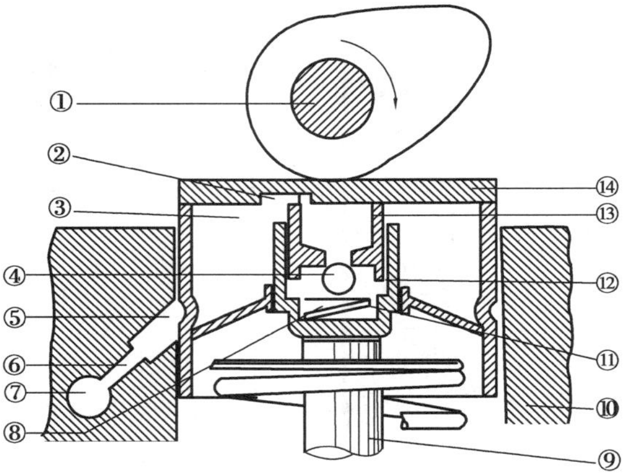 ①＿＿＿　②＿＿＿　③＿＿＿　④＿＿＿ ⑤＿＿＿　⑥＿＿＿　⑦＿＿＿　⑧＿＿＿ ⑨＿＿＿　⑩＿＿＿　⑪＿＿＿　⑫＿＿＿ ⑬＿＿＿　⑭＿＿＿ 2)在气门组的拆装过程中有哪些需要注意的事项			
工作任务	①实施某型号发动机配气机构的拆装练习 ②识别所拆卸配气机构的部件			
分析和计划	根据工作任务,确定所需工具、设备等,并制订小组工作计划: ①讨论确定所需仪器、工具及辅助资料 ②团队协作,组织及人员分工 ③明确拆装步骤及要求,制订操作方案 ④操作安全、规范注意事项及技术标准			

实施	①依照制订的拆装步骤完成各作业项目,并观察各部件,描述其名称,认识的部件打"√",不认识的打"×",同时描述该部件的作用 ②拆卸过程中明确技术标准,仔细观察各零部件的型号及其螺栓扭力大小 ③按正确顺序和技术标准完成装配任务 请依照以上要求完成下表:

序号	作业项目	部件名称	技术标准或要求	认识	作　　用	考核
1						
2						
3						
4						
5						
6						
7						
8						
9						
10						
11						
12						
13						

检查评估

自评项根据自己对任务的完成情况进行评估并提出改进意见;互评项由组内组外成员互相交流和评分;教师评估可纳入任务实施过程中或对照上表随机选取几个项目评估。总评采用合格和不合格两级评价

序号	评估项目	自评	互评	教师评估
1	工具选择和使用			
2	气门组主要部件认识			
3	气门传动组部件认识			
4	气门组拆装方法			
5	主要技术标准和技术参数要求			
6	职场安全及操作规范等			
7	总　　评			

任务实施心得:

任务 3.6 汽油机燃料供给系统结构认识与拆装

能力标准

学完本任务,你应获得以下能力:
①能正确描述燃料供给系统的组成。
②能正确认识燃料供给系统各组成部件。
③能正确规范实施燃油系统和空气供给系统主要部件的拆装。
④能正确描述燃料供给系统主要部件作用及结构特点。

供油系统的
零部件识别

任务描述

请以下列任务为指导,完成相关知识学习和实施练习:
①认识燃料供给系统总体结构。
②实施某发动机燃油系统和空气供给系统主要部件的拆装练习。

喷油器的基本
结构和原理

相关知识

汽油机燃料供给系统的主要作用是根据发动机各种不同工况的要求,配制出一定数量和浓度的可燃混合气并供入汽缸,使之在临近压缩终了时点火燃烧而膨胀做功。最后将燃烧废气排入大气中。

早期汽油机燃料供给系统采用化油器式燃料供给系统,其结构简单,价格便宜,但由于存在燃料分配不均匀,过渡和冷态运行时混合气浓度控制质量差,排放污染较严重等缺点,无法适应现代汽油机性能进一步提高的要求,目前已被电控燃油喷射系统所取代。电控燃油喷射系统类型多样,但基本组成相同,包含空气供给系统、燃油供给系统和控制系统 3 部分,本任务针对电控燃油喷射系统展开。

概述

(1)可燃混合气

可燃混合气是指空气与燃料的混合物,其成分对发动机的动力性、经济性与排放性能等都有很大的影响。可燃混合气的浓度通常用空燃比或过量空气系数来表示。

每工作循环充入汽缸的空气量与燃油量的质量比称为空燃比,即 A/F。理论上可燃混合气完全燃烧,其空燃比为 14.7。

过量空气系数表示燃烧时,燃烧 1 kg 燃料实际供给的空气质量与理论上完全燃烧 1 kg 燃料所需要的空气质量之比,用符号"α"表示,即

$$\alpha = \frac{燃烧\ 1\ kg\ 燃料所实际供给的空气质量}{完全燃烧\ 1\ kg\ 燃料所需的理论空气质量}$$

由上面的定义表达式可知,过量空气系数 $\alpha = 1$ 的可燃混合气称为理论混合气;$\alpha < 1$ 的为浓混合气;$\alpha > 1$ 的则为稀混合气。

（2）电控汽油喷射系统类型

1）按喷射位置分类

①进气道喷射式

目前,汽车上应用的电控燃油喷射系统一般采用进气道喷射形式。燃油喷在进气管内,按其喷油器数量不同,又可分为单点喷射和多点喷射,如图 3.95 所示。

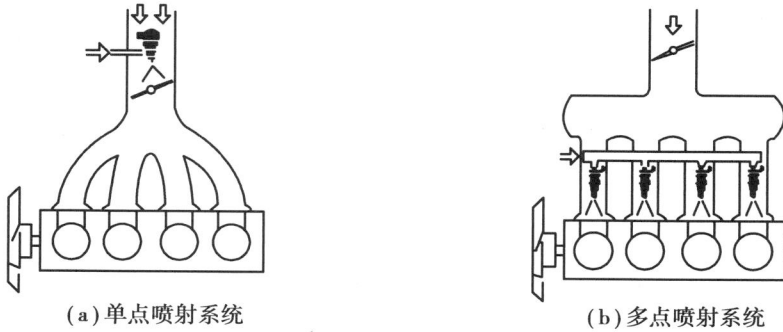

(a)单点喷射系统　　　　　　　　(b)多点喷射系统

图 3.95　单点与多点喷射系统

a.单点喷射(SPI)。在节气门上方安装一个中央喷射装置,用 1~2 只喷油器集中喷射,汽油喷入进气气流中,形成的可燃混合气由进气歧管分配到各汽缸内。单点喷射又称为节气门体喷射或中央喷射系统。

b.多点喷射(MPI)。在每个汽缸进气门处设有一个喷油器,由 ECU 控制喷油,又称为多气门喷射系统。

②缸内直接喷射式

将喷油器安装在汽缸盖上,将燃油直接喷入汽缸内,配合汽缸内的气体流动形成可燃混合气。缸内直喷容易实现分层燃烧和稀混合气体燃烧,可提高发动机动力性和经济性,改善其排放性能。

2）按对进气量的计量方式分类

按对进气量的计量方式不同,电控燃油系统可分为 D 型燃油喷射系统和 L 型燃油喷射系统,如图 3.96 所示。

①D 型燃油喷射系统

利用绝对压力传感器检测进气管内的绝对压力,ECU 根据进气管内的绝对压力和发动机转速推算出发动机的进气量,再根据进气量和发动机转速确定基本喷油量。

②L 型燃油喷射系统

利用空气流量计直接测量发动机的进气量,ECU 不必进行推算,即可根据空气流量计信号计算出与该空气量相应的喷油量。由于消除了推算进气量的误差影响,其计算的准确程度要高于 D 型燃油喷射系统,对混合气浓度的控制更精确。

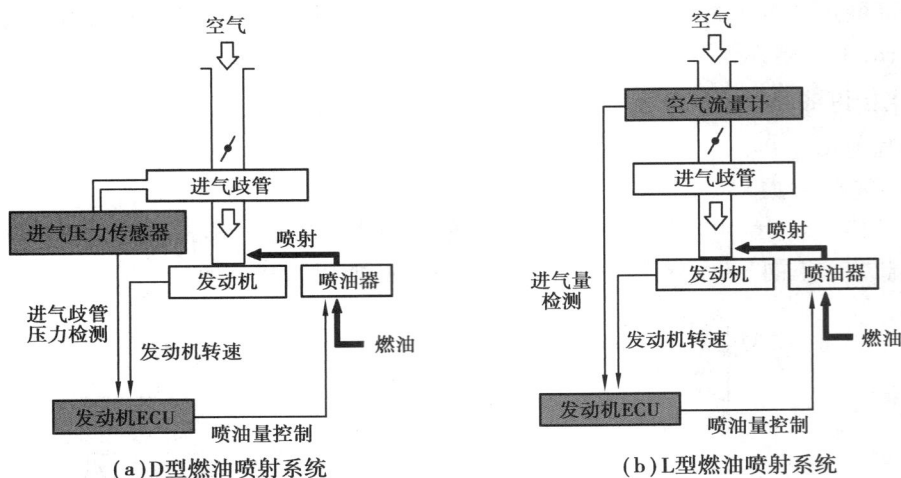

图 3.96　D 型和 L 型燃油喷射系统

（a）D型燃油喷射系统　　　　　（b）L型燃油喷射系统

📖 空气供给系统

（1）空气供给系统组成及工作过程

空气供给系统的功用是根据发动机各工况的不同要求，将一定量的空气经过滤、计量后引入发动机汽缸，以控制发动机正常工作时的进气量。空气供给系统主要由空气滤清器、空气流量计、压力传感器、节气门体、节气门、进气总管及进气歧管等组成，如图 3.97 所示。发动机工作时，空气经空气滤清器过滤后通过空气流量计（L 型）、节气门体进入进气总管，再通过进气歧管分配给各缸。节气门体中设有节气门，用于控制进入汽缸的空气量，进而控制发动机的输出功率。

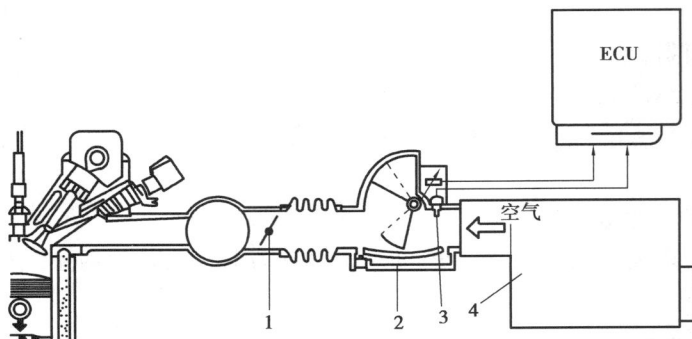

图 3.97　L 型空气供给系统

1—节气门；2—空气流量计；3—进气温度传感器；4—空气滤清器

（2）空气供给系统主要部件

1）空气滤清器

空气滤清器主要用于过滤空气中的尘土和沙粒，以减少汽缸、活塞和活塞环等部件磨损。同时，在一定程度上消除发动机在进气行程中所产生的噪声强度。

空气滤清器的主要组成部分是滤芯和机壳，其中滤芯是主要的过滤部分，承担着气体的过滤工作，而机壳是为滤芯提供必要保护的外部结构，如图 3.98 所示。空气滤清器的工作要求是能承担高效率的空气滤清工作,不为空气流动增加过多阻力,并能长时间连续工作。其中,滤芯有纸质和油浴式两种。近年来,由于纸质滤清器具有滤清效率高、质量小、成本低、维护方便等优点,已被广泛采用。纸质滤芯的滤清效率高达 99.5% 以上。

如果滤芯阻塞严重,将使进气阻力增加,发动机功率下降。同时,由于空气阻力增加,也会增加吸进的汽油量,导致混合气过浓,从而使发动机运转状态变坏,增加燃料消耗,也容易产生积炭。平时应该养成经常检查空气滤清器滤芯的习惯。通常建议客户每行驶 1.5 万 km 更换一次。经常在恶劣环境中工作的车辆应当不超过 1 万 km 更换一次。

2)进排气管

进气歧管用于将空气、燃油混合气由节气门体均匀地分送到各个汽缸。进气歧管是节气门体之后到汽缸盖进气道之间的进气管路。进气歧管必须将可燃混合气或洁净空气尽可能均匀地分配到各个汽缸,为此进气歧管内气体通道的长度应尽可能相等。为了减小气体流动阻力,提高进气能力,进气管内壁应光滑,一般由合金铸铁或铝合金制造。铝合金进气管质量小、导热好。近年来,采用复合塑料进气歧管的发动机日益增多,这种进气歧管质量小,内壁光滑,无须加工。

排气歧管一般也由铸铁、不锈钢等材料制成,近年来采用不锈钢材料的排气管越来越多,因为不锈钢质量小、耐久性好,同时内壁光滑,排气阻力小。为了不使各缸排气相互干扰及不出现排气倒流现象,并尽可能利用惯性排气,应该将排气歧管制得尽可能长,而且各缸歧管相互独立,长度相等。

3)节气门体

节气门体安装在进气管中,用来控制发动机正常工况下的进气量。它包含节气门、节气门位置传感器、怠速空气道等。电控燃油喷射发动机怠速运转时,一般将节气门完全关闭,故设有怠速空气道,以供给发动机怠速时所需的空气。怠速空气道由 ECU 通过怠速控制阀控制。节气门位置传感器装在节气门轴上,用于检测节气门的开度。有的车上还设有副节气门和副节气门

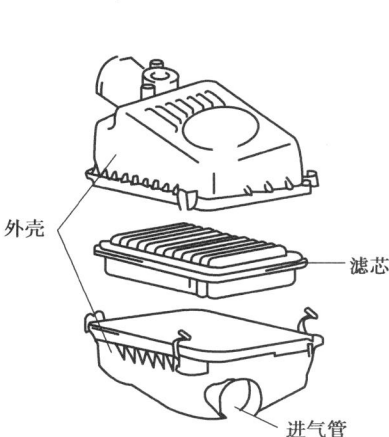

图 3.98　空气滤清器结构

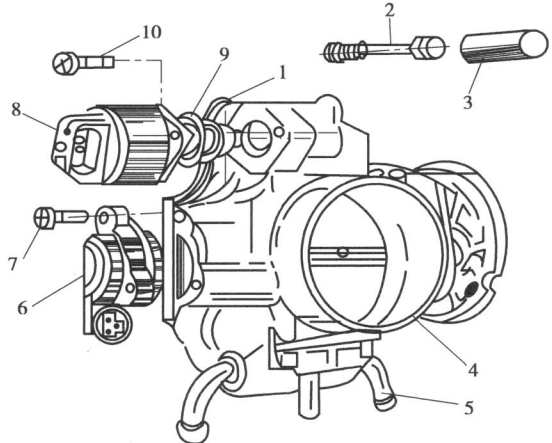

图 3.99　D 型多点喷射系统节气门体

1—节气门体衬垫;2—节气门限位螺钉;3—螺钉孔护套;
4—节气门体;5—加热水管;6—节气门位置传感器;
7—螺钉;8—怠速控制阀;9—"O"形密封圈;10—螺钉

位置传感器。为防止寒冷地区使用时节气门转动部分结冰,有些节气门体的外围装有发动机冷却液通道,用来对节气门加温。图 3.99 所示为 D 型多点燃油喷射系统的节气门体。

📖 燃油供给系统

燃油供给系统的功用是储存并滤清汽油,并根据发动机各工况的要求,向发动机供给清洁的、压力与进气歧管相匹配的、数量精确计量的汽油。

(1)燃油供给系统的组成及工作原理

1)燃油供给系统的组成

燃油供给系统主要由燃油箱、电动汽油泵、汽油滤清器、汽油压力调节器、喷油器及燃油管等装置组成,如图 3.100 所示。

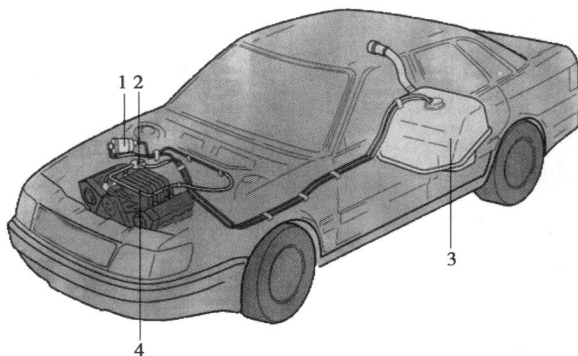

图 3.100　燃油供给系统

1—燃油滤清器;2—燃油压力调节器;3—油箱;4—燃油分配管

2)燃油供给系统工作原理

电动燃油泵将汽油从油箱内吸出,经燃油滤清器过滤后送入输油管,燃油泵供给的多余汽油经压力调节器和低压回油管流回油箱,输油管负责向各缸喷油器供油。压力调节器通过控制回油量来调节输油管内的燃油压力,以保证喷油器的喷油压差保持恒定,工作原理如图 3.101 所示。

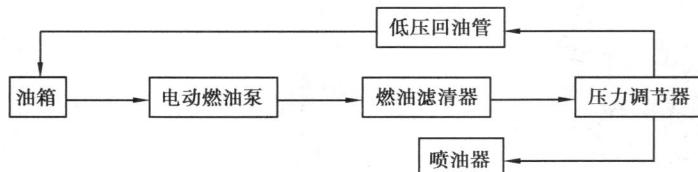

图 3.101　燃油供给系统工作原理图

(2)燃油供给系统主要部件的结构

1)油箱

汽油箱用以储存汽油,汽油箱的数目及容量随车型而异,普通汽车具有一个汽油箱,越野汽车则常有主、副两个油箱,以适应军用要求。一般汽车油箱的储备里程(储存的燃油可供汽车行驶的里程)为 $300\sim600$ km。在货车上,汽油箱通常装在车架外侧、驾驶员座下或货厢下面,而轿车的油箱则装在车身的后面。

2) 电动燃油泵

燃油泵的作用是给电控燃油喷射系统提供具有一定压力的燃油。按安装位置不同,可分为内置式和外置式两种。内置式燃油泵安装在油箱中,噪声小,不易产生气阻,不易泄漏,管路安装简单。外置式燃油泵串接在油箱外部的输油管路中,易布置,安装自由度大,但噪声大,易产生气阻,少数车型上有使用。

目前,各车型上装用的电动燃油泵因结构不同分为涡轮式、滚柱式、转子式及侧槽式等类型。

① 涡轮式电动燃油泵

涡轮式电动燃油泵主要由电动机、涡轮泵、出油阀及卸压阀等组成,如图 3.102 所示。

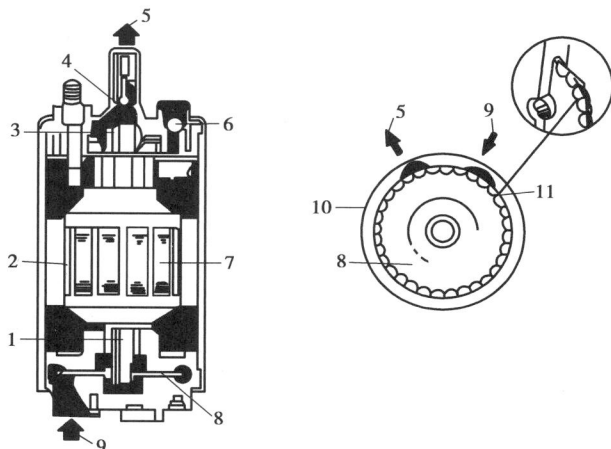

图 3.102　涡轮式电动燃油泵

1—前轴承;2—电动机定子;3—后轴承;4—出油阀;5—出油口;6—卸压阀;
7—电动机转子;8—叶轮;9—进油口;10—泵壳体;11—叶片

油泵电机通电时,电机驱动涡轮泵叶片旋转,由于离心力的作用,使叶轮周围小槽内的叶片贴紧泵壳,将燃油从进油室带往出油室。由于进油室的燃油不断增多,形成一定的真空度,将燃油从进油口吸入;而出油室燃油不断增多,燃油压力升高,当达到一定值时,顶开出油阀燃油从出油口输出。出油阀在油泵不工作时阻止燃油流回油箱,保持油路中有一定的压力,便于下次启动。

涡轮式电动燃油泵具有油量大、泵油压力较高、供油压力稳定、运转噪声小、使用寿命长等优点。此外,由于不需要消声器,故可小型化。因此,它广泛地应用在轿车上,如捷达、本田雅阁等车型均有使用。

② 滚柱式电动燃油泵

滚柱式电动燃油泵主要由电动机、滚柱式燃油泵、出油阀及卸压阀等组成,如图 3.103 所示。

当转子旋转时,位于转子槽内的滚柱在离心力的作用下,紧压在泵体内表面上,对周围起密封作用,在相邻两个滚柱之间形成工作腔。在燃油泵运转过程中,工作腔转过出油口后,其容积不断增大,形成一定的真空度,当转到与进油口连通时,将燃油吸入;而吸满燃油的工作腔转过进油口后,容积不断减小,使燃油压力提高,受压燃油流过电动机,从出油口输出,如图 3.104 所示。

图 3.103　滚柱式电动燃油泵
1—卸压阀;2—滚柱泵;3—油泵电动机;
4—出油阀;5—进油口;6—出油口

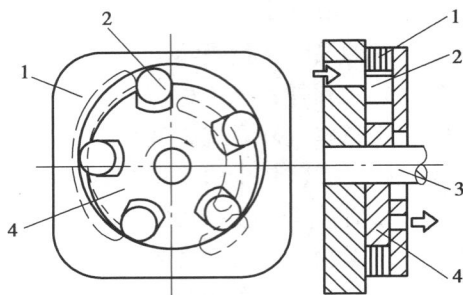

图 3.104　滚柱式燃油泵工作原理
1—泵壳体;2—滚柱;
3—转子轴;4—转子

3)燃油滤清器

燃油滤清器的功用是滤清燃油中的杂质和水分,防止燃油系统堵塞,减小机件磨损,保证发动机正常工作。一般采用纸质滤芯每行驶 20 000~40 000 km 或 1~2 年应更换,安装时应注意燃油流动方向的箭头,不能装反。燃油从入口进入滤清器,经过壳体内的滤芯过滤,清洁燃油从出口流出,如图3.105所示。

4)燃油压力调节器

燃油压力调节器用于稳定燃油管的压力,使它与进气歧管之间的压力差保持恒定为 250~300 kPa。ECU 对喷油质量的控制是时间控制,喷油压力便成为影响喷油量和空燃比的重要因素,在相同的喷油持续时间,若喷油压力不同,喷油量

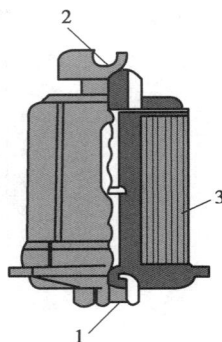

图 3.105　燃油滤清器结构
1—入口;2—出口;3—滤芯

也就不同。为了精确地控制喷油量和空燃比,必须确保喷油压力与进气歧管真空度之间的压力差为恒定值。

燃油压力调节器通常安装在输油管的一端,主要由阀片、膜片、膜片弹簧和外壳组成,如图3.106所示。发动机工作时,燃油压力调节器膜片上方承受的压力为弹簧压力和进气管内气体的压力之和,膜片下方承受的压力为燃油压力,当压力相等时,膜片处于平衡位置不动。当进气管内气体压力下降时,膜片向上移动,回油阀开度增大,回油量增多,使输油管内燃油压力也下降;反之,进气管内气体压力升高时,燃油的压力也升高。

5)燃油脉动阻尼器

在部分电控燃油喷射系统中,燃油分配管的一端装有燃油脉动阻尼器,如图 3.107 所示。其功用是在喷油器喷油时,减小油路中的油压可能产生的微小波动,使系统压力保持稳定。主要由膜片、回位弹簧、阀片和外壳组成。发动机工作时,燃油经过脉动阻尼器膜片下方进入输油管,当燃油压力产生脉动时,膜片弹簧被压缩或伸张,膜片下方的容积稍有增大或减小,从而起到稳定燃油系统压力的作用。

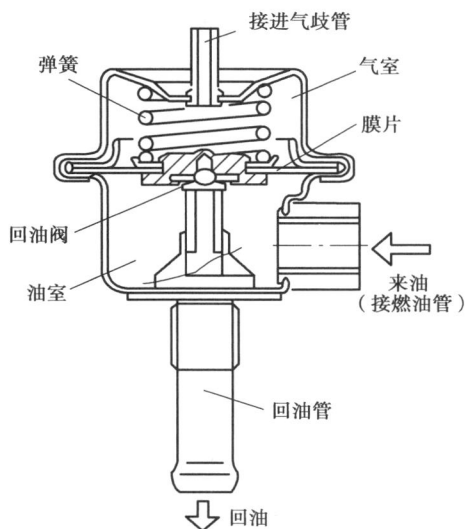

图 3.106　燃油压力调节器结构图

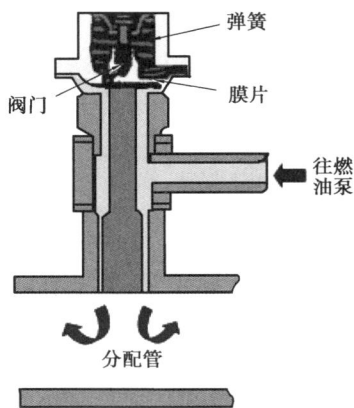

图 3.107　脉动阻尼器结构

6)喷油器

电控燃油喷射系统多采用电磁式喷油器,主要由滤网、线束连接器、电磁线圈、回位弹簧、衔铁及针阀等组成,如图 3.108所示。按喷油器电磁线圈的阻值不同,可分为高阻型喷油器(电阻为 $13\sim18\ \Omega$)和低阻型喷油器(电阻为 $2\sim5\ \Omega$)。

当电磁线圈通电时,产生电磁吸力,将衔铁吸起并带动针阀离开阀座,同时回位弹簧被压缩,燃油经过针阀并由轴针与喷口的环隙或喷孔中喷出;当电磁线圈断电时,电磁吸力消失,回位弹簧迅速使针阀关闭,喷油器停止喷油。

有些车型在进气总管上还配置了冷启动喷油器,在发动机冷启动时喷油,以加浓混合气,改善发动机的冷启动性能。其结构与前述喷油器基本相同,只是冷启动喷油器主要采用萦流式喷孔。发动机启动时,启动继电器线圈通电,触点闭合使蓄电池电压送至冷启动喷油器,正时开关控制冷启动搭铁回路接通,冷启动喷油器喷油。若冷却水温度较高,正时开关则断开,冷启动喷油器不喷油。

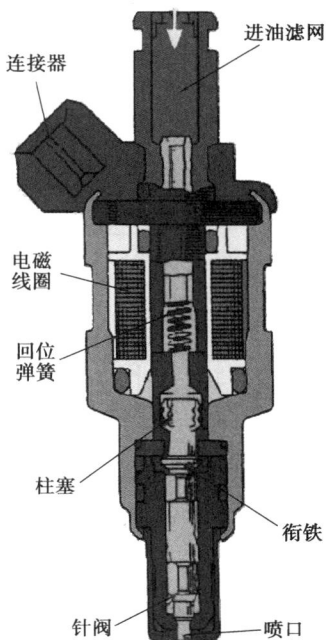

图 3.108　喷油器结构

🔧 任务实施

📖 实施要求

☞ 任务目标与要求

①小组成员分工协作,利用汽车维修手册及实训资料,依据任务工作单制订工作计划,并通过小组自评或互评检查工作计划。

②完成对车辆燃料供给系统的总体认识,并能正确规范完成对燃料系统中主要部件的拆装任务。

③清楚拆装方法、要求和相关技术参数。

☞ 注意事项

在任务实施过程中,严格遵守相关实验实训制度和规范的要求,注意职场健康与安全需求,做好废料的处理,并保持工作场所的整洁。

📖 实施步骤

☞ 准备工作

①小组接受工作任务,准备电控发动机或整车(桑塔纳轿车或发动机)、拆装工具、维修手册等配套器材,清理场地,做好实施准备工作。

②组长带领组内成员阅读任务工作单,查阅相关手册或指导书,合理分工,制订任务计划,并检查计划有效性。

☞ 实施步骤

观察和认识桑塔纳轿车 AJR 型发动机的电子控制燃料系统的组成,并熟悉各子系统内各部件的安装位置和装配关系。桑塔纳 AJR 型发动机电喷系统结构如图 3.109 所示。

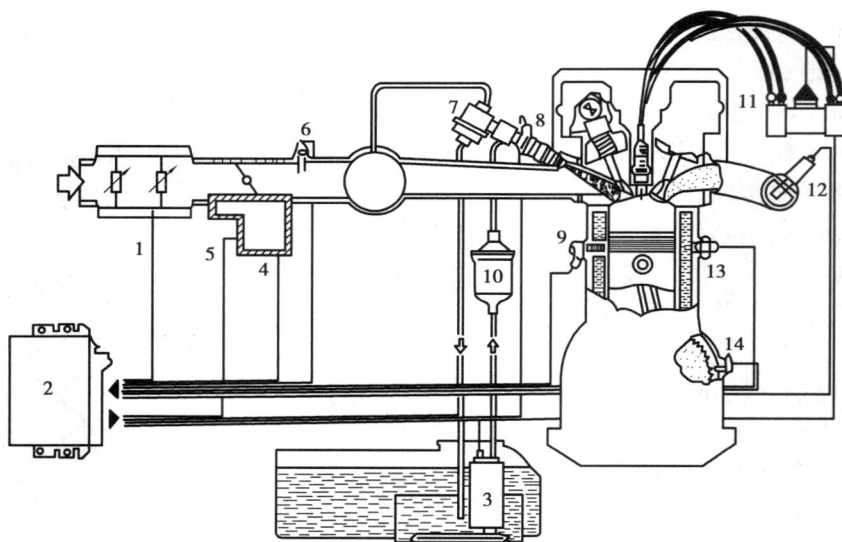

图 3.109　AJR 型发动机电子喷射系统结构示意图

1—热膜式空气流量计;2—电子控制单元;3—电动汽油泵;4—节气门控制组件;
5—怠速电机(与节气门控制组件一体);6—进气温度传感器;7—油压调节器;8—喷油器;
9—爆振传感器;10—汽油滤清器;11—点火线圈;12—氧传感器;
13—冷却液温度传感器;14—转速传感器

(1)发动机空气供给系统主要部件拆装

⚠ 注意:拆卸前先断开或松开所有电缆插头,并将发动机与变速器脱离。

①拔下空气流量计电线插头。

②拆下空气滤清器至节气门体之间的进气总管。

③拆下空气滤清器罩盖,取出滤芯。

④按以上相反步骤完成相关部件的装配。

⚠ 注意:空气供给系统各个部件安装和装配要保证其密封性,以免漏气,要求各连接部件一定紧固可靠。

(2)发动机燃油系统主要部件拆装

1)汽油箱的拆卸与安装

①断开点火开关,拔下蓄电池的搭铁线,并抽取汽油箱内的汽油。

②旋下位于行李箱内地毯下的汽油箱密封凸缘。

③拔下导线插头上的导线,如图 3.110 所示。

④打开加油口盖板,撬出环绕在加油颈部的橡胶件的夹环,推出橡胶件。

⑤旋下在车底部的紧固螺栓。

⑥拔下位于车辆底部的输油管、回油管和通气管。

⑦将发动机(及变速器)托架放置在汽油箱下。

⑧松开汽油箱夹带,如图 3.111 所示,取下汽油箱。

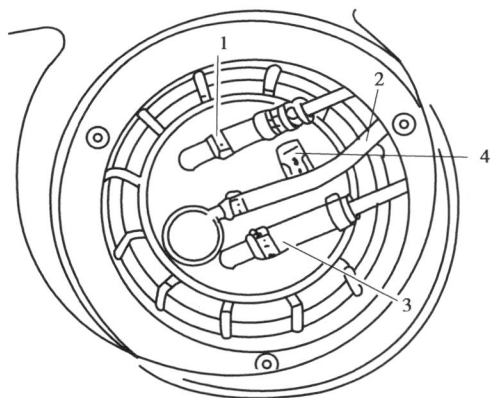

图 3.110　拔下导线插头上的导线

1—回油管;2—通气管;3—进油管;4—导线插头

图 3.111　松开汽油箱夹带

⑨油箱的安装与分解顺序相反,注意各连接螺栓需按规定力矩拧紧。

2)汽油泵的拆卸

①在完成油箱的拆卸后,用专用工具旋下油箱盖上的大螺母,如图 3.112 所示。

②从汽油箱开口处拉出密封凸缘和橡胶密封件,并拔下密封凸缘内的汽油表导线插头。

③将专用工具插入到汽油箱内汽油泵壳体的 3 个拆装缺口内,旋松汽油泵,如图 3.113 所示。

④从汽油箱中取出汽油泵。

图 3.112　用专用工具旋下大螺母

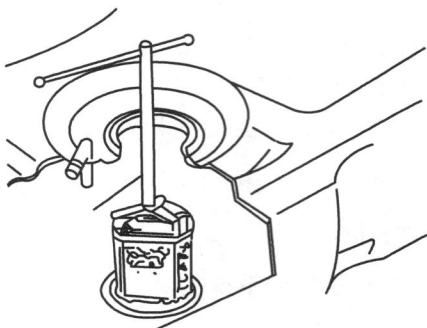

图 3.113　拆卸汽油泵

3）汽油泵及其他附件的安装

汽油泵及其他附件结构如图 3.114 所示。

①将输油管和回油管以及汽油泵接头插到汽油泵上,并保证软管接头连接紧固。

②将汽油泵放入汽油箱内。

③用专用工具将汽油泵拧紧在汽油箱底部的固定位置上。

④在汽油箱开口上安装好密封圈,安装密封圈时用机油将密封圈润湿。

⑤将密封凸缘连同浮子和汽油传感器插入汽油箱开口并压到位。

⑥注意密封凸缘的安装位置,密封凸缘上的箭头必须对准汽油箱上的箭头,如图 3.115 所示。

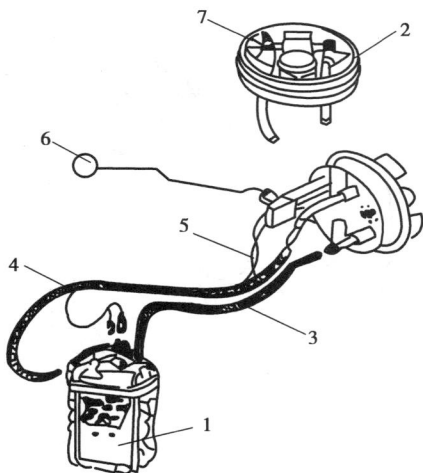

图 3.114　汽油泵及其他附件
1—汽油泵;2—密封凸缘;3—回油管;4—输油管;
5—导线;6—浮子;7—透气管(通向活性炭罐)

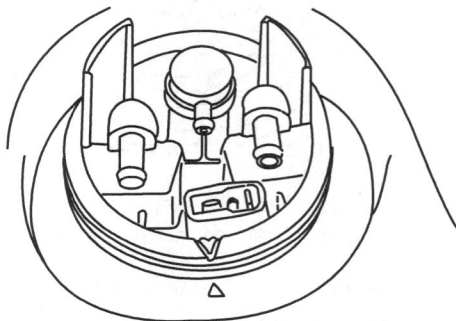

图 3.115　密封凸缘与汽油箱对正标记

⑦用专用工具拧紧大螺母,并接上密封凸缘上部的输油管和回油管以及 3 个端子的导线插头。

4）汽油滤清器的拆卸和安装

①松开车辆底部汽油滤清器托架紧固螺栓,如图 3.116 所示箭头处,取下汽油滤清器托架。

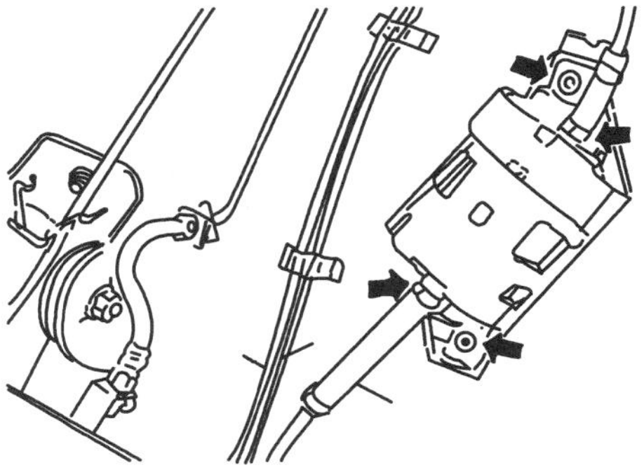

图 3.116　松开汽油滤清器托架

②松开夹箍,拔下汽油滤清器的油管,用抹布堵住管口防止剩余的汽油滴落。

③取下汽油滤清器。

④汽油滤清器安装时应注意汽油滤清器上箭头应该指向汽油的流向。

5）燃油压力调节器的拆装

①按要求拆下节气门体。

②卸下输油管上的发动机线束固定螺栓,然后将线束与输油管脱开。

③拔下 4 个喷油器的导线连接器。

④拆下燃油压力调节器上的真空软管和燃油回流软管。

⑤卸下输油管固定螺栓,并拆下输油管。

⑥卸下燃油压力调节器的紧固螺母,然后拆下调节器并从调节器上拆下"O"形圈。

⑦按拆卸的相反顺序进行燃油压力调节器的安装。在安装时,要在新"O"形圈上涂一层机油,燃油压力调节器锁紧螺母的拧紧达到规定值。

6）喷油器的拆装

①拆下进气室总成。

②拆开输油管的进油软管。

③从燃油压力调节器拆开真空软管和回油软管。

④从输油管脱开发动机线束,然后取下喷油器的导线连接器插头。

⑤从输油管支架脱开导线连接器、发动机线束的连接器及发动机线束夹箍。

⑥取下喷油器的导线连接器。

⑦卸下输油管与进气歧管的固定螺母,拆下导线连接器支架、输油管和喷油器及其隔圈绝缘垫片。

⑧从输油管取出喷油器并从喷油器上拆下"O"形密封环及密封胶圈。

⑨喷油器的安装按以上步骤相反顺序完成。

☞ 评估总结

①回答指导教师提问,并接受指导教师相关考核。

②对本次任务完成过程及效果进行自我评价和小组互评,填写任务工作单。

③清洁工作场所,清点归还相关工具设备,完成本次任务。

任务工作单

项目	汽油发动机结构认识与拆装			
任务	汽油机燃料供给系统结构认识与拆装		姓名	
班级		组号	日期	

| 任务目的 | ①能正确描述燃料供给系统的组成
②能正确认识燃料供给系统各组成部件
③能正确规范实施燃油系统和空气供给系统主要部件的拆装
④能正确描述燃料供给系统主要部件作用及结构特点 | |

环节	内　容	批注及备注
资讯	下图是发动机燃油系统组成图,请填写各编号对应部件名称 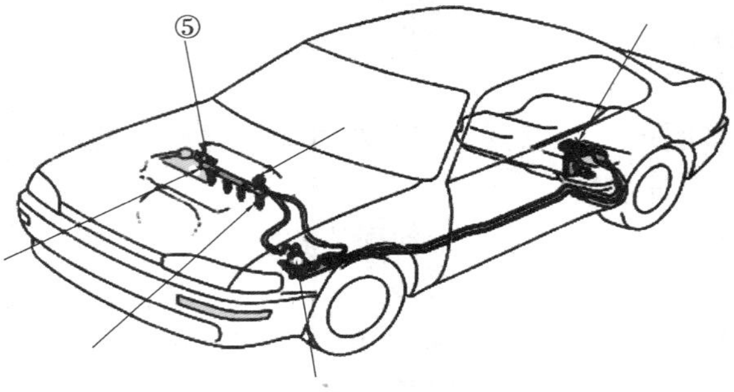 ①_____ ②_____ ③_____ ④_____ ⑤_____	
工作任务	①认识燃料供给系统总体结构 ②实施某发动机燃油系统和空气供给系统主要部件的拆装练习	
分析和计划	根据工作任务,确定所需工具、设备等,并制订小组工作计划: ①讨论确定所需仪器、工具及辅助资料 ②团队协作,组织及人员分工 ③明确拆装步骤及要求,制订操作方案 ④操作安全、规范注意事项及技术标准	

实施	①依照制订的拆装步骤完成各作业项目,并观察各部件,描述其名称,认识的部件打"√",不认识的打"×",同时描述该部件的作用 ②拆卸过程中明确技术标准,仔细观察各零部件的型号及其螺栓扭力大小 ③按正确顺序和技术标准完成装配任务 请依照以上要求完成下表:

序号	作业项目	部件名称	技术标准或要求	认识	作　用	考核
1						
2						
3						
4						
5						
6						
7						
8						
9						
10						
11						
12						
13						

检查评估	自评项根据自己对任务的完成情况进行评估并提出改进意见;互评项由组内组外成员互相交流和评分;教师评估可纳入任务实施过程中或对照上表随机选取几个项目评估。总评采用合格和不合格两级评价

序号	评估项目	自评	互评	教师评估
1	工具选择和使用			
2	发动机燃料系统总体认识			
3	空气供给系统主要部件拆装方法			
4	燃油供给系统主要部件拆装方法			
5	主要技术标准和技术参数要求			
6	职场安全及操作规范等			
7	总　评			

任务实施心得:

任务 3.7 发动机润滑及冷却系统结构认识与拆装

能力标准

学完本任务,你应获得以下能力:
①能正确描述润滑和冷却系统的组成。
②能正确认识润滑和冷却系统各组成部件。
③能正确规范实施润滑和冷却系统主要部件的拆装。
④能正确描述润滑和冷却系统主要部件作用及结构特点。

润滑系统主要
零件的构造

任务描述

请以下列任务为指导,完成相关知识的学习和实施练习:
①认识润滑和冷却系统总体结构。
②实施某发动机润滑和冷却系统主要部件的拆装练习。

相关知识

冷却系统的功
用及基本组成

润滑系统

润滑系统的作用是对发动机所有运动的部件进行润滑,减少零件的摩擦和磨损,流动的机油不仅可以清除摩擦表面的磨屑等杂质,而且还可以冷却摩擦表面。汽缸壁与活塞环上的油膜还能提高汽缸的密封性。此外,机油还可以防止零件生锈。

（1）润滑方式

由于发动机传动件的工作条件不尽相同,因此,对负荷及相对运动速度不同的传动件采用不同的润滑方式。

1）压力润滑

压力润滑是指以一定的压力将润滑油供入摩擦表面的润滑方式。该方式润滑可靠,但结构较为复杂。它主要用于曲轴主轴承、连杆轴承及凸轮轴承等负荷较大的摩擦表面的润滑。

2）飞溅润滑

飞溅润滑是指利用发动机工作时运转零件撞击机油溅起来的油滴或油雾润滑摩擦表面的润滑方式。该方式结构简单,但可靠性较差。它主要用于负荷较轻的汽缸壁面和配气机构的凸轮、挺柱、气门杆及摇臂等零件工作表面的润滑。

3）润滑脂润滑

润滑脂润滑是指通过定期加注润滑脂来润滑零件工作表面的方式。例如,水泵轴承及发电机轴承等的润滑。

（2）润滑系统的基本组成

为了保证发动机得到正常润滑，润滑系统一般由油底壳、机油泵、机油滤清器、安全阀、油道等组成，如图 3.117 所示。

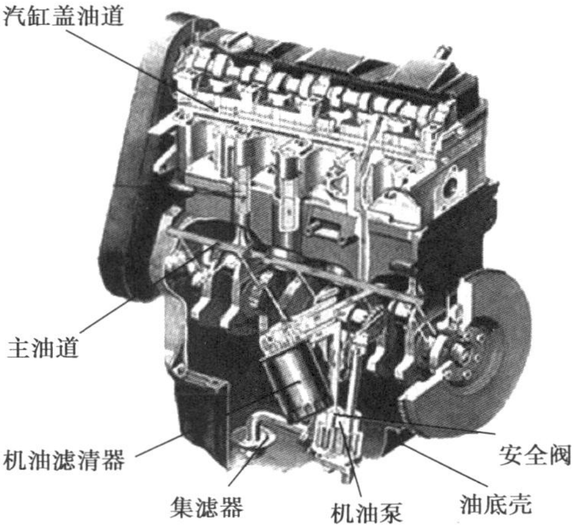

图 3.117　润滑系统组成

1）油底壳

油底壳用于存储润滑油。它由薄钢板冲压而成，为防止润滑油渗漏，其与机体接合面加垫片和密封胶密封。

2）机油集滤器

机油集滤器安装在油底壳润滑油的入口，用来滤除润滑油中粗大的杂质。机油集滤器有浮式和固定式两种。

浮式集滤器的浮筒能随着油底壳油平面高低浮动，始终浮在油面上，以吸入上层干净的机油。滤网采用金属丝编织，有弹性，中央有环口，一般情况下，借助滤网弹性，环口压紧在浮筒罩上。浮筒罩边缘有缺口，浮筒罩与浮筒装合后形成进油狭缝，如图 3.118 所示。

正常工作时，机油从油底壳经进油狭缝、滤网进入吸油管，大杂质被滤网滤除。当滤网被杂质堵塞时，滤网上方真空度提高，将滤网吸向上方，环口离开浮筒罩，机油经进油狭缝和环口直接进入吸油管，以防供油中断。

浮式集滤器由于浮在机油面上，容易吸入油面的泡沫而使机油压力下降，可靠性差。而固定式集滤器的浮筒淹没在油面下，其他结构与浮式集滤器类似。它工作可靠，但容易吸入油底壳底部杂质。

3）机油泵

机油泵用于将油底壳中的机油吸出，并以一定压力压向各润滑部位。按其结构不同，可分为齿轮式和转子式两种。齿轮式又可分为外接齿轮式和内接齿轮式两种。

①外接齿轮式机油泵

为了防止封闭在轮齿径向间隙内的油压过高引起的工作阻力加大和机油泵轴衬套加快磨损，在泵盖上加工有卸压槽，使轮齿径向间隙内的机油经卸压槽流入出油腔，如图 3.119 所示。

在机油泵齿轮与泵盖之间加有垫片密封，同时可以通过调整垫片厚度，调整齿轮端面间

119

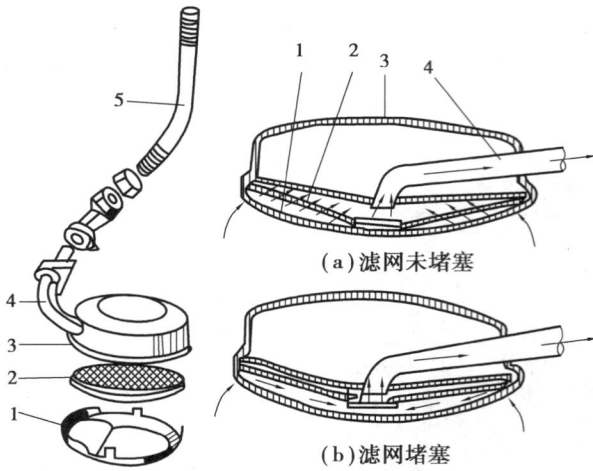

图 3.118　机油集滤器
1—浮筒罩；2—滤网；3—浮筒；
4—吸油管；5—固定油管

图 3.119　外接齿轮式机油泵
1—机油泵体；2—机油泵被动齿轮；3—衬套；
4—卸压槽；5—驱动轴；6—机油泵主动齿轮
A—进油腔；B—过渡油腔；C—出油腔

隙在 0.05～0.20 mm，该间隙过大，机油压力下降，泵油量减少。

②内接齿轮式机油泵

外齿轮为主动齿轮，套在曲轴前端，通过花键套直接由曲轴驱动。内齿轮为从动齿轮，安装在机油泵体内，泵体固定在发动机机体前端。当主动齿轮旋转时，带动从动齿轮旋转，进油容积由小变大，不断进油；出油容积不断由大变小，油压升高。这种齿轮泵直接由曲轴驱动，无须中间传动机构，故零件数少，体积小，成本低，但泵油效率较低，如图 3.120 所示。

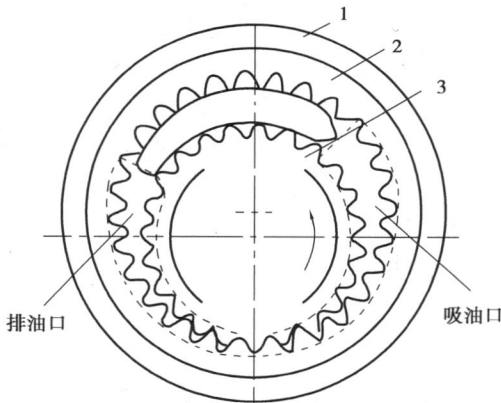

图 3.120　内接齿轮式机油泵
1—机油泵体；2—从动外齿轮；3—主动外齿轮

图 3.121　转子式机油泵
1—发动机体；2—机油泵体；3—外转子；
4—内转子；5—驱动轴；6—安全阀；7—出油孔
A—进油腔；B—过渡油腔；C—出油腔

③转子式机油泵

转子式机油泵由内外转子等零件组成。内转子有多个凸齿,外形为次摆线,固定在机油泵传动轴上,由机油泵齿轮驱动。外转子有比内转子多一个的凹齿,它自由地安装在机油泵体内,并与内转子啮合转动。内外转子有一定偏心距,它们与机油泵体和泵盖组成了进油腔、过渡油腔和出油腔,如图 3.121 所示。

机油泵工作时,内转子带动外转子旋转,进油腔容积不断由小变大,腔内产生一定真空度,润滑油从油底壳被吸入进油腔。随后经过过渡油腔,再进入出油腔,出油腔容积由大变小,使润滑油压力升高,再送往各润滑油道。

4)安全阀

机油泵由发动机驱动,当发动机转速升高时,机油泵运转速度加快,输油量增加,机油压力升高。为了防止压力过高,在润滑油路中(有的直接在机油泵上或滤清器上)设置有安全阀。当机油压力超过规定值时,安全阀打开,多余的润滑油经安全阀流回机油泵的进油腔或流回油底壳。

5)机油滤清器

机油滤清器用来滤除润滑油中的金属屑、机械杂质和润滑油氧化物。

机油滤清器若串联安装在机油泵与主油道之间,所有机油经过滤清器过滤,称该滤清器为全流式滤清器,如图 3.122 所示。若滤清器与主油道并联安装,只有一部分机油经过滤清器过滤,称该滤清器为分流式滤清器。有的发动机两种滤清器都有(如重型货车发动机),全流式滤清器作为粗滤清器,分流式滤清器作为细滤清器。

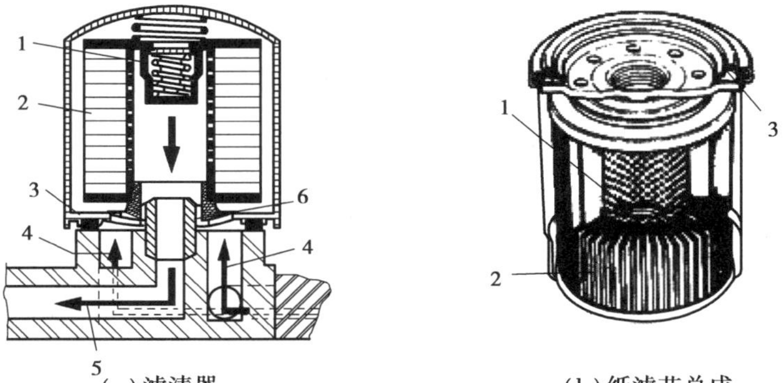

(a)滤清器　　　　　　　(b)纸滤芯总成

图 3.122　全流式滤清器

1—安全阀;2—纸滤芯;3—密封圈;4—来自机油泵的机油;5—过滤后的机油;6—防漏阀

滤清器使用一定时间后,滤芯外有较多杂质,应该按说明书要求及时更换新的滤清器。为了防止用户未及时更换新滤清器而造成滤芯堵塞,发动机缺机油的严重后果,在滤清器中设置有安全阀,当滤芯堵塞,机油压力升高时,能克服弹簧的压力,顶开安全阀,使润滑油直接进入主油道。

滤清器的滤芯材料有纸质、锯末和金属等。纸质滤芯结构简单、质量小、体积小、滤清效果好、成本低、保养方便,得到广泛应用。为了提高机油过滤效果,有的发动机采用双滤芯,称为复合滤清器。正常情况下,从机油泵来的机油经进油口先进入外滤芯(粗滤芯),再进入内滤芯(细滤芯),最后经中心油道从出油口流向主油道。

（3）润滑油路

现代汽车发动机的润滑油路大致相同。图 3.123 所示为桑塔纳轿车 JV 型 1.8 L 发动机润滑系统。在此系统中，曲轴的主轴颈、曲柄销、凸轮轴颈及中间轴颈（分电器和机油泵的传动轴）均采用油压力润滑，其余部分则用飞溅润滑或润滑脂润滑。

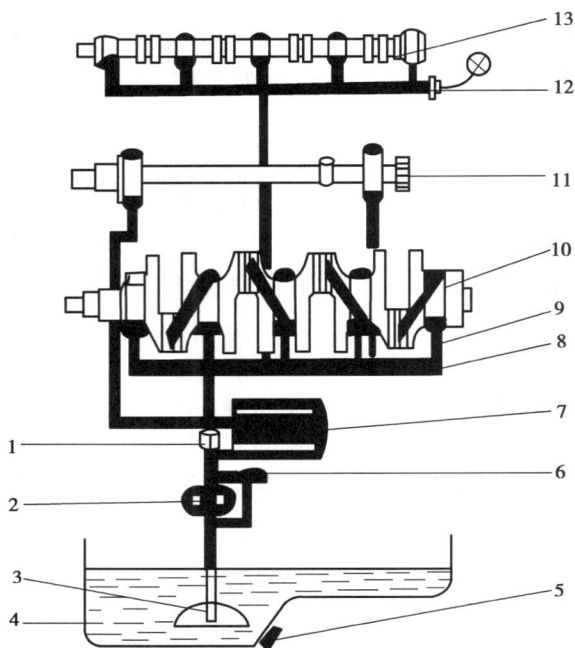

图 3.123　桑塔纳发动机润滑系统示意图

1—旁通阀；2—机油泵；3—集滤器；4—油底壳；5—放油塞；6—安全阀；7—机油滤清器；

8—主油道；9—分油道；10—曲轴；11—中间轴；12—限压阀；13—凸轮轴

当发动机工作时，润滑油从油底壳经集滤器被机油泵送入机油滤清器。如果油压太高，则润滑油经机油泵上的安全阀返回机油泵入口。全部润滑油经滤清器滤清之后进入发动机主油道。滤清器盖上设有旁通阀，当滤清器堵塞时，润滑油不经过滤清器滤清，而由旁通阀直接进入主油道。润滑油经主油道进入 5 条分油道，分别润滑 5 个主轴承。然后，润滑油经曲轴上的斜油道，从主轴承流向连杆轴承润滑曲柄销。主油道中的部分润滑油经第六条分油道供入中间轴的后轴承。中间轴的前轴承由机油滤清器出油口的一条油道供油润滑。主油道的另一条分油道直通凸轮轴轴承润滑油道，此油道也有 5 个分油道，分别向 5 个凸轮轴轴承供油。在凸轮轴轴承润滑油道的后端，也就是整个压力润滑油路的终端，装有最低润滑油压力报警开关。另外，在机油滤清器上也装有润滑油压力开关。当发动机转速超过 2 150 r/min 时，润滑油压力若低于 180 kPa，这时开关触点闭合，报警灯亮，同时蜂鸣器也鸣响报警。

（4）润滑剂

汽车发动机润滑剂有润滑油（机油）和润滑脂（黄油）两类。

1）润滑油

为保证润滑质量,对润滑油的黏度、黏温性及氧化安定性等性能都有一定要求。

黏度是润滑油分级和选用的主要依据。黏度过小,在高温、高压下油容易从摩擦表面流失,不能形成足够厚度的油膜;黏度过大,冷启动阻力增加,启动困难,润滑油不能及时被泵送到摩擦表面,导致启动磨损严重。而润滑油黏度随温度而变化的特性称为黏温性。发动机从启动到满负荷工作,温度变化范围大,导致润滑油温度变化大于 100 ℃。若润滑油的黏度随温度变化太大,就会使润滑油高温时黏度太低,而低温时黏度太高,影响正常润滑。润滑油工作温度高于 95 ℃,产生氧化后,颜色变暗,黏度增加,酸性增大,并产生胶状沉积物。氧化变质的润滑油将腐蚀发动机零件,甚至破坏发动机的正常工作,因此要求润滑油抵抗氧化作用不使其性质发生永久变化的能力,即氧化安定性要足够好。

我国润滑油分以下 3 类(GB/T 7631.3—1995):

①汽油机油。SC、SD、SE、SF、SG、SH 等 6 个级别。

②柴油机油。CC、CD、CD-Ⅱ、CE、CF-4 等 5 个级别。

③二冲程汽油机油。ERA、ERB、ERC、ERD 等 4 个级别。

其中,级别越高,使用性能越好,适用于新机型或强化程度高的发动机。

2）润滑脂

润滑脂具有良好的黏附性,在常温下可附着于垂直表面而不流淌,可以在敞开或密封不良及受压较大的摩擦部位工作,并有防水、防尘、密封作用。

汽车发动机主要在水泵轴承及发电机轴承使用润滑脂。目前,普遍推荐使用的是通用锂基润滑脂,它具有良好的高低温适应性,可在-30~120 ℃的温度范围内使用,具有良好的抗水性、防锈性、安定性及润滑性,在高速运转的水泵轴承及发电机轴承上使用,不变质,不流失,保证润滑。

📖 冷却系统

在发动机工作期间,最高燃烧温度可能高达 2 500 ℃,即使在怠速或中等转速下,燃烧室的平均温度也在 1 000 ℃以上。因此,与高温燃气接触的发动机零件受到强烈的加热。在这种情况下,若不进行适当的冷却,发动机将会过热,工作过程恶化,零件强度降低,机油变质,零件磨损加剧,最终导致发动机动力性、经济性、可靠性及耐久性的全面下降。但是,冷却过度也是有害的。不论是过度冷却还是发动机长时间在低温下工作,均会使散热损失及摩擦损失增加,零件磨损加剧,发动机工作粗暴,发动机功率下降及燃油消耗率增加。

冷却系统的功用是使发动机在所有工况下都保持在适当的温度范围内。冷却系统既要防止发动机过热,也要防止冬季发动机过冷。在发动机冷启动之后,冷却系统还要保证发动机迅速升温,尽快达到正常的工作温度。

(1)冷却系统的类型

根据所用冷却介质不同,冷却系统可分为风冷式和水冷式。

1）水冷式冷却系统

水冷式冷却系统是以水为冷却介质,热量先由机件传给水,靠水的流动将热量带走而后散入大气中。散热后的水再重新流回到受热机件处。适当调节水循环路线和冷却强度,就能保持发动机的正常工作温度。同时,还可用热水预热发动机,便于冬季启动。

水冷式发动机保持正常工作,其冷却水的温度应为80~90 ℃。此时,汽缸壁温度不超过200~300 ℃;汽缸盖、活塞顶部的温度不超过300~400 ℃;润滑油的温度在70~90 ℃,保证发动机具有较好的动力性、经济性和净化性,使零件的运动和磨损正常。

2)风冷式冷却系统

风冷式冷却系统是将高温零件的热量直接散入大气。

风冷发动机铝汽缸壁的温度允许为150~180 ℃,铝汽缸盖则为160~200 ℃。

汽车发动机,尤其是轿车发动机大都采用水冷式冷却系统,只有少数汽车发动机采用风冷式冷却系统。

(2)冷却系统组成及原理

水冷式冷却系统为强制循环水冷系,主要由水泵、散热器、冷却风扇、节温器、补偿水桶、发动机机体和汽缸盖中的水套以及其他附属装置等组成,如图3.124所示。

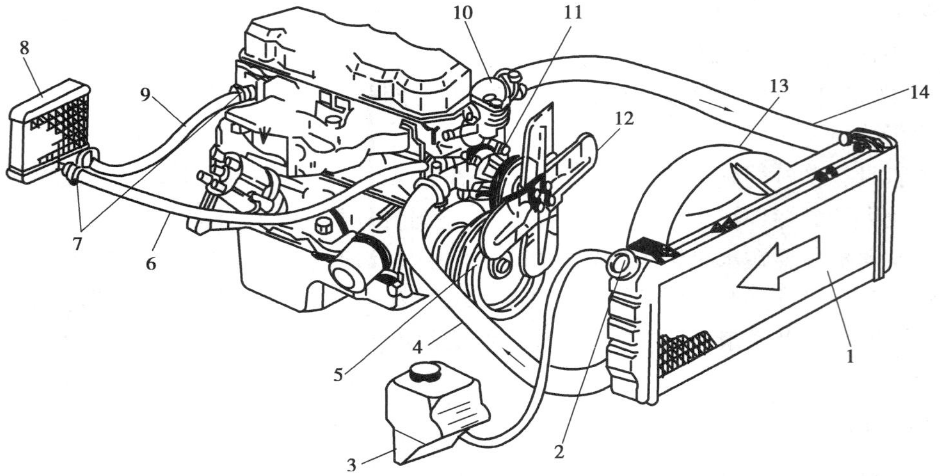

图3.124　发动机冷却系统组成

1—散热器;2—散热器盖;3—补偿水桶;4—散热器出水软管;5—风扇传动带;
6—暖风机出水软管;7—管箍;8—暖分机芯;9—暖风机进水软管;
10—节温器;11—水泵;12—冷却风扇;13—护风圈;14—散热器进水软管

水冷式冷却系统是用水泵将该系统的冷却液体加压,使之在水套中流动,冷却水从汽缸壁吸收热量,温度升高,热水向上流入汽缸盖,继而从缸盖流出并进入散热器。由于风扇的强力抽吸,空气从前向后高速流过散热器,不断地将流经散热器的水的热量带走。冷却后的水由水泵从散热器底部重新泵入水套。在冷却系统中,水是不断循环的。为了控制冷却水温度,冷却系统中设有冷却强度调节装置,如百叶窗、节温器和风扇离合器等。

水冷却系统存在大循环和小循环两种模式。大循环路线为冷却水经水泵—水套—节温器—散热器,又经水泵压入水套的循环,其水流路线长,散热强度大,称为水冷却系统的大循环。而小循环路线为冷却水经水泵—水套—节温器后不经散热器,而直接由水泵压入水套的循环,其水流路线短,散热强度小,称为水冷却系统的小循环。

（3）冷却系统主要部件的结构

1）散热器

散热器将水套出来的热水自上而下或横向地分成许多小股并将其热量散给周围的空气。散热器主要由上水室、下水室和散热器芯等组成。图 3.125 所示为横流式散热器结构。

散热器上水室（左）装有散热器的入水管，通过橡胶管与汽缸盖出水管连接；上水室上部有加水管，加水管口一般装泄气管。当冷却水沸腾时，水蒸气可以从此管排出。加装防冻液的冷却系统，此管接膨胀水箱。下（右）水室有出水管，用软管与水泵进水口连接，两水室之间焊接散热器芯管。

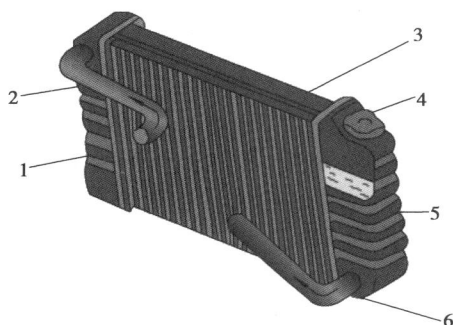

图 3.125　横流式散热器
1—上水室；2—入水管；3—散热器芯；
4—散热器盖；5—下水室；6—出水管

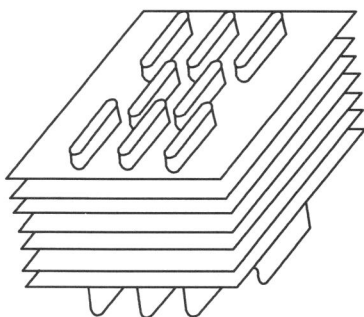

图 3.126　管片式散热器芯

芯管的结构形式很多，常用的为管片式，如图 3.126 所示。其芯管多为扁圆形直管（防冻裂性好），周围制有散热片。芯管可竖置或横置。

散热器盖安装在加水口上。对于封闭式冷却系统来说，系统与外界大气不直接相通，故散热器盖上带有空气-蒸汽阀，如图 3.127 所示，使冷却系统的压力高于大气压力，冷却水的沸点有所提高。

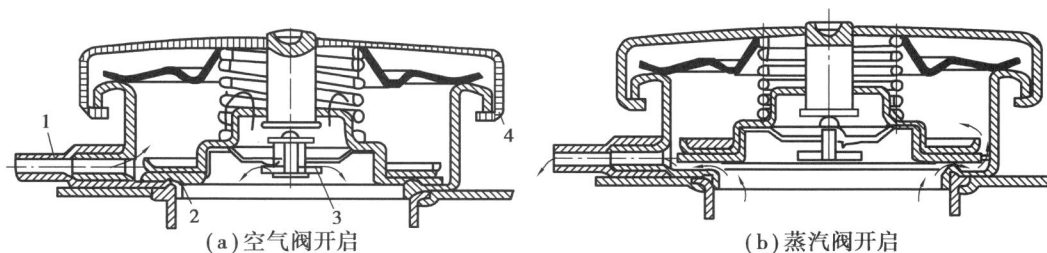

（a）空气阀开启　　　　　　　　　　（b）蒸汽阀开启

图 3.127　带空气-蒸汽阀的散热器盖
1—泄气管；2—蒸汽阀；3—空气阀；4—散热器盖

2）膨胀水箱

膨胀水箱多用半透明材料（如塑料）制成，透过箱体可直接方便地观察到液面高度，无须打开散热器盖。膨胀水箱的上部用一个较细的软管与水箱的加水管相连，底部通过水管与水泵的进水侧相连接，通常位置略高于散热器，如图 3.128 所示。

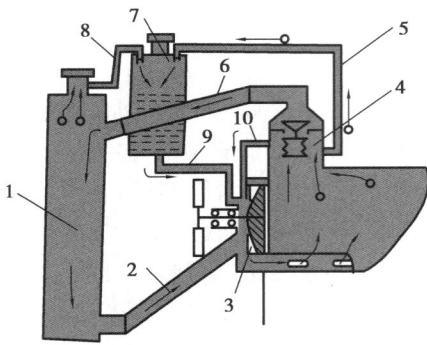

图 3.128　膨胀水箱示意图

1—散热器；2—水泵进水管；3—水泵；

4—节温器；5—水套出气管；6—水套出水管；

7—膨胀水箱；8—散热器出气管；

9—补充水管；10—旁通管

膨胀水箱的作用主要体现在以下 4 个方面：

①将冷却系统变成永久性封闭系统，减少了冷却液的损失。

②避免空气不断进入，避免了机件的氧化腐蚀。

③减少了穴蚀。

④使冷却系统中水和蒸汽分离，保持系统内压力稳定，提高了水泵的泵水量。

有的冷却系统不用膨胀水箱而使用储液罐，即用一根管子将散热器和储液罐的底部或上部（管口插入液面以下）连通。但这种装置只能解决蒸汽和水分离及冷却液消耗问题，而对穴蚀没有明显的改善。当冷却液温度升高时，散热器中液体膨胀、汽化，使散热器盖蒸汽阀开启，散热器中的蒸汽或液体沿导管流入储液罐。当冷却水温度降低时，散热器内压力下降，液体沿原路径流向散热器。

通常储液罐上有两条刻线，冷却液应加到上刻线，当液面降到下刻线时，应及时补充。

3）水泵

水泵的作用是对冷却水加压，使之在冷却系统中循环流动。由于离心式水泵具有尺寸小，出水量大，结构简单，损坏后不妨碍水在冷却系统中自然循环的特点，故为强制循环式冷却系统普遍采用。常见的水泵在机体外安装与风扇同轴驱动，也有装在机体内（内藏式）单独驱动的。

离心式水泵的工作原理如图 3.129 所示。当叶轮旋转时，水泵中的水被叶轮带动一起旋转，由于离心力的作用，水被甩向叶轮边缘，在蜗形壳体内将动能转变为压能，经外壳上与叶轮成切线方向的出水管被压送到发动机水套内。在压水同时，叶轮中心处压力降低，散热器中的水便经进水管被吸进叶轮中心处。

图 3.129　离心式水泵示意图

1—水泵壳体；2—叶轮；

3—进水管；4—出水管

水泵一般由曲轴通过"V"形带传动，传动带环绕在曲轴带轮与水泵带轮之间，因此，水泵转速与发动机转速成比例。有些发动机的水泵由凸轮轴直接驱动。

4）风扇

风扇用于提高流经散热器的空气流速和流量，以增强散热器的散热能力并冷却发动机附件。它通常装在发动机与散热器之间，与水泵同轴驱动。风扇的扇风量主要与风扇的直径、转速、叶片形状、叶片安装角及叶片数目有关。

风扇的常见结构形式如图 3.130 所示。目前，汽车水冷发动机上常用螺旋桨式风扇。风扇叶片材料有钢板、塑料和铝合金。为了降低振动噪声，叶片间夹角不等。选用 4～6 片叶片。叶片与叶轮旋转平面之间有一偏扭角，偏扭角可为定值，也可制成变偏扭角。因风扇旋转时叶和叶尖的气流速度外大内小，为了提高风扇的效率，叶片从叶根到叶尖偏扭角逐渐减小。

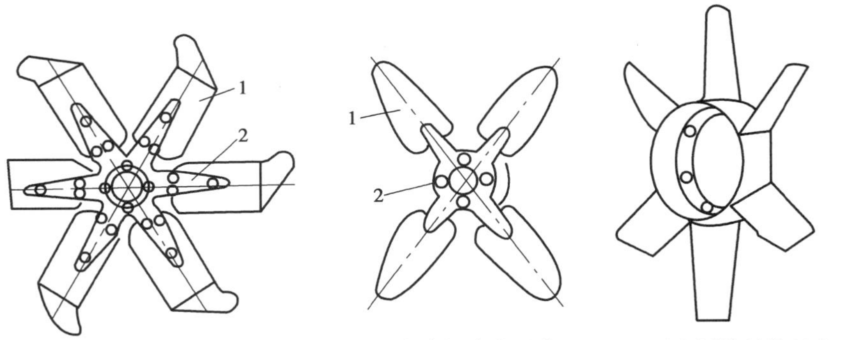

（a）叶尖前弯的风扇　　　（b）尖窄根宽的风扇　　　（c）尼龙压铸整体风扇

图 3.130　风扇形式

1—叶片；2—连接板

用螺钉将风扇安装在水泵轴前端的皮带轮或凸缘盘上。风扇常和发电机一起由曲轴通过三角皮带带动，如图 3.131 所示。

目前，较多轿车采用电动风扇，如图 3.132 所示。电动机的开关由散热器的水温开关控制，并且有高低速两个挡位，低速挡在沸点内使用，高速挡在沸点外使用，需要冷却时自动起作用。这样，在一般行驶条件下，电动风扇几乎不转，功率消耗减少，油耗率降低。而在低速大负荷时又能得到充分的冷却。

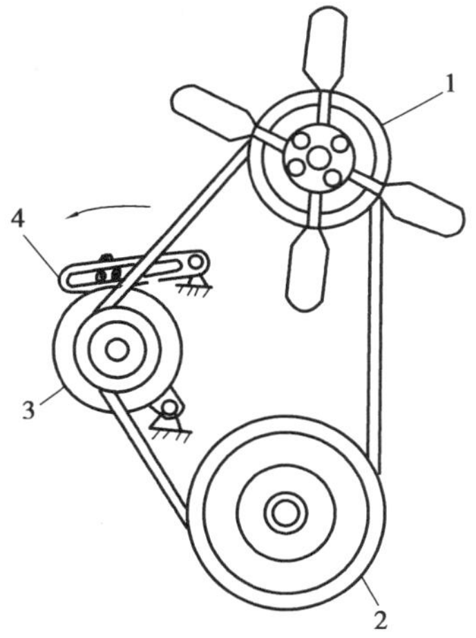

图 3.131　风扇的驱动和皮带张紧力的调整

1—风扇及皮带轮；2—曲轴皮带轮；
3—发电机；4—移动支架

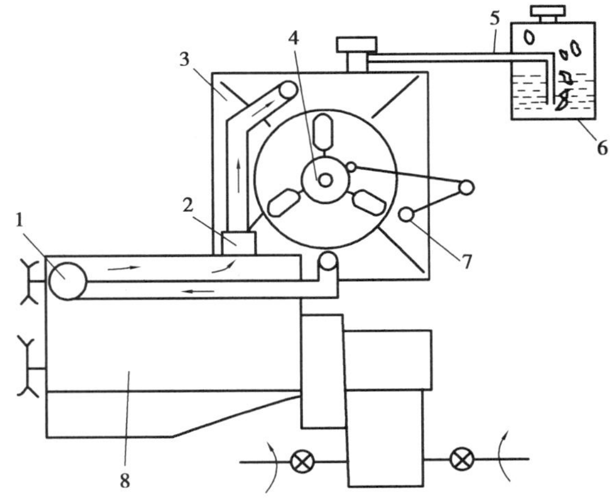

图 3.132　电动风扇

1—水泵；2—节温器；3—散热器；4—电动机和风扇；
5—蒸汽排出和回吸管；6—膨胀水箱；7—温控开关；8—发动机

5）节温器

节温器随发动机负荷和水温的大小而自动改变冷却液的流量和循环路线，保证发动机在适宜的温度下工作，减少燃料消耗和机件的磨损。

蜡式节温器由上支架、下支架、主阀门、旁通阀、感应体、中心杆、橡胶管及弹簧等组成。

其结构如图 3.133 所示。节温器的上支架和下支架与阀座铆成一体。中心杆上端固定在上支架的中心,其下部插入橡胶管的中心孔内,中心杆下端呈锥形。橡胶管与感应体外壳之间的空腔里装有石蜡。为了提高导热性,石蜡中常掺有铜粉和铝粉。感应体外壳上下部有联动的主阀门和旁通阀门。主阀门上有通气孔,它的作用是在加水时使水套内的空气经小孔排出,保证能加满水。为了防止通气孔阻塞,有的加装一个摆锤。

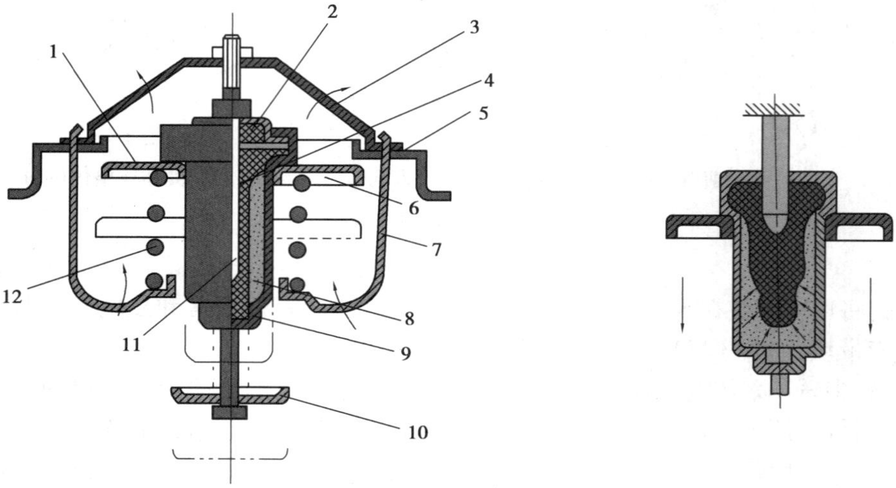

图 3.133 蜡式节温器

1—主阀门;2—盖合密封垫;3—上支架;4—胶管;5—阀座;6—通气孔;
7—下支架;8—石蜡;9—感应体;10—旁通阀;11—中心杆;12—弹簧

当水温低于 76 ℃左右时,主阀门完全关闭,旁通阀完全开启,由汽缸盖出来的水经旁通管直接进入水泵,故称小循环。由于水只是在水泵和水套之间流动,不经过散热器,且流量小,因此冷却强度弱。当冷却水温度为 76~86 ℃时,大小循环同时进行,如图 3.134 所示。当发动机水温达 76 ℃左右时,石蜡逐渐变成液态,体积随之增大,迫使橡胶管收缩,从而对中心

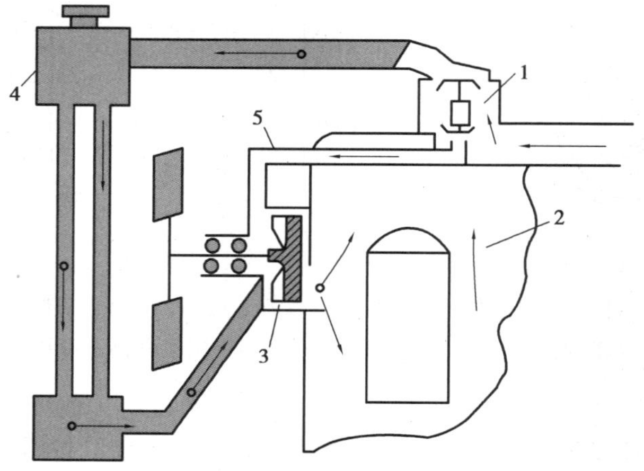

图 3.134 冷却水的大小循环

1—双阀节温器;2—水套;3—水泵;4—散热器;5—旁通管

杆下部锥面产生向上的推力。由于杆的上端固定,故中心杆对橡胶管及感应体产生向下的反推力,克服弹簧张力使主阀门逐渐打开,旁通阀开度逐渐减小。当发动机内水温升高到86 ℃,主阀门完全开启,旁通阀完全关闭,冷却水全部流经散热器,称为大循环。由于此时冷却水流动路线长,流量大,因此冷却强度强。

6)百叶窗

在冷却水温度较低时,百叶窗改变吹过散热器的空气流量,从而控制冷却强度。

在严寒的冬季,水温过低时,由于节温器的作用使水只进行小循环,散热器中的水有冻结的危险。此时关闭百叶窗可使冷却水温度回升。

百叶窗安装在散热器前面,它是由许多片活动挡板组成的。挡板垂直或水平安装,由驾驶员通过装在驾驶室内的手柄操纵调节挡板的开度。

(4)冷却液

冷却液是水与防冻剂的混合物,其中水最好是软水,否则容易在发动机水套中产生水垢,使传热受阻,易造成发动机过热。

纯净水在 0 ℃时结冰。如果发动机冷却系统中的水结冰,将使冷却水终止循环而引起发动机过热。尤其严重的是,水结冰时体积膨胀,可能将机体、汽缸盖和散热器胀裂。为了适应冬季行车的需要,在水中加入防冻剂制成冷却液,以防止循环冷却水冻结。最常用的防冻剂是乙二醇。冷却液中水与乙二醇的比例不同,其冰点也不同。

在水中加入防冻剂还同时提高了冷却液的沸点。例如,含乙二醇50%的冷却液在大气压力下的沸点是 103 ℃。因此,防冻剂有防止冷却液过早沸腾的附加作用。

防冻剂中通常含有防锈剂和泡沫抑制剂。防锈剂可延缓或阻止发动机水套壁及散热器的锈蚀或腐蚀。冷却液中的空气在水泵叶轮的搅动下会产生很多泡沫,这些泡沫将妨碍水套壁的散热。泡沫抑制剂能有效地抑制泡沫的产生。在使用过程中,防锈剂和泡沫剂会逐渐消耗殆尽,因此,定期更换冷却液是十分必要的。

在防冻剂中,一般还要加入着色剂,使冷却液呈蓝绿色或黄色,以便识别。

任务实施

📖 **实施要求**

☞ **任务目标与要求**

①小组成员分工协作,利用汽车维修手册及实训资料,依据任务工作单制订工作计划,并通过小组自评或互评检查工作计划。

②完成对车辆润滑和冷却系统的总体认识,并能正确规范完成对其中主要部件的拆装任务。

③清楚拆装方法、要求和相关技术参数。

☞ **注意事项**

在任务实施过程中,严格遵守相关实验实训制度和规范的要求,注意职场健康与安全需求,做好废料的处理,并保持工作场所的整洁。

📖 实施步骤

☞ 准备工作

①小组接受工作任务,准备电控发动机或整车(桑塔纳 AFE 发动机)、拆装工具、维修手册等配套器材,清理场地,做好实施准备工作。

②组长带领组内成员阅读任务工作单,查阅相关手册或指导书,合理分工,制订任务计划,并检查计划有效性。

☞ 实施步骤

①观察和认识桑塔纳 AFE 发动机的润滑系统的组成,并熟悉各部件的安装位置和装配关系。

②观察和认识桑塔纳 AFE 发动机的冷却系统的组成,并熟悉各部件的安装位置和装配关系。

桑塔纳 AFE 发动机润滑系统结构如图 3.135 所示。

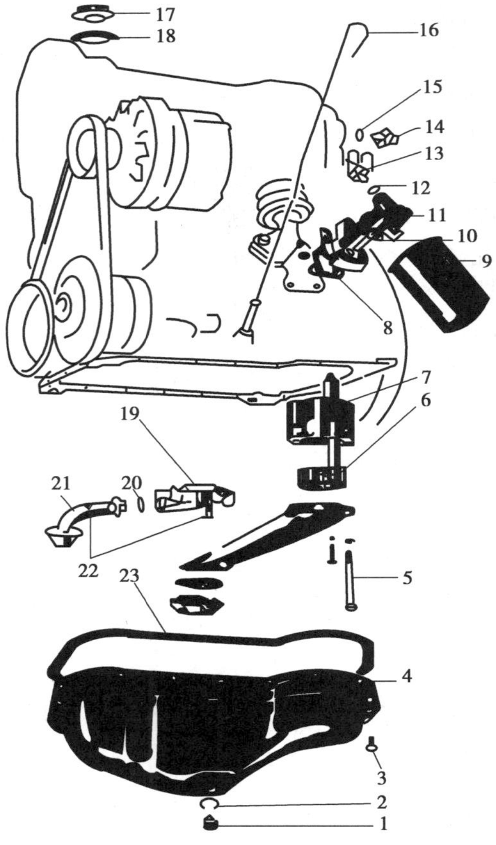

图 3.135　桑塔纳 AFE 润滑系统零件分解图

1—放油螺塞;2—"O"形密封圈;3—油底壳紧固螺栓;4—油底壳;5—机油泵盖长螺栓;6—机油泵齿轮;
7—机油泵壳体;8—机油滤清器盖衬垫;9—机油滤清器体;10—机油滤清器盖紧固螺栓;
11—机油滤清器盖;12—密封圈;13—0.18 MPa 油压开关;14—0.031 MPa 油压开关;15—密封圈;
16—机油尺;17—加油口盖;18—橡胶油封垫圈;19—带限压阀的机油泵盖;20—"O"形圈;
21—机油集滤器;22—机油泵盖短螺栓;23—油底壳密封垫

（1）润滑系统主要部件拆装

1）机油泵的拆装

AFE 型发动机机油泵结构如图 3.136 所示。

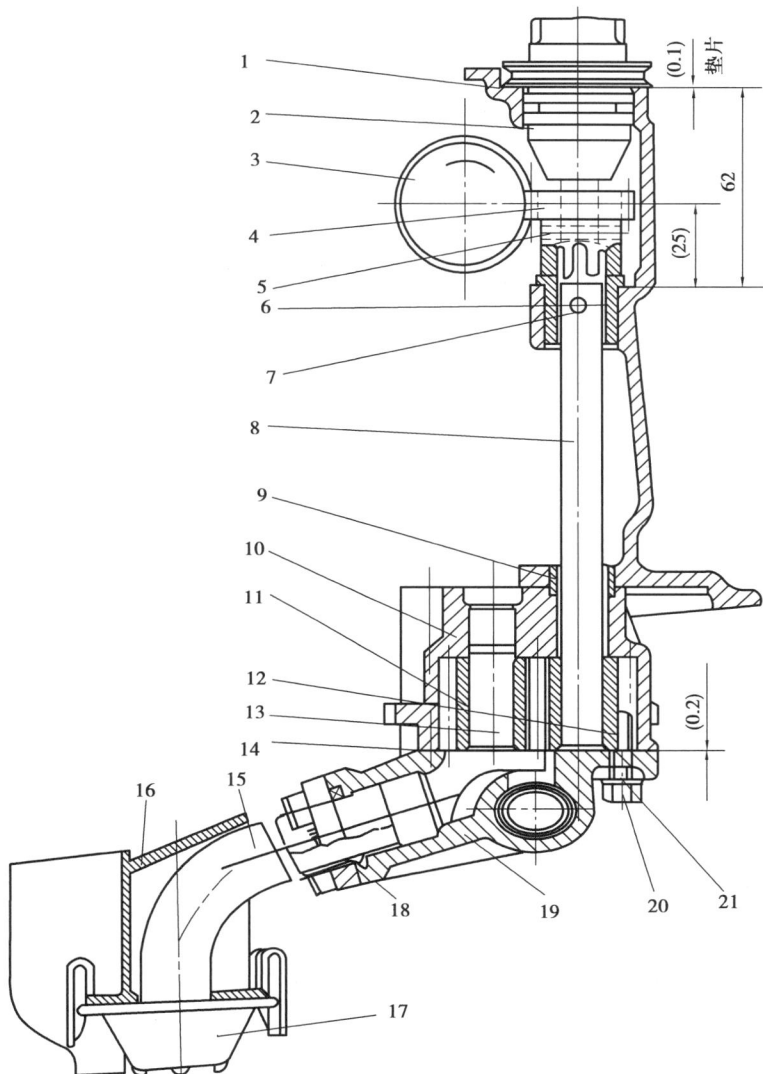

图 3.136　AFE 型发动机的机油泵

1—密封垫片;2—分电器轴;3—中间轴驱动齿轮;4—分电器从动齿轮;5—定位销;
6—机油泵轴上支承座;7—定位螺孔;8—机油泵轴;9—机油泵轴下支承及定位套;10—机油泵壳体;
11—机油泵从动齿轮;12—机油泵主动齿轮;13—从动齿轮轴;14—衬垫;15—吸油管;
16—吸油管支承套;17—集滤器;18—"O"形密封圈;19—机油泵盖;20—短螺栓;21—垫片

①旋松分电器轴向限位卡板的紧固螺栓,拆下卡板。

②拔出分电器总成。

③旋松并拆下两个机油泵壳与发动机机体的连接长紧固螺栓,将机油泵及吸油部件一起拆下。

④拧松并拆下吸油管组紧固螺栓,拆下吸油管组,检查并清洗滤网。

⑤旋松并取下机油泵盖短螺栓,取下机油泵盖组,检查泵盖上限压阀(旁通阀)。观察泵盖接合面的磨损情况。

⑥分解主从动齿轮,再分解齿轮和齿轮轴。

⑦机油泵的安装与拆卸顺序相反。

2)机油滤清器更换

①放出发动机机油。

②用专用工具拆卸机油滤清器,如图 3.137 所示。

图 3.137　拆卸机油滤清器

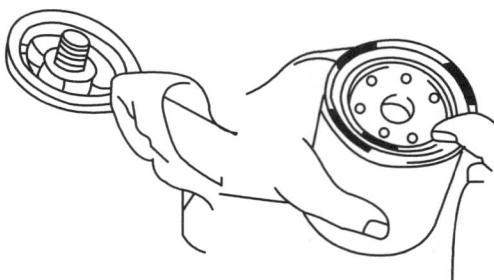

图 3.138　密封圈上涂机油

⚠ 注意:更换时清洗滤清器安装表面。

③安装新滤清器时,应在密封圈上涂上干净的机油,如图 3.138 所示。若不涂机油,安装时密封圈与接合面发生干摩擦,密封圈易翘曲和损坏,造成密封不良而漏油。

④用手轻轻拧进机油滤清器,直到感觉有阻力为止,再用专用工具重新拧紧机油滤清器 3/4 圈,如图 3.139 所示。

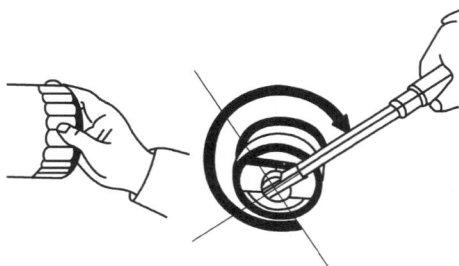

图 3.139　用专用工具拧紧机油滤清器

图 3.140　旋下副梁螺栓和发动机橡胶支承

3)油底壳的拆装

①使发动机前端位于维修工作台上,放出发动机机油。

②拆卸离合器防尘罩板。

③如图 3.140 箭头所示,旋下副梁螺栓和发动机橡胶支承。

④缓缓放下副梁。

⑤旋下油底壳上的所有螺栓。

⑥拆卸油底壳,必要时用橡胶锤轻轻敲击。

⑦油底壳的安装与拆卸顺序相反。

⚠ 注意:

①更换油底壳衬垫。

②交替对角拧紧油底壳与汽缸体的紧固螺栓。

③拧紧发动机橡胶支承。

④主要部件螺栓拧紧力矩:发动机支承与副梁紧固螺栓拧紧力矩为(40 ± 5)N·m,发动机支承与支架紧固螺栓拧紧力矩为(40 ± 5)N·m,扭力臂与发动机紧固螺栓拧紧力矩为(23 ± 3)N·m。

(2)冷却系统主要部件拆装

1)水泵的拆装

①将水泵壳体夹紧固定在夹具中或台虎钳上,拧松"V"形带轮紧固螺栓,拆下"V"形带轮。

②分解前盖与泵壳,但注意分批拧松紧固螺栓。

③用拉具拆下"V"形带轮凸缘,再用拉具拆下水泵叶轮,注意防止损坏叶轮。

④压出水泵轴和轴承,并分解水泵轴与轴承,压出水封、油封。

⑤放松水泵壳体,换位夹紧,拆下进水口接头的紧固螺栓,取下接管。

⑥拆下密封圈,拆下节温器。

⑦安装水泵的顺序与拆卸顺序基本相反,但需更换所用衬垫及密封圈。

⚠ 注意:叶轮与泵壳的轴向间隙;叶轮与壳体的径向密封处的间隙;轴承的润滑条件。

2)冷却液的更换

发动机冷却液是由专用冷却剂 G11 和水混合而成,可永久使用,发动机冷却液容量(带膨胀水箱)为 6 L。冷却液液面应位于膨胀水箱的 MIN 与 MAX 两标记之间。

首先按以下步骤排放冷却液:

①将冷暖风开关拨至 warm(热)位置,将暖气阀全开。

②打开散热器盖。

③拆下夹箍(见图 3.141),拉出冷却液软管,放出冷却液。用容器收集冷却液,以便以后使用。

然后按以下步骤添注冷却液:

①冷暖风开关拨到 warm(热)位置,将暖气阀全开。

②添注冷却液至膨胀水箱上的最高点标记处。

③旋上散热器盖。

④使发动机运转至风扇转动。

⑤检查冷却液面,必要时补充冷却液至最高标记处。

3)节温器的拆装

①从连接体上拆下冷却液管。

②松开螺栓,取出节温器盖、"O"形密封圈和节温器,如图 3.142 所示。

图 3.141　拆下管道的夹箍

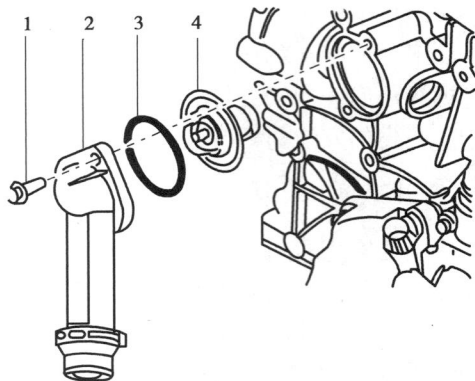

图 3.142　拆下节温器

1—螺栓;2—节温器盖;3—"O"形密封圈;4—节温器

③节温器的安装。先清洁"O"形密封圈的密封表面。然后安装节温器,节温器的感温部分必须在汽缸体内,安装时用冷却液浸湿新的"O"形密封圈。拧紧螺栓,加注冷却液。

4)散热器的更换

①排放冷却液。

②松开冷却液管上的夹箍,拔下散热器的冷却液软管。

③拔下位于电控冷却风扇罩壳上的热敏开关插头,如图 3.143 所示。

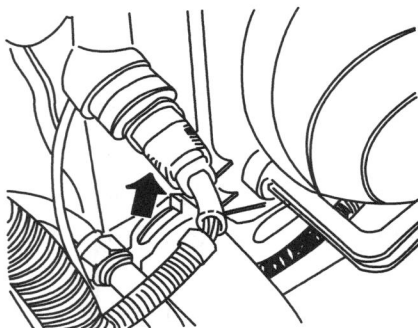

图 3.143　拔下热敏开关插头

⚠ 注意:为防止损坏冷凝器及制冷剂管路,不要压迫、扭曲及弯曲制冷剂管路。

④将双电控冷却风扇连同罩壳一起拆下。

⑤拆下散热器。

⑥安装散热器时,以拆卸的相反顺序进行。

☞ 评估总结

①回答指导教师提问,并接受指导教师相关考核。

②对本次任务完成过程及效果进行自我评价和小组互评,填写任务工作单。

③清洁工作场所,清点归还相关工具设备,完成本次任务。

任务工作单

项目	汽油发动机结构认识与拆装			
任务	发动机润滑及冷却系统结构认识与拆装		姓名	
班级		组号	日期	
任务目的	①能正确描述润滑和冷却系统的组成 ②能正确认识润滑和冷却系统各组成部件 ③能正确规范实施润滑和冷却系统主要部件的拆装 ④能正确描述润滑和冷却系统主要部件作用及结构特点			
环节	内　容		批注及备注	
资讯	①请画出润滑系统基本油路示意图 ②请画出冷却系统大小循环线路图			
工作任务	①认识润滑和冷却系统总体结构 ②实施某发动机润滑和冷却系统主要部件的拆装练习			
分析和计划	根据工作任务,确定所需工具、设备等,并制订小组工作计划: ①讨论确定所需仪器、工具及辅助资料 ②团队协作,组织及人员分工 ③明确拆装步骤及要求,制订操作方案 ④操作安全、规范注意事项及技术标准			

实施	①依照制订的拆装步骤完成各作业项目,并观察各部件,描述其名称,认识的部件打"√",不认识的打"×",同时描述该部件的作用 ②拆卸过程中明确技术标准,仔细观察各零部件的型号及其螺栓扭力大小 ③按正确顺序和技术标准完成装配任务 请依照以上要求完成下表: 表格见下

序号	作业项目	部件名称	技术标准或要求	认识	作　用	考核
1						
2						
3						
4						
5						
6						
7						
8						
9						
10						
11						
12						
13						

检查评估	自评项根据自己对任务的完成情况进行评估并提出改进意见;互评项由组内组外成员互相交流和评分;教师评估可纳入任务实施过程中或对照上表随机选取几个项目评估。总评采用合格和不合格两级评价

序号	评估项目	自评	互评	教师评估
1	工具选择和使用			
2	发动机润滑及冷却系统总体认识			
3	润滑系统主要部件拆装方法			
4	冷却系统主要部件拆装方法			
5	主要技术标准和技术参数要求			
6	职场安全及操作规范等			
7	总　评			

任务实施心得:

任务 3.8　发动机拆装

活塞连杆组拆卸
和认识

能力标准

学完本任务,你应获得以下能力:
①能正确规范完成发动机的整体拆装任务。
②能正确规范完成发动机零部件的清洗任务。
③能正确规范使用各种拆装工具。

任务描述

请以下列任务为指导,完成相关知识的学习和实施练习:
①实施发动机整体拆装练习。
②实施发动机主要零部件的清洗工作。

相关知识

曲轴飞轮组拆装
和认识

发动机的拆卸

(1)拆卸前的准备

在进行发动机拆卸前应仔细阅读相应车型的维修手册,同时应做好相应准备。

1)常用工具准备

发动机拆装的常用工具有各类扳手、各类套筒、各类钳、橡胶锤、螺丝刀、铜棒及磁性吸棒等。

2)常用设备准备

发动机拆装常用设备有发动机翻转架、工作台、工具车、零件车、台虎钳、零件清洗盆及油盆等。

3)专用工具准备

在发动机相关总成及部件的拆装过程中,还涉及气门拆装钳、活塞装配器、活塞环拆装卡钳、机油滤清器扳手、拉拔器等专用工具。

(2)发动机拆卸的步骤及要点

发动机拆卸的一般步骤是先将与发动机相连的附件、管道、导线等拆开,然后将变速器与发动机分离,最后将发动机用吊装设备吊出发动机舱。具体步骤如下:

①拆下蓄电池搭铁线,避免在拆卸过程中出现电路短路等问题,造成电路及电器部件损坏。

②调整空调开关至"暖风"档,以保证能彻底排放出冷却液。

③打开散热器盖和冷却液补偿桶盖,拧开散热器出水室上的放水开关,将冷却液排放至容器内。

④在排空冷却液后,拆下连接散热器与发动机的所有水管。

⑤拆下发动机周围的护罩。

⑥拔下电动冷却风扇、发电机、空调压缩机等接线插头。

⑦松开空调压缩机和转向助力泵上的皮带,拆下压缩机、转向助力泵固定支架螺栓,将空调压缩机、转向助力泵连同其管道一同与发动机分离开来,用绳子固定在旁边。

⑧取下散热器和冷却风扇。

⑨拆下连接在发动机上的燃油管,拔下发动机上所有的控制线路插头和连接到车身上的所有真空管接头。

⑩拆下空气滤清器及进气管,将节气门体上的进气口用薄膜封住,以防异物掉入。

⑪拆下节气门上的节气门拉索。

⑫拆下进气管。

⑬拆下变速器与发动机的连接螺栓,将发动机与变速器分开。

⑭拆下发动机与车身之间的支架螺栓。

⑮将专用吊装架安装在发动机上,吊起发动机,使发动机与车架分离。

⑯将拆下的发动机安装在发动机翻转架上。

(3)发动机的解体

不同类型的发动机,其结构形式不同,其解体的具体步骤也有差别,但发动机解体主要步骤和顺序如下:发动机主要附件拆卸、进排气管拆卸、飞轮拆卸、机油泵拆卸、凸轮轴拆卸、汽缸盖拆卸、活塞连杆组拆卸、曲轴拆卸等,各步骤具体实施方法见后续说明。

📖 发动机的装配

(1)密封件的使用和更换

在汽车维修装配过程中,要使用大量的密封件,以保证发动机各个密封面的可靠密封,防止漏气、漏水、漏油。常见的密封件有密封衬垫、油封等。此外,还经常使用密封胶。

1)密封衬垫的使用要点

①装配时,密封面应清洁干净。

②金属衬垫和垫片表面应平整,无明显的曲折和凹痕。

③用纸垫密封时,安装前按需要涂以清洁的密封胶。

④有润滑油孔的部位,安装衬垫时,要注意勿将油孔堵塞。

2)密封胶使用要点

随着密封胶生产技术的发展,各种密封胶相继投入使用,汽车维修装配中密封胶的使用量越来越大。与衬垫密封相比,密封胶效果更可靠持久,省时省力,工作效率高。

在使用密封胶时,应注意密封胶的类型和适用场合,按规定使用。在使用时,为了得到最好密封效果,应将黏附在部件表面的旧密封胶清除干净。同时应在全部密封表面均匀地涂抹一层密封胶,不要有任何间隔。具体零件涂抹密封胶的位置和数量(厚度)都有规定值,使用时请参考相关维修手册。

使用密封胶时,应注意以下 6 点:

①一些密封胶在涂抹后会立即硬化,故要迅速安装该部件。

②用密封胶密封的部件在组装后,至少两个小时内不要加润滑油等油液。

③如果零部件在装上后又再拆开,要将原有的密封胶全部清除掉并重新涂抹。

④如果密封胶的涂抹位置错误或太少将导致漏油。

⑤不要涂抹过多的密封胶,以免油路和滤清器堵塞。

⑥冬天可轻度加热密封胶,以便涂抹更加容易。

(2)发动机装配前的准备

1)基本要求

①发动机的装配精度要求很高,在装配前应对已选配的零件和组合件认真清洗、吹干、擦净,确保清洁。

②检查各零件,不得有毛刺、擦伤,保持完整无损。

③做好工具、设备、工作场地的清洁。

④工作台、工具应摆放整齐。特别应仔细检查、清洗汽缸体和曲轴上的润滑油道,并用压缩空气吹干净。否则,会因清洁工作的疏忽,造成返工甚至带来严重后果。

⑤按规定配齐全部衬垫、螺栓、螺母、垫圈和开口销,并准备适量的机油、润滑脂等常用油和材料。

2)装配注意事项

①装配中应对主要零件进行复检,应使其符合技术标准规定的要求。

②各相对运动零件的工作表面,装配时应涂机油。

③各部位螺栓和螺母的装配,应注意拧紧的扭矩和顺序。扭矩过大,会使螺栓折断;扭矩过小,达不到装配时的紧度要求。因此,重要部位的螺栓都有规定的扭矩数据。

④多螺栓连接的零件,应注意按一定顺序拧紧,避免受力不均,造成零件翘曲变形,甚至破裂。合理的拧紧顺序是从中央开始,然后左右对称拧紧。对于 4、6、8 个螺钉连接的零件,一般是依次对角拧紧。

任务实施

📖 实施要求

☞ 任务目标与要求

①小组成员分工协作,利用汽车维修手册及实训资料,依据任务工作单制订工作计划,并通过小组自评或互评检查工作计划。

②完成对发动机整体拆装任务,并清洗相关部件。

③清楚拆装方法、要求和相关技术参数。

☞ 注意事项

在任务实施过程中,严格遵守相关实验实训制度和规范的要求,注意职场健康与安全需求,做好废料的处理,并保持工作场所的整洁。

📖 **实施步骤**

☞ **准备工作**

①小组接受工作任务,准备发动机(以卡罗拉 1ZR-FE 发动机为例)、拆装工具、维修手册等配套器材,清理场地,做好实施准备工作。

②组长带领组内成员阅读任务工作单,查阅相关手册或指导书,合理分工,制订任务计划,并检查计划有效性。

☞ **实施步骤**

(1)发动机外围附件的拆卸

发动机外围附件包括发电机、启动机、水泵、进气歧管、气门室罩及油底壳等。通常应先拆卸发电机、启动机、进气歧管、排气歧管及水泵等附件,然后拆卸水泵带轮、发动机固定支架、气门室罩及油底壳等。

(2)拆卸正时链条

①首先将一缸设置为压缩上止点。转动曲轴皮带轮,直到凹槽与正时链条盖上的正时标记"O"对准(见图3.144),检查并确认凸轮轴正时齿轮和链轮上的各正时标记与1号和2号轴承盖上的各正时标记对准。如果没有对准,则转动曲轴1圈(360°),如上述对准正时标记。

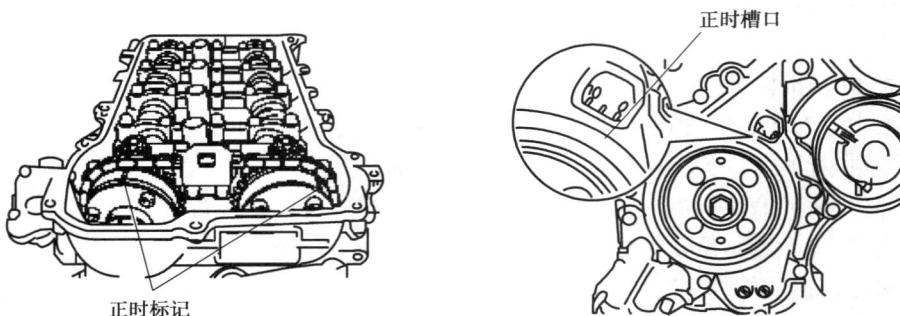

图 3.144　确定一缸压缩上止点

②拆卸1号链条张紧器总成。

③拆卸正时链条油封和链条盖。

④拆下链条张紧器导板。

⑤拆下1、2号链条振动阻尼器和链条总成。

用扳手固定住凸轮轴的六角部分,并逆时针旋转凸轮轴正时齿轮总成,以松开凸轮轴正时齿轮之间的链条。松开链条时,将链条从凸轮轴正时齿轮总成上松开,并将其放置在凸轮轴正时齿轮总成上,如图3.145所示。

⚠ **注意**

确保链条从链轮上完全松开,顺时针转动凸轮轴,使其回到原来位置,并拆下链条。

(3)拆卸凸轮轴

在完成对凸轮轴正时齿轮的检查后,首先拆卸凸轮轴正时齿轮总成,如图3.146所示。

①固定凸轮轴六角头部分的同时,拆下凸缘螺栓,然后拆下凸轮轴正时齿轮总成。

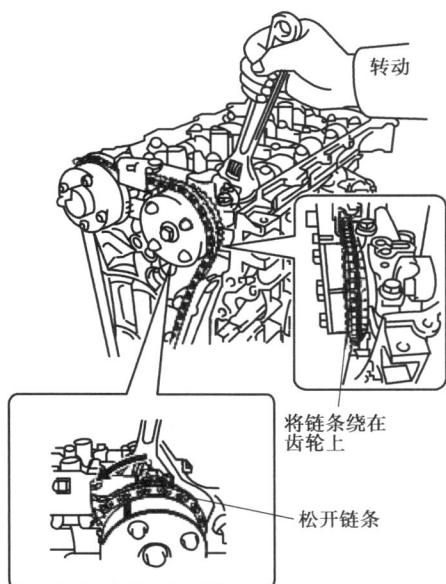

图 3.145　链条分总成拆卸

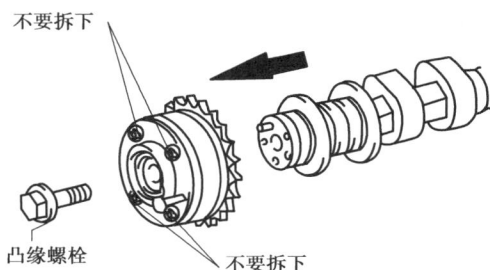

图 3.146　凸轮轴正时齿轮拆卸

⚠ 注意:拆下凸轮轴正时齿轮前,确保锁销已松开。同时,在将凸轮轴正时齿轮总成从凸轮轴上拆下时,要使其保持水平。

②拆卸凸轮轴轴承盖。按如图 3.147 所示的顺序先后均匀地拧松并拆下 10 个和 15 个轴承盖螺栓,然后拆下 5 个轴承盖。

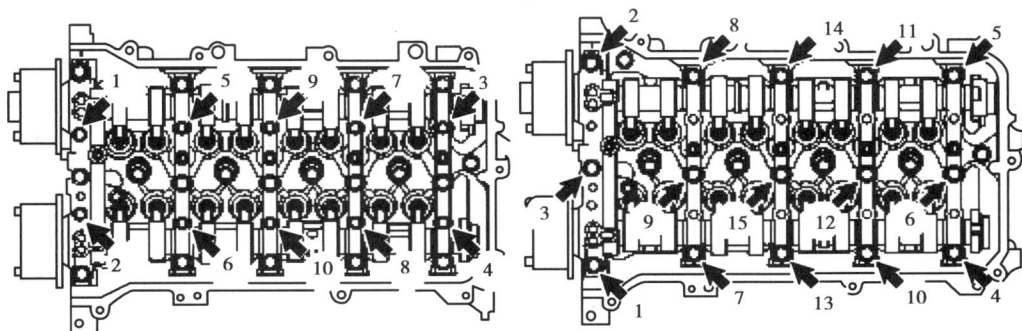

图 3.147　凸轮轴轴承盖拆卸

⚠ 注意:按正确的顺序摆放拆下的零件。

③拆卸凸轮轴。

④拆下凸轮轴壳分总成,如图 3.148 所示。拆下两个螺栓,用螺丝刀撬动汽缸盖和凸轮轴壳之间的部位,拆下凸轮轴壳。

⚠ 注意:不要损坏汽缸盖和凸轮轴壳的接触面。在使用螺丝刀之前,在螺丝刀头部缠上胶带。

保护性胶带

图 3.148　凸轮轴壳分总成的拆卸

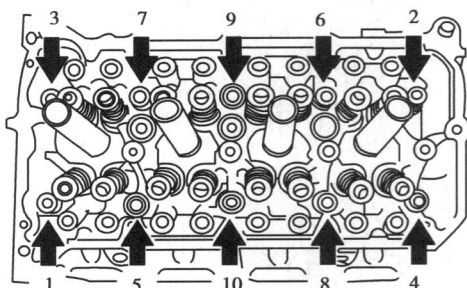

图 3.149　汽缸盖拆卸

（4）**拆卸汽缸盖分总成**

按如图 3.149 所示顺序，用 10 mm 的双六角扳手，分几步均匀地松开并拆下 10 个汽缸盖螺栓和 10 个平垫圈。使用头部缠有胶带的螺丝刀，撬动汽缸盖和汽缸体之间的部位，拆下汽缸盖。

⚠ 注意：螺栓拆卸顺序不正确可导致汽缸盖翘曲或破裂。

拆卸汽缸盖衬垫，如图 3.150 所示。

（5）**拆卸油底壳**

保持发动机正置，拆下油底壳所有紧固螺栓，然后用一个平头螺栓，插入汽缸体与油底壳之间，撬起油底壳，使其分离，从而拆下油底壳。

⚠ 注意：在油底壳拆卸之前不要倒置发动机，否则，留在油底壳上的淤泥和金属颗粒可能进入活塞和汽缸，损坏汽缸壁。

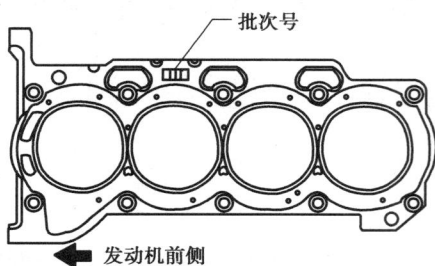

批次号

发动机前侧

图 3.150　汽缸盖衬垫

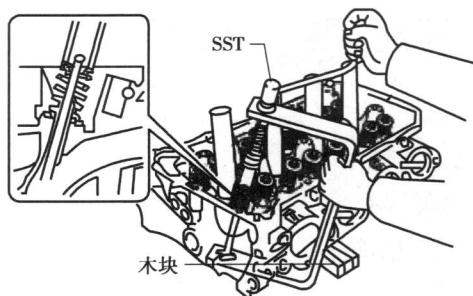

SST

木块

图 3.151　气门拆卸

（6）**分解汽缸盖**

①从汽缸盖上拆卸气门杆。

②拆卸进排气门,如图 3.151 所示。用气门拆装工具和木块压缩并拆下气门座圈锁片,并先后拆下弹簧座圈、气门弹簧和气门。

⚠ 注意:按正确顺序摆放拆下的零件。

③用尖嘴钳拆下气门杆油封。

④用压缩空气和磁棒,吹入空气以拆下气门弹簧座。

(7)分解汽缸体

在分解汽缸体之前,应先检查连杆轴向间隙、连杆轴承配合间隙。拆卸活塞连杆组后,再拆卸曲轴,还应检查曲轴轴向间隙。

①拆卸活塞连杆组。

将发动机倒置,拧下连杆轴承盖螺栓,取下轴承盖。用榔头橡胶手柄轻轻敲击连杆,将活塞连同连杆一起从汽缸的另一端取出。

⚠ 注意:敲击连杆时不要碰到汽缸内壁,损坏汽缸。如果连杆上有螺栓,在各螺栓上套上塑料管,以防损坏汽缸内壁。

如果连杆轴承盖卡在连杆上无法拆下,可用两根适当大小的螺栓放在连杆盖螺孔内,前后晃动螺栓,便可轻松地将连杆轴承盖取出。

②拆卸曲轴。按如图 3.152 所示的顺序均匀地松开并拆下 10 个主轴承盖螺栓。用两个已拆下的主轴承盖螺栓拆下 5 个主轴承盖和 5 个下轴承。最后抬出曲轴。

⚠ 注意:依次将螺栓插入轴承盖,轻轻地向上拉并向汽缸体的前后侧施加力,将轴承盖拉出。不要损坏轴承盖和汽缸体的接触面,并将下轴承和主轴承盖作为一个组件保存。

③从汽缸体上拆下曲轴的止推垫圈、主轴承,从主轴承盖上拆下主轴承。

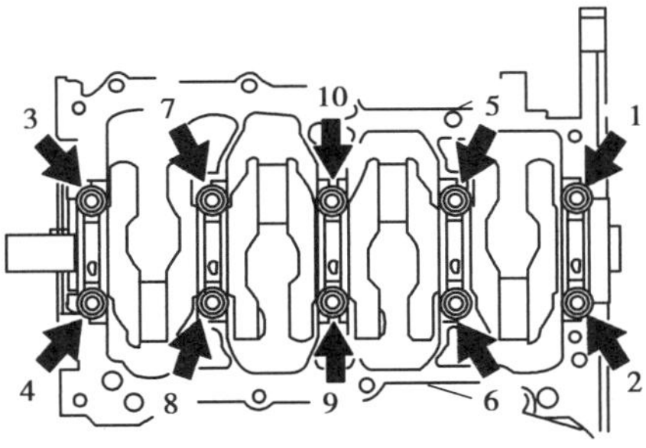

图 3.152　曲轴主轴承盖螺栓拆卸

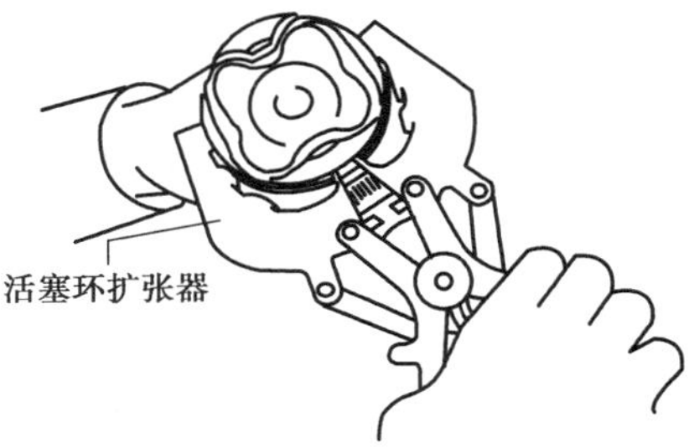

图 3.153　活塞环拆卸

(8)分解活塞连杆组

①拆卸活塞环,如图 3.153 所示。用活塞环扩张器拆下两个气环,用手拆下油环刮片和油环胀圈。

②拆卸活塞销。用尖嘴钳将活塞销两端的卡环拆下,用拇指推出活塞销或用铜棒轻轻敲击活塞销将其取出。

（9）**零件的清洗**

零件的污垢包括外部沉淀物、润滑材料的残留物等。由于污垢各有不同的性质和特点，且往往都具有较高的附着力，因此，当发动机分解后，必须对零件进行彻底清洗，以消除零件的油垢、积炭、胶质及水垢等，使发动机总成的装配得以顺利进行。此外，清除污垢、洗涤发动机零件表面，可以提高零件的测量精度，易于发现零件故障，如异常磨损、裂痕等。

1）使用刮刀、油石和刷子

如果部件上附着积炭，可用刮刀刮去，并用刷子和油石清洁。使用钢丝刷会损伤塑料部件，应根据部件的材料选择适当的刷子。注意不要使附着层变形或损伤。损伤衬垫安装表面会造成漏水、漏油和压缩空气泄漏。

2）使用洗涤油

用刷子或洗涤油清洁。煤油或者汽油将造成橡胶部件或者塑料部件老化，因此，这些部件不能用煤油或者汽油清洁。使用煤油或者汽油清洗后，用水将其冲掉，然后清除湿气并且在部件上涂防锈油，如机油。

3）使用压缩空气

使用压缩空气吹扫灰尘、湿气或油。使压缩空气朝下吹出，这样可避免灰尘四处飞扬。

4）清除附着层的润滑脂

冲洗后，用干净的汽油等清除附着层表面的润滑脂，如果有油或润滑脂在密封填料、密封剂、垫片等上面，它们就不能牢固地连接在一起，会造成漏油。

5）密封胶和垫片的清洁方法

①用油石、刮泥器和刷子清除尘土和老密封填料。

②用冲洗油辅助密封填料的清除。

③用清洁的汽油消除残留油。

（10）**机体与曲柄连杆机构的装配**

1）曲轴的安装

曲轴的安装顺序和方法参见任务 3.4 相关叙述。

2）活塞连杆组的组装和安装

活塞连杆组的组装和安装顺序和方法参见任务 3.4 相关叙述。

（11）**汽缸盖与气门组的组装**

1）气门油封的更换

气门油封不能再次使用，在安装时应更换。安装气门油封时，应当用适量的发动机机油涂在气门油封的唇部。有些发动机的进气门和排气门的气门油封是不同的，不可安装错误。

2）气门组的组装

按拆卸气门组相反顺序，使用气门拆装专用工具组装气门。每组装好一个气门组后，应检查气门弹簧锁片是否安装到位。可将旧气门杆放在装好的气门杆端部，用塑料锤子快速而轻轻地敲击已安装的气门。敲击气门时，要用布将气门杆盖住，以防止在气门未正确安装时，气门锁片和气门弹簧弹出。

（12）汽缸盖的安装

汽缸垫和汽缸盖总成安装的方法和规范请参考任务 3.4 相关描述,丰田 1ZR-FE 发动机汽缸盖螺栓的预紧扭力为 40 N·m,然后再按照要求拧紧。

（13）油封的安装

发动机各处的油封都不能重复使用。在检修发动机时,如有拆卸油封,应更换新的油封。油封在安装时应根据其外形选择专用工具,以防止油封在安装时损坏。在安装油封以前,应在油封唇部涂上油脂。

（14）凸轮轴总成的安装

①安装凸轮轴轴承。

②安装凸轮轴。清洁凸轮轴轴颈后,在凸轮轴轴颈、凸轮轴壳和轴承盖上涂抹一层薄机油,再将凸轮轴安装到凸轮轴壳上。

③安装凸轮轴轴承盖。在凸轮轴轴颈、凸轮轴壳和轴承盖上涂抹机油,确认各凸轮轴轴承盖上的标记和记号,并将其置于正确的位置和方向,确保凸轮轴的锁销安装,如图 3.154 所示。

④紧固 10 个螺栓,扭矩为 16 N·m。

⑤安装凸轮轴壳分总成。

⑥安装凸轮轴正时齿轮总成。如图 3.155 所示,使直销和键槽不对准,将凸轮轴正时齿轮和凸轮轴放置在一起。同时,按图示方向旋转凸轮轴正时齿轮,并将齿轮销进一步推入键槽中。凸轮轴正时齿轮固定就位后,紧固凸缘螺栓,扭力为54 N·m。检查并确认凸轮轴正时齿轮可以朝顺时针方向转动。

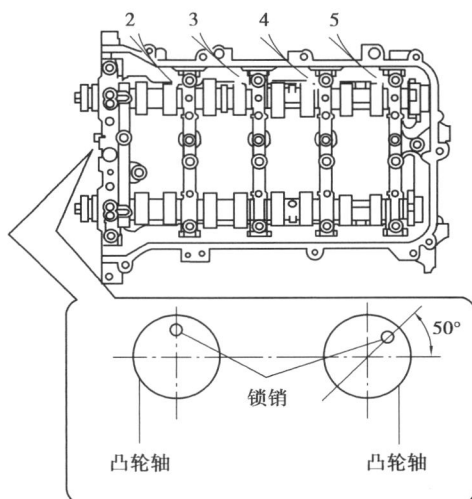

图 3.154　凸轮轴轴承盖安装

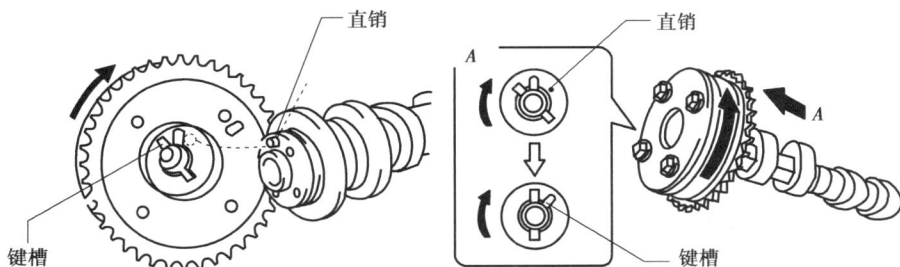

图 3.155　凸轮轴正时齿轮安装

注意:不要用力推入凸轮轴正时齿轮总成,以免造成凸轮轴锁销端部损坏凸轮轴正时齿轮总成的安装表面。不要使凸轮轴正时齿轮朝顺时针方向转动。

（15）**正时链条的安装**

1）安装链条振动阻尼器

正时链条振动阻尼器的安装如图 3.156 所示,螺栓紧固扭力为 21 N·m。

2）安装链条分总成

检查一缸压缩上止点。暂时紧固曲轴皮带轮螺栓,逆时针转动曲轴,以使正时齿轮键位于顶部,拆下曲轴皮带轮螺栓。检查每个凸轮轴正时齿轮上的正时标记,如图 3.157 所示。将标记板（橙色）和正时标记对准并安装链条。

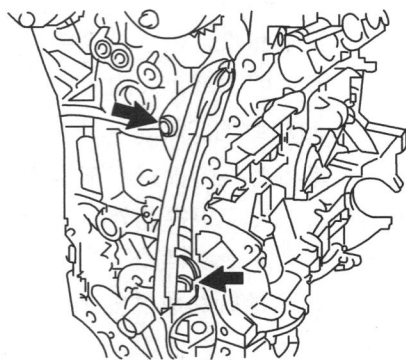

图 3.156　正时链条振动阻尼器安装

⚠ 注意:

①确保标记板位于发动机前侧,②凸轮轴侧的标记板为橙色,③不要使链条缠绕在凸轮轴正时齿轮总成的链轮周围,只可将其放置在链轮上。

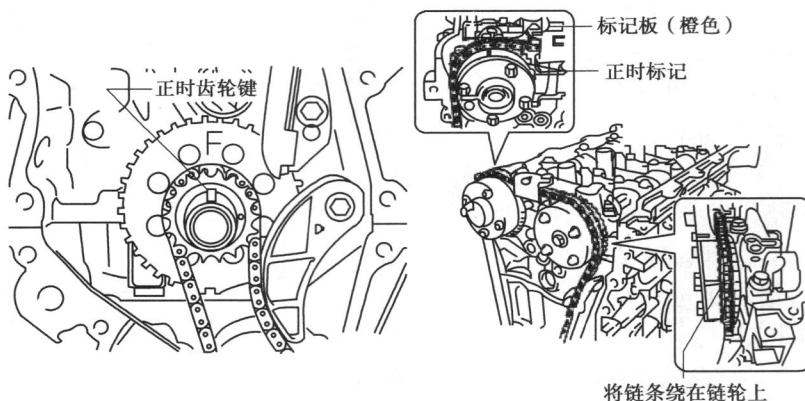

图 3.157　正时链条的安装

②用扳手固定住凸轮轴的六角头部分,并逆时针旋转凸轮轴正时齿轮总成,以使标记板（橙色）和正时标记对准,如图 3.158 所示。再用扳手固定住凸轮轴的六角头部分,并顺时针旋转凸轮轴正时齿轮总成。

⚠ 注意:为了张紧链条,缓慢地顺时针旋转凸轮轴正时齿轮总成,防止链条错位。

③将标记板（橙色）和正时标记对准,并将链条安装至曲轴正时齿轮。

④在位于一缸压缩上止点时,重新检查每个正时标记,如图 3.159 所示。

3）安装导板和油封

安装正时链条张紧器导板和正时链条盖油封。

（16）**附件的安装**

发动机的附件包括排气歧管隔热罩、进排气歧管、歧管支架、歧管衬垫及发电机等,具体

图 3.158　转动凸轮轴正时齿轮总成

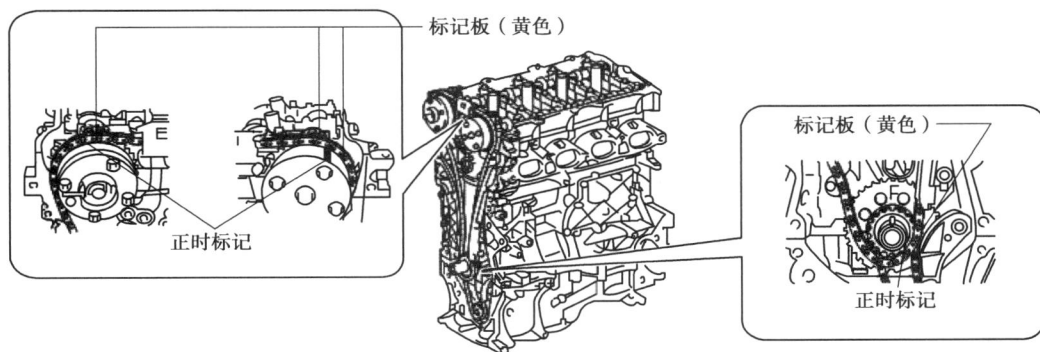

图 3.159　检查正时标记

参照维修手册规定进行安装。

　　☞ 评估总结

①回答指导教师提问,并接受指导教师相关考核。

②对本次任务完成过程及效果进行自我评价和小组互评,填写任务工作单。

③清洁工作场所,清点归还相关工具设备,完成本次任务。

147

任务工作单

项目	汽油发动机结构认识与拆装				
任务	发动机拆装			姓名	
班级			组号	日期	
任务目的	①能正确规范完成发动机的整体拆装任务 ②能正确规范完成发动机零部件的清洗任务 ③能正确规范使用各种拆装工具				
环节	内　容				批注及备注
资讯	请描述发动机拆装的主要流程和步骤				
工作任务	①实施发动机整体拆装练习 ②实施发动机主要零部件的清洗工作				
分析和计划	根据工作任务,确定所需工具、设备等,并制订小组工作计划: ①讨论确定所需仪器、工具及辅助资料 ②团队协作,组织及人员分工 ③明确拆装步骤及要求,制订操作方案 ④操作安全、规范注意事项及技术标准				

实施	①依照制订的拆装步骤完成各作业项目,描述各作业项目主要使用工具、拆装技术标准和相关部件的清洗方法 ②拆卸过程中明确技术标准,仔细观察各零部件的型号及其螺栓扭力大小 请依照以上要求完成下表: 下表如下所示

①依照制订的拆装步骤完成各作业项目,描述各作业项目主要使用工具、拆装技术标准和相关部件的清洗方法

②拆卸过程中明确技术标准,仔细观察各零部件的型号及其螺栓扭力大小

请依照以上要求完成下表:

序号	作业项目	主要工具	技术标准或要求	清洗方法	考 核
1					
2					
3					
4					
5					
6					
7					
8					
9					
10					
11					
12					
13					
14					
15					
16					
17					
18					

自评项根据自己对任务的完成情况进行评估并提出改进意见;互评项由组内组外成员互相交流和评分;教师评估可纳入任务实施过程中或对照上表随机选取几个项目评估。总评采用合格和不合格两级评价

序号	评估项目	自评	互评	教师评估
1	工具选择和使用			
2	发动机拆装方法及规范			
3	发动机零部件清洗			
4	主要技术标准和技术参数要求			
5	职场安全及操作规范等			
6	总 评			

任务实施心得:

（左栏：检查评估）

📘 知识拓展

📖 发动机电控技术概述

随着现代电子技术的飞速发展,特别是微机技术在汽车上的广泛应用,使汽车的内涵和功能不断拓展和延伸,汽车电子化正逐渐成为现代汽车(特别是轿车)的基本特征。发动机电控作为汽车电控中的重要一环,为适应日趋严格的排放、安全法规,已受到国内外汽车厂商的高度重视,并得到了空前发展。

（1）**概述**

发动机电控系统就其结构而言,主要由传感器、电子控制组件(ECU)和执行器3部分组成。传感器作为输入部分,用于测量物理信号(温度、压力等),将其转换为电信号;ECU的作用是接收传感器的输入信号,并按设定的程序进行计算处理,输出处理结果;执行器则根据ECU输出的电信号驱动执行机构,使之按要求变化。

1)电子控制组件(ECU)

ECU以微机为中心,还包括前置的A/D转换器、数字信号缓冲器以及后置的信号放大器等。微机运算速度快、精度高,能实时控制,并具备中断响应等功能。目前,除了8位、16位微机外,32位特别是64位微机已开始逐步使用。汽车电控系统将采用计算机网络技术,将发动机电控系统、车身电控系统、底盘电控系统及信息与通信系统等各系统的ECU相连接,形成机内分布式计算机网络,实现汽车电子综合控制。

2)传感器

汽车传感器的工作条件极为恶劣,因此,传感器能否精确可靠地工作至关重要。近年来在该领域中,理论研究及材料应用发展较为迅速,半导体、金属膜技术和陶瓷烧结技术等迅猛发展。毋庸置疑,智能化、集成化和数字化将是传感器的未来发展趋势。

3)执行器

执行器用来精确无误地执行ECU发出的命令信号。因此,执行器工作的精确与否将最终影响电控的成败,正因如此,其工作可靠性和精确性一直作为研究重点而备受关注。目前,汽车电控系统的执行器类型繁多,有电磁阀、电动机、压电元件、点火器、电磁继电器及热电偶等,结构与功能不尽相同。执行器的发展方向是智能化执行器和固态智能动力装置。

（2）**发动机电控技术及应用**

发动机电控技术可分为电控汽油喷射系统、电子点火控制系统、怠速控制系统、排气再循环电控系统、增压电控系统、故障自诊断系统、故障保险系统及故障备用控制系统以及其他控制技术。

1)电控汽油喷射(EFI)系统

电控汽油喷射系统(简称电喷系统)是20世纪60年代末开始发展起来的,较之早期普遍使用的化油器供油系统,其突出优点在于空燃比的控制更为精确,可实现最佳空燃比,而且电喷技术提高了汽油的雾化、蒸发性能,加速性能更好,发动机功率和扭矩显著升高。

目前,电喷系统主要采用开环与闭环控制(反馈控制)相结合的方式。例如,对暖机、怠速等需要供给浓混合气的工况采取开环控制,此外则通过排气管中设置的氧传感器,测量实际空燃比来进行反馈控制。由空气流量计或进气歧管绝对压力传感器和转速传感器测量进气空气量,由 ECU 根据冷却水温、进气温度和氧传感器信号等确定合适的空燃比,计算所需喷油量,进而对执行器(喷油器和电路断开继电器)进行控制。按照喷油器的安装位置的不同,电喷系统可分为 3 种形式:单点喷射(SPI)、多点喷射(MPI)和缸内直接喷射。单点喷射用1~2 个喷油器安装在进气管节气门处。多点喷射将各个喷油器分别安装在各缸的进气歧管中,使各缸混合气分配较均匀,故而在轿车中应用较广;并且按照其喷油时序的不同,多点喷射又可细分为同时喷射、分组喷射和顺序喷射 3 种;其中,顺序喷射使喷油器能按各缸的点火顺序进行喷油,每循环喷一次,该种方式较前两种应用效果更好。缸内直喷特别是四冲程汽油机缸内直喷是当前轿车汽油喷射中的前沿技术,最早由日本三菱公司研制开发,其喷油器安装在汽缸盖上,工作时直接将汽油喷入汽缸内进行混合燃烧;直喷技术的实现大大降低了汽油机的油耗,动力性能也较多点喷射更为优越,同时,配合其他机构,使得高空燃比稀薄燃技术得以实现。

2)电子点火控制系统

早在 20 世纪初,点火系统在汽车发动机上已开始应用,从有触点式、普通无触点式、集成电路式,发展到现今的微机控制电子点火系统。微机控制电子点火系统可控制并维持发动机点火提前角在最佳范围以内,使汽油机的点火时刻更接近理想状态,进一步挖掘发动机的潜能。

在微机控制点火系统中,目前出现了无分电器点火(DLI)系统,它取消了普通微机控制点火系统中的分电器,改由 ECU 内部控制各缸配电。这样点火线圈产生的高压电,不需经过分电器分配,直接就送至火花塞发生点火。无分电器点火系统可消除分火头与分电器盖旁电极的火花放电现象,减少电磁干扰。无分电器点火系统根据点火顺序的不同,有两缸同时点火和各缸独立点火两种。在两缸同时点火方式中,每两缸一组,合用一个点火线圈,所有缸体分成若干组按组依次进行点火;在各缸独立点火方式中,每缸的火花塞都设有单独的点火线圈(特别是随着超小型塑料包装的点火线圈的出现,使之与火花塞合为一体),这样各缸可依次轮流点火。

在发动机的点火控制中,同样采用了开环和闭环相结合的控制形式。启动阶段的点火时刻由 ECU 中的专门信号进行开环控制;正常运行期间,则通过增设爆振传感器进行爆振反馈控制,根据爆振传感器的反馈信号调整点火时刻使发动机在临界爆振状态。

3)怠速控制(ISC)系统

怠速性能的好坏是评价发动机性能优越与否的重要指标,怠速性能差将导致油耗增加,排污严重,因此需进行必要的控制。现代轿车中一般都设有怠速控制系统,由 ECU 控制并维持发动机怠速在某一稳定转速范围内。因此,怠速控制通常是指怠速转速控制,其实质就是对怠速工况时的进气量进行调节(同时配合喷油量及点火提前角的控制)。怠速控制的基本原理是 ECU 根据冷却水温、空调负荷和空挡信号等计算目标转速,并与实际转速相比较,同时检测节气门全关信号及车速信号,判断是否处于怠速状态,确认后则按目标转速与实际转速之间的差值来驱动执行器调整控制进气量。

目前,除了怠速转速的稳定性控制之外,怠速控制还可以实现启动控制、暖机控制以及负荷变化控制等功能,这样多种功能的集中,不仅简化了机构,而且也提高了怠速控制的精确性。

怠速控制系统根据进气量控制方式的不同,可分为节气门直动式和旁通空气式两种。后者的应用较广,其中的执行器——怠速控制阀的发展较快,相应有步进电机型、旋转电磁阀型、占空比型和开关控制型等,各自在怠速控制中有不同程度的应用。

4)废气再循环(EGR)电控系统

国外的早期研究发现,将少量的废气(5%~20%)再次循环进入汽缸与新鲜可燃混合气混合后燃烧,可有效抑制 NO_x 的产生。事实上,除了可采用气门重叠产生排气回流的内部 EGR 方式外,更常用的措施是用专门的管道将部分排气引至进气管,由 ECU 控制 EGR 阀改变流通截面来调节排气量,实现再循环排气率的变化。通常在发动机暖机、怠速、低负荷、高负荷等工况不需进行 EGR 控制。

EGR 控制的一般过程是 ECU 根据发动机的转速、节气门开度、冷却水温等信号,计算最佳再循环排气率,再通过控制 EGR 阀的开度来实现 EGR 控制。而 ECU 对 EGR 阀的控制,实质上是通过对真空调节阀的控制来实现的。真空调节阀一般是电磁式的,用于将 ECU 输出的电信号转换为气压变化,从而实现对气动式 EGR 阀的控制。并且 ECU 还通过压力传感器测量再循环排气率信号来进行反馈控制。在实施反馈控制时,最初使用的是独立式压力或压差传感器,而今又出现了与 EGR 阀共为一体的 EGR 位置传感器,提高了控制精度。

5)增压电控系统

发动机中增压系统的安装日渐增多,其目的是提高进气效率。电控增压系统的研制开发使增压技术又跨上了一个新台阶。目前,应用较普遍的是电控废气涡轮增压系统。通常增压器是为与发动机低速小负荷工况相匹配而设计的,当发动机大负荷运行时容易导致增压器超速运行而损坏,为此,电控废气涡轮增压系统专门在排气管中废气涡轮室处增加了一旁通气道,由 ECU 控制切换阀的开度大小进行调整。通常情况下切换阀闭合,废气通过涡轮气室排出;一旦发动机大负荷运行将导致废气涡轮转速升高,当进气压力超过限值,ECU 便会通过相应机构开启切换阀,使旁通气道导通,废气不经涡轮室而直接由旁通气道排出,增压器停止工作。

6)故障自诊断系统

现代轿车发动机的电控系统中,ECU 一般都带有故障自诊断系统,自行监测、诊断发动机控制系统各部分的故障。对于传感器,可通过检测其信号是否超出规定范围来直接进行判断;对于执行器,则在其初始电路中增设专门回路来实现监测,对于 ECU 本身,也有专用程序进行诊断。

故障自诊断系统时刻监测各控制系统的工作情况,当出现故障时,一般轿车仪表板上的故障指示灯可闪烁报警,同时将故障信息以代码的形式保存在微机的存储器中,维修时不仅可以通过故障指示灯间断闪烁来显示,也可以通过专用的检测仪器以数字的形式显示故障代码,以便进一步通过手册查出故障原因。自诊断系统很好地解决了复杂电控系统难以判断故障的问题。

7)故障保险系统及故障备用控制系统

当自诊断系统检测出传感器及其电路故障后,ECU 中的故障保险系统随之自动启动发挥作用。故障保险系统会用程序设定的数据取代故障部分输入的非正常信号,进行直接控制。故障保险系统一般通过软件编程来实现。

而当微机或主要传感器(如进气歧管压力传感器)出现故障时,ECU 立即将主控权由微机切换至故障备用系统中,由其代替微机工作。故障备用系统作为 ECU 的一个集成电路模块,根据启动信号和怠速触点状态信号,一般只能确保维持汽车运行的最简单的控制方案,保证轿车"缓慢回家"以便修理,而不能达到微机控制时的最佳性能。

8)其他电控系统

①进气涡流电控系统。进气涡流可以促进汽油蒸发以及与空气的均匀混合,提高燃烧效率。电控进气涡流在某些轿车(特别是采用稀燃技术的轿车)上应用较多。其结构是在进气口附近增设一涡流控制阀,通过 ECU 采集转速、节气门开度、冷却水温等信号,并加以处理后控制其旋转角度,引导气流偏转产生涡流,调节涡流比,实现涡流控制。

②可变进气控制系统。可变进气控制系统是从增加进气量、提高进气效率的角度出发来改善发动机动力性能的,该系统有两种类型:一种是可变流通面积控制方式,它通过 ECU 控制安装在进气管道中的控制阀的旋转角度来改变其进气流通截面,满足不同工况对进气量的需求;另一种是可变流通长度控制方式,由 ECU 控制进气管道中的控制阀来调整进气管的长度。实践证明,可变进气控制系统可增强发动机动力性和经济性。

③进气温度预热控制系统。进气温度预热控制系统通过调节低温启动时的进气温度来促进汽油蒸发,改善排放性能。预热方式主要有排气管预热、水温预热和正温度元件(PTC)预热 3 种形式。

④燃油蒸发电控系统。燃油蒸发电控系统用来降低燃油箱中汽油蒸汽排向大气所造成的污染。目前,活性炭罐蒸发电控装置得到了广泛应用。停车期间,利用活性炭罐吸收汽油蒸汽,防止向大气扩散;发动机运行后,ECU 控制活性炭罐与进气管之间的导通,利用进气真空度将活性炭罐中吸附的汽油蒸汽吸入进气管,这样可有效防止汽油蒸气的外逸,降低 HC 的排放污染。

⑤曲轴箱强制通风电控系统。曲轴箱强制通风电控系统的目的是将汽缸中经活塞环间隙渗入曲轴箱内的气体再次循环进入进气管中,以减少该部分气体直接排向大气造成的污染。现代电控系统中,由 ECU 根据节气门位置信号、转速信号等控制强制通风阀,从而实现曲轴箱内气体与进气管之间的导通,再利用曲轴箱内气体。

⑥二次空气喷射系统。二次空气喷射作为早期控制污染物排放的措施之一,目前与催化转换器配合使用。它同样由 ECU 控制二次空气喷射气道的导通,将空气引入催化转换器中,实现对 NO_x、CO、HC 的转变。在将空气引入排气管的方式中,除了空气泵控制外,还可用排气脉冲波来实现。另外,随着研究的进一步深入,又出现了许多新技术,如停缸控制,它可根据负荷的不同要求,停止部分汽缸的燃油供给与点火控制,减少浪费,提高发动机效率;再如加速踏板电控系统,可避免机械式加速踏板因为磨损而产生的误差,提高控制精度。

从上述发动机电控系统的应用技术中不难看出,轿车汽油发动机的微机控制时代已经来临,并且随着微机、电子技术的日臻完善以及材料工艺的蓬勃发展,再加上控制理论的不断成熟完善,发动机电控技术有望取得更大的突破。因此,可以确切地讲,发动机电控技术的开发研究仍将是 21 世纪汽车工业的重要课题。

能力鉴定表 3

项目			汽油发动机结构认识与拆装			
班级			姓名		组长	
学号			组号		日期	
序号	能力目标		鉴定内容	鉴定结果		
				合　格	不合格	
1	专业技能		能否正确识别发动机各系统和机构主要部件	□	□	
2			能否正确规范完成发动机各系统和机构拆装	□	□	
3			能否正确规范完成发动机整体拆装	□	□	
4			能否正确规范使用拆装工具	□	□	
5			任务实施能否达到 6S 要求	□	□	
6	学习方法		是否主动进行任务实施	□	□	
7			能否使用各种媒介完成任务	□	□	
8			是否具备相应的信息收集能力	□	□	
9	能力拓展		团队是否配合	□	□	
10			实施任务方法是否具有创新	□	□	
11			是否具有责任意识	□	□	
12			是否具有沟通能力	□	□	
13			总结与建议	□	□	
鉴定结果	□合格	教师意见		签字		
	□不合格			日期		

注:①请根据结果在相关的方框"□"内打"√"。
　　②请指导教师重点对相关鉴定结果不合格的同学给予指导意见。

信息反馈表 3

项目：<u>　汽油发动机结构认识与拆装　</u>　　　　组号：<u>　　　　　　　　　</u>

姓名：<u>　　　　　　　　　　　　　　　</u>　　　　日期：<u>　　　　　　　　　</u>

请你在相应栏内打"√"	非常同意	同意	没有意见	不同意	非常不同意
①本项目充分提供了关于汽车发动机相关知识及拓展阅读					
②本项目为我提供了对发动机结构的认识和发动机各系统拆装等大量的实践操作机会					
③我现在对正确规范完成发动机拆装任务和正确使用拆装工具充满信心					
④本项目配套的实验设备、器材和工具等充分齐全，能满足学习需要					
⑤本项目的内容选取合理，教学组织和安排有序					
⑥本项目的内容适合我的需求					
⑦本项目中组织了各种活动					
⑧本项目的不同任务融合得很好					
⑨学习中教师待人友善、愿意帮忙					
⑩通过本项目学习让我做好了参加鉴定的准备					
⑪本项目中所有的教学方法对我学习起到了帮助的作用					
⑫本项目提供的信息量适当					
⑬本项目鉴定是公平、适当的					
你对改善本科目的教学建议：					

思考题

一、选择题

1.四冲程发动机曲轴转两周,活塞在汽缸里往复行程(　　)次。

　A.1 次　　　　　　　　　B.2 次　　　　　　　　　C.3 次

2.曲轴上的平衡重一般设在(　　)。

　A.曲轴前端　　　　　　　B.曲轴后端　　　　　　　C.曲柄上

3.顶置式气门的气门间隙的调整部位是在(　　)。

　A.挺杆上　　　　　　　　B.推杆上　　　　　　　　C.摇臂上

4.曲轴正时齿轮与凸轮轴正时齿轮的传动比是(　　)。

　A.1∶1　　　　　　　　　B.1∶2　　　　　　　　　C.2∶1

5.获最低耗油率的混合气成分应是(　　)。

　A.$\alpha = 1.05 \sim 1.15$　　　B.$\alpha = 1$　　　　　　　C.$\alpha = 0.85 \sim 0.95$

6.润滑系统中旁通阀的作用是(　　)。

　A.在机油粗滤器滤芯堵塞后仍能使机油进入主油道内

　B.防止主油道过大的机油压力

　C.防止机油粗滤器滤芯损坏

7.曲轴箱通风的目的主要是(　　)。

　A.排出水和汽油

　B.排出漏入曲轴箱内的可燃混合气与废气

　C.向曲轴箱供给氧气

8.加注冷却水时,最好选择(　　)。

　A.井水　　　　　　　　　　　B.泉水

　C.雨雪水　　　　　　　　　　D.蒸馏水

二、简答题

1.简述四冲程汽油机工作过程。

2.简述气环与油环的作用。

3.汽缸盖的作用是什么?安装时有什么要求?

4.为什么要预留气门间隙?气门间隙过大、过小为什么都不好?

5.气门为什么要早开迟闭?

6.汽油滤清器是如何除去汽油中的杂质和水分的?

7.简述冷却水大循环和小循环的区别。

項目 **4** 柴油发动机结构认识与拆装

任务 4.1　柴油发动机燃料供给系统结构认识

能力标准

学完本任务,你应获得以下能力:
能正确认识柴油发动机燃料供给系统各零部件及其安装位置。

柴油机燃油
供给系统

任务描述

请以下列任务为指导,完成相关知识的学习和实施练习:

①就柴油发动机查找和记录柴油发动机燃料供给系统喷油器、柴油滤清器、喷油泵及调速器等各零部件型号。

②对柴油发动机燃料供给系统进行总体认识,识别喷油器、柴油滤清器、喷油泵及调速器等零部件的具体位置。

相关知识

📖 柴油发动机燃料供给系统

(1)柴油发动机燃料供给系统概述

1)功用

柴油机燃油供给系统的功用是根据柴油机工作的要求,定时、定量、定压地将良好雾化质量的柴油,以一定喷油规律喷入燃烧室与空气相混合,为柴油-空气混合气的形成与燃烧提供良好条件。燃油供给系统的工作,将直接影响到柴油机的工作性能。

2)组成及原理

柴油发动机燃油供给系统由燃油供给、空气供给、混合气形成及废气排出 4 部分组成。一般由柴油箱、油管、输油泵、柴油滤清器、喷油泵、调速器及喷油器等部件组成。如图 4.1 所示为柴油机燃油供给系统简图。

①燃油供给系统主要由柴油箱、输油泵、低压油管、滤清器、喷油泵、高压油管、喷油器及回油管等组成。

②空气供给系统主要由空气滤清器和进气管等组成,有的还有增压器。

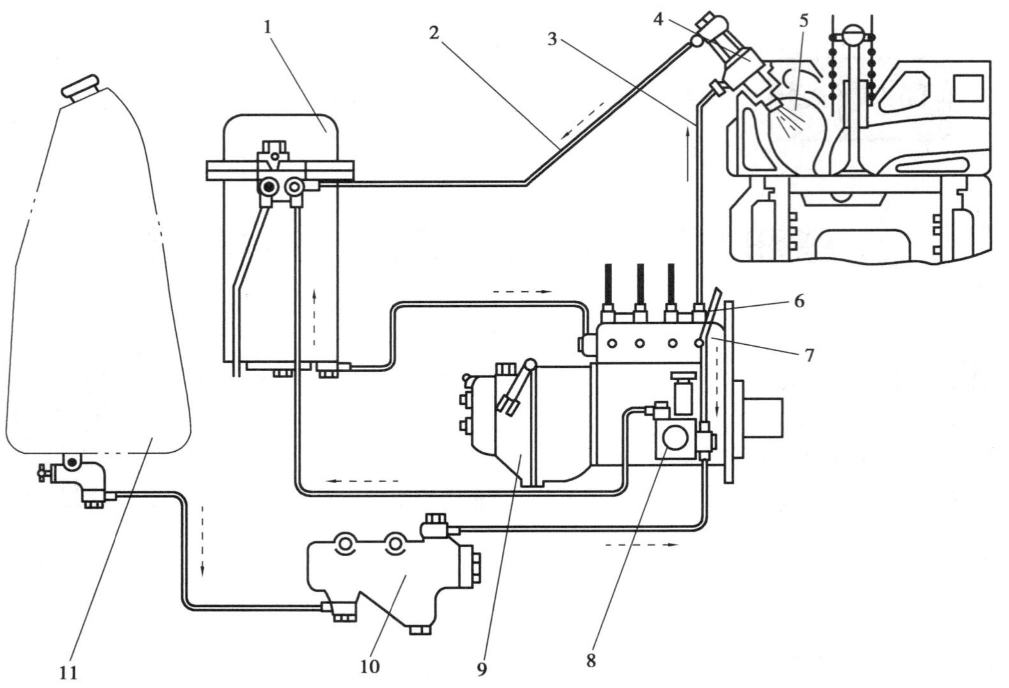

图 4.1 柴油机燃油供给系统简图
1—柴油精滤器;2、6—回油管;3—高压油管;4—喷油器;5—涡流室;
7—喷油泵;8—输油泵;9—调速器;10—柴油粗滤器;11—燃油箱

③混合气形成装置是燃烧室。

④废气排出系统则由排气管及排气消声器组成。

柴油机运转时,柴油自油箱在输油泵的吸力作用下经低压油管被吸入输油泵,并以0.15~0.3 MPa的压力压至柴油精滤器,经过滤清后的清洁柴油被送入喷油泵,再经过喷油泵增压后经高压油管送到各缸的喷油器,最后喷入燃烧室与压缩的空气进行混合和燃烧。从喷油器针阀偶件泄出的少量柴油,经回油管流回柴油箱。因为输油泵的供油量大于喷油泵的用量,多余的柴油经单向回油阀送回输油泵,在有的柴油机上回油则直接回到柴油箱。

通常将柴油机燃油供给系统分成两部分:从柴油箱至喷油泵的油路称为低压油路,油压一般为 0.15~0.3 MPa;经喷油泵至喷油器的油路称为高压油路,油压一般为 10 MPa以上。

（2）可燃混合气的形成与燃烧室

柴油机可燃混合气的形成和燃烧的条件都比较恶劣。柴油黏度大,必须通过高压喷射,促进其雾化、蒸发并与空气混合,形成按一定比例构成的空气-燃料蒸气的混合物,称为可燃混合气。因此,柴油机燃料供给系统配置了高压喷油泵和喷油器。柴油机在进气过程中进入汽缸的是空气,在压缩接近终了时,柴油才被喷射进入汽缸。从柴油开始喷入可燃混合气着火,对应的曲轴转角为 15°~35°CA,如果发动机转速为 2 000 r/min,对应的时间才只有0.001 25~0.002 92 s。由此可知,柴油机混合气形成的时间极短,因此,为了加速混合气的形成,在柴油机上要组织一定强度的空气涡流,如进气涡流和压缩涡流。

柴油机压缩冲程接近终点,汽缸内空气温度上升到 750~950 K,超过了柴油的自燃温度。此时喷油器将一定量高压柴油喷入汽缸并形成可燃混合气。可燃混合气中的柴油分子与空气中的氧分子在高温下发生化学反应,直至自燃着火。随即开始迅速燃烧并膨胀做功。根据汽缸内温度和压力变化的特点,可将柴油机内混合气的形成与燃烧按曲轴转角分为 4 个时期,如图 4.2 所示。

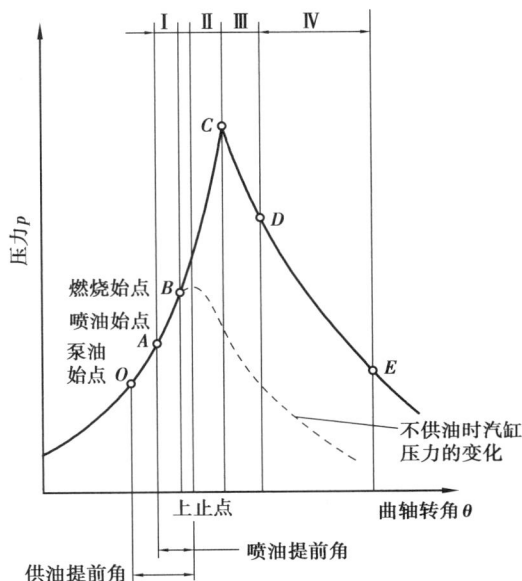

图 4.2　汽缸压力与曲轴转角的关系
Ⅰ—备燃期;Ⅱ—速燃期;Ⅲ—缓燃期;Ⅳ—后燃期

①备燃期

备燃期是指从喷油开始到着火燃烧为止。喷入汽缸中的雾状柴油并不能马上着火燃烧,汽缸中的气体温度,虽然已高于柴油的自燃点,但柴油的温度不能马上升高到自燃点,要经过一段物理和化学的准备过程。

随着柴油温度升高,少量的柴油分子首先分解,并与空气中的氧分子进行化学反应,具备着火条件而着火,形成了火源中心,为燃烧做好了准备。这一时期很短,一般仅为 0.000 7~0.003 s。

②速燃期

速燃期是指从燃烧开始到汽缸内出现最大压力为止。火源中心已经形成,已准备好的混合气迅速燃烧,在这一阶段由于喷入的柴油几乎同时着火燃烧,而且是在活塞接近上止点、汽缸工作容积很小的情况下进行燃烧的,因此,汽缸内的压力 p 迅速增加,温度升高很快。

③缓燃期

缓燃期是指从出现最高压力开始到出现燃气最高温度点为止。这一阶段喷油器继续喷油,由于燃烧室内的温度和压力都高,柴油的物理和化学准备时间很短,几乎是边喷射边燃烧。但因为汽缸中氧气减少,废气增多,燃烧速度逐渐减慢,汽缸容积增大。所以汽缸内压力略有下降,温度达到最高值,通常喷油器已结束喷油。

④后燃期

后燃期的终点一般难以确定。由于柴油机可燃混合气形成时间较短,又受到柴油蒸发性的限制,使得柴油难以在燃烧前实现与空气完全均匀混合。总有少量柴油直到膨胀过程才能燃烧,甚至要延续到排气过程。这一时期,汽缸燃气不断膨胀,压力迅速下降,由于氧气量越来越少,燃烧很缓慢。燃烧所放出的热量不能被充分利用来做功,但会导致排气温度升高,使柴油机燃料经济性变差。

任务实施

实施要求

☞ 任务目标与要求

①小组成员分工协作,利用实训资料,依据任务工作单制订工作计划,并通过小组自评或互评检查工作计划。

②认识柴油机燃料供给系统的整体结构,识别各组成部分,确定各部分的安装位置,并说明各部分的功用。

③能识别柴油机燃料供给系统的布置形式,并描述燃油输送路线。

☞ 注意事项

在任务实施过程中,严格遵守相关实验实训制度和规范的要求,注意职场健康与安全需求,做好废料的处理,并保持工作场所的整洁。

实施步骤

☞ 准备工作

①小组接受工作任务,准备实训车辆,清理场地,做好实施准备工作。

②组长带领组内成员阅读任务工作单,查阅相关手册或指导书,合理分工,制订任务计划,并检查计划的有效性。

☞ 实施步骤

①依照任务工作单的引导,观察认识所用实训车辆柴油机燃料供给系统各个组成部分,并填写任务工作单。

②依照任务工作单的引导,查找各主要部分的安装位置,观察燃油输送路线,并填写任务工作单。

☞ 评估总结

①回答指导教师提问,并接受指导教师相关考核。

②对本次任务完成过程及效果进行自我评价和小组互评,填写任务工作单。

③清洁工作场所,清点归还相关工具设备,完成本次任务。

任务工作单

项目	柴油发动机结构认识与拆装			
任务	柴油发动机燃料供给系统结构认识		姓名	
班级		组号	日期	
任务目的	能正确认识柴油发动机燃料供给系统各零部件及其安装位置			
环节	内　容		批注及备注	
资讯	利用下图认识柴油发动机燃油供给系统的总体结构及各零部件 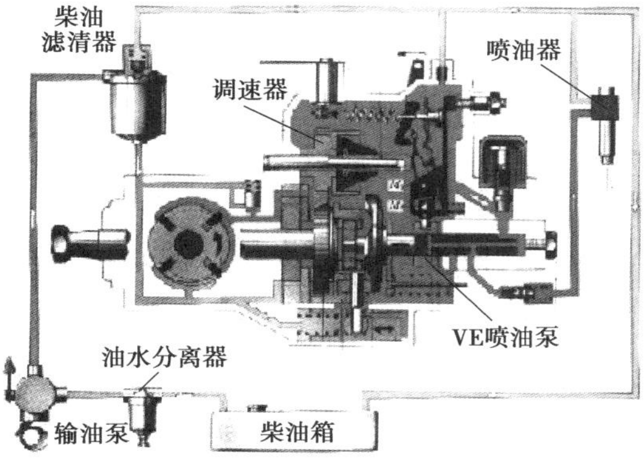 			
工作任务	①查找和记录柴油发动机燃料供给系统喷油器、柴油滤清器、喷油泵、调速器等部件型号 ②对柴油发动机燃料供给系统进行总体认识,识别喷油器、柴油滤清器、喷油泵、调速器等零部件具体位置及功用			
分析和计划	根据工作任务,确定所需工具、设备等,并制订小组工作计划: ①讨论确定所需仪器、工具及辅助资料 ②团队协作,组织及人员分工 ③明确柴油发动机燃料供给系统组成,制订实施步骤 ④操作安全、规范注意事项及技术标准			

实施	依照制订的实施步骤完成各作业项目,并观察各部件,描述其名称,认识的部件打"√",不认识的打"×",同时说出该部件的作用 请依照以上要求完成下表:

序号	部件名称	主要作用	认 识	考 核
1				
2				
3				
4				
5				
6				
7				
8				
9				
10				
11				
12				

检查评估	自评项根据自己对任务的完成情况进行评估并提出改进意见;互评项由组内组外互相交流和评分;教师评估可纳入任务实施过程中或对照上表随机选取几个项目评估。总评采用合格和不合格两级评价

序号	评估项目	自评	互评	教师评估
1	工具选择和使用			
2	柴油机燃油供给系统总体结构及零部件认识			
3	职场安全及操作规范等			
4	总 评			

任务实施心得:

任务 4.2　柴油发动机燃料供给系统主要部件拆装

能力标准

学完本任务,你应获得以下能力:

①能正确认识和了解柴油发动机燃料供给系统喷油器、喷油泵等主要零部件结构和原理。

②能对柴油发动机燃料供给系统喷油器及喷油泵实施拆装。

任务描述

请以下列任务为指导,完成相关知识的学习和实施练习:

①对柴油发动机燃料供给系统喷油器及喷油泵进行总体认识,识别喷油器及喷油泵等在燃料供给系统中的具体位置,并能说出其工作原理。

②实施柴油发动机燃料供给系统喷油器及喷油泵拆装练习。

相关知识

柴油发动机燃料供给系统主要部件

(1)喷油器

1)喷油器的功用和要求

喷油器的功用:将喷油泵供给的高压柴油,以一定的压力,呈雾状喷入燃烧室。

喷油器的要求如下:

①雾化均匀。

②喷射干脆利落。

③无后滴现象。

④油束形状与方向适应燃烧室。

2)喷油器的分类

目前采用的喷油器都是闭式喷油器,有孔式和轴针式两种。

①孔式喷油器

孔式喷油器主要用于直接喷射式柴油机中。由于喷孔可有几个且孔径小,因此,能喷出几个锥角不大、射程较远的油束。一般喷油孔的数目为 1~9 个,喷孔直径为 0.20~0.50 mm。

柴油机长形孔式喷油器结构如图 4.3 所示。喷油器由针阀 10、针阀体 11、顶杆 6、调压弹簧 5、调压螺钉 3 及喷油器体 7 等组成。其中,针阀 10、针阀体 11 是一副精密偶件。针阀上部的导向圆柱面与针阀体是高精度的滑动配合。其配合间隙为 0.002~0.004 mm。配合间隙过

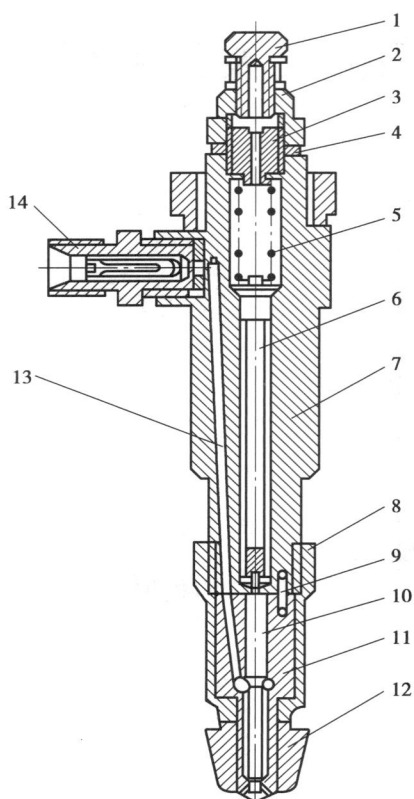

图 4.3　孔式喷油器

1—回油管螺栓；2—调压螺钉护帽；
3—调压螺钉；4—垫圈；5—调压弹簧；
6—顶杆；7—喷油器体；8—紧固螺套；
9—定位销；10—针阀；11—针阀体；
12—喷油器锥体；13—油道；14—进油管接头

大，可能发生泄漏而使油压下降；间隙过小，针阀不能自由移动。针阀中部的锥面全部露出在针阀体的环形油腔中，其作用是承受由油压造成的轴向推力使针阀上升，此锥面称为承压锥面。针阀下端的锥面与针阀体相应的内锥面配合，以实现喷油嘴内腔的密封，称为密封锥面。针阀上部的圆柱面及下端的密封锥面与针阀体相应的配合面都是经过精磨后再相互研磨而保证其配合精度的，选配和研磨好的一副针阀偶件不能互换。

喷油器的工作过程：装在油泵体上部的调压弹簧 5 通过顶杆 6 使针阀紧压在针阀体的密封锥面上，将喷孔关闭。当喷油泵工作时，输出的高压柴油从油管接头进入喷油器体 7 和针阀体 11 中的油道而到达针阀的环形空间——高压油腔，压力油作用在针阀的承压锥面上，形成了一个向上的轴向推力。当压力升高到足以克服调压弹簧的压力时，针阀向上升起，针阀的密封锥面离开阀座，打开喷孔开始喷油。喷射开始时的喷油压力取决于调压弹簧的预紧力，而调压弹簧的预紧力可通过调压螺钉调整。当喷油泵停止供油时，高压油管内的压力迅速下降，针阀在调压弹簧的作用下迅速回位，关闭油孔，停止喷油。

为了防止渗漏出的少量柴油在针阀累积并形成背面高压，影响喷射压力，在喷油器上端设有回油接头。这部分柴油通过回油管螺栓的孔进入回油管，流回柴油滤清器。

②轴针式喷油器

轴针式喷油器(见图 4.4)通常用在涡流室和预燃室柴油机中，近年来也开始应用在少数带有强进气涡流的直接喷射式柴油机中。

这种喷油器的工作原理与孔式喷油器相似。其构造特点是针阀在下端的密封锥面以下伸出一个倒圆锥体形的轴针。轴针伸出喷孔外面，使喷孔成圆环状的狭缝。这样，喷油时油束将呈空心的圆锥形或圆柱形(见图 4.4(c)、图 4.4(d))。喷孔断面大小与油束的角度形状取决于轴针的形状和升程，因此要求轴针的形状加工得很精确。

一般轴针式喷油器只有一个喷孔，喷孔直径一般为 1~3 mm。由于喷孔直径较大，轴针在喷孔内上下运动，具有自洁作用，喷孔不易积炭。另外，轴针式喷油器喷孔的面积是随轴针开启的高度而变化的。初始开启的面积比较小，使初始喷油速率较小，对减轻柴油机的粗暴运行有利。当针阀的开启高度超过 0.1~0.16 mm 后，喷孔处的柴油流通面积迅速增加，喷油速率加大促使燃烧在上止点附近完成。

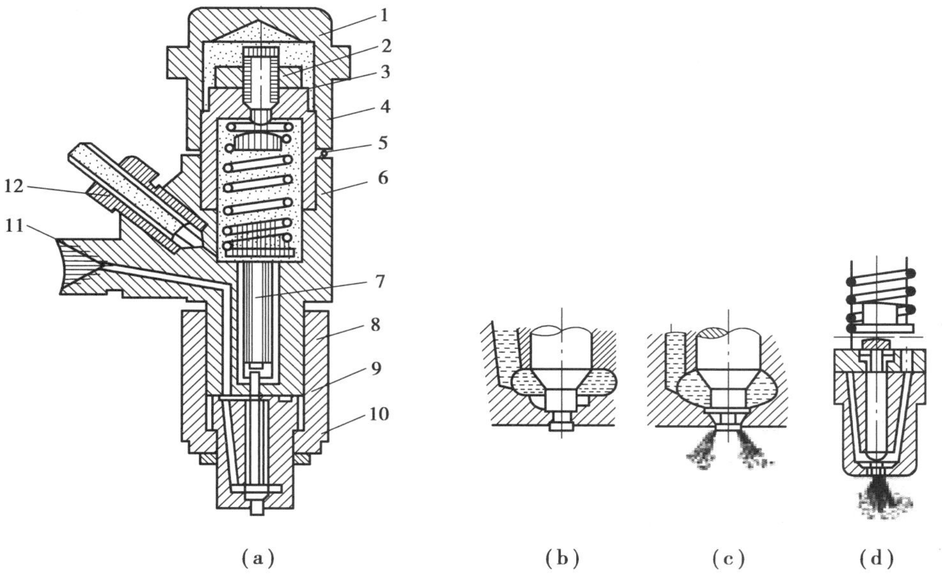

图 4.4　轴针式喷油器

1—罩帽;2—调压螺钉;3—锁紧螺母;4—弹簧罩;5—调压弹簧;6—喷油器体;
7—挺杆;8—喷油器螺母;9—针阀;10—针阀体;11—进油口;12—回油管接头

（2）喷油泵

1）喷油泵的功用、要求和分类

喷油泵的功用:提高柴油压力,按照发动机的工作顺序,负荷大小,定时定量地向喷油器输送高压柴油,且各缸供油压力均等。

喷油泵的要求如下:

①泵油压力要保证喷射压力和雾化质量的要求。

②供油量应符合柴油机工作所需的精确数量。

③保证按柴油机的工作顺序,在规定的时间内准确供油。

④供油量和供油时间可调整,并保证各缸供油均匀。

⑤供油规律应保证柴油燃烧完全。

⑥供油开始和结束,动作敏捷,断油干脆,避免滴油。

喷油泵的分类:车用柴油机的喷油泵按其工作原理不同,可分为柱塞式喷油泵、喷油泵-喷油器和转子分配式喷油泵 3 类。柱塞式喷油泵应用历史较长,性能良好,工作可靠,为目前大多数汽车柴油机所采用,这里主要介绍柱塞式喷油泵。

2）柱塞式喷油泵

①柱塞式喷油泵的结构原理

柱塞式喷油泵按结构布置的形式不同,可分为单体泵和合体泵。单体泵用于单缸柴油机上;合体泵是将各缸的泵油机构及调速器合成一体,应用在多缸高速柴油机上。

合成泵中每一缸的泵油机构称为分泵,其构造如图 4.5 所示。其中,由柱塞 5 和柱塞套 4 组成的偶件称为柱塞偶件,是提高柴油压力的主要零件。柱塞偶件(柱塞、柱塞套)和出油阀

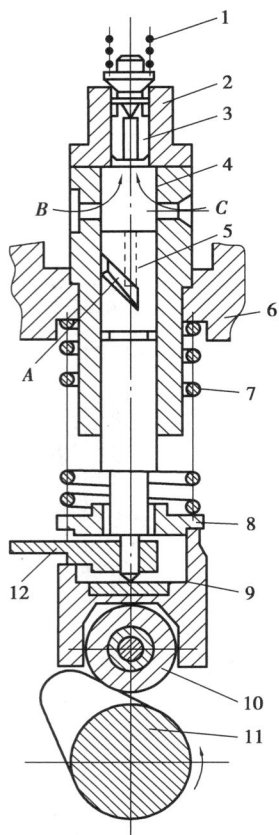

图 4.5　柱塞式喷油泵分泵
1—出油阀弹簧；2—出油阀座；
3—出油阀；4—柱塞套；5—柱塞；
6—泵体；7—柱塞弹簧；8—弹簧下座；
9—滚轮体总成；10—滚轮；
11—凸轮轴；12—油量调节臂
A—控制油槽；B—回油孔；C—进油孔

偶件(出油阀 3、出油阀座 2)安装在喷油泵体中。柱塞弹簧通过弹簧下座与柱塞相连，它总是力图使柱塞向下运动。柱塞下部装有滚轮-挺柱体总成，由喷油泵凸轮轴驱动。出油阀上装有出油阀弹簧，出油阀弹簧将出油阀紧压在出油阀座上，使其处于常闭状态。

在柱塞的圆柱表面加工有直线形(或螺旋形)斜槽，通过径向油道和轴向油道与柱塞的上端面连通。在柱塞的中部开有一环形槽，以储存少量柴油润滑工作表面。柱塞套的内部为光滑的圆柱形孔，与柱塞的外圆柱面相配合。柱塞套上部开有两个径向孔(进油孔和回油孔)，与喷油泵体内的低压油腔相通。

柱塞式喷油泵的工作原理如图 4.6 所示。当凸轮轴旋转时，柱塞在柱塞弹簧的作用下向下运行并直到最下端(见图 4.6(a))的位置时，柴油在输油泵的压力和柱塞下行的吸力共同作用下从低压油道经进、回油道孔流入柱塞上方柱塞套内，并充满上部空间。凸轮轴继续旋转并通过滚轮-挺柱体压缩弹簧推动柱塞上行时，开始有一部分柴油通过柱塞套上的进、回油孔被挤回低压油腔，直至柱塞上端面封住两个油孔时，柱塞上方便形成了一个密封腔。柱塞的这段升程称为减压升程。柱塞继续上行，封闭腔内的柴油受到压缩，压力迅速上升。当油压增大到足以克服出油阀弹簧压力和高压油管内的剩余压力时，出油阀上行。当出油阀中部的圆柱形环带(称为减压环带)离开出油阀座上端面时，高压柴油从出油阀流出经高压油管而开始向喷油器供油(见图 4.6(b))。供油随着柱塞上行一直持续到柱塞的斜油槽(或螺旋油槽)与柱塞套上的回油孔相通为止。此时柱塞上部的柴油经轴向油道和径向油道流回低压油道(见图 4.6(c))，高压油路的压力急剧下降。出油阀在弹簧的作用下关闭，供油迅速停止。从柱塞上端面封闭进油孔到柱塞斜油槽与回油孔相通的这段升程称为供油有效升程。此后随着凸轮轴旋转至最大升程而使柱塞继续上行到达上止点所走过的升程，称为剩余升程。在剩余升程里，喷油泵不向高压油管供油。

由喷油泵的工作原理可知，柱塞的总升程 h 不变，其大小取决于凸轮升程；喷油泵柱塞的供油量及供油的持续时间(循环供油量)取决于供油有效行程 h_e(见图 4.6(d))。喷油泵若需根据发动机工况的变化而改变供油量，只需改变柱塞供油的有效行程。一般借助改变斜油槽与柱塞套油孔的相对位置来实现。

②油量调节机构

油量调节机构的功用是根据柴油机工况的变化来改变喷油泵的供油量且保证各缸的供

油量一致。从喷油泵的工作原理可知,柱塞每循环的供油量取决于供油的有效行程 h_o 的大小,由于斜槽的存在,只要转动柱塞就可以改变柱塞的供油有效行程,从而达到调节供油量的目的。常用的油量调节机构有齿杆式、拨叉式和球销式 3 种。

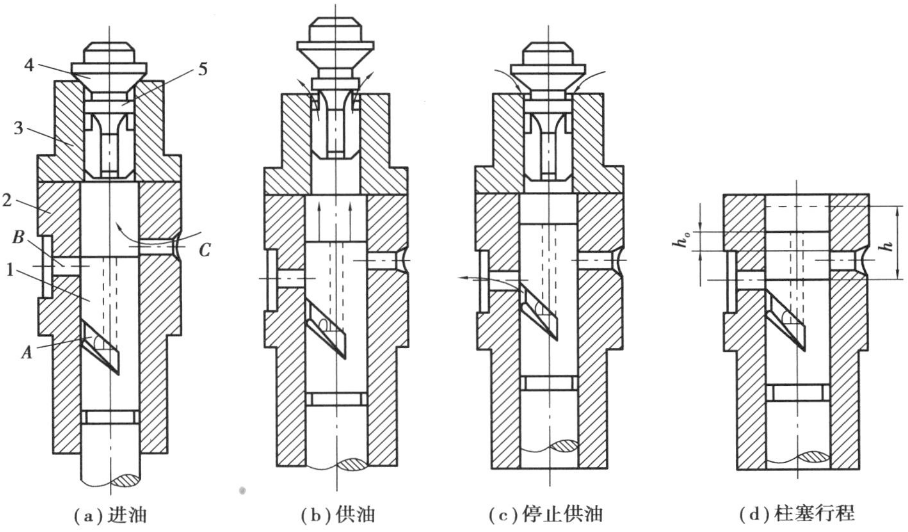

（a）进油　　　（b）供油　　　（c）停止供油　　　（d）柱塞行程

图 4.6　柱塞式喷油泵泵油原理

1—柱塞;2—柱塞套;3—出油阀座;4—出油阀;5—减压环带

A—控制油槽;B—回油孔;C—进油孔;h—总升程;h_o—有效行程

　　a.齿杆式油量调节机构。该调节机构如图 4.7（a）所示。油量调节套筒 4 松套在柱塞套 1 上。在油量调节套筒 4 的下端开有两个纵向切槽,柱塞下端的两个凸耳 5 就嵌在切槽之中。调节齿圈 6 用螺钉锁紧在油量调节套筒上并与调节齿杆 3 啮合。当齿杆作往复运动时,柱塞

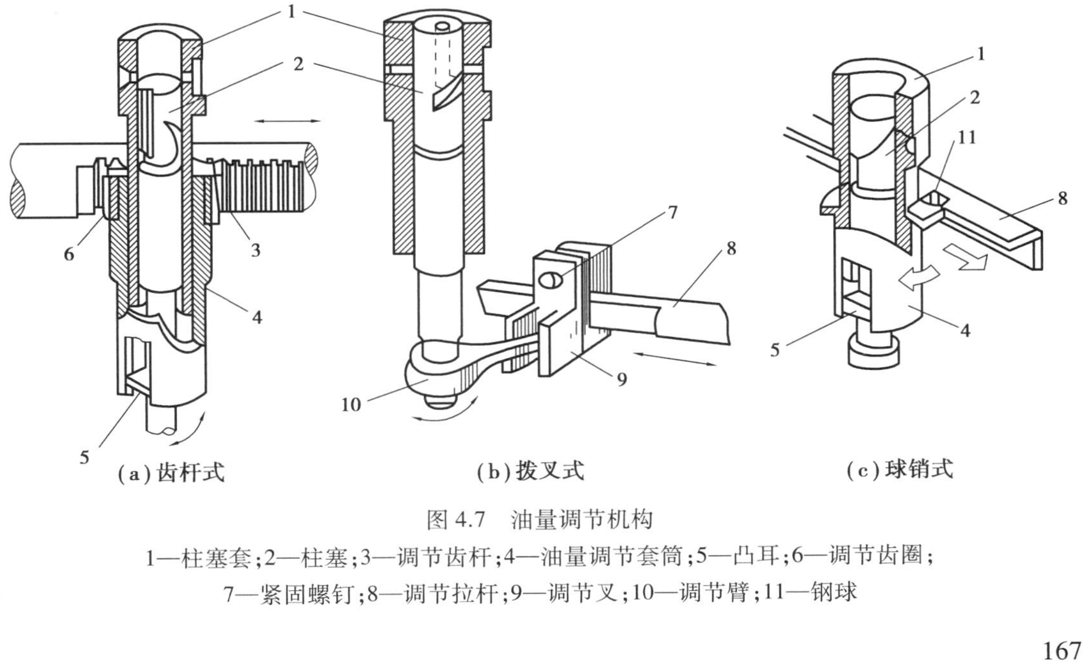

（a）齿杆式　　　　　　（b）拨叉式　　　　　　（c）球销式

图 4.7　油量调节机构

1—柱塞套;2—柱塞;3—调节齿杆;4—油量调节套筒;5—凸耳;6—调节齿圈;

7—紧固螺钉;8—调节拉杆;9—调节叉;10—调节臂;11—钢球

167

2 被带着转动而改变循环供油量。当松开齿圈的锁紧螺钉,将油量调节套筒及柱塞相对于柱塞套转动一个角度时,可调整各缸油量的大小和均匀性。这种调节机构的优点是传动平稳,工作比较可靠,寿命长,但结构尺寸较大。

b.拨叉式油量调节机构。该调节机构如图4.7(b)所示。在柱塞下端压装有一调节臂10,臂的球头插入调节叉9的槽内,而调节叉9则用螺钉7紧固在供油调节拉杆8上。移动调节拉杆则可转动柱塞,改变循环供油量。松开调节叉上的螺钉可以调整调节叉在调节拉杆上的位置,可以调整各缸的供油量的大小和均匀性。这种调节机构的优点是结构简单、容易制造。

c.球销式油量调节机构。该调节机构如图4.7(c)所示。其作用方式与齿杆式油量调节机构相近。该机构没有采用调节齿圈,而是在调节套筒的上部嵌有一个小钢球11,调节拉杆的横断面呈角钢形,在其水平的直角边上开有小方槽口,该方槽口与油量调节套筒4上的小钢球啮合。当移动调节拉杆时,通过钢球调节套筒与柱塞一起随着转动,而改变循环供油量。这种调节机构的优点是结构简单、工作可靠、制造方便。

③传动机构

多缸合成式喷油泵的传动机构是由凸轮轴和滚轮体总成组成的。

a.凸轮轴。其功用是喷油泵按照柴油机的工作顺序和喷油规律向各缸供油。凸轮轴两端支承在圆锥滚子轴承上,前端装有联轴节及机械离心式供油提前角自动调整装置,后端与调速器相连。凸轮轴上加工出的凸轮的数量与分泵的数目相等,通常在凸轮轴中部设有驱动输油泵的偏心轮。

b.滚轮-挺柱总成。其功用是将凸轮的运动传给柱塞。滚轮常见的形式有垫片调整式和螺钉调整式两种,如图4.8所示。垫片调整式的滚轮体总成由滚轮体、滚轮轴、滚轮衬套、滚轮、调整垫片及导向销等组成。带有衬套的滚轮松套在滚轮轴上,轴两端支承在滚轮架的座孔中,滚轮体的一侧或两侧装有导向销,泵体上相应开有轴向长槽,导向销插在该槽中,保证了滚轮体总成只作上下运动而不会转动。滚轮体的工作高度对喷油泵的供油时刻产生影响。为了保证各分泵的供油开始角和供油间隔角一致,要求各滚轮体的工作高度一致,存在差异时必须调整。调整的方法是增减垫片或拧进拧出调整螺钉。

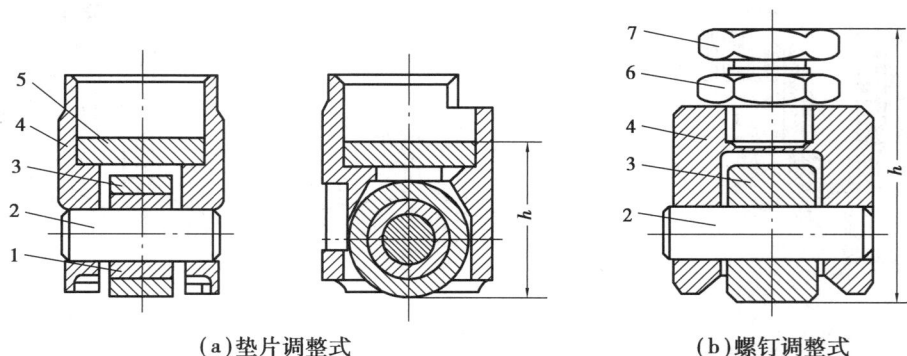

(a)垫片调整式　　　(b)螺钉调整式

图4.8　滚轮-挺柱总成

1—滚轮套;2—滚轮轴;3—滚轮;4—滚轮体;5—调整垫片;6—锁紧螺母;7—调整螺钉

（3）调速器

1）喷油泵的速度特性

在调节拉杆位置不变时，随着发动机曲轴转速增大，柱塞有效行程略有增加，而供油量也略有增大；反之，供油量略有减少。这种供油量随转速变化的关系称为喷油泵的速度特性。

2）柴油机上为什么要安装调速器

喷油泵的速度特性对工况多变的柴油机是非常不利的。当发动机负荷稍有变化时，会导致发动机转速变化很大。当负荷减小时，转速升高，转速升高导致柱塞泵循环供油量增加，循环供油量增加又导致转速进一步升高，这样不断地恶性循环，造成发动机转速越来越高，最后飞车；反之，造成发动机转速越来越低，最后熄火。

要改变这种恶性循环，就要求有一种能根据负荷的变化自动调节供油量，使发动机在规定的转速范围内稳定运转的自动控制机构。因此，柴油机要满足使用要求，就必须安装调速器。

3）调速器的种类

根据调速器的工作原理，调速器的类型可分为机械式、气力式和液力式3种。而机械式调速器的结构简单、工作可靠，广泛应用于中小型柴油机；液压式调速器结构复杂，制造精度高，调节灵敏性好，作用在调节机构上的调节力大，主要用于大型柴油机；气动式调速器应用于少数小型柴油机。

机械式调速器根据其转速作用的范围，可分为以下3种：

①单程式调速器

只在某一规定的转速下起作用，一般用于恒定转速工况的柴油机（如发动机组）。

②两速式调速器

能在两个规定的转速下起作用，它既可以保持柴油机低速稳定运转，又能限制柴油机的最高转速。

③全程式调速器

它不仅能保持低速稳定运转和限制最高转速，而且还能使柴油机在整个工作转速范围内的任何转速下稳定运转。

4）机械式调速器的工作原理

调速器要实现其功能，必须有两个基本组成部分：一个是速度感应元件，另一个是调节供油拉杆的执行机构。机械式调速器采用的是具有一定质量的与调速弹簧相平衡的钢球（或飞块等）作为感应元件。当转速发生变化时，利用感应元件旋转时产生的离心力的变化来驱动执行机构以改变供油拉杆的位置。

①两极式调速器

两极式调速器的结构原理如图4.9所示。两极式调速器在推力盘5与弹簧座9（固定在支承轴上）之间装有两根调速弹簧。一根外调速弹簧7的刚度较弱，预紧力小，紧贴于推力盘5上；另一根内调速弹簧8刚度强，预紧力大，安装时与推力盘保持一定距离。

当柴油机未启动时，外调速弹簧作用在推力盘上，通过推力盘将供油拉杆向右推向循环供油量最大的位置。柴油机启动后，转速上升，钢球离心力的轴向分力 F_1 随之增大。由于外调速弹簧预紧力小且弹性弱，钢球离心力的轴向分力 F_1 很快大于外调速弹簧弹力 F_t，因此可以推动供油拉杆向左移动以减少供油量,调速器开始起作用,此时对应的发动机转速称为最低怠速转速。当转速继续升高使推力盘 5 与内调速弹簧接触时,由于内调速弹簧的预紧力大及刚性强,弹簧力 F_t 瞬时增大。此时转速继续升高,但离心力的轴向分力 F_1 不足以克服内、外调速弹簧的弹力 F_t,供油拉杆不动,不能改变供油量,调速器停止起作用。当发动机转速继续升高到使 $F_1 = F_t$,此时对应的转速为发动机的额定转速。当转速稍高时,$F_1 > F_t$,推力盘将压缩内、外调速弹簧,调速器开始起作用,使供油拉杆向左移动,供油量减少,使转速又回落到额定值。

图 4.9 两极式调速器简图
1—供油拉杆;2—传动盘;3—喷油泵凸轮轴;4—钢球;5—推力盘;
6—内弹簧座;7—外调速弹簧;8—内调速弹簧;9—弹簧座;10—支承轴

由此可知,两极式调速器只在低于怠速和高于额定转速时才起作用,在它们之间则不起作用。在怠速和额定转速之间,供油量由操纵人员推动操纵杆自行调节。

②全程调速器

将装在支承轴上的弹簧座制作成可移动的,由驾驶员通过操纵杆控制,则就转变成了如图 4.10 所示弹簧预紧力可调的全程调速器。

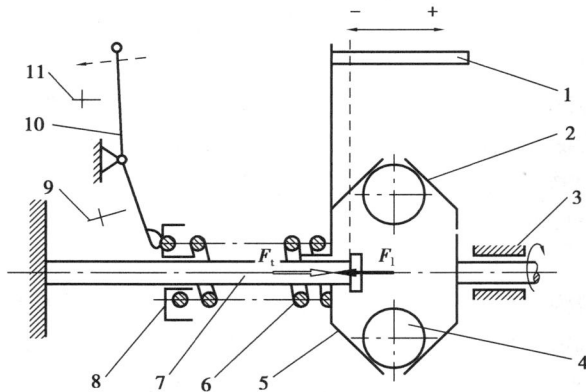

图 4.10 全程式调速器简图
1—供油拉杆;2—传动盘;3—喷油泵凸轮轴;4—钢球;5—推力盘;6—调速弹簧;
7—支承轴;8—弹簧座;9—怠速限制螺钉;10—操纵杆;11—高速限制螺钉

（4）**输油泵**

输油泵的功用是保证有足够数量的柴油自燃油箱输送到喷油泵,并维持一定的供油压力以克服管路及燃油滤清器阻力,使柴油在低压管路中循环。输油泵的输油量一般为柴油机全负荷需要量的 3~4 倍。

输油泵有膜片式、滑片式、活塞式及齿轮式等形式。膜片式和滑片式输油泵分别作为分配式喷油泵的一级和二级输油泵,而活塞式输油泵则与柱塞式喷油泵配套使用。

这里主要介绍活塞式输油泵。

活塞式输油泵安装在柱塞式喷油泵的侧面,并由喷油泵凸轮轴上的偏心轮驱动。图 4.11 所示为其工作原理图。

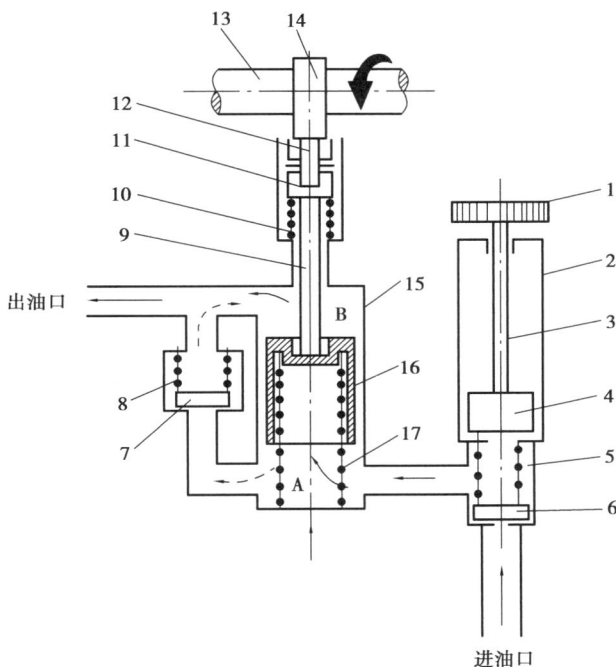

图 4.11　活塞式输油泵工作原理图

1—手压泵拉钮;2—手压泵体;3—手压泵杆;4—手压泵活塞;5—进油止回阀弹簧;
6—进油止回阀;7—出油止回阀;8—出油止回阀弹簧;9—推杆;10—推杆弹簧;11—挺柱;
12—滚轮;13—喷油泵凸轮轴;14—偏心轮;15—输油泵体;16—输油泵活塞;17—活塞弹簧

当喷油泵凸轮轴 13 转动时,在偏心轮 14 和活塞弹簧 17 的共同作用下,输油泵活塞 16 在输油泵体 15 内作往复运动。当输油泵活塞在活塞弹簧的作用下向上运动时,A 腔容积增大,产生真空,进油止回阀 6 开启,柴油经进油口被吸入 A 腔;与此同时,B 腔容积缩小,其中的柴油压力增高,出油止回阀 7 关闭,B 腔中的柴油经出油口被压出,送往燃油滤清器。当偏心轮 14 推动滚轮 12、挺柱 11 和推杆 9,使输油泵活塞向下运动时,A 腔油压增高,进油止回阀关闭,出油止回阀开启,柴油从 A 腔流入 B 腔。

若喷油泵供油量减少,或燃油滤清器阻力过大,则使 B 腔油压增高。当活塞弹簧的弹力恰好与 B 腔的油压平衡时,活塞便滞留在某一位置而不能回到其行程的止点处。在这种情况下,活塞的行程减小,输油泵的输油量自然减少,从而限制了油压的继续增高,即实现了输油量与供油压力的自动调节。

手压泵活塞与手压泵体、输油泵活塞与输油泵体以及推杆与导管等偶件都经过选配和研磨,达到较精密的配合,在使用中不能互换。

🔧 任务实施

📖 **实施要求**

☞ 任务目标与要求

①小组成员分工协作,利用汽车维修手册及实训资料,依据任务工作单制订工作计划,并通过小组自评或互评检查工作计划。

②认识柴油发动机燃料供给系统喷油器及喷油泵等主要部件的结构,并确定主要部件安装位置。

③完成柴油发动机燃料供给系统喷油器及喷油泵的拆装过程。

☞ 注意事项

在任务实施过程中,严格遵守相关实验实训制度和规范的要求,注意职场健康与安全需求,做好废料的处理,并保持工作场所的整洁。

📖 **实施步骤**

☞ 准备工作

①小组接受工作任务,准备实训柴油发动机、拆装工具、扭力扳手、维修手册等配套器材,清理场地,做好实施准备工作。

②组长带领组内成员阅读任务工作单,查阅相关手册或指导书,合理分工,制订任务计划,并检查计划的有效性。

☞ 实施步骤

①依照任务工作单的引导,观察认识所用柴油发动机燃料供给系统喷油器及喷油泵的组成,查找各主要部件的安装位置,并填写任务工作单。

②合理选择工具,并正确使用各类工具完成柴油发动机燃料供给系统喷油器及喷油泵的拆装过程。拆装过程中,请参考维修手册,严格按照相关技术标准和要求完成拆装任务。

(1)喷油器的拆装

1)喷油器的拆卸

用合适的扳手拆下紧固螺套,取出喷油嘴偶件。拆下调节螺钉护帽、调压螺钉,取出调压弹簧、顶杆,摆放整齐。

喷油器各部件的检查如下:

①喷油嘴偶件的外观检查。针阀及阀体的导向面不得有摩擦、损伤、锈斑及划痕。密封锥面不得有变形、积炭。喷孔不能有烧蚀或被积炭堵塞的现象。

②喷油嘴偶件的滑动性检查。将喷油嘴偶件清洗后,倾斜,将针阀抽出1/3左右,松手后针阀能在自身重力作用下缓缓滑下,无卡滞现象。

③其余各部件的检查。喷油器体破裂、针阀升程限平面下陷,调压弹簧弹力明显下降、变形或折断,顶杆发生弯曲变形等,都应更换新件。

④拆装检查喷油器总成时,要使用清洁的柴油,认真地将每个零部件进行清洗,然后进行装配,以免影响修理质量。

2)喷油器的装配

检查完毕后,将合格的零件进行装配。将喷油嘴偶件通过定位销装在喷油器体上,装上紧固螺套拧紧,拧紧时要用专业的扭力扳手,保证拧紧力矩为60~80 N·m。将顶杆、调压弹簧装入喷油器体,拧入调压螺钉,做好调试喷油嘴压力的准备。

(2)喷油泵的拆装

1)喷油泵的拆卸

①先堵住低压油路进出油口和高压油管接头:防止污物进入油路,用柴油、煤油、汽油或中性金属清洗剂清洗泵体外部。旋下调速器底部的放油螺钉,放尽机油。

②将油泵固定在专用拆装架或自制的"T"形架上,拆下输油泵总成、检视窗盖板、油尺等总成附件及泵体底部螺塞。

③转动凸轮轴,使1缸滚轮体处于上止点,将滚轮体托板(或销钉)插入调整螺钉与锁紧螺母之间(或挺柱体锁孔中),使滚轮体和凸轮轴脱离。

④拆下调速器后盖固定螺钉,将调速器后壳后移到倾斜适当角度,拨开连接杆上的锁夹或卡销,使供油齿杆和连接杆脱离。用尖嘴钳取下启动弹簧,取下调速器后壳总成。

⑤用专用扳手固定住供油提前角自动调节器,在喷油泵另一端用专用套筒拆下调速飞块支座固定螺母,用拉拔器拉下飞块支座总成,用专用套筒拆下提前器固定螺母,用拉拔器拉下提前器。

⑥拆凸轮轴部件。拆卸前应先检查凸轮轴的轴向间隙(0.05~0.10 mm)。将测得的值与标准比较,即可在装配时知道应增垫片的厚度。若不需要更换凸轮轴轴承,则先测间隙也可减少装配时的反复调整。拆下前轴承盖,收好调整垫片,拆下凸轮轴支承轴瓦。用木槌从调速器一端敲击凸轮轴,将轴和轴承一起从泵体前端取下。若需要更换轴承,则可用拉拔器拉下轴承。

⑦将泵体检视窗一侧向上放平。从油底塞孔中装入滚轮挺柱顶持器,顶起滚轮部件,拔出挺柱托板(或销钉),取出滚轮体总成,按上述方法,依次取出各缸滚轮体总成。如果需将滚轮体解体,则应先测量并记下其高度,取出柱塞弹簧、弹簧上下座、油量控制套筒,旋出齿杆限位螺钉,取出供油齿杆,旋出出油阀压紧座,用专用工具取出油阀偶件及减容器、出油阀弹簧、柱塞偶件,按顺序放在专用架上。

2)喷油泵的装配

①装配时应在清洁干净后的零件表面涂上清洁的机油。

②装供油齿杆。将供油齿杆上的定位槽对准泵体侧面上的齿杆限位螺钉孔,装复限位螺钉,检查供油齿杆的运动阻力,当泵体倾斜45°时,供油齿杆应能靠自重滑动。

③装柱塞套筒。柱塞套筒从泵体上方装入座孔中,其定位槽应恰好卡在定位销上,保证

柱塞套完全到位。注意:必须彻底清理,防止杂物卡在接触面间,造成柱塞套筒偏斜和接触面不密封。

④将出油阀偶件、密封垫圈、出油阀弹簧、减容器体和出油阀压紧座依次装入泵体。必须注意出油阀座与柱塞套上端面之间的清洁,并保证密封垫圈完好。用 35 N·m 的扭矩拧紧出油阀压紧座,过紧会引起泵体开裂、柱塞咬死及齿杆阻滞、柱塞套变形,加剧柱塞副磨损。装配后,应检查喷油泵的密封性。

⑤装复供油齿圈和油量控制套筒。油量控制套筒通过齿圈凸耳上的夹紧螺钉和齿圈固定成一体,两者不能相对转动。一般零件上有装配记号,没有记号时应使齿圈的固定凸耳处在油量控制套筒两孔之间居中位置。确定供油齿杆中间位置,将供油齿杆上的记号(刻线或冲点)与泵体端面对齐,或与齿圈上的记号对齐,如果齿杆上无记号,则应使供油齿杆前端面伸出泵体前端面达到说明书规定的距离。装上齿圈和油量控制套筒,左右拉动供油齿杆到极限位置时,齿圈上凸耳的摆动角度应大致相等,并检查供油齿杆的总行程。

⑥装入柱塞弹簧上座及柱塞弹簧,将柱塞装入对应的柱塞套,再装上下弹簧座。注意:柱塞下端十字凸缘上有记号的一侧应朝向检视窗,下弹簧有正反之分不能装反。

⑦装复滚轮挺柱体,调整滚轮挺柱体调整螺钉,达到说明书规定高度或拆下时记下的高度。将滚轮体装入座孔,导向销必须嵌入座孔的导向槽内。用力推压滚轮体或用滚轮顶持器和滚轮挺柱托板,支起滚轮挺柱,逐缸装复各滚轮体。每装复一个都要拉动供油齿杆,检查供油齿杆的阻力。

⑧装复凸轮轴和中间支承轴瓦,装上调速器壳和前轴承盖。注意:凸轮轴的安装方向,无安装标记时,也可根据输油泵驱动凸轮位置确定安装方向;凸轮轴的中间支承应与凸轮轴一起装入泵体,否则凸轮轴装复后就无法装上中间支承。喷油泵凸轮轴装到泵体内应有确定的轴向位置和适当的轴向间隙。凸轮轴装复后,应转动灵活,轴向间隙为 0.05~0.10 mm;装复供油提前角自动调节器,转动凸轮轴,取下各滚轮体托板,拉动供油齿杆,阻力应小于 15 N,否则应查明原因,予以排除。

⑨装复输油泵、调速器总成等附件。

☞ 评估总结

①回答指导教师提问,并接受指导教师相关考核。

②对本次任务完成过程及效果进行自我评价和小组互评,填写任务工作单。

③清洁工作场所,清点归还相关工具设备,完成本次任务。

任务工作单

项目	柴油发动机结构认识与拆装			
任务	柴油发动机燃料供给系统主要部件拆装		姓名	
班级		组号	日期	
任务 目的	能对柴油发动机燃料供给系统喷油器及喷油泵实施拆装			
环节	内　容		批注及备注	
资讯	①记录所用柴油机喷油器的信息 | 型号		喷油器适用压力	| ②利用下图认识喷油器结构及主要零部件,并写出下图部件名称 （　　　　　）　　　　　（　　　　　）			
工作 任务	①查找和记录柴油发动机燃料供给系统喷油器及喷油泵型号,并分析解释主要技术参数 ②实施柴油发动机燃料供给系统喷油器及喷油泵拆装练习			
分析和 计划	根据工作任务,确定所需工具、设备等,并制订小组工作计划: ①讨论确定所需仪器、工具及辅助资料 ②团队协作,组织及人员分工 ③明确拆装的喷油器及喷油泵结构,制订拆装步骤及要求 ④操作安全、规范注意事项及技术标准			

实施	①依照制订的拆装步骤完成各作业项目,并观察各部件,描述其名称,认识的部件打"√",不认识的打"×",同时指出该部件所属系统或机构 ②拆卸过程中明确技术标准,仔细观察各零部件的型号及其螺栓扭力大小 ③按正确顺序和技术标准完成装配任务 请依照以上要求完成下表:

序号	作业项目	部件	技术标准或要求	认识	所属机构或系统	考核
1						
2						
3						
4						
5						
6						
7						
8						
9						
10						
11						
12						
13	除上述拆卸的部件外,请补充喷油器及喷油泵系统内的其他部件					

检查评估	自评项根据自己对任务的完成情况进行评估并提出改进意见;互评项由组内组外互相交流和评分;教师评估可纳入任务实施过程中或对照上表随机选取几个项目评估。总评采用合格和不合格两级评价

序号	评估项目	自评	互评	教师评估
1	工具选择和使用			
2	喷油器及喷油泵拆装任务及技能			
3	职场安全及操作规范等			
4	总　评			

任务实施心得:

📑 知识拓展

📖 柴油发动机涡轮增压技术

(1)柴油发动机涡轮增压概述

涡轮增压是一种利用柴油发动机运行所产生的废气驱动空气压缩机的技术。与超级增压器(机械增压器)功能相若,两者都可增加进入柴油发动机或锅炉的空气流量,从而使机器效率提升。常用于汽车柴油发动机中,通过利用排出废气的热量及流量,涡轮增压器能提升柴油发动机的马力输出。

涡轮增压技术就是采用专门的压气机将气体在进入汽缸前预先进行压缩,提高进入汽缸的气体密度,减小气体的体积。这样,在单位体积里,气体的质量就大大增加了,就可以在有限的汽缸容积内喷入更多的燃油进行燃烧,从而达到提高发动机功率的目的。

(2)柴油机涡轮增压的结构及工作原理

最早的涡轮增压器是用于跑车或方程式赛车上的,这样在那些发动机排量受到限制的赛车比赛中,发动机就能够获得更大的功率。

众所周知,发动机是靠燃料在汽缸内燃烧做功来产生功率的。由于输入的燃料量受到吸入汽缸内空气量的限制,因此,发动机所产生的功率也会受到限制。如果发动机的运行性能已处于最佳状态,再增加输出功率只能通过压缩更多的空气进入汽缸来增加燃料量,从而提高燃烧做功能力。因此,在目前的技术条件下,涡轮增压器是唯一能使发动机在工作效率不变的情况下增加输出功率的机械装置。

涡轮增压装置的结构并不复杂,它主要是由涡轮室和增压器组成。首先是涡轮室的进气口与发动机排气歧管相连,排气口则接在排气管上。其次增压器的进气口与空气滤清器管道相连,排气口接在进气歧管上。最后涡轮和叶轮分别装在涡轮室和增压器内,两者同轴刚性连接。

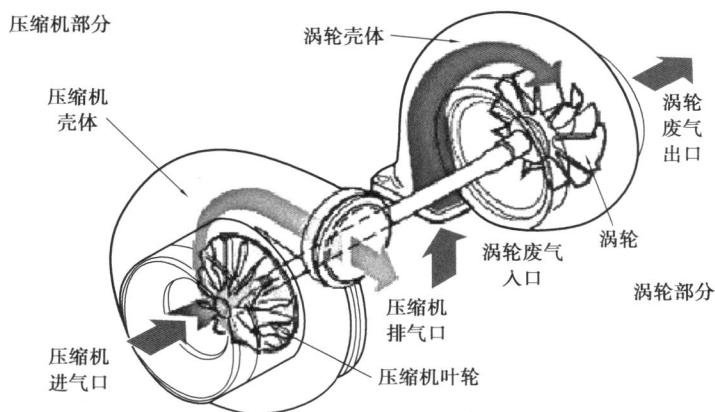

图4.12　涡轮增压的结构及工作原理

　　涡轮增压装置其实就是一种空气压缩机,通过压缩空气来增加发动机的进气量。一般来说,涡轮增压都是利用发动机排出的废气惯性冲力来推动涡轮室内的涡轮,涡轮又带动同轴的叶轮,叶轮压送由空气滤清器管道送来的空气,使之增压进入汽缸。当发动机转速增快,废气排出速度与涡轮转速也同步增快,压缩机叶轮就压缩更多的空气进入汽缸,空气的压力和密度增大可以燃烧更多的燃料,相应增加燃料量和调整发动机的转速,即可增加发动机的输出功率。

　　涡轮增压(见图4.12)主要由废气推动的涡轮机、压缩进入汽缸空气的压缩机以及中间部分组成。

能力鉴定表 4

项目	柴油发动机结构认识与拆装					
学号			姓名		组长	
班级			组号		日期	

序号	能力目标	鉴定内容	鉴定结果	
			合　格	不合格
1	专业技能	能否正确认识柴油发动机燃料供给系统总体结构	□	□
2		能否正确规范完成柴油发动机燃料供给系统主要部件的拆装	□	□
3		能否正确规范使用拆装工具	□	□
4		任务实施能否达到 6S 要求	□	□
5	学习方法	是否主动进行任务实施	□	□
6		能否使用各种媒介完成任务	□	□
7		是否具备相应的信息收集能力	□	□
8	能力拓展	团队是否配合	□	□
9		调试方法是否具有创新	□	□
10		是否具有责任意识	□	□
11		是否具有沟通能力	□	□
12		总结与建议	□	□
鉴定结果	□合格　　□不合格	教师意见		教师签字	
				日期	

注:①请根据结果在相关的方框"□"内打"√"。
　　②请指导教师重点对相关鉴定结果不合格的同学给予指导意见。

信息反馈表 4

项目：　柴油发动机结构认识与拆装　　　　　　　组号：＿＿＿＿＿＿＿＿＿

姓名：＿＿＿＿＿＿＿＿＿＿＿＿＿　　　　　　　　日期：＿＿＿＿＿＿＿＿＿

请在相应栏内打"√"	非常同意	同意	没有意见	不同意	非常不同意
①本项目充分提供了关于柴油发动机燃料供给系统的相关知识及拓展阅读					
②本项目提供了关于柴油发动机燃料供给系统的认识,柴油发动机燃料供给系统喷油器及喷油泵拆装等大量的实践操作机会					
③本项目配套的实验设备和器材充分齐全,能满足学习需要					
④本项目的内容选取合理,教学组织和安排有序					
⑤本项目的内容适合我的需求					
⑥本项目中组织了各种活动					
⑦本项目的不同单元融合得很好					
⑧学习中教师待人友善、愿意帮忙					
⑨通过本项目学习,我做好了参加鉴定的准备					
⑩本项目中所有的教学方法对学习起到了帮助的作用					
⑪本项目提供的信息量适当					
⑫本项目鉴定是公平、适当的					
你对改善本科目的教学建议： 					

思考题

一、选择题

1.柴油机混合气是在(　　　)内完成的。

　　A.进气管　　　　　　　　　B.燃烧室　　　　　　　　　C.化油器

2.喷油器工作间隙泄漏的极少量柴油经(　　　)流回柴油箱。

　　A.回油管　　　　　　　　　B.高压油管　　　　　　　　C.低压油管

3.柴油机燃烧过程中,汽缸内温度达最高时在(　　　)。

　　A.后燃期　　　　　　　　　B.速燃期　　　　　　　　　C.缓燃期

4.旋进喷油器端部的调压螺钉,喷油器喷油开启压力(　　　)。

　　A.不变　　　　　　　　B.升高　　　　　　　　C.降低

5.喷油泵滚轮挺柱体高度调整螺钉升高,使该缸的供油提前角(　　　)。

　　A.不变　　　　　　　　B.增加　　　　　　　　C.减小

6.喷油泵每次泵出的油量取决于柱塞的有效行程的长短,而改变有效行程可采用(　　　)。

　　A.改变喷油泵凸轮轴与柴油机曲轴的相对角位移

　　B.改变滚轮挺柱体的高度

　　C.改变柱塞斜槽与柱塞套筒油孔的相对角位移

7.松开喷油泵联轴器的连接螺栓,按喷油泵凸轮轴旋转方向转动凸轮轴,可以使供油提前角(　　　)。

　　A.加大　　　　　　　　B.减小　　　　　　　　C.不变

二、简答题

1.简述柴油机燃料供给系统燃油的供给路线。

2.喷油器的作用是什么? 对它有什么要求?

3.调速器的作用是什么?

项目 **5**　传动系统结构认识与拆装

任务 5.1　传动系统总体结构认识

传动系的组成和
离合器的构造

能力标准

学完本任务,你应获得以下能力:
①能正确认识传动系统的总体结构。
②能正确描述传动系统各组成部分的作用。
③了解汽车传动系统的布置形式及其特点。

任务描述

请以下列任务为指导,完成相关知识的学习和实施练习:
①对汽车传动系统进行总体认识,识别各个组成部分的位置。
②认识传动系统的布置形式。

相关知识

传动系统概述

(1)传动系统的作用

汽车传动系统是指从发动机到驱动车轮之间所有的动力传递装置的总称。其作用是将发动机发出的动力,以一定的关系和要求传递到车轮,使汽车行驶。传动系统可以实现以下功能:
①降速增矩。
②实现汽车倒车行驶。
③中断动力传动。
④差速作用。

(2)传动系统的分类

按结构和传动介质不同,汽车传动系统的形式可分为机械式、液力机械式、静液式及电力式等。

1)机械式传动系统

机械式传动系统完全依靠机械的方式将发动机动力传给驱动轮。图5.1所示为机械式传动系统的组成示意图。发动机纵向布置在汽车前部,后轮为驱动轮。传动系统由离合器、变速器、传动轴及万向节组成的万向传动装置以及安装在驱动桥壳中的主减速器、差速器和半轴等组成。发动机发出的动力依次经离合器、变速器、万向传动装置、主减速器、差速器及半轴,最后传给驱动轮。

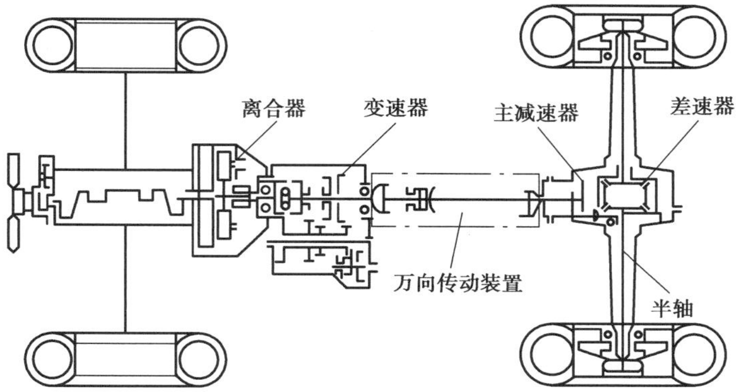

图 5.1　机械式传动系统

2)液力机械式传动系统

液力机械式传动系统以液体为传力介质,利用液体在主动元件和从动元件之间的循环流动过程中功能变化来传递动力。

图 5.2 所示为液力机械式传动系统的组成示意图。液力机械变速器由液力传动装置和有级式机械变速器组成。液力传动装置有液力耦合器和液力变矩器两种。液力耦合器只能传递转矩,而不能改变转矩大小,可代替离合器的部分功用。液力变矩器除具有液力耦合器的全部功用外,还能在一定范围内实现无级变速,因此,目前应用较为广泛。但是,液力变矩器传动比变化范围还不能满足使用要求,故一般在其后再串联一个有级式机械变速器。

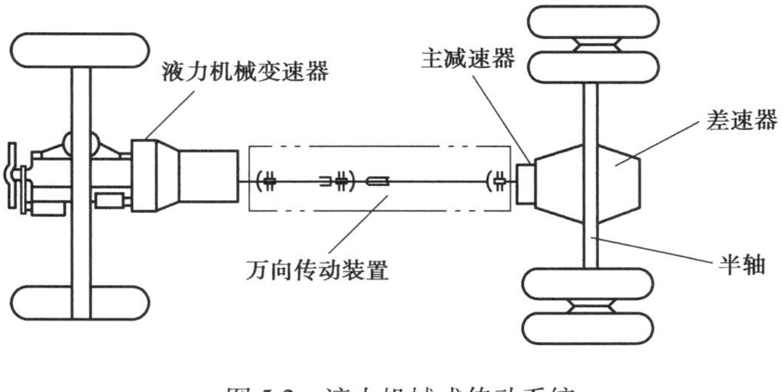

图 5.2　液力机械式传动系统

3)静液式传动系统

在静液式传动系统中,动力是通过液体传动介质的静压力能的变化而传递的。发动机输出机械能,通过油泵转换成液能,再由液压马达转换成机械能。发动机输出的动力通过液压泵转换成液压能,然后再由液压马达重新转换为机械能,驱动车轮转动,如图 5.3 所示。

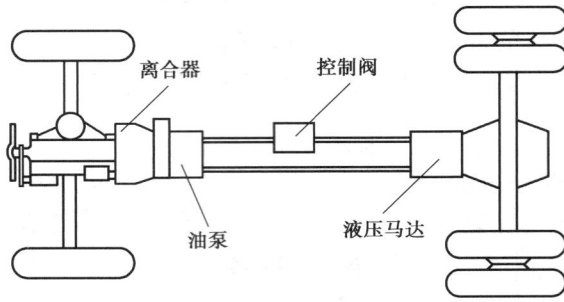

图 5.3　静液式传动系统

4）电力式传动系统

电力式传动系统由发动机驱动发电机发电,然后将电能传给电动机,最后带动驱动轮转动。

电力式传动系统如图 5.4 所示。主动部件是由发动机驱动的发电机,从动部件是牵引电动机,电力式传动系统在组成和布置上与液力机械式传动系统有些类似。可以只用一个电动机,与传动轴或驱动桥相连,电动机输出的动力经主减速器、差速器、半轴传给驱动轮,也可以在每个驱动轮上单装一个电动机,电动机输出的动力必须通过一套减速机构传递给驱动轮,因为牵引电动机的输出转矩不够大而转速过高,不能满足汽车行驶驱动的需要。

图 5.4　电力式传动系统

（3）传动系统的布置形式

汽车传动系统的布置形式主要与发动机的安置及汽车驱动形式有关。

1）发动机前置、后轮驱动（FR 型）

发动机前置、后轮驱动是目前普通汽车广泛采用的一种传动形式,图 5.1 所示为典型的前置后驱型传动系统。它一般是将离合器和变速器连成一个整体安装在汽车前部,而主减速器、差速器和半轴则安装在汽车后部的后桥壳中,两者之间通过万向传动装置相连。这种布置形式,发动机散热条件好,便于驾驶员直接操纵发动机、离合器和变速器,操纵机构简单,维修方便,且后驱动轮的附着力大,易获得足够的牵引力。

2）发动机前置、前轮驱动（FF 型）

图 5.5 所示为发动机前置、前轮驱动的传动系统布置形式示意图。其变速器、主减速器和差速器制为一体并与发动机、离合器一起集中安装在汽车前部。发动机有纵向布置和横向布

置之分。FF 型除具有发动机散热条件好、操纵方便等优点外,还省去了很长的传动轴,传动系统结构紧凑,整车质心降低,汽车高速行驶时稳定性好。但其上坡时,前轮附着力减小,易打滑;下坡制动时,前轮载荷过重;高速时,易发生翻车现象。故这种布置主要用于质心较低的轿车上。

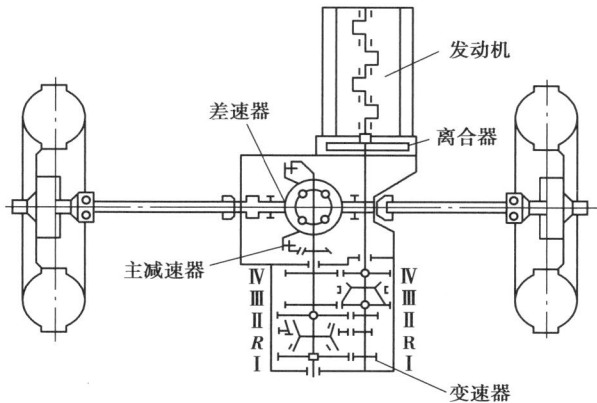

图 5.5　发动机前置、前轮驱动传动系统布置示意图

3)发动机后置、后轮驱动(RR 型)

图 5.6 所示为发动机后置、后轮驱动的传动系统布置形式示意图。发动机、离合器和变速器制为一体,布置在驱动桥之后。这样可以大大缩短传动轴的长度,使传动系统结构紧凑,质心有所降低,前轴不易过载,后轮附着力大,并能更充分地利用车厢面积。但由于发动机后置,其散热条件差。发动机、离合器和变速器的远距离操纵使操纵机构变得复杂,维修调整不便。这种布置除用在大型客车上外,某些微型或轻型轿车也采用这种布置形式。

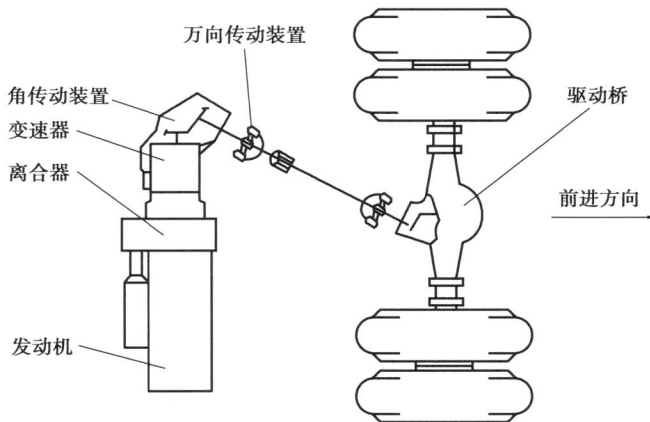

图 5.6　发动机后置、后轮驱动的传动系统布置形式示意图

4)全轮驱动(4WD 型)

为了充分利用所有车轮与地面之间的附着条件,以获得尽可能大的牵引力,越野汽车均

采用全轮驱动。图 5.7 所示为 4×4 越野汽车传动系统布置形式示意图。与发动机前置、后轮驱动的 4×2 汽车相比较,其前桥既是转向桥也是驱动桥。为了将发动机传给变速器的动力分配给前后两驱动桥,在变速器后增设了分动器,并相应地增设了从变速器通向分动器、从分动器通向前后两驱动桥之间的万向传动装置。由于前驱动桥又是转向桥,因此,左右两根半轴均分为两段,并用万向节相连。

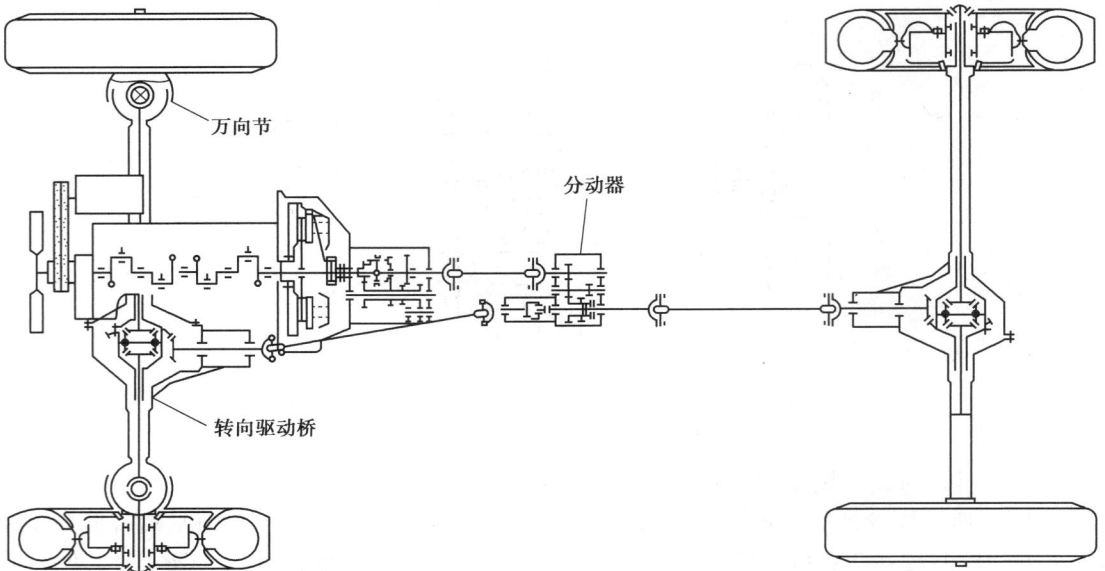

图 5.7　全轮驱动传动系统布置形式示意图

📖 传动系统总体结构

传动系统的结构因传动系统的布置、类型及驱动方式的影响而有所不同。传动系统主要由离合器及其操纵机构、变速器及其操纵机构、万向节与传动轴及驱动桥组成。其中驱动桥由主减速器、差速器和半轴组成。

现代汽车越来越多地采用了液力机械式传动系统,以液力机械变速器代替了机械式传动系统中的离合器和变速器。

(1)离合器

离合器的功用是按照需要适时接合或切断发动机与传动系统的动力传递。汽车起步之前,必须将发动机与驱动轮之间的传动路线切断,以便启动发动机。汽车起步时,再逐渐恢复传动系统的传动能力,保证发动机不熄火,且汽车平稳起步。此外,在变换挡位及汽车制动之前,也都需要暂时切断动力的传递。

(2)变速器

变速器的功用如下:

1)扩大发动机输出转矩和转速的变化范围

汽车在使用过程中,受道路和气候等各种使用条件的限制,车速和驱动力在很大范围内不断变化,而发动机输出转矩和转速的变化范围有限,因此变速器通过改变传动比,改变发动机转矩和转速,使作用在驱动轮上的驱动力足以克服各种外界的阻力,如滚动阻力、空气阻力和坡道阻力等。

2)汽车倒车行驶

汽车在进入车库和掉头等情况时,需要倒车行驶,然而,发动机是不能反向旋转的,传动系统在保证发动机旋向不变的情况下,能使驱动轮反向旋转,所以在变速器内设有倒车挡。

3)中断动力传递

在发动机不停止运转的情况下,汽车在滑行、停驻时,在变速器中设有空挡,能较长时间中断动力传递。

(3)万向传动装置

万向传动装置的功用是将变速器输出的动力传给驱动桥中的主减速器,同时能满足两者相对位置变化的需要。

(4)驱动桥

1)主减速器

主减速器的功用是进一步降低转速,增大转矩,改变动力的传递方向。

2)差速器

将主减速器传来的动力分配给左右两半轴,并允许左右两半轴以不同角速度旋转,以满足左右两驱动轮在行驶过程中差速的需要。

3)半轴

将差速器传来的动力传给驱动轮,使驱动轮获得旋转的动力。

全轮驱动的汽车,在变速器和万向传动装置之间装有分动器,分动器的功用是将发动机的动力分配给所有驱动桥。

🔧 任务实施

📖 实施要求

☞ 任务目标与要求

①小组成员分工协作,利用实训资料,依据任务工作单制订工作计划,并通过小组自评或互评检查工作计划。

②认识传动系统的整体结构,识别各组成部分,确定各部分的安装位置,并说明各部分的功用。

③能识别传动系统的布置形式,描述动力传递路线。

☞ 注意事项

在任务实施过程中,严格遵守相关实验实训制度和规范的要求,注意职场健康与安全需求,做好废料的处理,并保持工作场所的整洁。

📖 实施步骤

☞ 准备工作

①小组接受工作任务,准备实训车辆,清理场地,做好实施准备工作。

②组长带领组内成员阅读任务工作单,查阅相关手册或指导书,合理分工,制订任务计划,并检查计划的有效性。

☞ 实施步骤

①依照任务工作单的引导,观察认识所用实训车辆传动系统的各个组成部分,并填写任务工作单。

②依照任务工作单的引导,查找各主要部分的安装位置,分析传动系统的布置形式,观察动力传递路线,并填写任务工作单。

☞ 评估总结

①回答指导教师提问,并接受指导教师相关考核。

②对本次任务完成过程及效果进行自我评价和小组互评,填写任务工作单。

③清洁工作场所,清点归还相关工具设备,完成本次任务。

任务工作单

项目	汽车传动系统结构认识与拆装			
任务	传动系统总体结构认识		姓名	
班级		组号	日期	
任务目的	①能正确认识传动系统的总体结构 ②能正确描述传动系统各组成部分的作用 ③了解汽车传动系统的布置形式及其特点			
环节	内　容		批注及备注	
资讯	①写出所用实训车辆的传动系统中各组成部分的名称及功用 ②传动系统的布置形式有哪几种 ③传动系统的动力传动路线是什么			
工作任务	①对汽车传动系统进行总体认识,识别各个组成部分的位置 ②认识传动系统的布置形式			
分析和计划	根据工作任务,确定所需工具、设备等,并制订小组工作计划: ①讨论确定所需仪器、工具及辅助资料 ②团队协作,组织及人员分工 ③明确任务,制订实施步骤 ④操作安全、规范注意事项及技术标准			

实施	①依照制订的实施步骤完成各作业项目,并观察各部件,描述其名称,认识的部件打"√",不认识的打"×",同时说出该部件的作用 请依照以上要求完成下表: ②传动系统的布置形式 ③动力传递路线

序号	部件名称	主要作用	认 识	考 核
1				
2				
3				
4				
5				
6				
7				
8				
9				
10				

检查评估	自评项根据自己对任务的完成情况进行评估并提出改进意见;互评项由组内组外互相交流和评分;教师评估可纳入任务实施过程中或对照上表随机选取几个项目评估。总评采用合格和不合格两级评价

序号	评估项目	自评	互评	教师评估
1	传动系统组成及部件认识			
2	动力传递路线的描述			
3	职场安全及操作规范等			
4	总 评			

任务实施心得:

任务 5.2　离合器结构认识与拆装

能力标准

学完本任务,你应获得以下能力:
①能正确认识离合器主要零件的结构及装配关系。
②能对离合器及其操纵机构实施拆装。

任务描述

请以下列任务为指导,完成相关知识的学习和实施练习:
①离合器及其操纵机构的拆装。
②离合器及其操纵机构的部件认识。

相关知识

离合器的功用与要求

(1)离合器的功用

离合器在整车中所处的位置是在发动机和变速器之间,其功用是按照需要适时接合或者切断发动机与传动系统之间的动力传递。离合器的具体功用如下:

1)保证汽车平稳起步

汽车起步时,驾驶员缓慢抬起离合器踏板,使离合器的主、从动部分逐渐接合;与此同时,逐渐踩下加速踏板,以增加发动机的输出转矩,这样发动机的转矩便可由小到大传给传动系统。当牵引力足以克服汽车起步时的行驶阻力时,汽车便由静止开始缓慢逐渐加速,实现平稳起步。

2)保证汽车换挡平顺

汽车在行驶过程中,由于行驶条件的变化,需要不断变换挡位。对于普通齿轮变速器,换挡时不同的齿轮副要退出啮合或进入啮合,这就要求换挡前踩下离合器踏板,中断发动机的动力传动,便于退出原有齿轮副的啮合,进入新齿轮副的啮合。

3)防止传动系统过载

当离合器在超过其可以承受的最大载荷的时候,离合器会通过主、从动部分之间的打滑来消除这一危险,从而防止传动系统过载,起到过载保护的作用。

(2)对离合器的要求

根据离合器的功用,它应满足以下主要要求:
①储能合适。离合器应既能可靠地传递发动机的最大转矩,又能防止传动系统过载。

②接合柔和,保证汽车平稳起步,减少冲击。

③分离彻底,保证变速器换挡平顺和发动机启动顺利。

④从动部分的转动惯量小,减少换挡时变速器齿轮所受的冲击力。

⑤通风散热能力强,防止离合器温度过高。由于离合器接合过程中,主、从动部分相对滑动,故会产生大量的热量,如不及时散出,会严重影响其使用寿命和工作可靠性。

⑥操纵轻便省力,以减轻驾驶员的疲劳。

（3）**离合器的分类**

1）按从动盘数目

①单片离合器

特点:采用多螺旋弹簧,一个从动盘,一个主动盘。

用途:多用于中型或轻型汽车上。

②双片离合器

特点:两个从动盘,两个主动盘。

用途:用于中型、重型载重汽车上。

2）按压紧弹簧形式

①周布弹簧离合器

特点:压紧机构只有一个弹力较大、尺寸较大的螺旋弹簧位于离合器中心部分。

用途:用于重型汽车上,但现在使用较少。

②膜片弹簧离合器

特点:结构简单,膜片弹簧既起到了压紧弹簧的作用,又起到了分离杠杆的作用。

用途:多用于轿车和轻型车上。

3）按工作原理

①液压式耦合器

靠液压油传递转矩,主要由泵轮、涡轮、液压油等组成。

②电磁式离合器

电磁力传动,靠线圈的通断电来控制离合器的接合与分离。

③摩擦式离合器

靠主动与从动部分之间的摩擦力来传递动力,应用最广泛。

📖 离合器的结构和工作原理

（1）**摩擦式离合器的组成**

摩擦式离合器由主动部分、从动部分、压紧装置及操纵机构4部分组成,如图5.8所示。

1）主动部分

①组成:飞轮、离合器盖、压盘。

②安装位置:与飞轮用螺栓连接一起旋转。

2）从动部分

①组成:由从动盘本体、摩擦片、从动盘毂3个基本部分组成。

②扭转减振器:在从动盘本体与从动盘毂之间装有减振弹簧,并传递它们之间的动力。

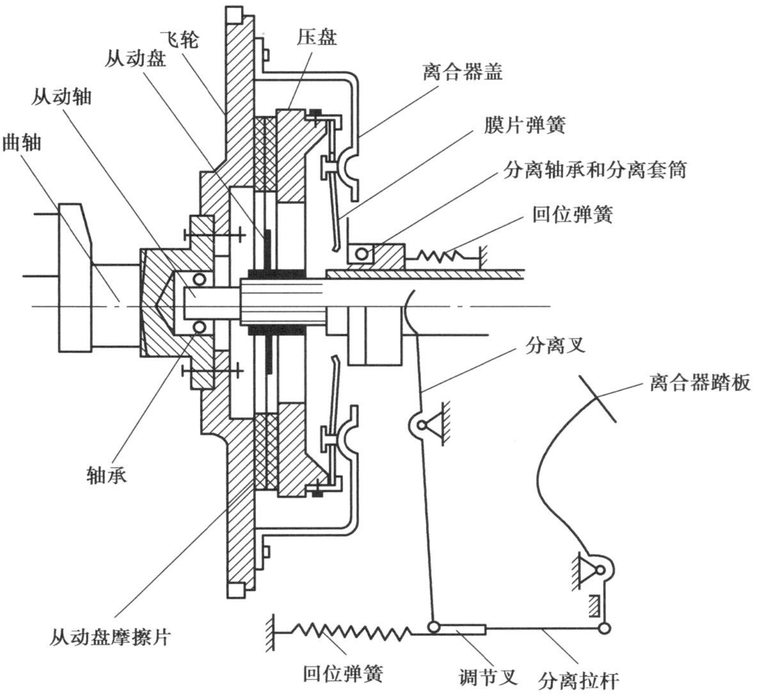

图 5.8　摩擦式离合器的组成

3）压紧机构

①种类：螺旋弹簧、膜片弹簧。

②作用：以离合器盖为依托，将压盘压向飞轮，从而将从动盘压紧。

4）操纵机构

①作用：使离合器分离与接合。

②组成：离合器踏板、分离机构（分离杠杆、分离钩、分离轴承、分离套筒、分离叉、回位弹簧）、传动机构及助力机构。

（2）摩擦式离合器的工作原理

①离合器主动部分、从动部分在压紧弹簧的作用下，紧紧压在一起，发动机的动力在主从动部分摩擦力的作用下，由主动部分向从动部分传递。

②当踏下离合器踏板，主动部分与从动部分分离，它们之间的动力传递也就被切断了。

（3）离合器踏板自由行程

当从动盘摩擦片因磨损而变薄时，压盘向飞盘靠近，分离杠杆内端向分离轴承靠近。如果分离杠杆和分离轴承之间没有间隙，则分离杠杆内端就不能后移，从而也就限制了离合器压盘前移，导致压盘不能有效地压紧从动盘，造成离合器打滑，传递转矩下降。因此，当离合器处于正常接合状态时，分离轴承与分离杠杆内端之间应留有一定量的间隙，防止从动盘摩擦片磨损变薄时，离合器接合不完全。

当离合器处于接合状态时，分离轴承前端与分离杠杆内端之间的轴向间隙，称为离合器的自由间隙。为消除这一间隙所需的离合器踏板行程称为离合器踏板自由行程,如图5.9所示。

桑塔纳轿车的离合器踏板自由行程为15~25 mm,东风货车的为30~40 mm。

离合器踏板自由行程的作用是为了保证离合器彻底分离,完全接合,若自由行程过大,则分离不彻底;若过小,离合器易打滑。

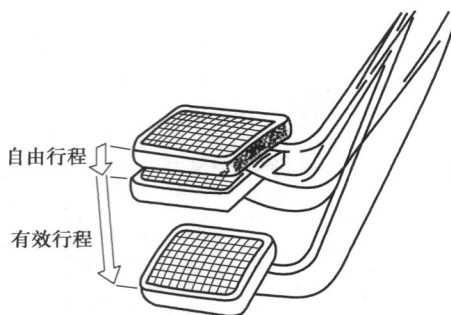

图5.9 离合器踏板行程

📖 膜片弹簧离合器

膜片弹簧离合器的特点:膜片弹簧既起到压紧弹簧的作用又起到分离杠杆的作用,使离合器结构简单、质量小。

膜片弹簧离合器在手动变速器轿车上使用非常普遍,如桑塔纳轿车、捷达轿车和富康轿车等,在载货汽车上的应用也十分广泛。

(1)膜片弹簧离合器的基本组成

膜片弹簧离合器的组成如图5.10所示,主要由主动元件、从动元件、压紧装置和操纵机构等组成。其中,从动盘总成1为离合器的从动元件,主动元件为压盘总成2,包括离合器压盘、膜片弹簧和支承环、离合器盖、分离钩、传动片和定位钉等。

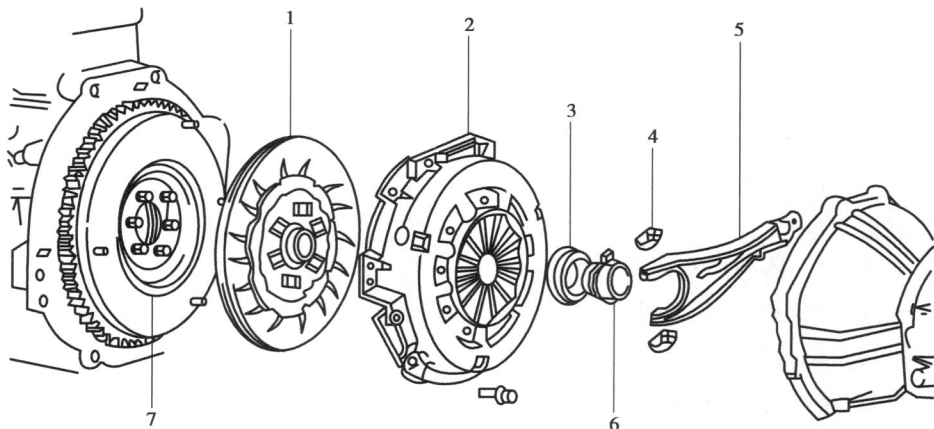

图5.10 膜片弹簧离合器的组成
1—从动盘;2—离合器盖和压盘;3—分离轴承;4—卡环;
5—分离叉;6—分离套筒;7—飞轮

1)主动机构

主动机构由飞轮、离合器盖和压盘组成,图5.11所示为主动部分总成的实物图。其结构如图5.13所示。压盘通过传动片与离合器盖连在一起,发动机的动力经由离合器盖传到传动片,再传到压盘上。压盘和离合器盖中间镶嵌着膜片弹簧,膜片弹簧的外缘与压盘上的分离钩相连,中间被安装在离合器盖上的定位钉支承,膜片弹簧的内缘是用开槽隔开的分离爪,它代替了分离杠杆,膜片两面各有一个支承环,当膜片弹簧变形时起到支承作用。

图 5.11　主动部分总成实物图　　　　　　图 5.12　从动盘总成实物图

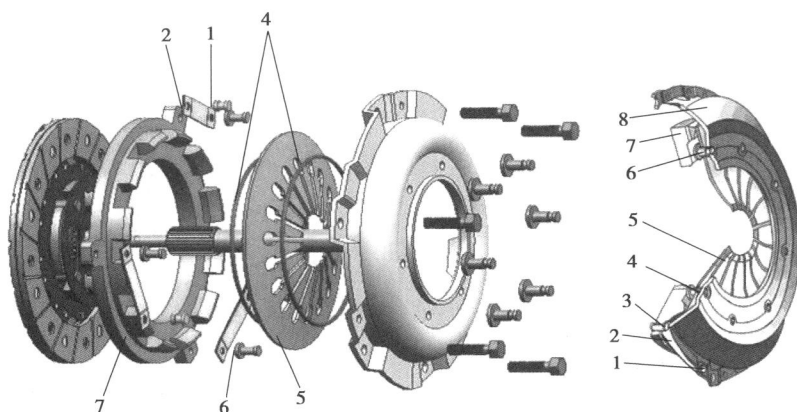

图 5.13　膜片弹簧离合器零件分解图

1、3—铆钉;2—传动片;4—支承环;5—膜片弹簧;6—支承铆钉;7—压盘;8—离合器盖

2)从动机构

从动机构包括从动盘和从动轴,从动盘一般都带有扭转减振器。图 5.12 所示为从动盘总成实物图。从动盘总成由摩擦片、钢片、花键毂和减振弹簧等组成,如图 5.14 所示。非金属材料的摩擦片通过铆钉与钢片铆合在一起,花键毂和钢片也是通过铆钉铆合,减振弹簧分布并安装在花键毂上,起到缓冲发动机输出扭矩冲击的作用,使离合器接受发动机扭矩时更加平顺和柔和。花键毂的花键槽与变速器的输入轴相连,当从动片接受发动机的动力时,变速器就有动力输入。

3)压紧机构

压紧机构为膜片弹簧,膜片弹簧整体呈锥形,由分离指和碟簧两部分组成,如图 5.15 所示。其径向开有若干切槽,形成弹性杠杆。切槽末端有圆孔,固定铆钉穿过圆孔,并固定在离合器盖上。膜片弹簧两侧装有钢丝支承环,这两个钢丝支承环是膜片弹簧工作时的支点。膜片弹簧的外缘通过分离钩与压盘联系起来。膜片弹簧既起到压紧弹簧的作用又起到分离杠杆的作用,使离合器结构简单、质量小。

（a）不工作时　　　　　　　（b）工作时

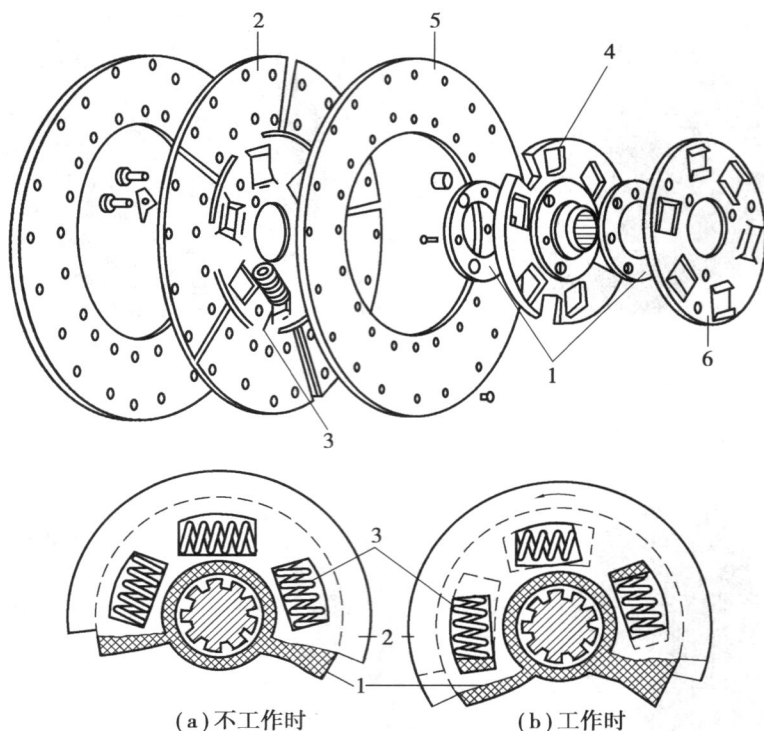

图 5.14　膜片弹簧离合器的从动盘

1—阻尼盘;2—从动盘本体;3—减振器弹簧;4—从动盘毂;5—摩擦片;6—减振器盘

4)操纵机构

离合器的操纵机构由离合器踏板、杠杆、分离钩、分离轴承、分离套筒、分离叉和回位弹簧等组成。分离杠中间与离合器盖相连,形成支点;外端与压盘铰接,内端处于自由状态,是力点。分离轴承安装在分离套筒上,分离套筒松套在变速器第一轴轴承盖前端的轴套上。分离叉是中部带支点的杠杆,内端与分离套筒相连,外端与拉杆铰接在一起。离合器踏板中部铰接在车架上,一端与拉杆铰接。分离轴承、分离套筒、分离叉和分离杠杆与离合器主动部分及从动部分一起装在飞轮壳内。

图 5.15　膜片弹簧的结构

在分离离合器时,分离叉拨动分离套筒,分离套筒压向分离杠杆内端,分离杠杆绕离合器盖上的支点转动,带动压盘后移,使离合器分离。

（2）膜片弹簧离合器的工作原理

当离合器在自由状态下时,膜片弹簧装在离合器总成里,已经有一定的变形量,也产生一定的弹力,将压盘弹开,使压盘和离合器盖之间具有较大的间隙和距离,即压盘后移行程 S,如图 5.16(a)所示。

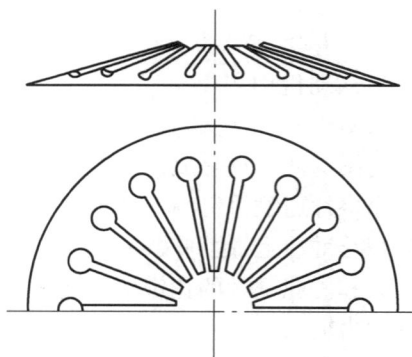

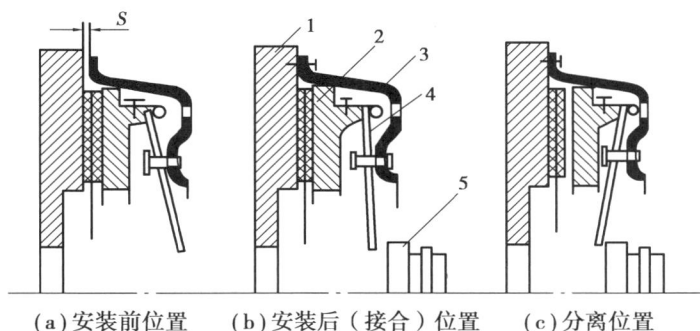

图 5.16　膜片弹簧离合器的工作原理
1—飞轮;2—压盘;3—离合器盖;4—膜片弹簧;5—分离轴承

当离合器总成安装在飞轮上时,由于离合器盖和飞轮完全接合,这样将导致压盘往后移动,即向离合器盖方向移动,致使膜片弹簧反方向变形,变形的弹簧对压盘产生一个反作用力,就是这个力使压盘紧紧压在从动盘上面。离合器就是在这样压紧的状态下传递动力,如图 5.16(b)所示。

当踩下离合器踏板,即离合器分离时,分离轴承压向分离杠杆,分离杠杆向内移动。由于离合器盖上的定位钉起到了分离杠杆支点的作用,因此分离杠杆的另一端,也就是与压盘分离钩相连的一端向相反的方向移动。由于连接了压盘的分离钩,因此将压盘也往反方向撬起,使压盘和离合器盖之间的距离进一步减小,则膜片弹簧的变形量更大,从而产生的弹力也更大。如果要让分离器分离,就必须要克服这个压力,如图 5.16(c)所示。

📖 离合器的操纵机构
离合器操纵机构是通过驾驶员使离合器分离,而后又使离合器柔和接合的一套装置。一般分为机械式、液压式、助力式 3 种。

(1)机械式操纵机构
机械式离合器操纵机构又分为杠杆式传动机构和钢丝绳索式传动机构两种。
1)杠杆式传动
图 5.17 所示为机械杠杆式操纵机构,主要由离合器踏板、踏板复位弹簧摆臂、轴及轴套、分离拨叉和复位弹簧调整螺母等组成。

机械杠杆式传动的工作原理是:当离合器分离时,驾驶员踩下离合器踏板,带动摆臂以转轴为中心摆动,通过转轴套,使离合器分离拨叉轴转动,则拨叉带动分离轴承向前移动,通过分离杠杆,最终实现离合器的分离。当放松离合器踏板时,各个部件分别在离合器踏板复位弹簧和分离杠杆或分离轴承复位弹簧的作用下复位,离合器实现接合。

机械杠杆式传动的优点是结构简单、成本低、寿命长、可靠性高;缺点是关节点多、摩擦损失大、不适合远距离操纵、受车身或车架的变形影响。

2)绳索式传动
机械绳索式操纵机构如图 5.18 所示。它主要由离合器踏板、踏板支架、钢索、钢索胶套、钢索胶套固定架、摆臂调整螺母及分离杠杆等组成。其工作原理与杠杆式相似,只是用钢索代替摆臂和杠杆的作用。当踩下离合器踏板时,钢索被拉动,由钢索胶套固定架固定外胶套,钢索带动离合器摆臂,拉动分离杠杆,实现分离。

机械绳索式操纵机构的优点是结构简单、成本低,克服了杆系传动的不适合远距离操纵、受车身或车架的变形影响。缺点是绳索的寿命短、拉伸刚度小、拉伸变形导致增加踏板行程。机械绳索式操纵机构一般用于轿车和微型车。

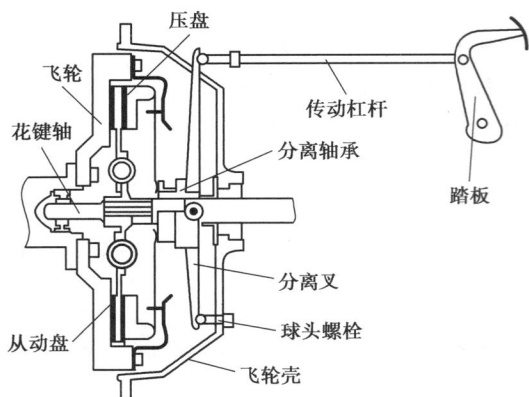

图 5.17　机械杠杆式操纵机构　　　　图 5.18　机械绳索式操纵机构

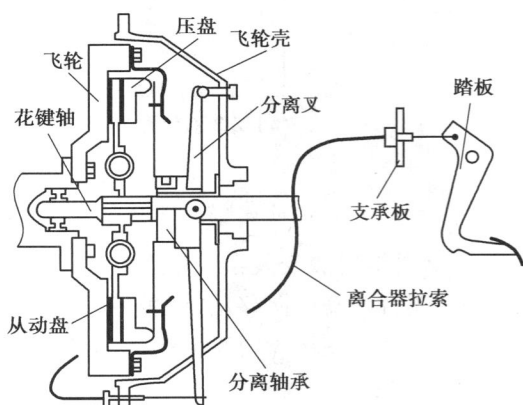

（2）液压式操纵机构

液压式操纵机构主要由主缸、工作缸、管路、储液罐、离合器踏板和分离拨叉等组成,如图5.19 所示。它主要以液压油作为介质,传送压力。驾驶员操纵踏板,带动主缸推杆,带动主缸

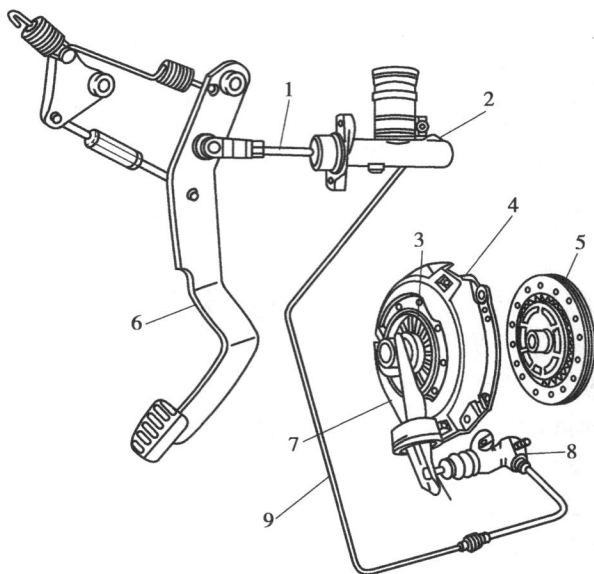

图 5.19　液压式离合器操纵机构
1—推杆;2—主缸;3—分离轴承;4—离合器壳;5—从动盘;
6—离合器踏板;7—分离叉;8—工作缸;9—油管

活塞移动,活塞和皮碗一起密封缸筒内的液压油,对液压油施加压力,由于油的不可压缩性,液压油顺着油管被压送到工作缸内,工作缸也由活塞和皮碗密封,因此液压油就推动工作缸活塞移动,活塞推动推杆和分离叉,实现离合器的分离。当放松离合器踏板,主缸活塞在回位弹簧的作用下回位,主缸内油压降低,分离轴承在回位弹簧作用下向后移动,离合器接合。

液压式操纵机构的优点是摩擦阻力小、传递效率高、布置方便、质量小、工作稳定、柔和。其缺点是漏油、需要维护。

（3）助力式操纵机构

为了减小作用于离合器踏板的力,又不致因传动装置的传动比过大而加大踏板行程,在一些离合器操纵机构中采用了助力式操纵机构。

1）弹簧助力式操纵机构

图 5.20 所示为弹簧助力式操纵机构。当离合器踏板完全放松时,即离合器接合时,助力弹簧的轴线在三角板销轴的下方。踩下离合器踏板时,踏板绕自身转轴顺时针转动,压缩助力弹簧,此时的助力弹簧实际是起阻碍作用,即助力弹簧的伸张力产生了一个阻碍踏板转动的逆时针力矩,但这个力矩很小。当踏板转到助力弹簧的轴线通过三角板销轴的中心时,阻碍力矩等于零。离合器踏板继续下移,助力弹簧对三角板销轴的力矩方向与踏板力对销轴的力矩方向一致,则弹簧起助力作用,且当踏板处于最低位置时,助力作用最大。

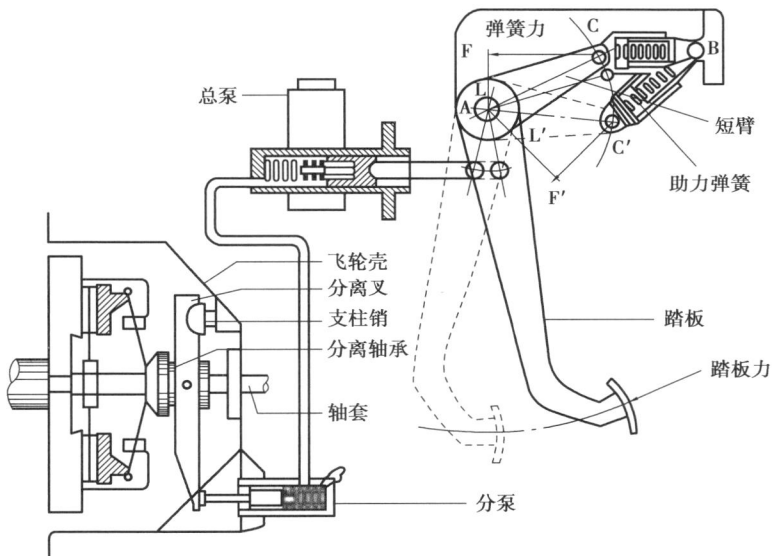

图 5.20　弹簧助力式操纵机构

2）气压助力液压式操纵机构

气压助力液压式操纵机构如图 5.21 所示。气压助力液压式离合器操纵机构利用发动机带动空气压缩机作为主要的操纵能源,驾驶员的肌体作为辅助的或后备的操纵能源,多与汽车的气压制动系统或其他气动设备共用一套压缩空气源。其主要由气压控制阀、液压缸、动力活塞及壳体 4 大部分组成。进口的日本五十铃 VCR、TDJ、CJR 系列,日产 CWL 系列及国产的黄河系列等大吨位载重汽车和大型公共汽车普遍在离合器操纵机构中装有气压助力液压

图 5.21 气压助力液压式操纵机构

式操纵机构。

气压助力液压式操纵机构的工作原理,如图 5.22 所示。踩下离合器踏板时,从离合器主缸压出的液压油通过油管进入工作缸内腔,作为工作压力推动工作缸活塞右移。同时,液压油还进入气压控制阀的左腔,推动液压控制活塞和芯杆膜片总成右移,芯杆端部的排气口先被关闭,继而顶开提升阀门,这样来自储气筒的压缩空气通过芯杆膜片总成的右腔进入动力活塞的左腔,随着提升阀开启行程增大,压缩空气推动动力活塞右移,并经推杆推动工作缸活塞右移,工作缸活塞所受的主缸液压作用力和助力汽缸的气压作用力一起通过工作缸推杆传给离合器分离叉,使离合器分离。当松开离合器踏板时,油压下降,在压盘弹簧的作用下,反推助力器推杆、液压活塞、推杆和动力活塞,使动力活塞左腔压缩空气压力升高,推动芯杆膜片总成向左移动,提升阀在回位弹簧的作用下关闭。膜片右腔和动力活塞左腔的剩余压缩空气通过芯杆中的排气孔流入膜片左腔,经通气塞排入大气。在工作缸推杆的作用下,液压活塞回位,液压油反流入离合器主缸。

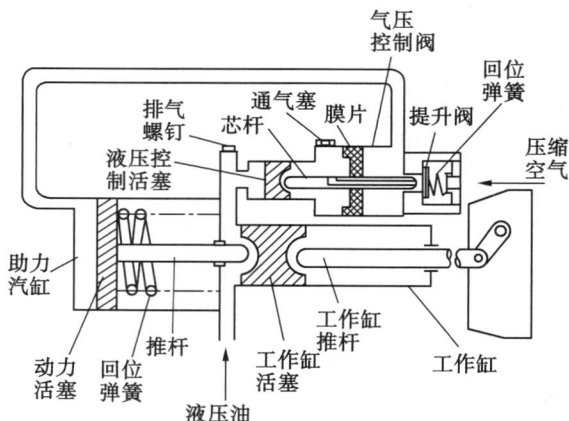

图 5.22 气压助力液压式操纵机构工作原理

任务实施

实施要求

☞ 任务目标与要求

①小组成员分工协作,利用汽车维修手册及实训资料,依据任务工作单制订工作计划,并通过小组自评或互评检查工作计划。

②认识离合器的结构,确定各部件的装配关系。

③完成离合器的拆装。

☞ 注意事项

在任务实施过程中,严格遵守相关实验实训制度和规范的要求,注意职场健康与安全需求,做好废料的处理,并保持工作场所的整洁。

实施步骤

☞ 准备工作

①小组接受工作任务,准备膜片弹簧离合器或离合器解剖教具、拆装工具、维修手册等配套器材,清理场地,做好实施准备工作。

②组长带领组内成员阅读任务工作单,查阅相关手册或指导书,合理分工,制订任务计划,并检查计划的有效性。

☞ 实施步骤

①依照任务工作单的引导,观察认识所用离合器模型的主要机构及组成,查找各主要部件的安装位置和装配关系,并填写任务工作单。

②合理选择工具,并正确使用各类工具完成离合器的拆装。拆装过程中,请参考维修手册,严格按照相关技术标准和要求完成拆装任务。

图 5.23 所示为桑塔纳轿车离合器的组件。

(1)膜片弹簧离合器的分解

1)拆除变速器总成

①拆拉索、分离轴传动臂。

②拆变速器,做好盖与飞轮的装配标记。

2)拆卸操纵机构分离装置

①拆除支承弹簧和分离轴承。

②取下分离轴承导向套筒及垫圈。

③拆下挡圈,取下橡胶防尘套、轴承衬套。

④拆除复位弹簧,取出分离轴承。

⑤使用专用工具,将飞轮固定,然后用 25 N·m 的力矩逐渐地将离合器压盘的固定螺栓对角拧松或拧紧,取下离合器压盘,并取下离合器摩擦片。

(2)膜片弹簧离合器的装配

①从动盘在装配时有减振弹簧盘的一面朝向压盘。

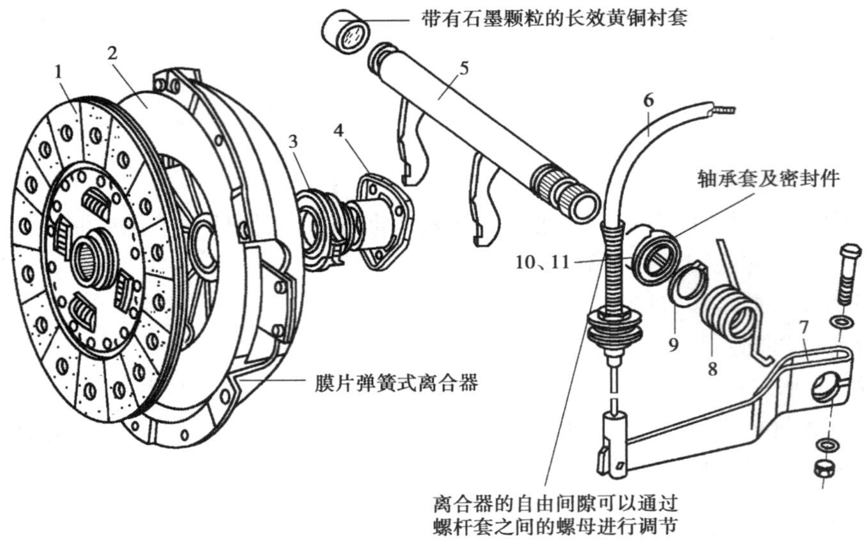
带有石墨颗粒的长效黄铜衬套
1
2
5
6
3
4
轴承套及密封件
10、11
9
8
7
膜片弹簧式离合器
离合器的自由间隙可以通过
螺杆套之间的螺母进行调节

图 5.23　离合器零件图

1—离合器从动盘；2—膜片弹簧和压盘；3—分离轴承；4—分离套筒；5—分离叉轴；6—离合器拉索；7—分离叉轴传动杆；8—回位弹簧；9—卡簧；10—橡胶防尘套；11—轴承衬套

②使用导向轴定位。

③对准飞轮上的装配标记，均匀交叉拧紧到规定力矩 25 N · m 后拔出导向轴。

④装入分离轴轴承衬套。

⑤支承弹簧装到支承夹板内，复位弹簧装到分离轴上。

⑥装入轴承、衬套、防尘套，再将分离轴传动臂装到分离轴上。

⑦安装分离轴承及导向套筒。

⑧连接各机构，适当润滑，最后安装钢索。

☞ 评估总结

①回答指导教师提问，并接受指导教师相关考核。

②对本次任务完成过程及效果进行自我评价和小组互评，填写任务工作单。

③清洁工作场所，清点归还相关工具设备，完成本次任务。

任务工作单

项目	传动系统结构认识与拆装				
任务	离合器结构认识与拆装			姓名	
班级		组号		日期	
任务目的	①能正确认识离合器主要零件的结构及装配关系 ②能对离合器及其操纵机构实施拆装				
环节	内　容			批注及备注	
资讯	①离合器的功用 ②离合器的组成 ③离合器的工作原理				
工作任务	①离合器及其操纵机构的拆装 ②离合器及其操纵机构的部件认识				
分析和计划	根据工作任务,确定所需工具、设备等,并制订小组工作计划: ①讨论确定所需仪器、工具及辅助资料 ②团队协作,组织及人员分工 ③制订拆装步骤及要求 ④操作安全、规范注意事项及技术标准				

实施	①依照制订的拆装步骤完成各作业项目,并观察各部件,描述其名称,认识的部件打"√",不认识的打"×",同时指出该部件所属系统或机构

①依照制订的拆装步骤完成各作业项目,并观察各部件,描述其名称,认识的部件打"√",不认识的打"×",同时指出该部件所属系统或机构

②拆卸过程中明确技术标准,仔细观察各零部件的型号及其螺栓扭力大小

③按正确顺序和技术标准完成装配任务

请依照以上要求完成下表:

序号	作业项目	部件	技术标准或要求	认识	所属机构或系统	考核
1						
2						
3						
4						
5						
6						
7						
8						
9						
10						
11						
12						
	除上述拆卸的部件外,请补充离合器的其他部件					
13						

检查评估

自评项根据自己对任务的完成情况进行评估并提出改进意见;互评项由组内组外互相交流和评分;教师评估可纳入任务实施过程中或对照上表随机选取几个项目评估。总评采用合格和不合格两级评价

序号	评估项目	自评	互评	教师评估
1	工具选择和使用			
2	离合器的机构组成及部件认识			
3	离合器工作原理讲述			
4	离合器拆装任务及技能			
5	职场安全及操作规范等			
6	总　评			

任务实施心得:

任务 5.3　变速器结构认识与拆装

变速器

能力标准

学完本任务,你应获得以下能力:
①能正确认识变速器的结构。
②能对变速器实施拆装。

任务描述

请以下列任务为指导,完成相关知识的学习和实施练习:
①认识变速器的变速传动机构,识别传动机构部件的安装位置。
②认识同步器。
③认识变速器的操纵机构,识别操纵机构部件的安装位置。
④实施手动变速器的拆装练习。

相关知识

变速器的功用与工作原理

汽车上采用的大多是往复活塞式发动机,其转矩和转速变化范围较小,而汽车实际行驶的道路条件非常复杂,要求汽车的牵引力和行驶速度必须能够在相当大的范围内变化。另外,活塞式发动机的旋转方向是一定的,而汽车在实际行驶的过程中常常需要倒车行驶。为此,在汽车传动系统中设置了变速器。

(1)变速器的功用

1)改变传动比

改变传动比即改变汽车的行驶速度和驱动力。汽车在行驶的过程中,受道路和气候条件等各种使用条件的限制,车速和驱动力在很大范围内不断地变化,而发动机输出的转速和转矩的变化范围有限,因此,可通过变速器来改变传动比,改变发动机的转矩和转速,使作用在驱动轮上的驱动力足以克服各种外界的阻力,保证汽车正常行驶。

2)改变汽车的行驶方向

变速器设有倒车挡,在保证发动机旋转方向不变的情况下,能使驱动轮反向旋转。

3)切断动力传递

在发动机不停止运转的情况下,可切断发动机的动力输出,便于汽车的启动、怠速和换挡。

(2)变速器的类型

1)按传动比变化分

①有级式变速器。采用齿轮传动,具有若干个传动比一定的挡位。一般汽车采用 3~6 个

前进挡和一个倒挡。

⚠️ 注意:变速器挡数为前进挡的个数。

②无级式变速器。采用液力变扭器传动,传动比可在一定的数值范围内连续变化。常用的无级式变速器有电力式和液力式两种。电力式无级式变速器的变速传动部件为直流串励电动机,除了在无轨电车上应用外,在超重型自卸车传动系统中也有广泛的应用。液力式无级式变速器的变速传动部件是液力变矩器。

③综合式变速器。由液力变矩器和行星齿轮式变速器组成,传动比可在几个范围内连续变化。

2)按操纵方式分

①强制操纵式手动变速器。通过驾驶员用手操纵变速杆来选定挡位,并直接操纵变速器的换挡机构进行挡位变换。齿轮式有级变速器大多数都采用的是这种换挡方式。

②自动操纵式自动变速器。这种变速器的传动比的选择是换挡时自动进行的。就是机械变速器挡位的变换是借助反映发动机负荷和车上的信号系统来控制换挡系统的执行元件而实现的,驾驶员只需要操纵加速踏板控制车速。

③半自动操纵式变速器。半自动操纵式变速器有两种形式:一种是常用的几个挡位自动操纵,其余挡位则由驾驶员操纵;另一种是预选式,即驾驶员预先用按钮选定挡位,在踩下离合器踏板或松开加速踏板时,接通一个电磁装置或液压装置来进行换挡。

(3)手动变速器普通齿轮传动的基本原理

普通齿轮变速器是利用不同齿数的齿轮啮合传动来实现转速和转矩的改变。由齿轮传动的原理可知,一对齿数不同的齿轮啮合传动时可以变速,而且两齿轮的转速与其齿数成反比。设 z_1、n_1、M_1 为主动齿轮的参数,z_2、n_2、M_2 为从动齿轮的参数,则传动比为主动齿轮(即输入轴)转速与从动齿轮(即输出轴)转速之比值,即

$$i_{12} = \frac{n_1}{n_2} = \frac{Z_2}{Z_1} = \frac{M_2}{M_1}$$

如图 5.24(a)所示,当小齿轮为主动齿轮(即 $z_1 < z_2$),带动大的从动齿轮转动时,则输出轴(从动齿轮)的转速就降低,即 $n_2 < n_1$,$i > 1$ 称为减速传动。如图 5.24(b)所示,当以大齿轮为主动齿轮(即 $z_1 > z_2$),带动小的从动齿轮转动时,则输出轴(从动齿轮)的转速就升高,即 $n_2 > n_1$,$i < 1$ 称为加速传动。这就是齿轮变速的基本原理。

一对齿轮传动只能得到一个固定的传动比,从而得到一种输出转速,并构成一个挡位。

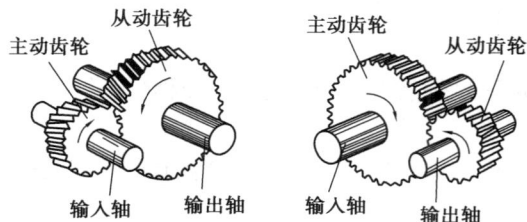

(a)减速传动　　(b)增速传动

图 5.24　手动变速器的工作原理

为了扩大变速器输出转速的变化范围,普通齿轮式变速器通常都采用多组大小不同的齿轮啮合传动,这样就构成了多个不同的挡位,对应不同的挡位,均有不同的传动比值,从而得到各种不同的输出转速。

前进挡一般为降速挡,传动比 $i > 1$;传动比 $i = 1$ 的挡位称为直接挡;少数汽车具有超速挡,即 $i < 1$。

变速器传动比小的挡位称为高挡,传动比大的挡位称为低挡。变速器每次只能以一个挡位工作。

根据齿轮传动的原理,齿轮传动的转矩与其转速成反比。由此可见,齿轮式变速器在改变转速的同时,也改变了输出转矩。挡位越低,传动比越大,输出转速越低,则输出转矩越大;反之,挡位越高,传动比越小,输出转速越高,则输出转矩越小。汽车变速器就是通过变换各挡传动比来改变输出转矩,以适应汽车行驶阻力的变化。

📖 变速器的变速传动机构

变速传动机构是变速器的主体。按手动变速器工作轴(不包括倒挡轴)的数目分,有两轴式手动变速器和三轴式手动变速器。

(1)两轴式变速器

两轴式变速器多用于发动机前置、前轮驱动的轿车。其特点是输入轴与输出轴平行,无中间轴,各前进挡经过一对齿轮传递动力,输出轴的输出端直接制有主减速器主动齿轮。

所有各前进挡都有一对齿轮啮合传动,其主动齿轮都安装在输入轴上,从动齿轮都安装在输出轴上,各挡的传动比都等于该挡从动齿轮齿数与主动齿轮齿数之比值。变速器在前进挡时,其输出轴旋转方向与输入轴旋转方向相反;倒挡则是在输入轴与输出轴之间加装一根倒挡轴和倒挡齿轮,使其输出轴的方向与前进挡的方向相反,从而使汽车倒车行驶。目前,我国常见的国产轿车均采用发动机前置、前轮驱动,如桑塔纳、捷达和富康等。

前置发动机又有纵向布置和横向布置两种形式,故与其配用的两轴式变速器也有两种不同的形式。

1)发动机纵向布置的两轴变速器

①结构

图 5.25 所示为发动机纵向布置的传动系统布置示意图。主减速器齿轮和差速器齿轮布置在离合器和变速器之间,主减速器齿轮为一对圆锥齿轮。

变速器有两个系列:一种是四挡变速器,另一种是五挡变速器。五挡变速器是在四挡变速器的基础上改进的,其结构形式与四挡变速器基本一致,所不同的是五挡变速器比四挡变速器多了一对常啮合齿轮和一个五挡同步器。图 5.26 所示为两轴式变速器实物图。图5.27 为变速器传动机构示意图。图 5.27 中,输入轴的一、二挡齿轮与轴一体,三、四、五挡齿轮通过轴承空套在轴上,倒挡主动齿轮与轴一体。输出轴的一、二挡齿轮通过轴承空套在轴上,三、四、五挡齿轮与轴通过花键连接。一、二挡同步器装在输出轴上,三、四挡同步器和五挡同步器装在输入轴上。变速壳体的右端装有倒挡轴,倒挡中间齿轮通过滚针轴承套装在倒挡轴上。

②动力传递路线

a.空挡:挂挡时,各个接合套均处于中间位置。当动力输入时,输入轴旋转,固定在输入轴上的一、二挡及倒挡的主动齿轮与之同步旋转,三、四、五挡主动齿轮处于空转状态。一、二挡及倒挡的从动齿轮随输入轴而在输出轴上空转,输出轴不被驱动,汽车处于静止或者空挡滑行状态。

b.一挡:变速器操纵杆从空挡向左、向前移动,实现:输入轴→输入轴一挡齿轮→输出轴

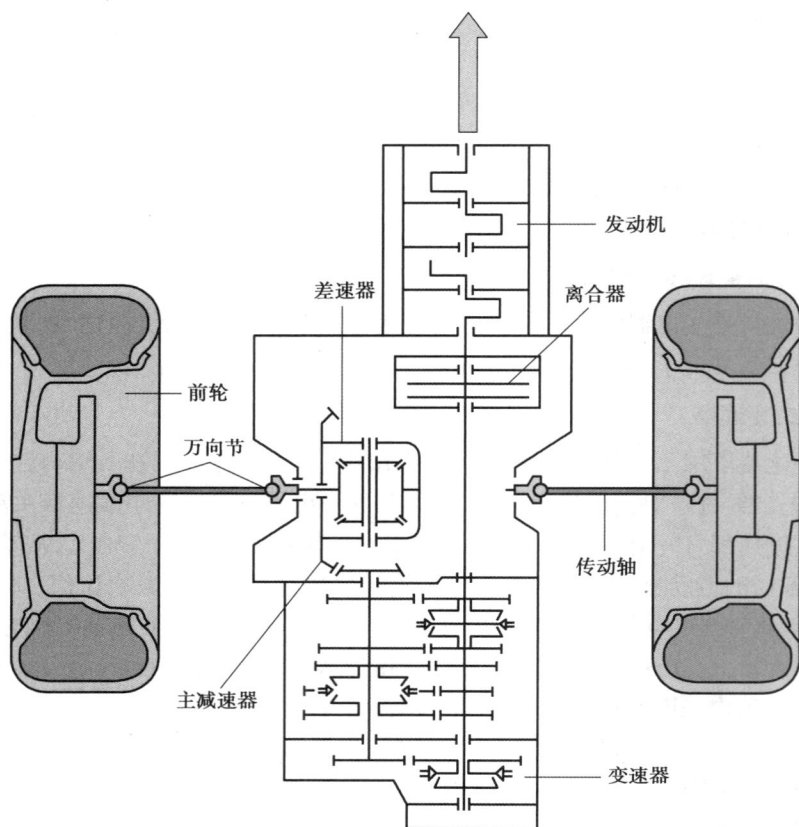

图 5.25　发动机纵向布置的传动系统布置示意图

一挡齿轮→输出轴上一、二挡同步器→输出轴→动力输出。

　　c.二挡:输入轴→输入轴二挡齿轮→输出轴上一、二挡齿轮→输出轴上一、二挡同步器→输出轴→动力输出。

　　d.三挡:输入轴→输入轴上三、四挡同步器→输入轴三挡齿轮→输出轴三挡齿轮→输出轴→动力输出。

　　e.四挡:输入轴→输入轴上三、四挡同步器→输入轴四挡齿轮→输出轴四挡齿轮→输出轴→动力输出。

　　f.五挡:输入轴→输入轴上五挡同步器→输入轴五挡齿轮→输出轴五挡齿轮→输出轴→动力输出。

　　g.倒挡:输入轴→输入轴上倒挡齿轮→倒挡轴上倒挡齿轮→输出轴倒挡齿轮→输出轴→动力反向输出。

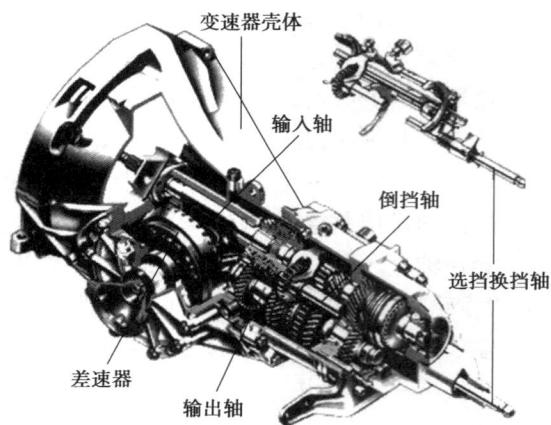

图 5.26　两轴式变速器实物图

图 5.27　两轴式变速器传动机构示意图

2）发动机横向布置的两轴变速器

发动机横向布置的两轴变速器由于主减速器的主动齿轮和从动齿轮轴线平行,故采用一对圆柱齿轮,如夏利轿车,捷达轿车的传动系统。图 5.28 所示为发动机横向布置的两轴变速器传动系统示意图。

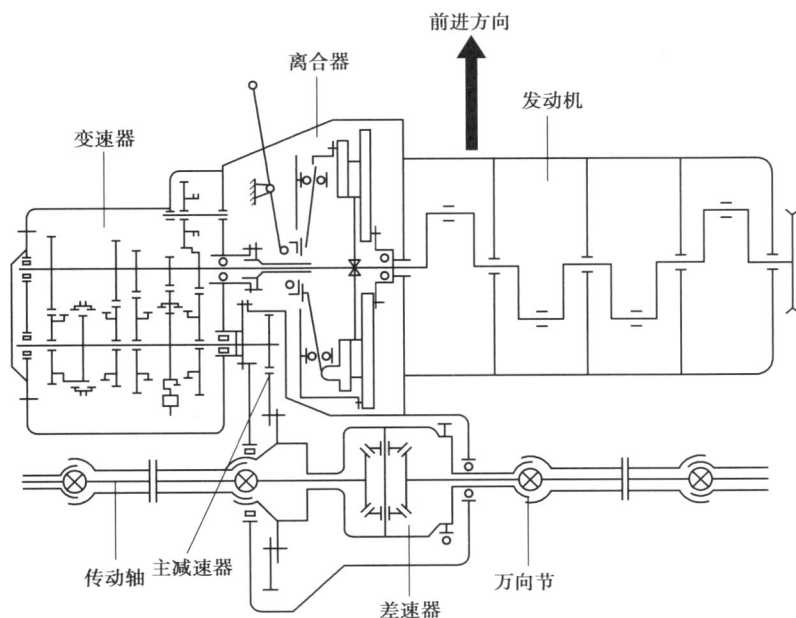

图 5.28　发动机横向布置的传动系统布置示意图

图 5.29 所示为捷达轿车四挡变速器结构图。变速传动机构采用的是两轴式结构,输入轴和输出轴平行安装,每挡均由一对常啮合斜齿圆柱齿轮组成。输入轴与一挡主动齿轮、倒挡主动齿轮及二挡主动齿轮制成一体。输入轴上还有三挡和四挡主动齿轮,三、四挡主动齿轮和输入轴之间安装滚针轴承。三、四挡主动齿轮之间安装有同步器。输出轴与主减速器主动齿轮制成一体。输出轴的两端均采用圆锥滚子轴承支承。输出轴上装有 4 个前进挡及倒挡从动齿轮,在一、二挡从动齿轮之间安装的是一、二挡同步器,倒挡从动齿轮兼起滑动换挡齿轮的作用。一、二挡同步器齿轮轮毂与该轴上的花键过盈配合。4 个前进挡的从动齿轮中,三、四挡的从动齿轮用花键与输出轴连成一体,一、二挡从动齿轮通过滚针轴承自由空套在输出轴上。

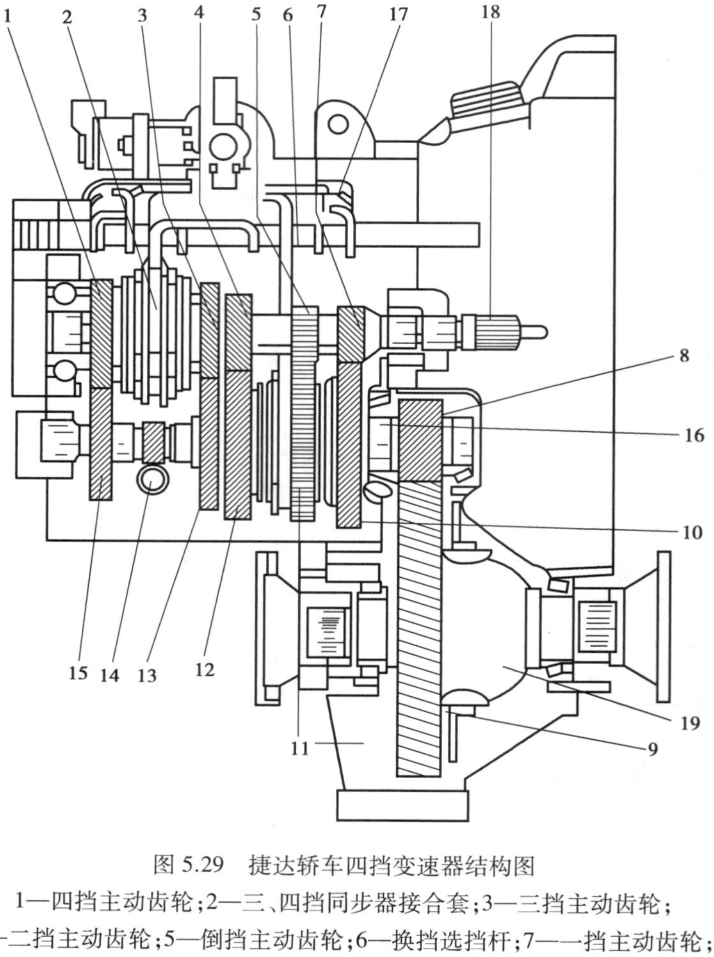

图 5.29　捷达轿车四挡变速器结构图

1—四挡主动齿轮;2—三、四挡同步器接合套;3—三挡主动齿轮;

4—二挡主动齿轮;5—倒挡主动齿轮;6—换挡选挡杆;7—一挡主动齿轮;

8—主减速器主动齿轮;9—主减速器从动齿轮;10—一挡从动齿轮;11—倒挡从动齿轮;

12—二挡从动齿轮;13—三挡从动齿轮;14—速度表传动机构;15—四挡从动齿轮;

16—输出轴;17—拨叉;18—输入轴;19—差速器

（2）**三轴式变速器**

1）三轴式变速器的结构

三轴式变速器适用于发动机前置、后轮驱动的汽车。主要由第一轴、第二轴、中间轴、壳体、变速器盖等组成。第一轴又称输入轴，前端支承在曲轴后端轴承孔内，与离合器从动盘相连，后端支承在壳体上，通过齿轮将动力传给中间轴。第二轴又称输出轴，前端用滚针轴承支承在第一轴后端孔中，后端用球轴承支承在壳体上，伸出壳体部分通过凸缘连接方向传动装置。中间轴两端均用圆柱轴承支承在壳体上，其上有各挡常啮合齿轮。图 5.30（a）所示为三轴式变速器的实物图，图 5.30（b）所示为三轴式变速器的结构示意图。

（a）三轴式变速器的实物图

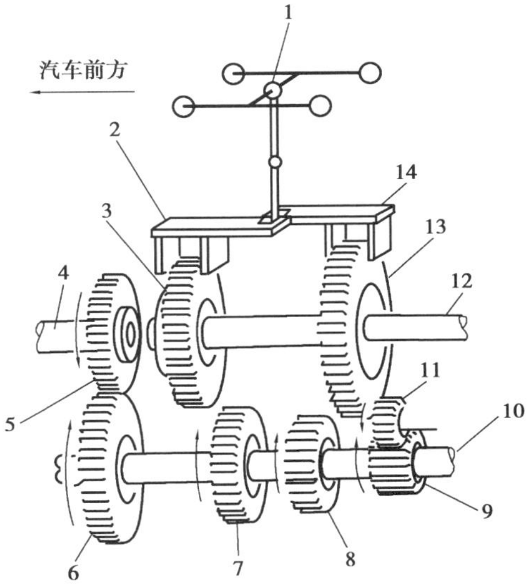

（b）三轴式变速器结构示意图

图 5.30 三轴式变速器

1—换挡操纵杆；2—二挡换挡拨叉；3—二挡齿轮；4—输入轴；5—输入齿轮；
6—常啮合齿轮；7—中间轴二挡齿轮；8—中间轴一挡齿轮；9—中间轴倒挡齿轮；
10—中间轴；11—倒挡齿轮轴；12—输出轴；13—一挡和倒挡齿轮；14—一挡换挡拨叉

图 5.31 所示为三轴式五挡变速器变速传动装置传动示意图。该变速器有 5 个前进挡和一个倒挡。第一轴 1 一般和第一轴常啮合齿轮 2 制成一体，轴的前端用轴承支承在发动机飞轮的中心孔内，后端用轴承支承在变速器壳体前壁座孔中。第一轴既是变速器输入轴，又是离合器的输出轴，离合器从动盘套装在该轴前端的花键上。第一轴轴承盖 26 的内圆柱面切有回油螺纹，以防止变速器中的润滑油窜入离合器。第二轴 14 的前端用滚针轴承支承在第一轴常啮合齿轮 2 的内孔中，后端用轴承支承在壳体上，轴上装有一、二、三、四挡从动齿轮 12、11、7、6，第二轴一挡滑动齿轮 12 用花键套在轴上，可以沿轴轴向滑动，二、三、四挡齿轮均通过滚针轴承自由地套在轴上，轴上还装有二、三挡及四、五挡换挡同步装置，轴的最后端的花键上装有凸缘，它与万向传动装置中的万向节叉连接。中间轴 15 为一根阶梯形光轴，两端用轴承支承在壳体上，其上装有一、二、三、四挡主动齿轮 18、20、21、22 及中间轴常啮合齿轮 23，其中一挡齿轮 18 因尺寸小而与轴制成一体，其余齿轮均用半月键与轴连接。除了上述 3

根轴之外,变速器中还有一根倒挡轴16,轴的两端分别支承在壳体上和箱体内的支承上,轴被锁片固定在壳体上,其上用滚针轴承自由地套装有倒挡中间齿轮17、19,变速器中除了一、倒挡齿轮为直齿齿轮外,其余的均为斜齿齿轮。

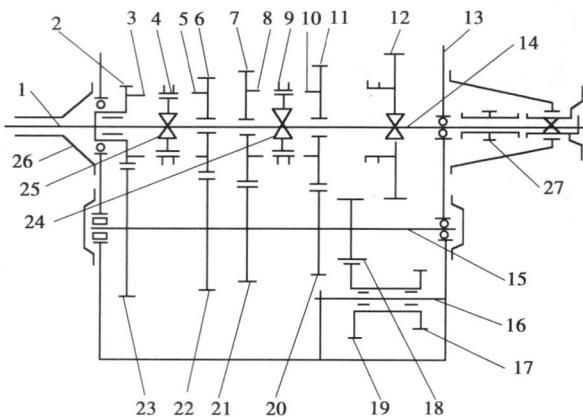

图 5.31 三轴式五挡变速器变速传动装置传动示意图

1—第一轴;2—第一轴常啮合齿轮;3—第一轴齿轮接合齿圈;4、9—接合套;5—四挡齿轮接合齿圈;
6—第二轴四挡齿轮;7—第二轴三挡齿轮;8—三挡齿轮接合齿圈;10—二挡齿轮接合齿圈;
11—第二轴二挡齿轮;12—第二轴一、倒挡滑动齿轮;13—变速器壳体;14—第二轴;15—中间轴;
16—倒挡轴;17、19—倒挡中间齿轮;18—中间轴一、倒挡齿轮;20—中间轴二挡齿轮;
21—中间轴三挡齿轮;22—中间轴四挡齿轮;23—中间轴常啮合齿轮;24、25—花键毂;
26—第一轴轴承盖;27—差速器

2)五挡变速器的动力传递路线

该变速器为五挡变速器,各挡传动情况见表5.1。

表 5.1

挡位	动力传递路线	传动比
空挡	操纵变速杆,使各挡同步器接合套处于中间位置,此时动力不传给输出轴	
一挡	操纵变速杆,将一挡滑动齿轮12左移,与齿轮18相啮合,动力便从第一轴依次经过齿轮2、齿轮23、中间轴15、齿轮18、齿轮12经花键传给第二轴输出	7.31
二挡	操纵变速杆,将接合套9右移,与接合齿圈10接合,动力由第一轴依次经过齿轮2、齿轮23、中间轴15、齿轮20、齿轮11、接合齿圈10、接合套9和花键毂24传给第二轴	4.31
三挡	操纵变速杆,将接合套9左移,与接合齿圈8接合,动力由第一轴依次经过齿轮2、齿轮23、中间轴15、齿轮21、齿轮7、接合齿圈8、接合套9和花键毂24传给第二轴	2.45
四挡	操纵变速杆,将接合套4右移,使之与接合齿圈5接合,动力由第一轴依次经过齿轮2、齿轮23、中间轴15、齿轮22、齿轮6、接合齿圈5、接合套4和花键毂25传给第二轴	1.54
五挡	操纵变速杆,将接合套4左移,使之与接合齿圈3接合,动力由第一轴依次经过齿轮2、接合齿圈3、接合套4和花键毂25传给第二轴	1
倒挡	操纵变速杆,将一挡滑动齿轮12右移,与齿轮17相啮合,动力便从第一轴依次经过齿轮2、齿轮23、中间轴15、齿轮18、齿轮19、齿轮17、齿轮12经花键传给第二轴反向输出	7.66

📖 同步器

（1）手动变速器的换挡方式

手动变速器的换挡装置有直齿滑动齿轮换挡，接合套换挡和同步器换挡 3 种。

1）直齿滑动齿轮式换挡

直齿滑动齿轮式换挡形式用在采用直齿齿轮传动的挡位。它是通过直接移动啮合齿轮副中的一个齿轮，使之与另一个齿轮进入啮合或者退出啮合，从而实现挂挡或退挡。由于直齿齿轮传动的噪声大、冲击大、承载能力低，而且极易出现打齿现象，因此，变速器中的直齿齿轮传动及滑动齿轮式换挡方式除了倒挡外已经不再应用。

2）接合套式换挡

接合套换挡装置用于常啮合斜齿轮传动的挡位。这种装置由于其接合齿短、换挡时拨叉移动量小，故操作轻便，且换挡元件受冲击的工作面增加，使得换挡冲击减小，换挡元件的寿命增长。

3）同步器式换挡

同步器式换挡是在接合套式换挡机构的基础上加装了同步元件而构成的一种换挡装置。它可以保证换挡时使接合套与待接合的齿圈的圆周速度迅速相等，即迅速达到同步状态，并防止两者在同步之前进入啮合，从而可以消除换挡的冲击，并使换挡操作平顺、简捷和轻便。目前，几乎所有的轿车均采用同步器式换挡。

（2）同步器

由于变速器输入轴与输出轴以各自的速度旋转，变换挡位时存在一个"同步"问题。两个旋转速度不一样的齿轮强行啮合必然会发生冲击碰撞，损坏齿轮。因此，旧式变速器的换挡要采用"两脚离合"的方式，升挡在空挡位置停留片刻，减挡要在空挡位置加油门，以减少齿轮的转速差。但这个操作比较复杂，难以精确掌握。因此，现代汽车上广泛采用同步器，通过同步器使将要啮合的齿轮达到一致的转速而顺利啮合。

1）同步器的功用

同步器的功用是使接合套与待啮合的齿圈迅速同步，缩短换挡时间，且防止同步前啮合而产生冲击打齿。

2）同步器的构造与工作原理

①锁环式惯性同步器

A.组成

图 5.32 所示为锁环式惯性同步器的零件图。它主要由接合套、花键毂、锁环、滑块、定位销及弹簧组成。

花键毂 7 与第二轴用花键连接，并用垫片和卡环作轴向定位。在花键毂两端与齿轮 1 和 4 之间，各有一个青铜制成的锁环（也称同步环）9 和 5。锁环上有短花键齿圈，花键齿的断面轮廓尺寸与齿轮 1、4 及花键毂 7 上的外花键齿均相同。在两个锁环上，花键齿对着接合套 8 的一端都有倒角（称锁止角），且与接合套齿端的倒角相同。锁环具有与齿轮 1 和 4 上的摩擦面锥度相同的内锥面，内锥面上制出细牙的螺旋槽，以便两锥面接触后破坏油膜，增加锥面间的摩擦。3 个滑块 2 分别嵌合在花键毂的 3 个轴向槽 11 内，并可沿槽轴向滑动。在两个弹簧圈 6 的作用下,滑块压向接合套,使滑块中部的凸起部分正好嵌在接合套中部的凹槽 10 中,起到空挡定位作用。滑块 2 的两端伸入锁环 9 和 5 的 3 个缺口 12 中。只有当滑块位于缺口 12 的中央时,接合套与锁环的齿方可能接合。

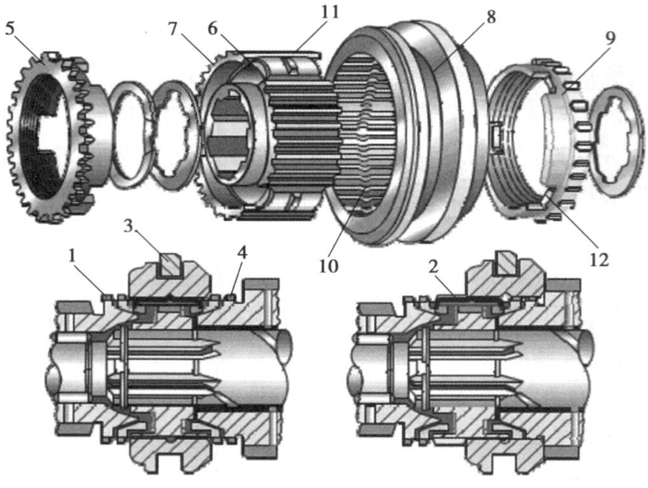

图 5.32　锁环式惯性同步器的零件图

1—第一轴齿轮;2—滑块;3—拨叉;4—第二轴齿轮;5—锁环;6—弹簧圈;7—花键毂;
8—接合套;9—锁环;10—凹槽;11—安装滑块的轴向槽;12—锁环上的缺口

B.工作原理

接合套、同步锁环和待接合齿轮的齿圈上均有倒角(锁止角),同步锁环的内锥面与待接合齿轮齿圈外锥面接触产生摩擦。锁止角与锥面在设计时已作了适当选择,锥面摩擦使得待啮合的齿套与齿圈迅速同步,同时又会产生一种锁止作用,防止齿轮在同步前进行啮合。当同步锁环内锥面与待接合齿轮齿圈外锥面接触后,在摩擦力矩的作用下齿轮转速迅速降低(或升高)到与同步锁环转速相等,两者同步旋转,齿轮相对于同步锁环的转速为零,因而惯性力矩也同时消失,这时在作用力的推动下,接合套不受阻碍地与同步锁环齿圈接合,并进一步与待接合齿轮的齿圈接合而完成换挡过程。

以三、四挡同步器为例说明其工作原理,如图 5.33 所示。

a.空挡位置。接合套刚从三挡退到空挡,此时,锁环是轴向自由的,故其内锥面并不接触。在圆周方向上,接合套通过滑块靠在锁环缺口的一侧,推动锁环一起旋转。此时,接合套 1、锁环 2 随同输入轴旋转,其转速分别为 n_1、n_2。接合齿圈 3 则随同输出轴旋转,其转速为 n_3。显然此时 $n_1=n_2$,$n_3>n_1$,故 $n_3>n_2$。

b.第 1 阶段(同步开始)。如图 5.33(a)所示。要挂入四挡时,操纵换挡杆沿图 5.33 中箭头Ⓐ所示方向推动接合套,由于接合套与同步器滑块通过滑块中心的凸起部分相啮合,将接合套的运动传给滑块,当滑块右端面与锁环 3 的缺口的端面接触后,便同时推动锁环压在齿轮锥形部分上(同步器锥面),以启动同步器运作。由于齿 3 与锁环 2 转速不相等,即 $n_3>n_2$,因此,两者一经接触便在其锥面之间产生摩擦力矩 M_1。齿圈 3 便通过摩擦力矩 M_1 的作用带动锁环 2 相对于接合套 1 超前转过一个角度,直到锁环缺口的一侧(图 5.33(a)中为下侧)压紧。

移动的量等于缺口与滑块宽之差。因此,从上往下看时,接合套里的花键与同步器锁环上的花键并未处于互相啮合的位置。

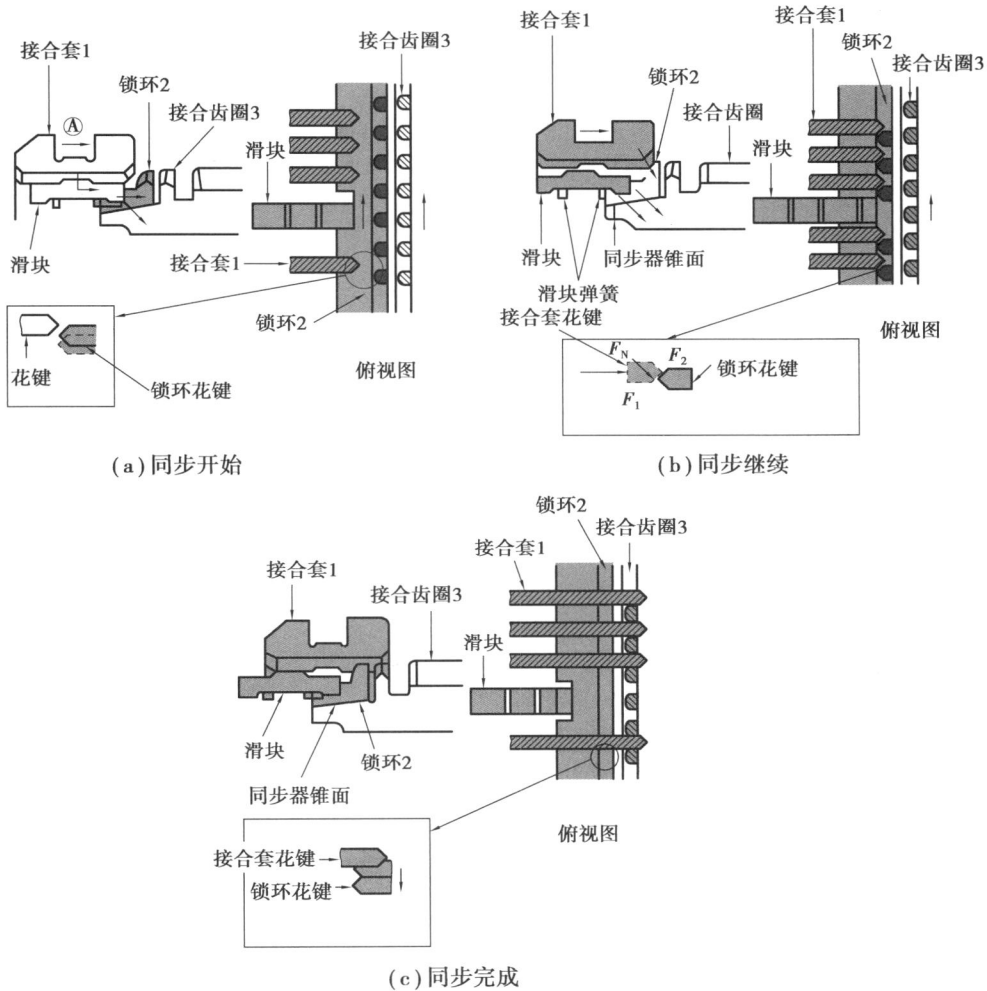

（a）同步开始

（b）同步继续

（c）同步完成

图 5.33　锁环式惯性同步器工作原理

c.第 2 阶段(同步继续及锁止过程)。如图 5.33(b)所示,当换挡杆继续移动时,使得相对的接合套齿端倒角与锁环齿端倒角恰好互相抵触(由设计保证),因而接合套不能再向右移动进入啮合,即被"锁止"。由于驾驶员始终作用在接合套上一个轴向推力,于是在相互抵触的倒角斜面上产生正压力 F_N。F_N 可分解为轴向力 F_1 和切向分力 F_2。F_2 便形成一个力图拨动锁环相对于接合套向后倒转的拨环力矩 M_2。同时 F_1 则使锁环 2 与齿圈 3 的锥面进一步压紧,产生更大的摩擦力矩 M_1,迫使待啮合的齿圈 3 相对于锁环 2 迅速减速,以尽早与锁环同步。由于齿圈 3 及与其相联系的第一轴等零件的减速旋转,便产生一个与其旋转方向相同的惯性力矩,作用到锁环上,阻止锁环相对于接合套向后倒转。在待接合齿圈 3 与锁环 2 未达到同步之前,摩擦锥面的摩擦力矩在数值上就等于此惯力矩(即 M_1)。如果 $M_1>M_2$,锁环则不能够倒转,并通过其齿端锁止角阻止接合套进入啮合,这就是锁环的锁止作用。

215

d.第 3 阶段(完成同步)。如图 5.33(c)所示,随着驾驶员继续推下换挡杆,对接合套施加推力,摩擦锥面之间的摩擦力矩就会使齿圈 3 的转速迅速降低,直至与接合套和锁环同步,赖以产生阻止作用的惯性力矩也就消失。此时驾驶员还在继续向前拨动接合套,故拨环力矩 M_2 仍存在,M_2 使锁环及接合齿圈相对接合套向后退转一个角度,两锁止角不再接触,接合套得以继续右移与待啮合的四挡接合齿圈进入啮合。但是,如果此时接合套的花键齿恰好与齿圈的花键齿发生抵触,则作用于接合套上的轴向力在齿圈的倒角面上也将会产生一个切向分力,靠此切向分力便可拨动齿圈及与其相联系的零件相对于接合套转过一个角度,从而使接合套与齿圈进入啮合,即最终完成换入四挡的过程。

②锁销式惯性同步器

A.构造

锁销式惯性同步器的结构如图 5.34 所示。两个带有内锥面的摩擦锥盘,以其内花键分别固定在第一轴齿轮和第二轴四挡齿轮上,随齿轮一起转动。与之相配合的两个有外锥面的摩擦锥环,其上有圆周均布的 3 个锁销和 3 个定位销与接合套相连。锁销的两个顶端固定在摩擦锥环的孔中,而两端的工作表面的直径与接合套凸缘上相应的销孔的内径相等,其中部直径小于孔径。只有在锁销与接合套孔对中时,接合套才能沿锁销轴向移动。锁销中部和接合套上相应的销孔两端有角度相同的导角(锁止角)。在接合套上定位销孔中部钻有斜孔,内装弹簧,将钢球顶向定位销中部的环槽,以保证同步器处于正确的空挡位置。定位销两端伸入锥环内侧面,但是有间隙,故定位销可以随接合套轴向移动。

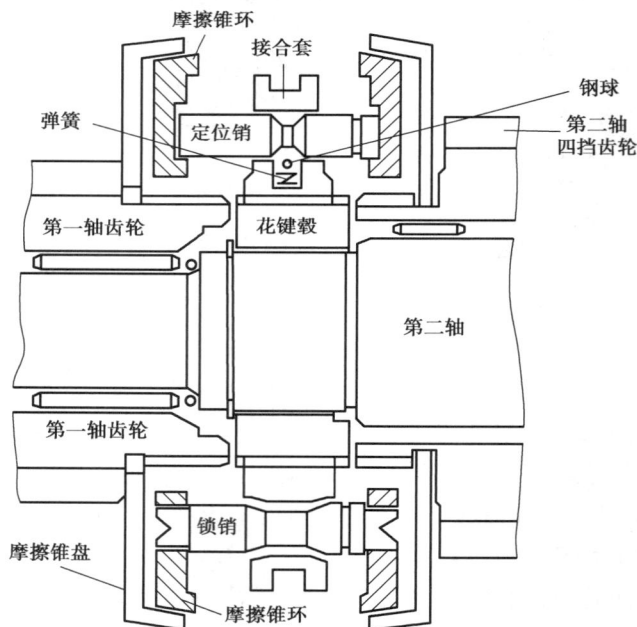

图 5.34　锁销式惯性同步器工作原理

B.工作原理

锁销式惯性同步器的工作原理与锁环式惯性同步器的工作原理基本相同。以四挡换入五挡为例,接合套受到拨叉的轴向推力作用,通过钢球与定位销带动摩擦锥环向左移动,使之与对应的摩擦锥盘接触。具有转速差的摩擦锥环与摩擦锥盘接触后,靠接触面的摩擦使摩擦锥环连同锁销一起相对于接合套转过一个角度,因而锁销的轴线相对于接合套上销孔的轴线偏移,于是锁销中部导角与销孔端的导角互相抵触,以阻止接合套继续前移。在同步前,作用在摩擦锥面的摩擦力矩总是大于切向力形成的拨叉力矩,接合套被锁止不能前移,防止同步前接合套与齿圈进入啮合。同步后,惯性力矩消失,拨叉力矩使锁销、摩擦锥盘及相应的齿轮相对于接合套转过一个角度。锁销与接合套相应孔对中,接合套克服弹簧的弹力压下钢球并沿锁销轴向移动,直至与第一轴齿轮的花键齿圈接合,顺利地换入五挡。

📖 变速器的操纵机构

（1）**变速器操纵机构的功用与要求**

1）变速器操纵机构的功用

根据汽车使用条件,保证驾驶员能准确可靠地将变速器挂入所需要的挡位,并可随时退至空挡。

2）变速器操纵机构的要求

①设有自锁装置,防止变速器自动换挡和自动脱挡。

②设有互锁装置,保证变速器不会同时换入两个挡,以免发动机熄火或部件损坏。

③设有倒挡锁,防止误换倒挡,否则会发生安全事故。

（2）**变速器操纵机构的类型和构造**

变速器操纵机构根据其变速操纵杆与变速器的相互位置不同,可分为直接操纵式和远距离操纵式。

1）直接操纵式

大多数汽车的变速器布置在驾驶员座位附近,变速杆由驾驶室底板伸出,驾驶员可直接操纵。这种操纵机构一般由变速杆、拨块、拨叉、拨叉轴以及安全装置等组成,多集中装于变速器上盖或侧盖内。

图 5.35 所示为汽车六挡变速器操纵机构示意图。拨叉轴两端均支承于变速器盖上相应的孔中,可以轴向滑动。所有的拨叉和拨块都以弹性销固定于相应的拨叉轴上。三、四挡拨叉的上端有拨块。拨叉和拨块的顶部有凹槽。变速器处于空挡时,各凹槽在横向平面内对齐。叉形拨杆下端的球头即伸入这些凹槽中。选挡时可使变速杆绕其中部球形支点横向摆动,则其下端推动叉形拨杆绕换挡轴的轴线转动,从而使叉形拨杆下端球头对准所选挡位相应的拨块凹槽,然后使变速杆纵向摆动,带动拨叉轴拨叉向前或向后移动,即可实现挂挡。

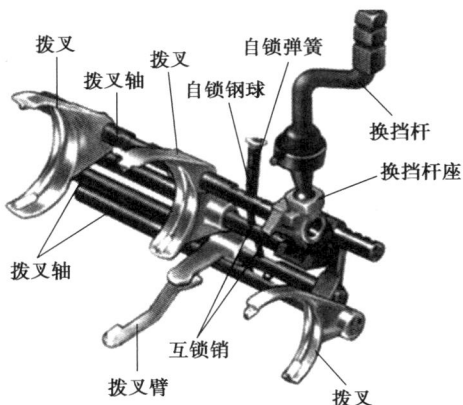

图 5.35　变速器操纵机构示意图

2）远距离操纵式

在发动机后置或前轮驱动的汽车上,通常汽车变速器距离驾驶员座位较远,因而变速杆不能直接布置在变速器盖上,变速杆和变速器之间通常需要用连杆机构连接,进行远距离操纵。为此在变速杆与变速器之间加装了一套传动杆件构成远距离操纵的形式。它具有变速杆占据的驾驶室空间小,驾驶室乘坐方便等优点,但换挡操作的准确性和可靠性稍差。

图 5.36 所示为变速杆安装在驾驶室地板上的双钢索换挡装置。

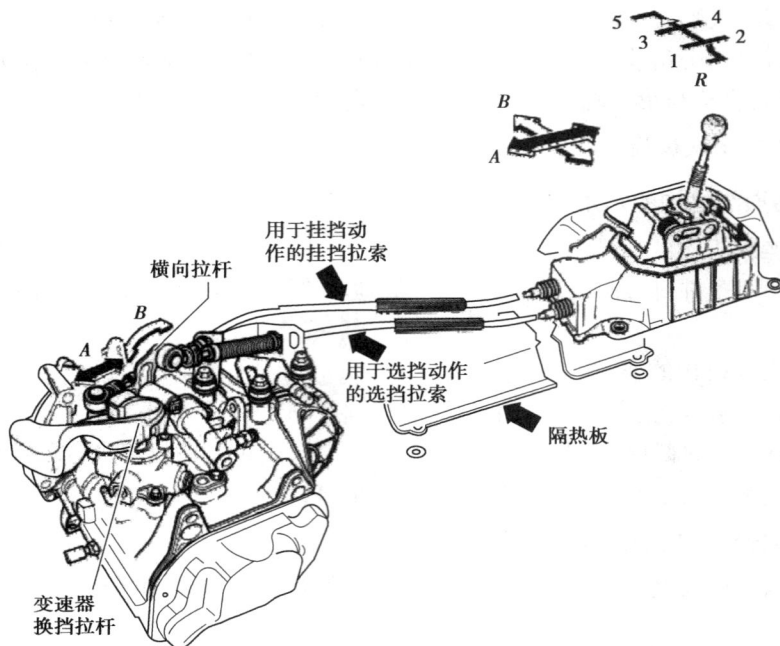

图 5.36　双钢索换挡装置

(3)操纵机构的安全装置

为了保证变速器能够准确地挂入选定的挡位,并且能够可靠地在选定的挡位上工作,变速操纵机构设有定位锁止装置。

1)自锁装置

自锁装置防止自动脱挡或挂挡,并保证轮齿以全齿宽啮合。

变速器的自锁装置由自锁钢球和自锁弹簧组成,如图 5.37 所示。每根拨叉轴的上表面沿轴向分布有 3 个凹槽,当任何一根拨叉轴连同拨叉一起轴向移动到空挡或某一工作挡位的位置时,必有一个凹槽正好对准自锁钢球。于是自锁钢球在自锁弹簧压力作用下嵌入该凹槽内,拨叉轴轴向位置被固定,从而拨叉连同滑动齿轮(或接合套)也被固定在空挡或某一工作

图 5.37　自锁装置

挡位上,不能自行脱出。

　　换挡时,驾驶员对拨叉轴施加一定的轴向力,克服自锁弹簧的压力将钢球由拨叉轴的凹槽中挤出推回孔中,拨叉轴和拨叉又能轴向移动。

　　2)互锁装置

　　互锁装置防止同时挂上两个挡位。

　　互锁装置主要由互锁钢球及互锁销组成。互锁销装在中间拨叉轴的孔中,其长度相当于拨叉轴直径减去互锁钢球的半径,互锁钢球装于变速器盖的横向孔中。在空挡位置时,左右拨叉轴在对着钢球处有深度相当于钢球半径的凹槽,中间拨叉轴则左右均开有凹槽,凹槽中开有装锁销的孔。这种互锁装置可以保证变速器只有在空挡位置时,驾驶员才可以移动任一个拨叉轴挂挡。若某一拨叉轴被移动而挂挡时,另两个拨叉轴便被互锁装置固定在空挡位置而不可能再轴向移动。

　　3)倒挡锁装置

　　倒挡锁的作用是驾驶员挂倒挡时,必须对变速杆施加较大的力,才可换上倒挡,起提醒作用,以防误挂倒挡。变速器上多采用弹簧锁销式倒挡锁。

　　图 5.38 所示为倒挡锁装置结构图。倒挡锁一般由倒挡锁销和倒挡锁弹簧组成。倒挡锁销的杆部装有倒挡锁弹簧,其右端的螺母可调整弹簧的预紧力和倒挡锁销的长度。

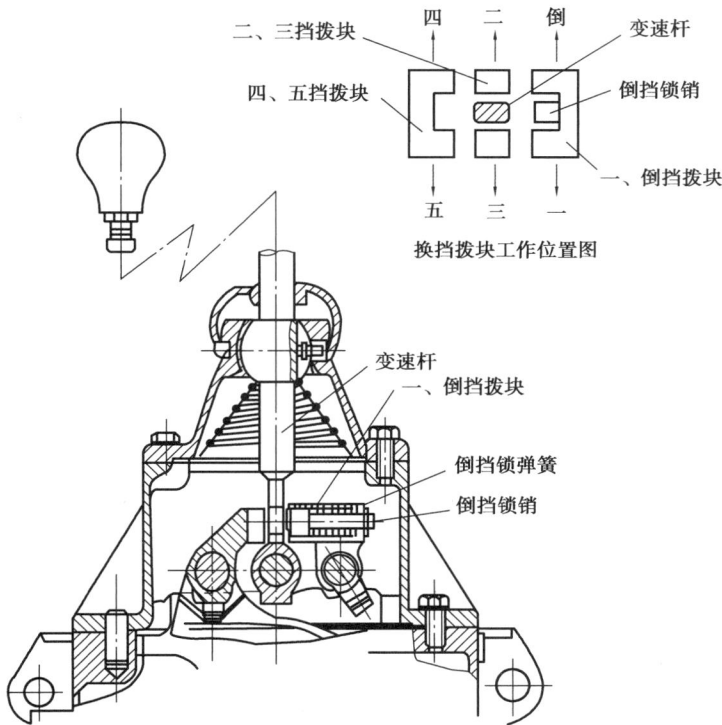

图 5.38　倒挡锁装置

驾驶员要挂倒挡时,必须用较大的力使变速杆的下端压缩倒挡弹簧,将倒挡锁销推向右方后,才能使变速杆下端进入倒挡拨块的凹槽内,以拨动一、倒挡拨叉轴而推入倒挡。

任务实施

📖 **实施要求**

☞ **任务目标与要求**

①小组成员分工协作,利用汽车维修手册及实训资料,依据任务工作单制订工作计划,并通过小组自评或互评检查工作计划。

②认识变速器各部分的结构,识别各机构的组成,确定各部件的安装位置。

③完成手动变速器的拆装。

☞ **注意事项**

①在任务实施过程中,严格遵守相关实验实训制度和规范的要求,注意职场健康与安全需求,做好废料的处理,并保持工作场所的整洁。

②按照正确方法使用各仪器设备,保证设备的使用安全。尤其保证垫片、螺母和小螺钉等部件不能丢失和漏装。

📖 **实施步骤**

☞ **准备工作**

①小组接受工作任务,准备汽车变速器总成、拆装工具、维修手册、汽车变速器总成示教板或解剖模型等配套器材,清理场地,做好实施准备工作。

②组长带领组内成员阅读任务工作单,查阅相关手册或指导书,合理分工,制订任务计划,并检查计划有效性。

☞ **实施步骤**

①依照任务工作单的引导,观察认识所用变速器解剖模型的主要机构及系统组成,查找各主要部件的安装位置,并填写任务工作单。

②合理选择工具,并正确使用各类工具完成变速器的拆装。拆装过程中,请参考维修手册,严格按照相关技术标准和要求完成拆装任务。

(1)变速器的拆卸

①拆卸五挡齿轮罩盖,如图5.39所示。

②拆下倒挡轴固定螺栓,拆下两个法兰轴,拆下换挡轴,将变速器壳体紧固螺栓按对角线交叉法旋松并卸下,将变速器壳体小心向上撬起,取下变速器壳体,如图5.40所示。

③取出差速器,如图5.41所示。

④取下主减速齿轮及倒挡齿轮,如图5.42所示。

⑤拆下拨叉,如图5.43所示。

⑥取下输入轴和输出轴,如图5.44所示。

(2)结构认识

①对输入轴和输出轴进行解体。

图 5.39　拆卸齿轮罩盖

图 5.40　拆卸变速器壳体盖

图 5.41　拆卸差速器

图 5.42　拆卸主减速器齿轮及倒挡齿轮

图 5.43　拆卸拨叉

图 5.44　拆卸输入轴和输出轴

②观察变速器输入轴、输出轴、倒挡轴、拨叉及同步器的结构特点,熟悉各零部件的名称和相互连接关系及作用。

③仔细观察变速器内齿轮啮合情况。

（3）装配

装配顺序与拆卸顺序相反。

⚠ 注意

①拆装时,应注意安全。

②正确使用工具,严格遵照拆装顺序。

③装配时各轴应在空挡位置。

④装配输入轴、输出轴、主减速齿轮轴及主减速器时,注意轴承预紧力。

⑤在装入变速器壳时,注意接触面密封情况。

221

⑥装配好变速器操纵机构后,操纵应轻便灵活,锁止机构应能起作用。

☞ 评估总结

①回答指导教师提问,并接受指导教师相关考核。

②对本次任务完成过程及效果进行自我评价和小组互评,填写任务工作单。

③清洁工作场所,清点归还相关工具设备,完成本次任务。

任务工作单

项目	传动系统结构认识与拆装				
任务	变速器结构认识与拆装			姓名	
班级		组号		日期	
任务目的	①能正确认识变速器的结构 ②能对变速器实施拆装				
环节	内　容			批注及备注	
资讯	①变速器的功用 ②三轴式变速器的结构特点 ③五挡变速器的各挡动力传递路线 ④同步器的功用 ⑤变速器的锁止机构				
工作任务	①对变速器的变速传动机构进行认识,识别传动机构部件的安装位置 ②对同步器进行认识 ③对变速器的操纵机构进行认识,识别操纵机构部件的安装位置 ④实施手动变速器的拆装练习				
分析和计划	根据工作任务,确定所需工具、设备等,并制订小组工作计划: ①讨论确定所需仪器、工具及辅助资料 ②团队协作,组织及人员分工 ③明确拆装的变速器,制订拆装步骤及要求 ④操作安全、规范注意事项及技术标准				

<table>
<tr><td rowspan="3">实施</td><td colspan="7">①依照制订的拆装步骤完成各作业项目,并观察各部件,描述其名称,认识的部件打"√",不认识的打"×",同时指出该部件所属系统或机构
②拆卸过程中明确技术标准,仔细观察各零部件的型号及其螺栓扭力大小
③按正确顺序和技术标准完成装配任务
请依照以上要求完成下表:</td></tr>
</table>

序号	作业项目	部件	技术标准或要求	认识	所属机构或系统	考核
1						
2						
3						
4						
5						
6						
7						
8						
9						
10						
11						
12						
	除上述拆卸的部件外,请补充变速器的其他部件					
13						

检查评估

自评项根据自己对任务的完成情况进行评估并提出改进意见;互评项由组内组外互相交流和评分;教师评估可纳入任务实施过程中或对照上表随机选取几个项目评估。总评采用合格和不合格两级评价

序号	评估项目	自评	互评	教师评估
1	工具选择和使用			
2	变速器传动机构的组成及部件认识			
3	变速器操纵机构的组成及部件认识			
4	变速器锁止机构的组成及部件认识			
5	变速器拆装任务及技能			
6	职场安全及操作规范等			
7	总　评			

任务实施心得:

任务 5.4　万向传动装置结构认识与拆装

能力标准

学完本任务,你应获得以下能力:
①能正确认识万向传动装置的结构。
②能对万向传动装置实施拆装。

任务描述

请以下列任务为指导,完成相关知识的学习和实施练习:
①查找万向传动装置,对其进行总体结构认识,并分析各部分的功用。
②实施万向传动装置拆装练习。

相关知识

📖 万向传动装置的功用、组成及应用

(1)万向传动装置的功用

万向传动装置的作用是连接不在同一直线上的变速器输出轴和主减速器输入轴,并保证在两轴之间的夹角和距离经常变化的情况下,仍能可靠地传递动力,即实现变角度的动力传递。

(2)万向传动装置的组成

万向传动装置一般由万向节和传动轴组成。对于传动距离较远的分段式传动轴,为了提高传动轴的刚度,还设置有中间支承,如图 5.45 所示。

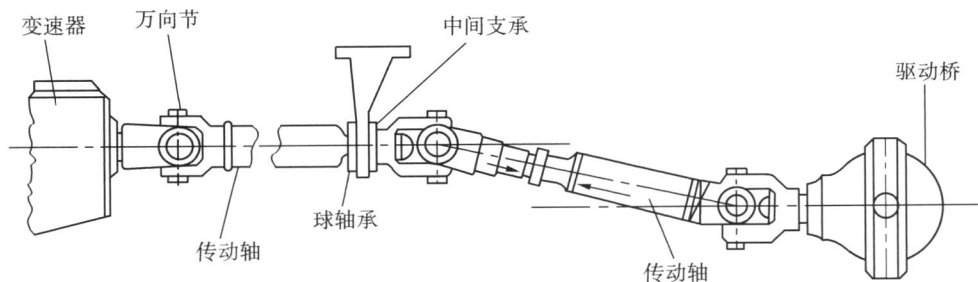

图 5.45　万向传动装置

(3)万向传动装置在汽车上的应用

1)变速器和驱动桥之间

变速器与驱动桥之间的万向传动装置可以消除变速器与驱动桥之间的相对运动带来的

不利影响。在变速器和驱动桥的距离较远时,将传动轴分成两段,并加中间支承,避免系统的共振,提高传动轴的临界转速和工作可靠性,如图 5.46 所示。一般汽车的变速器、离合器与发动机三者装合为一体装在车架上,驱动桥通过悬架与车架相连。在负荷变化及汽车在不平路面行驶时引起的跳动,会使驱动桥输入轴与变速器输出轴之间的夹角和距离发生变化。

图 5.46　变速器与驱动桥之间的万向传动装置

2)在转向驱动桥中

在转向驱动桥中需要该桥既能满足车轮转向又能不间断驱动力传递,因此,在半轴靠近车轮处需要采用万向传动。在采用独立悬架时,还需要在靠近主减速器处也要加万向节,满足左右半轴的跳动条件。转向驱动桥的半轴是分段的,转向时两段半轴轴线相交且交角变化,因此要用万向节,如图 5.47 所示。

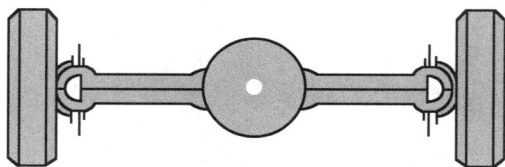

图 5.47　转向驱动桥内、外半轴之间的万向传动装置

3)变速器与分动器、分动器与驱动桥之间

在多轴驱动的越野汽车上,为消除车架变形及制造、装配误差等引起的其轴线同轴度误差对动力传递的影响,须装有万向传动装置,如图 5.48 所示。

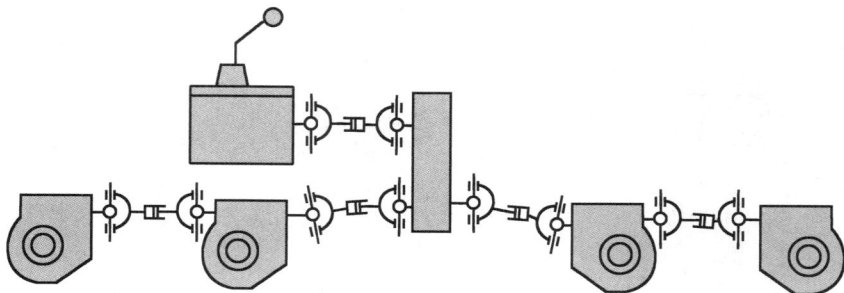

图 5.48　变速器与分动器、分动器与驱动桥之间的万向传动装置

4)断开式驱动桥的半轴之间

断开式驱动桥的主减速器壳在车架上是固定的,桥壳上下摆动,半轴是分段的,须用万向

节,如图 5.49 所示。

图 5.49 断开式驱动桥半轴之间的万向传动装置

5)转向机构的转向轴和转向器之间

汽车的转向轴装有万向传动装置有利于转向机构的总体布置,如图 5.50 所示。

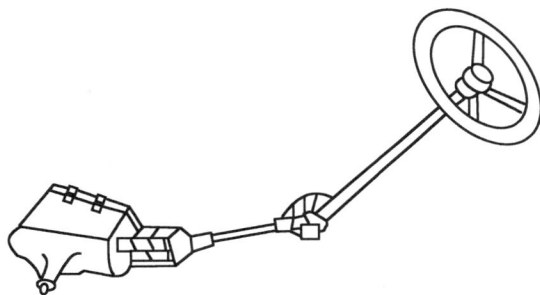

图 5.50 转向机构的转向轴和转向器之间的万向传动装置

📖 万向节

(1)万向节的类型

在汽车上,使用的万向节按其刚度大小,可分为刚性万向节和柔性万向节。刚性万向节中动力是靠零件间的铰链连接传递的,而柔性万向节是靠零件的弹性来传递动力的。

刚性万向节按其速度特性,可分为不等速万向节(常用的为十字轴式)、准等速万向节(双联式和三销轴式)和等速万向节(包括球叉式和球笼式)。目前,在汽车上应用较多的是十字轴式刚性万向节和等速万向节。十字轴式刚性万向节主要用于发动机前置、后轮驱动的变速器与驱动桥之间,等速万向节主要用于发动机前置、前轮驱动的内、外半轴之间。

(2)十字轴式刚性万向节

十字轴式刚性万向节主要由十字轴、万向节叉、滚针轴承等组成,如图 5.51 所示。万向节叉上的孔分别套在十字轴的 4 个轴颈上。在十字轴轴颈与万向节叉孔之间装有滚针和套筒,用带有锁片的螺钉和轴承盖来使之轴向定位。为了润滑轴承,十字轴内钻有油道,且与油嘴、安全阀相通,如图 5.52 所示。为避免润滑油流出及尘垢进入轴承,十字轴轴颈的内端套装着油封。安全阀的作用是当十字轴内腔润滑脂压力超过允许值时,阀打开润滑脂外溢,使油封不会因油压过高而损坏。现代汽车多采用橡胶油封,多余的润滑油从油封内圆表面与十字轴轴颈接触处溢出,故无须安装安全阀。

十字轴式刚性万向节结构简单,传动效率较高,因此应用较广泛。

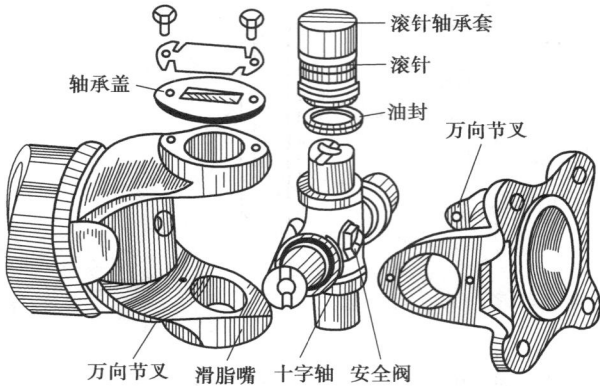

图 5.51　十字轴式刚性万向节

图 5.52　润滑油道及密封装置

(3)等速万向节

等速万向节的常见结构形式有球笼式和球叉式。

1)球笼式等速万向节

如图 5.53 所示,球笼式万向节由 6 个钢球、星形套、球形壳及保持架等组成。万向节星形套与主动轴用花键固接在一起,星形套外表面有 6 条弧形凹槽滚道,球形壳的内表面有相应的 6 条凹槽,6 个钢球分别装在各条凹槽中,由球笼使其保持在同一平面内。动力由主动轴、钢球和球形壳输出。

球笼式万向节工作时 6 个钢球都参与传力,故承载能力强、磨损小、寿命长。它被广泛应用于各种型号的转向驱动桥和独立悬架的驱动桥。

球笼式万向节广泛应用于前置、前驱汽车,属于等速万向节。球笼式万向节根据主从动叉是否有轴向位移分为固定型球笼式万向节和伸缩型球笼式万向节。

固定型球笼式万向节允许两轴间的夹角较大,一般为 45°~50°,适合于用在转向驱动桥的车轮侧。它承载能力强,结构紧凑,拆卸方便,制造精度要求高,应用日益广泛。其结构如图 5.54 所示。

伸缩型球笼式万向节的结构如图 5.55 所示。其内外滚道为圆筒形,不与轴线平行,而是以相同的角度相对于轴线倾斜。装合后,同一周向位置内、外滚道的倾斜方向刚好相反,即对称交叉,而钢球处于内、外滚道的交叉部位。当内外半轴与中半轴以任意夹角相交时,所有传动钢球都位于轴间交角的平分线上,从而实现等角速传动。

2)球叉式等速万向节

球叉式万向节如图 5.56 所示。它是由主动叉、从动叉、4 个传动钢球、中心钢球、定位销及锁止销组成。主动叉与从动叉分别与内、外半轴制成一体。在主、从动叉上,分别有 4 个曲面凹槽,装配后,则形成两个相交的环形槽,作为钢球滚道。4 个传动钢球放在槽中,中心钢球放在两叉中心的凹槽内,以定中心。

球叉式万向节在工作的时候,只有两个钢球传力,磨损快,影响使用寿命,现在应用越来越少。

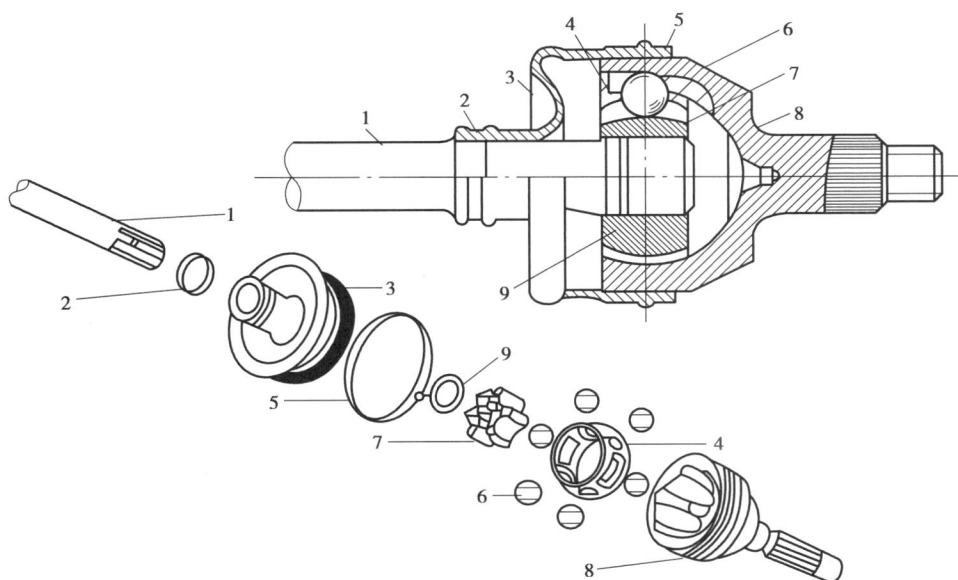

图 5.53 球笼式万向节

1—主动轴;2、5—钢带箍;3—外罩;4—保持架(球笼);6—钢球;

7—星形套(内滚道);8—球形壳(外滚道);9—卡环

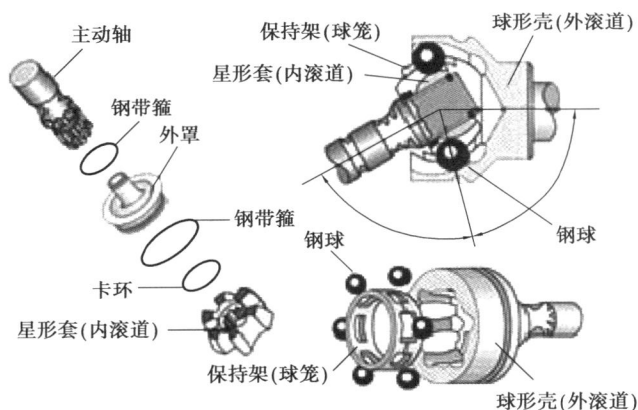

图 5.54 固定型球笼式万向节

📖 传动轴和中间支承

(1)传动轴

1)传动轴的功用

传动轴是万向传动装置中的主要传力部件。通常用来连接变速器(或分动器)和驱动桥,在转向驱动桥和断开式驱动桥中,则用来连接差速器和驱动车轮。

2)传动轴的构造

传动轴有实心轴和空心轴之分。为了减轻传动轴的质量,节省材料,提高轴的强度、刚度,传动轴多为空心轴,一般用厚度为 1.5~3.0 mm 的薄钢板卷焊而成,超重型货车则直接采用无缝钢管。

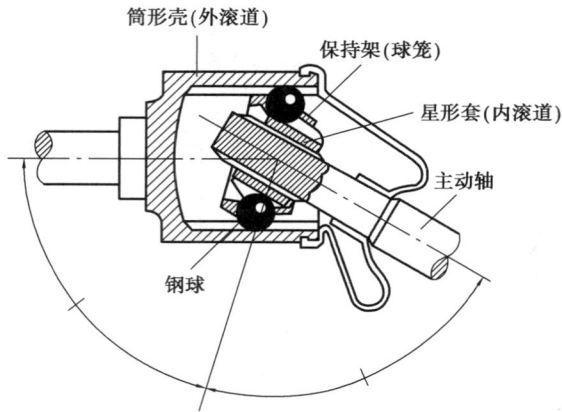

图 5.55　伸缩型球笼式万向节

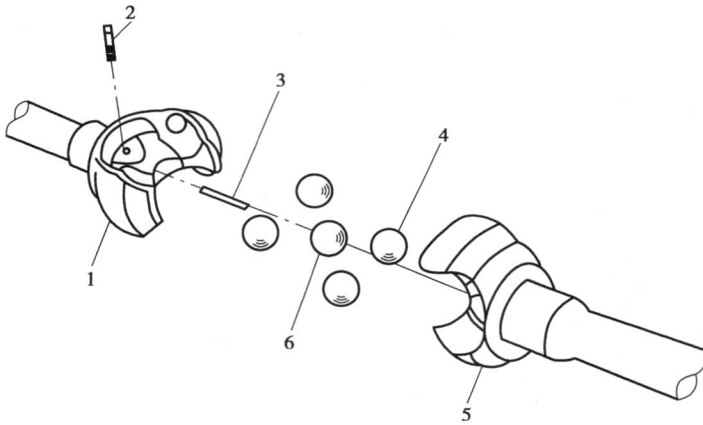

图 5.56　球叉式万向节

1—从动叉;2—锁止销;3—定位销;4—传动钢球;5—主动叉;6—中心钢球

转向驱动桥、断开式驱动桥或微型汽车的传动轴通常制成实心轴。

图 5.57 所示为传动轴的结构图。

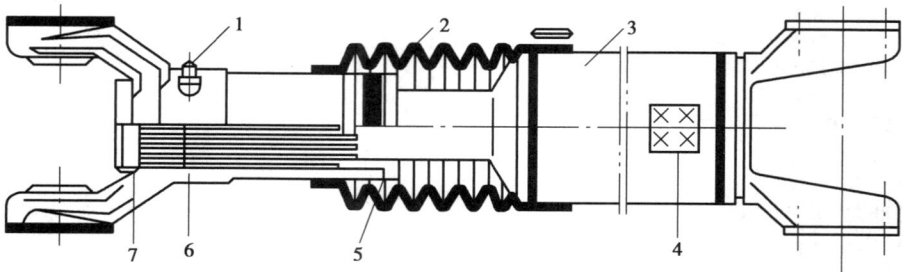

图 5.57　传动轴的结构

1—注油嘴;2—护套;3—主传动轴;4—平衡片;5—油封;6—万向节滑动叉;7—堵盖

（2）**中间支承**

1）中间支承的功用

传动轴分段时需加中间支承,中间支承通常装在车架横梁上,能补偿传动轴轴向和角度方向的安装误差以及汽车行驶过程中因发动机窜动或车架变形等引起的位移。

2）中间支承的结构

中间支承安装在车架横梁上,如图 5.58 所示。它应能够补偿传动轴轴向和角度上的安装误差以及车架变形引起的干涉。中间支承常用弹性元件来满足上述功用。中间支承是由支架和轴承等组成,双列锥轴承固定在中间传动轴后部的轴颈上。带油封的支承盖之间装有弹性元件橡胶垫环,用 3 个螺栓紧固。紧固时,橡胶垫环会径向扩张,其外圆被挤紧于支架的内孔。

图 5.58　汽车的中间支承

1—车架横梁;2—轴承座;3—轴承;4—油嘴;5—蜂窝形橡胶;6—"U"形支架;7—油封

（3）**断开式驱动桥的万向传动装置**

有的轿车和越野车采用断开式驱动桥和独立悬架。其主减速器壳体固定在车架上或车身上,车轮可以随着悬架的变形作上下摆动,故在车轮和主减速器之间加装万向传动装置,如图 5.59 所示。

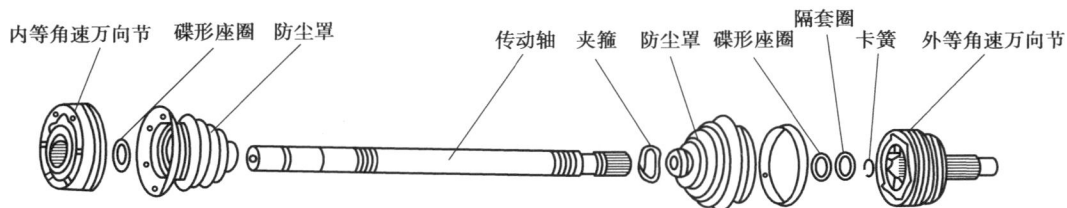

内等角速万向节　碟形座圈　防尘罩　传动轴　夹箍　防尘罩　碟形座圈　隔套圈　卡簧　外等角速万向节

图 5.59　断开式驱动桥的万向传动装置

任务实施

📖 **实施要求**

☞ 任务目标与要求

①小组成员分工协作,利用汽车维修手册及实训资料,依据任务工作单制订工作计划,并通过小组自评或互评检查工作计划。

②认识万向传动装置在汽车上的布置。

③认识万向传动装置主要零件结构及相互装配关系。

④完成万向传动装置的拆装。

☞ 注意事项

在任务实施过程中,严格遵守相关实验实训制度和规范的要求,注意职场健康与安全需求,做好废料的处理,并保持工作场所的整洁。

📖 **实施步骤**

☞ 准备工作

①小组接受工作任务,准备万向传动装置(带十字轴式万向节)、拆装工具、维修手册等配套器材,清理场地,做好实施准备工作。

②组长带领组内成员阅读任务工作单,查阅相关手册或指导书,合理分工,制订任务计划,并检查计划有效性。

☞ 实施步骤

①依照任务工作单的引导,认识万向传动装置主要零件结构,查找各零部件的安装位置及相互装配关系,并填写任务工作单。

②合理选择工具,并正确使用各类工具完成万向传动装置的拆装。拆装过程中,请参考维修手册,严格按照相关技术标准和要求完成拆装任务。

(1)拆卸

①拆下传动轴总成。

②拆下防尘套。

③拆卸外万向节。

④拆卸内万向节。

⑤分解外万向节。

⑥分解内万向节。

(2)万向节的解体

打开锁片的锁爪,拆下轴承盖固定螺栓,取下锁片和轴承盖,用手推出轴承套筒及滚针。对于较紧的轴承,可用手握住传动轴或伸缩套,用锤子敲击万向节叉,使十字轴撞击轴承套筒,振出滚针,取出十字轴。

(3)万向传动装置的装配

①组装内万向节。

②组装外万向节。

③加注润滑脂。

④组装蝶形座圈。

⑤装防尘套及卡箍。

⑥装传动轴。

☞ 评估总结

①回答指导教师提问,并接受指导教师相关考核。

②对本次任务完成过程及效果进行自我评价和小组互评,填写任务工作单。

③清洁工作场所,清点归还相关工具设备,完成本次任务。

任务工作单

项目	传动系统结构认识与拆装		
任务	万向传动装置结构认识与拆装	姓名	
班级		组号	日期
任务目的	①能正确认识万向传动装置的结构 ②能对万向传动装置实施拆装		
环节	内　容		批注及备注
资讯	①万向传动装置的组成 ②万向节的类型		
工作任务	①查找万向传动装置,对其进行总体结构认识,并分析各部分的功用 ②实施万向传动装置拆装练习		
分析和计划	根据工作任务,确定所需工具、设备等,并制订小组工作计划: ①讨论确定所需仪器、工具及辅助资料 ②团队协作,组织及人员分工 ③制订拆装步骤及要求 ④操作安全、规范注意事项及技术标准		

	①依照制订的拆装步骤完成各作业项目,并观察各部件,描述其名称,认识的部件打"√",不认识的打"×",同时指出该部件所属系统或机构 ②拆卸过程中明确技术标准,仔细观察各零部件的型号及其螺栓扭力大小 ③按正确顺序和技术标准完成装配任务 请依照以上要求完成下表:

序号	作业项目	部件	技术标准或要求	认识	所属机构或系统	考核
1						
2						
3						
4						
5						
6						
7						
8						
9						
10						
11						
12						
13	除上述拆卸的部件外,请补充万向传动装置的其他部件					

实施(左栏标题)

检查评估(左栏标题)

自评项根据自己对任务的完成情况进行评估并提出改进意见;互评项由组内组外互相交流和评分;教师评估可纳入任务实施过程中或对照上表随机选取几个项目评估。总评采用合格和不合格两级评价

序号	评估项目	自评	互评	教师评估
1	工具选择和使用			
2	万向传动装置的组成及部件认识			
3	万向传动装置的拆装任务及技能			
4	职场安全及操作规范等			
5	总 评			

任务实施心得:

任务 5.5　主减速器和差速器结构认识与拆装

能力标准

学完本任务,你应获得以下能力:
①能正确认识驱动桥主要零件的结构及相互装配关系。
②能对主减速器和差速器实施拆装。

任务描述

请以下列任务为指导,完成相关知识的学习和实施练习:
①对驱动桥进行总体结构认识。
②实施主减速器和差速器的拆装练习。

相关知识

📖 驱动桥的功用、组成及类型

(1)驱动桥的功用

驱动桥的功用是将万向传动装置传来的发动机动力经降速增矩改变传动方向后,分配给左右驱动轮,并且允许左、右驱动轮以不同转速旋转。

(2)驱动桥的组成

驱动桥由主减速器、差速器、半轴及桥壳等组成,如图5.60所示。

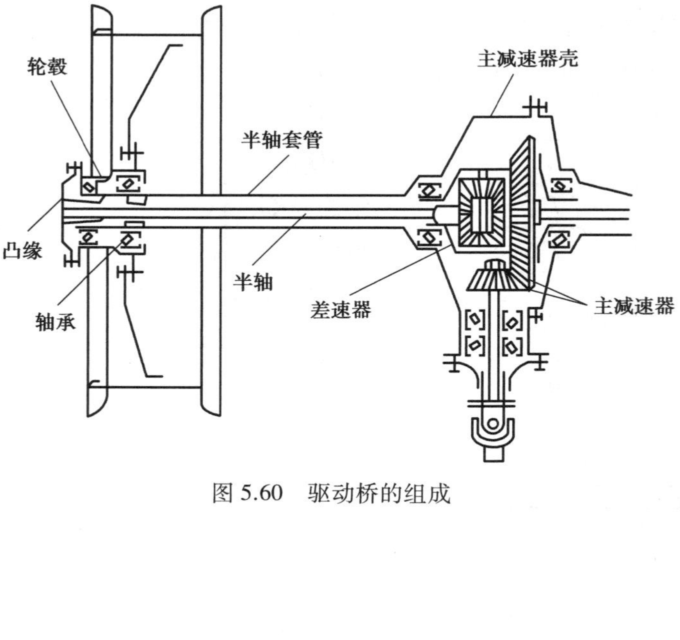

图 5.60　驱动桥的组成

（3）**驱动桥的类型**

根据悬架结构的不同,驱动桥可分为整体式驱动桥和断开式驱动桥。

1）整体式驱动桥

整体式驱动桥如图 5.61 所示,它与非独立悬架配用。其驱动桥壳为一刚性的整体,驱动桥两端通过悬架与车架或车身连接,左右半轴始终在一条直线上,即左右驱动轮不能相互独立跳动。当某一侧车轮通过地面的凸出物或凹坑升高或下降时,整个驱动桥及车身都要随之发生倾斜,车身波动大。

2）断开式驱动桥

断开式驱动桥如图 5.62 所示,它与独立悬架配用。其主减速器固定在车架或车身上,驱动桥壳制成分段并用铰链连接,半轴也分段并用万向节连接。驱动桥两端分别用悬架与车架或车身连接。这样,两侧驱动车轮及桥壳可以彼此独立相对于车架或车身上下跳动。

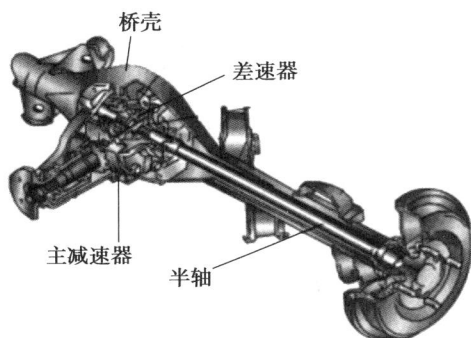

图 5.61　整体式驱动桥

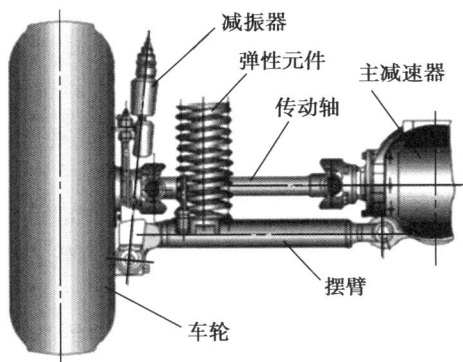

图 5.62　断开式驱动桥

📖 主减速器

（1）**主减速器的功用、类型**

1）主减速器的功用

①将万向传动装置传来的发动机转矩传给差速器。

②在动力的传动过程中,要将转矩增大并相应降低转速。

③对于纵置发动机,还要将转矩的旋转方向改变 90°。

2）主减速器的类型

为满足不同的使用要求,主减速器的结构形式也有所不同。

按参加减速传动的齿轮副数目,有单级式主减速器和双级式主减速器。有些重型汽车又将双级式主减速器的第二级齿轮传动设置在两侧驱动轮处,称为轮边主减速器。

按主减速器传动速比个数,有单速式和双速式主减速器。前者的传动比是固定的,而后者有两个传动比供驾驶员选择。

按齿轮副结构形式,有圆柱齿轮式（又可分为定轴轮系式和行星轮系式）主减速器和圆锥齿轮式（又可分为螺旋锥齿轮式和双曲面锥齿轮式）主减速器。

（2）主减速器的结构及工作原理

1）单级主减速器

单级主减速器只有一对齿轮副传动,零件少,结构紧凑,质量小,传动效率高。单级主减速器在中型以下货车及轿车上应用广泛。

当发动机横向布置时,由于主减速器主动齿轮轴线与差速器轴线平行,因此,主减速器采用一对斜齿圆柱齿轮传动即可,无须改变动力的传递方向。

2）双级主减速器

有些汽车需要较大的主减速器传动比,单级主减速器已不能满足足够的离地间隙,这就需要采用由两对齿轮降速的双级主减速器。

双级主减速器特点：

①由两级齿轮传动。

②在实现较大传动比的前提下,提高离地间隙。

③可以通过更换不同的齿轮副实现不同的传动比,提高零部件的通用性。

双级主减速器的传动示意图如图 5.63 所示。第 1 级传动为第 1 级主动锥齿轮和第 1 级从动锥齿轮,这是一对螺旋锥齿轮;第 2 级传动为第 2 级主动齿轮和第 2 级从动齿轮,这是一对斜齿圆柱齿轮。

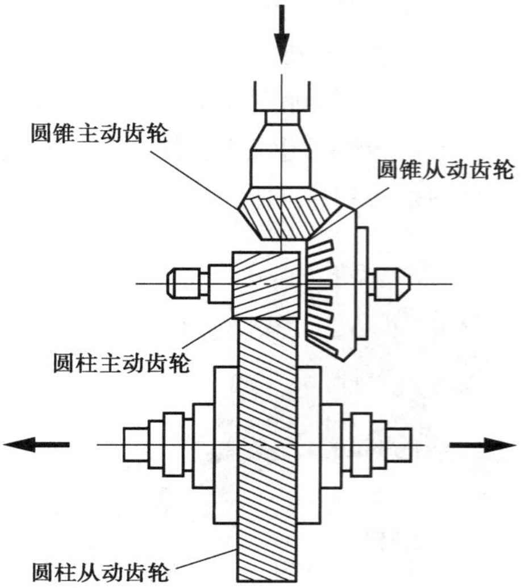

图 5.63 双级主减速器的传动示意图

📖 **差速器**

（1）差速器的功用

差速器的功用是将主减速器传来的动力传给左右两半轴,并在必要时允许左右半轴以不同转速旋转,使左右车轮相对于地面纯滚动而不是滑动。

（2）差速器的类型

差速器按其用途可分为轮间差速器和轴间差速器。轮间差速器装在同一驱动桥两侧驱动轮之间,而轴间差速器装在各驱动桥之间。

（3）对称式锥齿轮差速器

普通齿轮式差速器有锥齿轮式和圆柱齿轮式两种。由于锥齿轮式差速器结构简单、紧凑,工作平稳,因此目前应用最为广泛。

1）差速器的结构

普通锥齿轮差速器的结构如图 5.64 所示。它由差速器壳、行星齿轮轴、两个行星齿轮、两个半轴齿轮及止推垫片等组成。行星齿轮轴装入差速器壳体后用止动销定位。行星齿轮和半轴齿轮的背面制成球面,与复合式的推力垫片相配合,以减摩、耐磨。螺纹套用于紧固半轴齿轮。差速器通过一对圆锥滚子轴承支承在变速器壳体中。

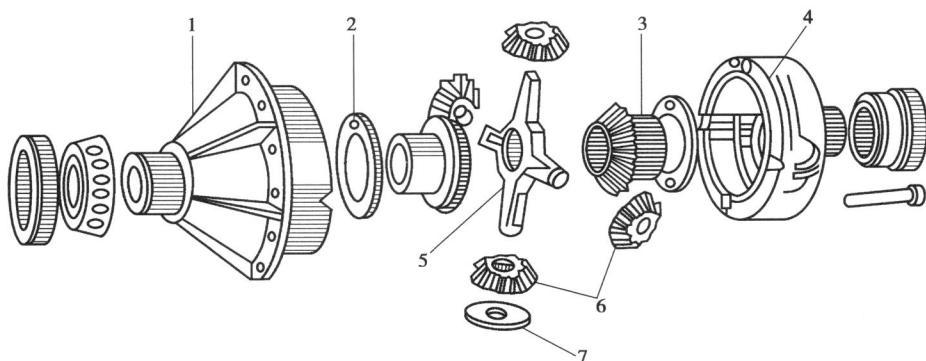

图 5.64　齿轮差速器结构

1、4—差速器壳;2—半轴齿轮垫片;3—半轴齿轮;5—十字轴;6—圆锥行星齿轮;7—止推垫片

2)差速器的工作原理

差速器的工作原理如图 5.65 所示。差速器的主动件为主减速器从动齿轮、差速器壳和行星齿轮轴;从动件为半轴齿轮。A 点为左半轴锥齿轮与行星齿轮的啮合点;B 点为右半轴锥齿轮与行星齿轮的啮合点;C 点为行星齿轮的回转中心,C 点的速度永远与行星齿轮轴速度相同。

图 5.65　差速器的工作原理

主减速器传来的动力带动差速器壳(转速为 n_0)转动,经过行星齿轮轴、行星齿轮、半轴齿轮及半轴(转速分别为 n_1 和 n_2),最后传给两侧驱动车轮。

a.汽车直线行驶时。此时两侧驱动车轮所受到的地面阻力相同,并经半轴、半轴齿轮反作用于行星齿轮两啮合点 A 和 B。这时行星齿轮相当于等臂杠杆,即行星齿轮不自转,只随差速器壳和行星齿轮轴一起公转,两半轴无转速差,即 $n_1 = n_2 = n_0$,$n_1 + n_2 = 2n_0$。

b.汽车转向行驶时。此时两侧驱动车轮所受到的地面阻力不同。如果车辆右转,右侧(内侧)驱动车轮所受的阻力大,左侧(外侧)驱动车轮所受的阻力小。这两个阻力经半轴、半轴齿轮反作用于行星齿轮两啮合点 A 和 B,使行星齿轮除了随差速器壳公转外还顺时针自转,设自转转速为 n_4,则左半轴齿轮的转速增加,右半轴齿轮的转速降低,且左半轴齿轮增加的转速等于右半轴齿轮降低的转速。设半轴齿轮的转速变化为 Δn,则 $n_1 = n_0 + \Delta n$,$n_2 = n_0 - \Delta n$,即汽车右转时,左侧(外侧)车轮转得快,右侧(内侧)车轮转得慢,实现纯滚动。此时,依然有 $n_1 + n_2 = 2n_0$。

由上述分析可得出以下结论：

左右两侧半轴的速度之和等于差速器壳速度的 2 倍，与行星齿轮的速度无关，即

$$n_1 + n_2 = 2n_0$$

当任意一侧车轮转速为零时，另一侧半轴齿轮的转速为差速器壳转速的 2 倍。

当差速器壳的速度为零时，如果一侧半轴齿轮受其他外来力矩而转动，则另一侧半轴齿轮即以相同转速反向转动。

📖 半轴

半轴的功用是将差速器传来的动力传给驱动轮。因其传递的转矩较大，常制成实心轴，如图 5.66 所示。

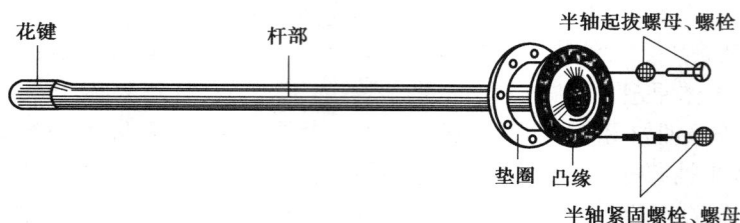

图 5.66　半轴示意图

半轴的结构因驱动桥结构形式的不同而异。整体式驱动桥中的半轴为一刚性整轴。而转向驱动桥和断开式驱动桥中的半轴则分段并用万向节连接。半轴内端一般制有外花键与半轴齿轮连接。半轴外端结构形式，有的直接在轴端锻造出凸缘盘；也有的制成花键与单独制成的凸缘盘滑动配合；还有的制成锥形并通过键和螺母与轮毂固定连接。

半轴的受力情况，由半轴与驱动轮的轮毂在桥壳上的支承形式而定。现代汽车通常采用全浮式半轴支承和半浮式半轴支承两种半轴支承形式。

（1）全浮式半轴

全浮式半轴支承是指半轴只承受转矩，而两端均不承受其他任何反力和反力矩的半轴支承形式。全浮式半轴支承多用于货车上。图 5.67 所示为全浮式半轴支承示意图。

全浮式半轴支承便于拆装，只需拧下半轴凸缘上的螺钉，即可将半轴抽出，而车轮和桥壳照样能支持住汽车。

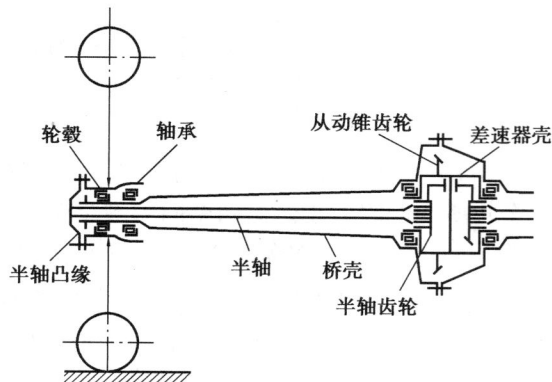

图 5.67　全浮式半轴支承示意图

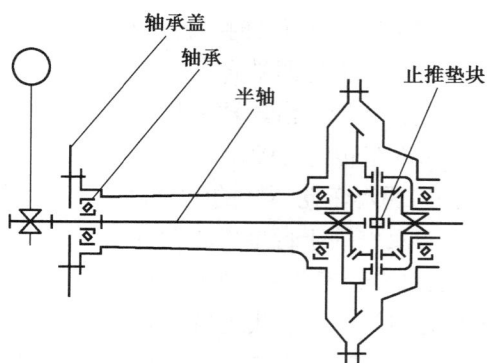

图 5.68　半浮式半轴支承示意图

（2）半浮式半轴

半浮式半轴支承是指半轴内端只承受转矩，而外端除承受转矩外，还要承受全部弯矩。半浮式半轴支承结构简单，但半轴受力情况复杂且拆装不便，多用于反力、弯矩较小的各类轿车上。图 5.68 所示为半浮式半轴支承示意图。

📖 桥壳

（1）桥壳的功用

驱动桥壳的功用是用来安装并保护主减速器、差速器和半轴以及用来安装悬架或轮毂，与驱动桥一起承受汽车质量；使左右驱动轮的轴向相对位置固定；在汽车行驶时，承受驱动轮传来的各种反力和力矩，并通过悬架传给车架。因此，要求桥壳应具有足够的强度和刚度，质量小，便于制造，便于主减速器的拆装和调整。

（2）桥壳的类型

驱动桥壳可分为整体式桥壳和分段式桥壳两种类型。

1）整体式桥壳

整体式桥壳与主减速器壳分开制造，用螺栓连接在一起。图 5.69 所示为整体式桥壳的实物图。

图 5.69　整体式桥壳实物图

2）分段式桥壳

分段式桥壳是与主减速器壳铸成一体，且一般分为两段，由螺栓连成一体，如图 5.70 所示。分段式桥壳的特点是便于制造，工艺简单，但是拆装和维修很不方便，现在已经很少使用。

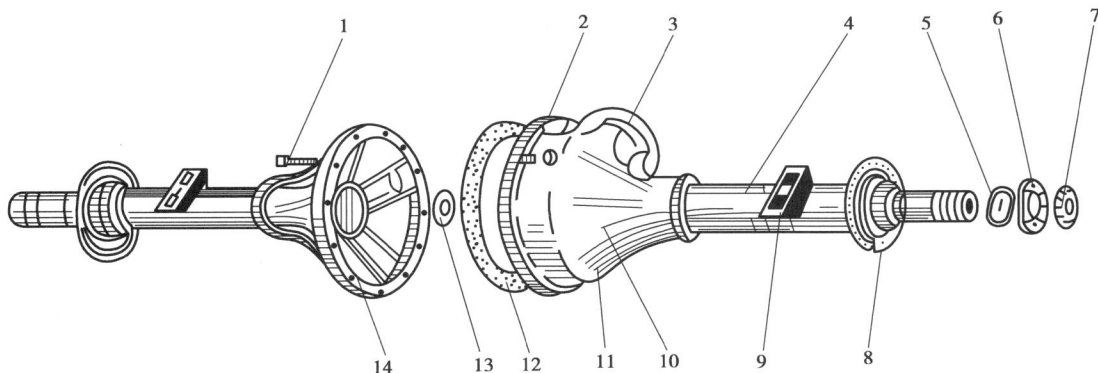

图 5.70　分段式桥壳

1—螺栓；2—注油孔；3—主减速器壳颈部；4—半轴套管；5—调整螺母；6—止动垫片；7—锁紧螺母；
8—凸缘盘；9—弹簧座；10—主减速器壳；11—放油孔；12—垫片；13—油封；14—盖

任务实施

📖 实施要求

☞ 任务目标与要求

①小组成员分工协作,利用汽车维修手册及实训资料,依据任务工作单制订工作计划,并通过小组自评或互评检查工作计划。

②熟悉驱动桥主要零件的结构及相互装配关系。

③掌握驱动桥及各总成的装配要求。

④完成主减速器和差速器的拆装。

☞ 注意事项

在任务实施过程中,严格遵守相关实验实训制度和规范的要求,注意职场健康与安全需求,做好废料的处理,并保持工作场所的整洁。

📖 实施步骤

☞ 准备工作

①小组接受工作任务,准备驱动桥总成或主减速器和差速器解剖教具、拆装工具、维修手册等配套器材,清理场地,做好实施准备工作。

②组长带领组内成员阅读任务工作单,查阅相关手册或指导书,合理分工,制订任务计划,并检查计划有效性。

☞ 实施步骤

①依照任务工作单的引导,观察认识所用主减速器和差速器解剖模型的主要结构及系统组成,查找各主要部件的安装位置,并填写任务工作单。

②合理选择工具,并正确使用各类工具完成主减速器和差速器的拆装。拆装过程中,请参考维修手册,严格按照相关技术标准和要求完成拆装任务。

图5.71所示为主减速器和差速器的零件分解图。

(1)主减速器及差速器总成的拆装

首先在驱动桥总成中旋下半轴螺栓,抽出左右半轴,然后旋下主减速器壳体和桥壳连接螺栓,取下主减速器及差速器总成。

①取下差速器主轴承,取下调整螺母及轴承垫圈。

②取下差速器总成,取下从动圆锥齿轮。

③用平头冲取下一字轴定位销,敲出一字轴。

④旋转半轴齿轮,取下半轴齿轮和行星齿轮。

⑤松下主减速器输入轴(主动齿轮轴)法兰螺母,取下凸缘叉带防尘罩,从主减速器壳后部取下主动圆锥齿轮轴及轴承内圈和轴承架组件。

⑥从主动齿轮轴上取下轴承。

⑦用专用工具取下前油封和前轴承及调整垫片。

⑧用轴承顶拔器从两个方向拉出前两个轴承的外圈。

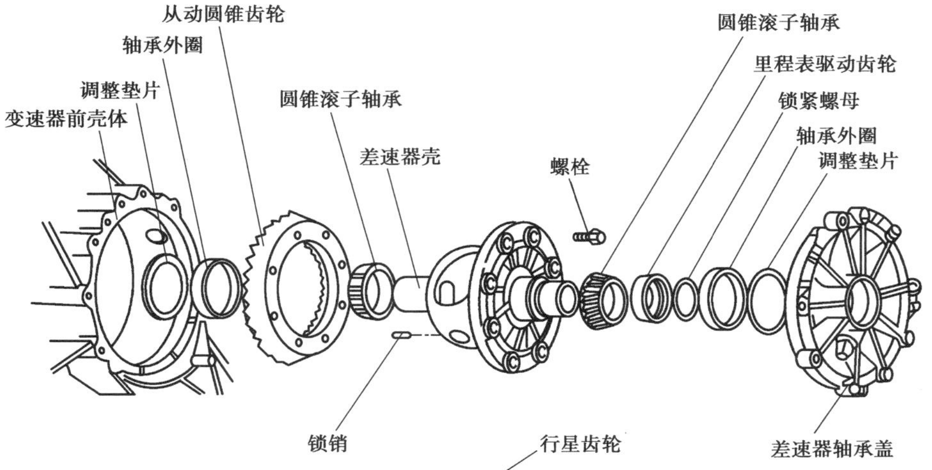

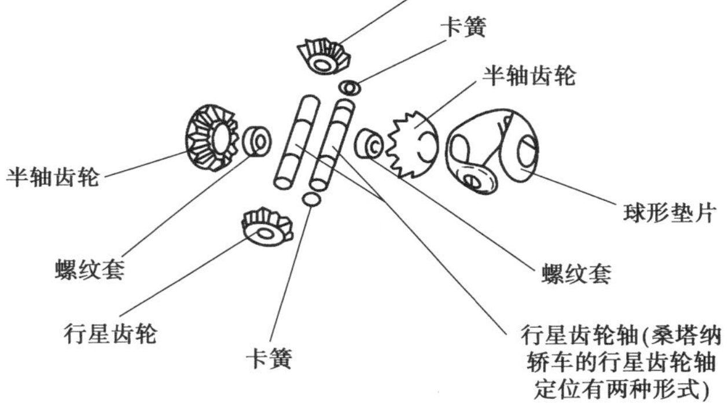

图 5.71　主减速器和差速器的零件分解图

⑨按照拆卸的相反顺序装配。

（2）主减速器及差速器总成的装配

1）主减速器的装配

①首先将主动锥齿轮两个支承滚柱轴承的外圈压入主减速器壳中。

②将前端轴承内圈及滚柱装在主动齿轮轴上，再装上隔离套、调整垫片，然后将小齿轮部分组件从主减速器壳后部装入壳中。

③从主减速器壳前端往主动齿轮轴上装入外端支承轴承的内圈及滚柱组件。

④从主动齿轮轴前端装入油封、垫圈，后将传动轴凸缘叉带防尘罩组件装到轴上。

⑤加入垫圈后调整旋入紧固螺母，按规定力矩旋紧后，用锁止垫片锁止。

⑥检查、调整主动齿轮轴承的预紧力。

2）差速器的装配

①装差速器轴承。安装差速器轴承内圈时应用压力机平稳地压入，不得用手锤敲击，以免损伤轴承的工作表面。

②装齿轮。先装入垫片和半轴齿轮，然后装入已经装好的行星齿轮及垫片的行星齿轮轴，并使行星齿轮与半轴齿轮啮合。

③从动齿轮的安装和差速器的装合。将主减速器从动齿轮装在差速器壳体上,将固定螺栓按规定方向穿过壳体,注意螺栓头的偏心位置,套入垫片,用规定力矩交替拧紧螺母,锁死锁片。

④从动齿轮和差速器总成在主减速器壳体上的安装。在主动齿轮组件已经装入主减速器壳体后,将已经组装在一起的从动齿轮及差速器总成,连同轴承外圈和调整螺母一起装入主减速器壳体中,通过旋转左右调整螺母,调整好轴承的预紧度。

☞评估总结

①回答指导教师提问,并接受指导教师相关考核。

②对本次任务完成过程及效果进行自我评价和小组互评,填写任务工作单。

③清洁工作场所,清点归还相关工具设备,完成本次任务。

任务工作单

项目	传动系统结构认识与拆装				
任务	主减速器和差速器结构认识与拆装			姓名	
班级		组号		日期	
任务目的	①能正确认识主减速器及差速器零部件 ②能对主减速器和差速器实施拆装				
环节	内　　容			批注及备注	
资讯	①驱动桥的组成 ②主减速器的功用 ③主减速器的组成 ④差速器的功用 ⑤差速器的组成				
工作任务	①对驱动桥进行总体结构认识 ②实施主减速器和差速器的拆装练习				
分析和计划	根据工作任务,确定所需工具、设备等,并制订小组工作计划: ①讨论确定所需仪器、工具及辅助资料 ②团队协作、组织及人员分工 ③制订拆装步骤及要求 ④操作安全、规范注意事项及技术标准				

实施	①依照制订的拆装步骤完成各作业项目,并观察各部件,描述其名称,认识的部件打"√",不认识的打"×",同时指出该部件所属系统或机构 ②拆卸过程中明确技术标准,仔细观察各零部件的型号及其螺栓扭力大小 ③按正确顺序和技术标准完成装配任务 请依照以上要求完成下表: 表格

请依照以上要求完成下表:

序号	作业项目	部件	技术标准或要求	认识	所属机构或系统	考核
1						
2						
3						
4						
5						
6						
7						
8						
9						
10						
11						
12						
13	除上述拆卸的部件外,请补充主减速器及差速器的其他部件					

检查评估

自评项根据自己对任务的完成情况进行评估并提出改进意见;互评项由组内组外互相交流和评分;教师评估可纳入任务实施过程中或对照上表随机选取几个项目评估。总评采用合格和不合格两级评价

序号	评估项目	自评	互评	教师评估
1	工具选择和使用			
2	主减速器和差速器的组成及部件认识			
3	主减速器和差速器的拆装任务及技能			
4	职场安全及操作规范等			
5	总　评			

任务实施心得:

📖 知识拓展

📖 无级变速器

汽车变速器的类型主要有普通齿轮手动变速器（MT）、自动变速器（AT）和无级变速器（CVT）。其中自动变速器按齿轮变速系统的控制方式，可分为液控液压自动变速器和电控液压自动变速器；按传动比的变化方式，又可分为有级式自动变速器和无级式自动变速器。因此，无级变速器实际上是自动变速器的一种，但它比常见的自动变速器要复杂得多，技术上也更为先进。

无级变速器与常见的液压自动变速器最大的不同是在结构上，后者是由液压控制的齿轮变速系统构成，还是有挡位的，它所能实现的是在两挡之间的无级变速，而无级变速器则是由两组变速轮盘和一条传动带组成的，比传统自动变速器结构简单，体积更小。另外，它可以自由改变传动比，从而实现全程无级变速，使车速变化更为平稳。

（1）CVT **的特点**

①无级变速器后备功率大，其动力性优于传统手动变速器和自动变速器。

②经济性好。由于 CVT 可以在一定范围内拥有无数个传动比，能自由控制发动机的工作点，协调汽车外界行驶条件与发动机负载，从而获得传动系与发动机工况的最佳匹配，使汽车按最佳燃料经济工作线工作成为可能，提高整车的燃油经济性。

③装有 CVT 的汽车行驶平顺性好，乘坐舒适。

④在变速过程中，无须中断动力传输，可以大幅减轻驾驶员的劳动强度，提高了汽车的操纵稳定性。

⑤环保。由于 CVT 能够根据需要控制发动机的工作点，使发动机能最大限度地被控制在最佳工作点附近，使得汽缸燃烧室内混合气体燃烧充分，大大降低了尾气中有害气体和粉尘的排放。

（2）CVT **的基本结构和工作原理**

无级变速器按结构和传动方式可分为电力式、液力式和机械式 3 种。其中，电力式和液力式无级变速器因为成本高，效率低，结构复杂等原因没有得到广泛的应用；而机械式与前两种相比，具有结构简单紧凑，成本低，操纵方便等优点而成为目前主流的选择。

以金属带传动的机械式无级变速器为例来介绍其结构及基本工作原理。金属带式 CVT 的基本结构一般由起步离合器、行星齿轮机构、无级变速机构、控制系统及中间减速机构组成。

1）起步离合器

起步离合器的主要功用是使汽车以足够大的牵引力平顺地起步，提高驾驶舒适性，必要时切断动力传输。目前用于汽车起步的装置主要有 3 种：湿式离合器、电磁离合器和液力变矩器。

2）行星齿轮机构

CVT 的行星齿轮机构用于实现前进挡和倒挡之间的切换操作。前进挡时，太阳轮主动旋转,行星架随太阳轮同速旋转,即整体同步旋转;倒挡时,太阳轮主动旋转而齿圈不动,此时行星架与太阳轮反向旋转。

3)无级变速机构

无级变速机构由金属传动带、主动轮组和从动轮组组成,如图5.72所示。主动轮组和从动轮组都由可动锥盘和固定锥盘组成。

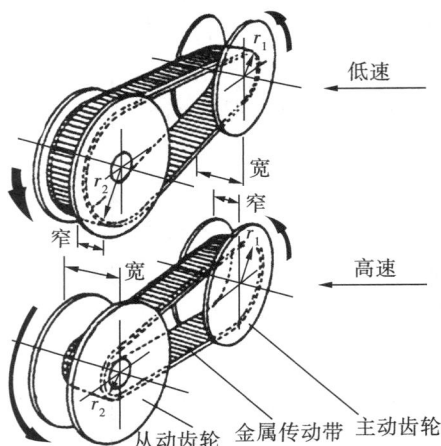

图5.72　无级变速机构

4)控制系统

控制系统是用于实现CVT传动比无级自动变化的。多采用机-液控制系统或电-液控制系统。机-液控制系统主要由油泵、液压调节阀(用于调节传动比和传动带与轮之间压紧力)、传感器(节气门开度和发动机转速)、主从动轮的液压缸及管道组成;而电-液控制系统则是在机-液控制系统的基础上加装了一些电子控制单元、电磁阀和传感器组成的,提高了对CVT控制的效率和精确度。

5)中间减速机构

由于CVT可以提供的传动比变化范围为$0.445 \sim 2.6$,不能完全满足整车传动比变化范围的要求,因而设有中间减速机构。经过中间减速机构可以将CVT的传动比变化范围调整到$0.8 \sim 5.0$。

金属带式CVT主要是通过改变主、从动轮和金属带的接触半径(即工作半径)来实现传动比的连续变化。从结构可知,CVT主、从动轮组都由可动锥盘和固定锥盘组成,可动锥盘可以在主、从动轴上沿轴向移动。可动锥盘与固定锥盘之间形成的"V"形槽与"V"形金属带相啮合。主动轮组的油缸控制主动轮组的可动锥盘沿轴向移动时,主动轮组一侧的金属带随之沿"V"形槽移动,由于金属带的长度固定,因此从动轮组一侧的金属带则沿"V"形槽向相反的方向移动,从动轮组的油缸此时则控制从动轮组的可动锥盘沿轴向移动,以保持金属带的张紧力,保证来自发动机的动力得到高效可靠的传递。金属带沿"V"形槽方向移动时,其在主动轮组和从动轮组上的回转半径发生变化,从而实现传动比的连续变化,如图5.73所示。

汽车开始起步时,主动轮的工作半径较小,变速器可以获得较大的传动比,从而保证有足够的转矩来保证汽车有较高的加速度。随着车速的增加,主动轮的工作半径逐渐增大,从动

248

轮的工作半径相应减小,CVT 的传动比下降,使汽车能够以更高的速度行驶。

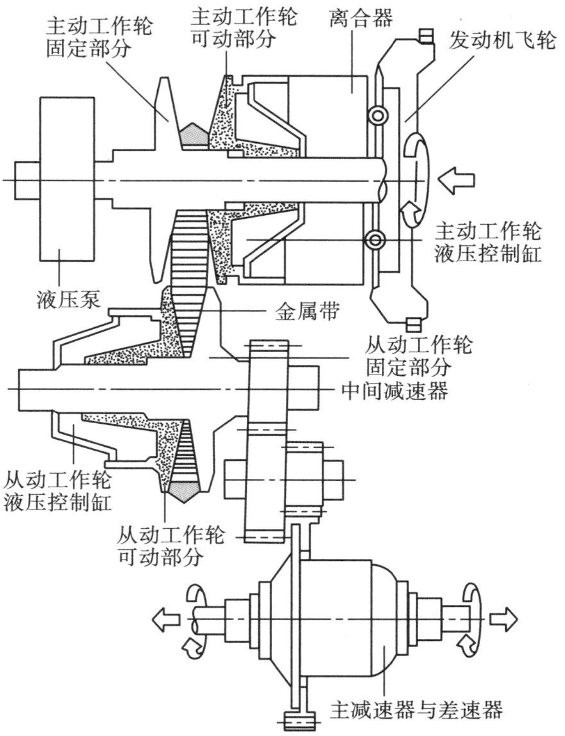

图 5.73　无级变速器工作原理

能力鉴定表 5

项目			传动系统结构认识与拆装		
班级			姓名	组长	
学号			组号	日期	
序号	能力目标	鉴定内容		鉴定结果	
				合 格	不合格
1	专业技能	工具选择是否得当		□	□
2		能否正确识别传动系统主要部件		□	□
3		能否正确规范完成传动系统各总成部件的拆装		□	□
4		能否正确规范使用拆装工具		□	□
5		任务实施能否达到 6S 要求		□	□
6	学习方法	是否主动进行任务实施		□	□
7		能否使用各种媒介完成任务		□	□
8		是否具备相应的信息收集能力		□	□
9	能力拓展	团队是否配合		□	□
10		操作方法是否具有创新		□	□
11		是否具有责任意识		□	□
12		是否具有沟通能力		□	□
13		总结与建议		□	□
鉴定结果	□合格 □不合格	教师意见		教师签字	
				日期	

注:①请根据结果在相关的方框"□"内打"√"。
　　②请指导教师重点对相关鉴定结果不合格的同学给予指导意见。

信息反馈表 5

项目：__传动系统结构认识与拆装__　　　　　组号：_____

姓名：_____　　　日期：_____

请你在相应栏内打"√"	非常同意	同意	没有意见	不同意	非常不同意
①本项目充分提供了关于汽车传动系统相关知识及拓展阅读					
②本项目为我提供了关于传动系统各组成部分的认识、拆装大量的实践操作机会					
③我现在对尝试汽车传动系统的拆装充满信心					
④本项目配套的实验设备和器材充分齐全,能满足学习需要					
⑤本项目的内容选取合理,教学组织和安排有序					
⑥本项目的内容适合我的需求					
⑦本项目中组织了各种活动					
⑧本项目的不同单元融合得很好					
⑨学习中教师待人友善、愿意帮忙					
⑩通过本项目学习让我做好了参加鉴定的准备					
⑪本项目中所有的教学方法对我学习起到了帮助的作用					
⑫本项目提供的信息量适当					
⑬本项目鉴定是公平、适当的					
你对改善本科目的教学建议：					

思考题

一、选择题

1.离合器安装在(　　　)之间。

    A.发动机与变速器　　　　　B.变速器与传动轴　　　　　C.变速器与主减速器

2.发动机、飞轮和(　　　)都是主动件。

    A.从动盘　　　　　　　　　B.压盘　　　　　　　　　　C.分离轴承

3.手动变速器一对传动齿轮的主动齿轮齿数大于从动齿轮齿数,此传动将会(　　　)。

    A.降速减矩　　　　　　　　B.降速增矩　　　　　　　　C.增速减矩

4.为防止汽车行驶时误挂倒挡,在倒挡拨块上装有(　　　)。

    A.自锁装置　　　　　　　　B.互锁装置　　　　　　　　C.倒挡锁装置

5.下面哪种是不等速万向节? (　　　)

    A.球笼式万向节　　　　　　B.三销轴式万向节　　　　　C.十字轴式万向节

6.伸缩型球笼万向节一般布置在传动轴的(　　　)。

    A.外侧　　　　　　　　　　B.内侧　　　　　　　　　　C.内外侧均可

二、简答题

1.汽车传动系统有哪几种布置形式? 各有什么特点?

2.离合器的功用是什么?

3.膜片弹簧离合器有哪些特点?

4.同步器的作用是什么?

5.两轴式和三轴式变速器有什么异同?

6.三轴式变速器的工作过程是怎样的?

7.汽车万向传动装置主要用在什么地方?

8.十字轴式万向节如何实现等速传动?

9.驱动桥的功用是什么? 每个功用由哪些部件来实现? 其动力是如何传递的?

10.驱动桥有哪些类型? 各自的特点是什么?

11.汽车半轴的支承形式有哪几种?

项目 6　行驶系统结构认识与拆装

任务 6.1　行驶系统总体结构认识

行驶系结构认识与拆装

能力标准

学完本任务,你应获得以下能力:

①能正确识别汽车行驶系统结构。

②能对汽车行驶系统车桥、悬挂和车轮等部件实施拆装。

任务描述

请以下列任务为指导,完成相关知识的学习和实施练习:

①查找和记录行驶系统结构,并分析解释其主要技术参数。

②对汽车行驶系统进行总体认识,识别车桥、悬挂和车轮等系统具体位置。

③实施汽车行驶系统车桥、悬挂和车轮等部件拆装练习。

相关知识

📖 行驶系统

(1)行驶系统的主要功用

①接受由发动机经传动系统传来的转矩,并通过驱动轮与地面之间的附着作用,产生驱动力,以保证整车正常行驶。

②支承汽车的总质量。

③传递并支承路面作用于车轮上的各种反力及其所形成的力矩。

④尽可能地缓和不平路面对车身造成的冲击和振动,保证汽车平顺行驶。

(2)行驶系统的组成

汽车行驶系统由车架、车桥、悬架及车轮组成,如图6.1所示。

①车架。车架是整个汽车的安装基础,保证各总成、部件正确的相对位置,并承受各种动、静载荷,有的客车和轿车为了减小质量,取消了车架。车身承受了各种载荷,称为承载式车身(见图6.2)。

②车桥。车桥是用来安装和支撑车轮的部件,并通过悬架与车架(或承载式车身)连接。

车桥的作用是传递车架与车轮之间各方向的作用力及其所产生的弯矩和转矩。

③悬架。悬架是弹性地连接车架或车身与车桥的装置。其作用是:缓和行驶中车辆受到的冲击、振动,传递各项力及其所形成的力矩,引导车轮按一定轨迹相对于车身运动。根据导向装置的不同,悬架分为独立悬架和非独立悬架。

④车轮。车轮安装于车桥两端,承受各种汽车质量和汽车行驶时的各种驱动力和阻力的旋转部件。

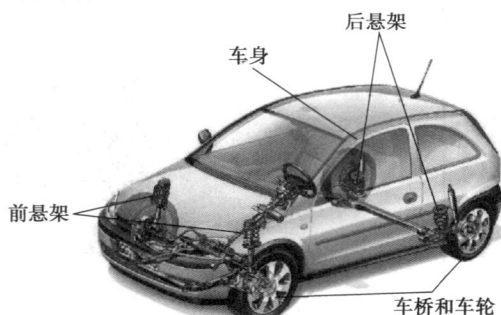

图 6.1　汽车行驶系统的组成

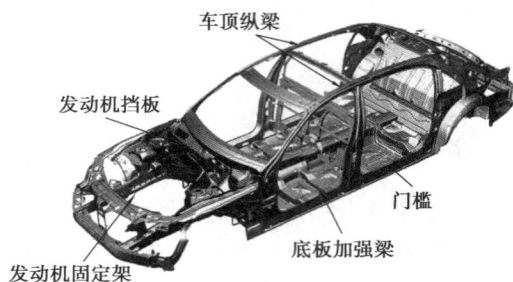

图 6.2　承载式车身结构图

任务实施

实施要求

☞ 任务目标与要求

①小组成员分工协作,利用汽车维修手册及实训资料,依据任务工作单制订工作计划,并通过小组自评或互评检查工作计划。

②认识汽车行驶系统的整体结构,识别各机构及系统的组成,确定主要部件安装位置。

③完成汽车行驶系统外围附件的拆装。

☞ 注意事项

在任务实施过程中,严格遵守相关实验实训制度和规范的要求,注意职场健康与安全需求,做好废料的处理,并保持工作场所的整洁。

实施步骤

☞ 准备工作

①小组接受工作任务,准备实训车辆、拆装工具、维修手册等配套器材,清理场地,做好实施准备工作。

②组长带领组内成员阅读任务工作单,查阅相关手册或指导书,合理分工,制订任务计划,并检查计划有效性。

☞ 实施步骤

①依照任务工作单的引导,观察认识所用汽车行驶系统的主要机构及系统组成,查找各主要部件的安装位置,并填写任务工作单。

②合理选择工具,并正确使用各类工具完成汽车行驶系统外围附件的拆装。拆装过程

中,请参考维修手册,严格按照相关技术标准和要求完成拆装任务。

拆装步骤如下:

①拧松车轮螺栓(用套筒或扳手拧松车轮锁紧螺母)。

②举升车辆,拆下车轮。

③实车认识行驶系各部件及相互位置关系。

④装配车轮。

⚠️ 注意:车轮要按规定力矩装配到位。

☞ 评估总结

①回答指导教师提问,并接受指导教师相关考核。

②对本次任务完成过程及效果进行自我评价和小组互评,填写任务工作单。

③清洁工作场所,清点归还相关工具设备,完成本次任务。

任务工作单

项目	行驶系统结构认识与拆装			
任务	行驶系统总体结构认识		姓名	
班级		组号	日期	
任务目的	①能正确识别汽车行驶系统结构 ②能对汽车行驶系统车桥、悬挂和车轮等附件实施拆装			
环节	内　容			批注及备注
资讯	①记录所用车辆行驶系统的信息 | 车辆型号		行驶系统类型	| ②利用下图认识行驶系统的总体结构及零部件 			
工作任务	①查找和记录行驶系统结构,并分析解释其主要技术参数 ②对汽车行驶系统进行总体认识,识别车桥、悬挂和车轮等系统具体位置 ③实施汽车行驶系统车桥、悬挂和车轮等附件拆装练习			
分析和计划	根据工作任务,确定所需工具、设备等,并制订小组工作计划: ①讨论确定所需仪器、工具及辅助资料 ②团队协作,组织及人员分工 ③明确拆装的行驶系统附件,制订拆装步骤及要求 ④操作安全、规范注意事项及技术标准			

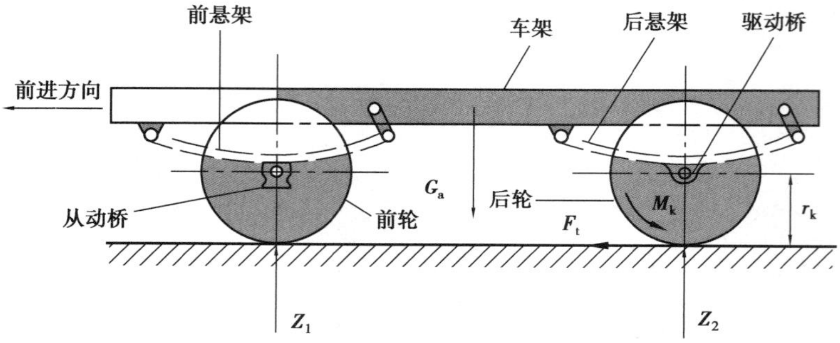

实施	①依照制订的拆装步骤完成各作业项目,并观察各部件,描述其名称,认识的部件打"√",不认识的打"×",同时指出该部件所属系统或机构 ②拆卸过程中明确技术标准,仔细观察各零部件的型号及其螺栓扭力大小 ③按正确顺序和技术标准完成装配任务 请依照以上要求完成下表:

序号	作业项目	部件	技术标准或要求	认识	所属机构或系统	考核
1						
2						
3						
4						
5						
6						
7						
8						
9						
10						
11						
12						
13	除上述拆卸的部件外,请补充汽车行驶系统内的其他部件					

检查 评估	自评项根据自己对任务的完成情况进行评估并提出改进意见;互评项由组内组外互相交流和评分;教师评估可纳入任务实施过程中或对照上表随机选取几个项目评估。总评采用合格和不合格两级评价

序号	评估项目	自评	互评	教师评估
1	工具选择和使用			
2	汽车行驶系统组成及部件认识			
3	汽车行驶系统拆装任务及技能			
4	职场安全及操作规范等			
5	总　评			

任务实施心得:

任务 6.2　悬架结构认识与拆装

能力标准

学完本任务,你应获得以下能力:
①能正确识别汽车悬挂系统类型。
②能正确认识汽车独立和非独立悬挂系统的总体结构。
③能对汽车悬挂系统的减振器、弹性元件等实施拆装。

任务描述

请以下列任务为指导,完成相关知识的学习和实施练习:
①认识汽车悬挂系统类型。
②对汽车独立和非独立悬挂系统进行总体认识。
③实施汽车悬挂系统的减振器、弹性元件等部件拆装练习。

相关知识

☞ 悬架结构

(1)悬架的组成和功用

悬架是车架(或承载式车身)与车桥(或车轮)之间的一切传力连接装置的总称。它由弹性元件、阻尼元件(减振器)、导向杆和横向稳定器组成(见图6.3)。

弹性元件的作用是使车架与车桥的连接具有弹性,吸收、缓和路面冲击和振动。阻尼元件的作用是衰减弹性元件的振动,吸收并散发振动能量。导向杆的作用是约束车轮按一定的轨迹运动,承受并传递各方向的力和力矩。横向稳定器的作用是在汽车转向等情况时,减小车身的倾斜和横向角振动。

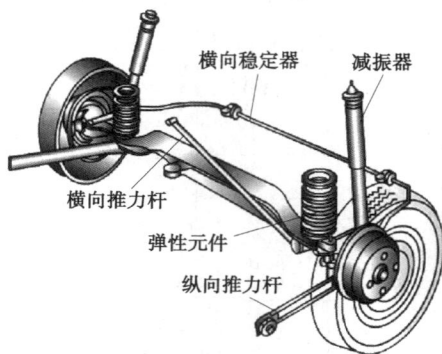

图 6.3　汽车悬架组成示意图

(2)悬架系统的分类

汽车悬架按结构特点可分为两大类:非独立式悬架和独立式悬架。

①非独立悬架(见图6.4)。结构特点是两侧的车轮由一根整体式车桥相连,车轮连同车桥一起通过弹性悬架悬挂在车架(或车身)的下面,使两侧车轮刚性地连接在一起,形成共同运动的悬架。它广泛应用于货车、客车和轿车后桥。

②独立悬架(见图6.5)。两侧车轮由断开式车桥连接,车轮单独通过悬架与车架连接,可

以单独跳动。它广泛应用于轿车前悬架。

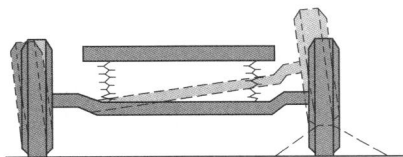

图 6.4　非独立悬架结构示意图

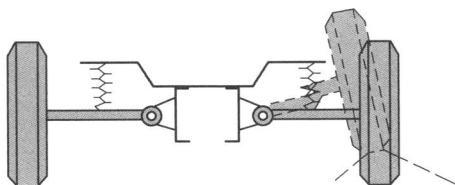

图 6.5　独立悬架结构示意图

（3）减振器

为加速车架与车身振动的衰减,改善汽车行驶的平顺性,在大多数汽车的悬架系统内部装有减振器。减振器和弹性元件是并联安装的(见图 6.6)。

汽车悬架系统中广泛采用液力减振器。液力减振器的作用是当汽车振动时,减振器壳体内的油液反复从一个内腔通过一些窄小的空隙流入另一内腔。同时,摩擦力便将振动能量转化为热能,被油液、减振器吸收后散失到大气中。减振器的阻尼力的大小随车架与车桥(或车轮)的相对速度的变化而变化,并且与油液的黏度有关。

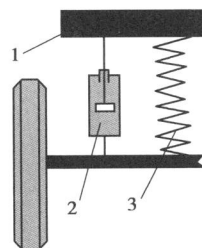

图 6.6　减振器和弹性元件的安装示意图
1—车架;2—减振器;3—弹性元件

减振器的阻尼力越大,振动消除得越快,但却使并联的弹性元件的作用不能充分发挥。

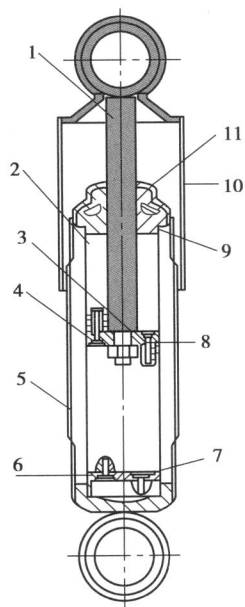

图 6.7　双向作用筒式减振器示意图
1—活塞杆;2—工作缸筒;3—活塞;
4—伸张阀;5—储油缸筒;6—压缩阀;
7—补偿阀;8—流通阀;9—导向座;
10—防尘罩;11—油封

同时,过大的阻尼力还可能导致减振器连接零件及车架损坏。为解决弹性元件与减振器之间这一矛盾关系,对减振器提出如下要求:

①在减振器随悬架一起被压缩时,减振器的阻尼力要小,以便让弹性元件充分地吸收振动能量,缓和冲击。

②在减振器与悬架一起被拉伸时,减振器的阻尼力要大,以便让弹簧振动得到迅速衰减,降低驾驶员的疲劳。

③在车架与车桥之间的运动速度过大时,减振器应该具有卸荷通道,使其阻尼力保持在一定的限度范围内。

在压缩和伸张两行程内均能起减振作用的减振器称为双向作用式减振器;另有一种减振器仅在伸张行程内起作用,称为单向作用式减振器。目前,汽车上广泛采用双向作用式减振器。图 6.7 所示为双向作用筒式减振器。

双向作用筒式减振器一般都具有 4 个阀(见图 6.7),即压缩阀 6、伸张阀 4、流通阀 8 及补偿阀 7。流通阀和补偿阀是一般简单阀,其弹簧很弱,当阀上的油压作用力与弹簧力同向时,阀处于关闭状态,完全不通液流;而当油压作用力与弹簧力反向时,只要有很小的油压,阀便能开启。压缩阀和伸张阀是卸载阀,其弹簧较强,预紧力较大,只有当油压增高到一定程度时,阀才能开启;而当油压减低到一定程度时,阀自行关闭。

(4)弹性元件

汽车用悬挂弹性元件一般分为钢板弹簧、扭杆弹簧、螺旋弹簧、油气弹簧及空气弹簧等。钢板弹簧虽然承重大,但舒适性较差,一般用于货车和农用车。扭杆弹簧和螺旋弹簧由于体积小、结构简单、舒适性好,是轿车上使用较多的悬挂弹性元件。油气弹簧和空气弹簧虽然能够达到更高的舒适性,但由于结构复杂、制造成本高,目前只应用于一些高档轿车和大型豪华客车。

下面介绍汽车悬架常用弹簧的结构及功用。

1)钢板弹簧

钢板弹簧最常用的是由若干片不等长(厚度可等可不等)的合金弹簧片组成的近似等强度弹性梁结构。除了能承受垂直载荷外,各弹簧间的摩擦能起一定减振作用,钢板弹簧还兼导向机构作用。其一般结构如图6.8所示。

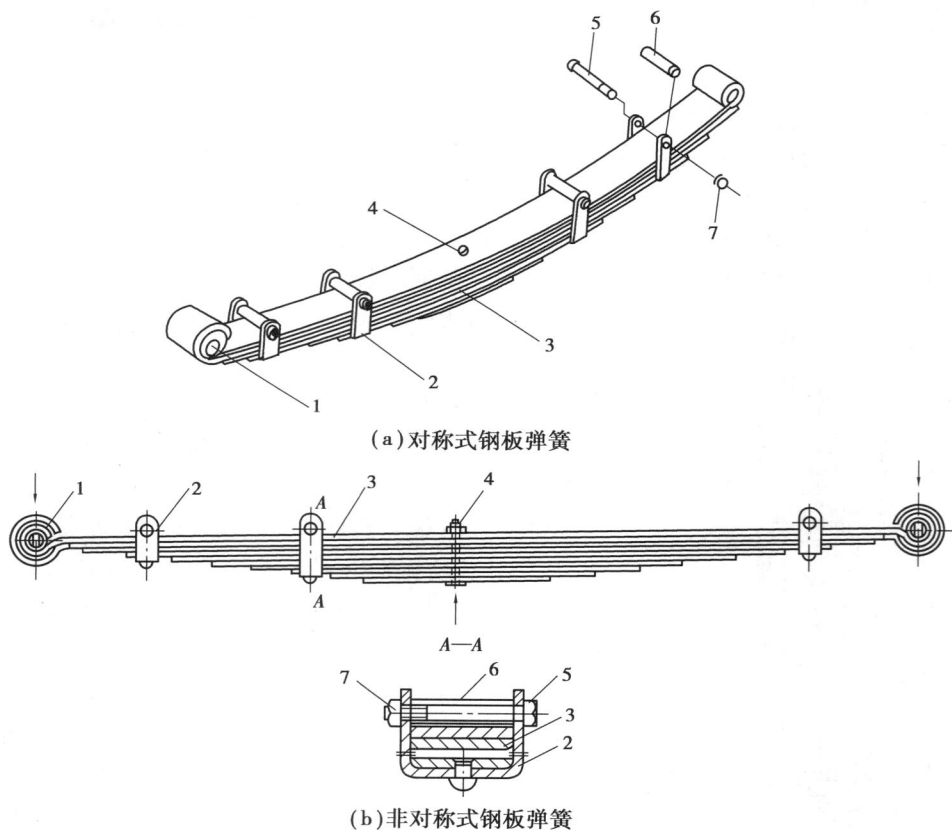

（a）对称式钢板弹簧

（b）非对称式钢板弹簧

图6.8 钢板弹簧

1—卷耳;2—弹簧夹;3—钢板弹簧;4—中心螺栓;5—螺栓;6—套管;7—螺母

钢板弹簧的第一片最长,称为主片。主片的两端弯成卷耳,内装青铜或塑料、橡胶、粉末冶金制成的衬套,并通过弹簧销与车架或者吊耳作铰链连接。钢板弹簧的中部一般用"U"形螺栓固定在车桥上。

中心螺栓的作用是连接各弹簧片,保证各片的装配位置。按其距两耳的距离分为对称式钢板弹簧(见图 6.8(a))和非对称式钢板弹簧(见图 6.8(b))。

主片卷耳受力严重,为改善主片卷耳受力情况,常将第二片末端也弯成卷耳,称为包耳。为了使得在弹簧变形时各片有相对滑动的可能,两者留有较大间隙,以便相对滑动。

目前的汽车大量采用了变截面的少片钢板弹簧(见图 6.9)。它具有质量小、结构简单、摩擦小、节省材料的特点。

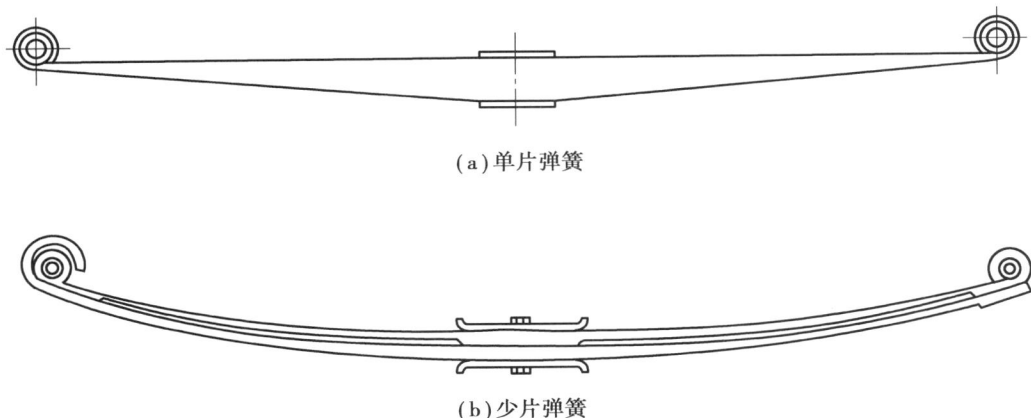

(a)单片弹簧

(b)少片弹簧

图 6.9　单片和少片变截面钢板弹簧

2)螺旋弹簧

螺旋弹簧广泛应用于独立悬架,特别是前轮独立悬架中,然而在有些轿车的后轮非独立悬架中,其弹性元件也采用螺旋弹簧,螺旋弹簧与钢板弹簧相比,具有以下优点:无须润滑,不怕泥污以及安置它所需的纵向空间不大,弹簧本身质量小。

螺旋弹簧本身没有减振作用,因此,在螺旋弹簧悬架中必须另装减振器。此外,螺旋弹簧只能承受垂直载荷,故必须装设导向机构以传递垂直力以外的各种力和力矩。

螺旋弹簧用弹簧钢棒料卷制而成,可制作为等螺距或变螺距。前者刚度不变,后者刚度是可变的。

3)扭杆弹簧

扭杆弹簧本身是一根由弹簧钢制成的杆 1(见图 6.10)。扭杆断面通常为圆形,少数为矩形或管形。其两端形状可制作为花键、方形、六角形或带平面的圆柱形等。以便将用弹簧杆制作成的扭杆一端固定于车架,另一端通过摆臂 2 与车轮相连,利用车轮跳动时扭杆的扭转变形起到缓冲作用,适合于独立悬挂

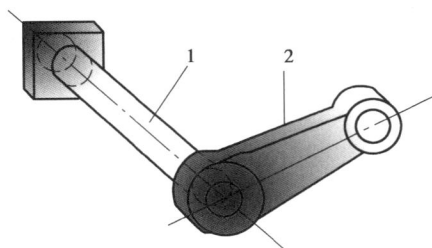

图 6.10　扭杆弹簧
1—扭杆;2—摆臂

使用。当车轮跳动时,摆臂便绕着扭杆轴线摆动,使扭杆产生扭转变形,以保证车轮与车架弹性连接。有的扭杆由一些矩形断面的薄条组合而成,这样弹簧更为柔软。

4)气体弹簧

气体弹簧是在一个密封的容器中充入压缩气体(气压为 0.5~1.0 MPa),利用气体的可压缩性来实现其弹簧作用。这种弹簧的刚度是可变的,因为作用在弹簧上的载荷增加时,容器内的定量气体受压缩,气压升高,则弹簧的刚度增大;反之,载荷减少时,弹簧内的气压下降,

刚度减少。故它具有较理想的弹性特性。

气体弹簧有空气弹簧(见图6.11)和油气弹簧(见图6.12)两种。

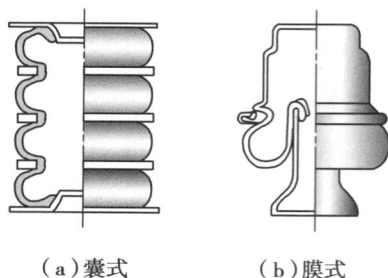

（a）囊式　　　　（b）膜式

图6.11　空气弹簧

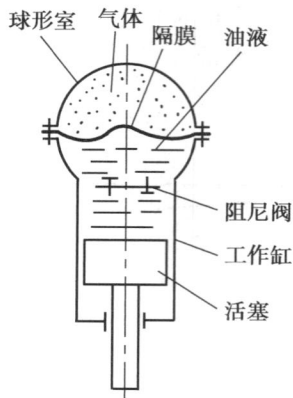

球形室　气体　隔膜　油液

阻尼阀

工作缸

活塞

图6.12　油气弹簧

（5）非独立悬架

非独立悬架的结构特点是两侧车轮由一根整体式车架相连,车轮连同车桥一起通过弹性悬架悬挂在车架或车身的下面。非独立悬架具有结构简单、成本低、强度高、保养容易、行车中前轮定位变化小的优点,但由于其舒适性及操纵稳定性都较差,故多用在货车和大客车以及轿车的后悬架上。

非独立式悬架主要分为钢板弹簧式、螺旋弹簧式和空气弹簧式等。

1)钢板弹簧式非独立悬架

如图6.13所示。这种悬架广泛用于货车的前、后悬架中。它中部用"U"形螺栓将钢板弹簧固定在车桥上。悬架前端为固定铰链,也称死吊耳。它由钢板弹簧销钉将钢板弹簧前端卷耳部与钢板弹簧前支架连接在一起,前端卷耳孔中为减少磨损装有衬套。后端卷耳通过钢板弹簧吊耳销将后端吊耳与吊耳架相连,后端可以自由摆动,形成活动吊耳。当车架受到冲击弹簧变形时,两卷耳之间的距离有变化的可能。

2)螺旋弹簧非独立悬架

螺旋弹簧非独立悬架常用于轿车的后悬架。用螺旋弹簧作为弹性元件,只能承受垂直载荷,因此其悬架系统要加设导向机构和减振器。

图6.13　钢板弹簧式非独立悬架

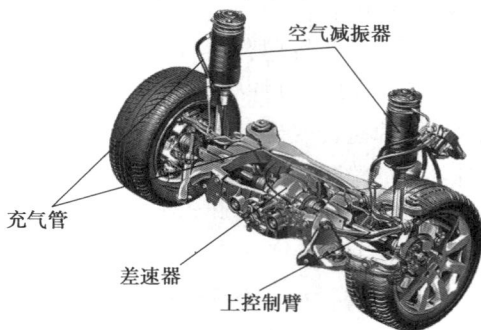

空气减振器

充气管

差速器

上控制臂

图6.14　空气悬架结构图

3）空气弹簧非独立悬架

空气悬架主要包括内部装有压缩空气的空气弹簧和阻尼可变的减振器两部分。如图6.14所示，与传统钢制汽车悬架系统相比较，空气悬架具有很多优势，最重要的一点就是弹簧的弹性系数（也就是弹簧的软硬）能根据需要自动调节。汽车在高速行驶时，悬架可以变硬，以提高车身稳定性；汽车长时间低速行驶时，控制单元会认为正在经过颠簸路面，以悬架变软来提高减振舒适性。

（6）**独立悬架**

独立悬架是每一侧的车轮都单独地通过弹性悬架悬挂在车架或车身下面的。其优点是：质量小，减少了车身受到的冲击，并提高了车轮的地面附着力；可用刚度小的较软弹簧，改善汽车的舒适性；可使发动机位置降低，汽车重心也得到降低，从而提高汽车的行驶稳定性；左右车轮单独跳动，互不相干，能减少车身的倾斜和振动。不过，独立悬架存在着结构复杂、成本高、维修不便的缺点。现代轿车大都是采用独立式悬架，按其结构形式的不同，下面介绍现代汽车常用的独立悬架结构。

1）麦弗逊式悬架

麦弗逊式悬架（见图6.15）由螺旋弹簧、减振器、三角形下摆臂组成。绝大部分车型还会加上横向稳定杆。该悬架用螺旋弹簧套在减振器上组成，减振器可避免螺旋弹簧受力时向前、后、左右偏移的现象，限制弹簧只能作上下方向的振动，并用减振器的行程长短及松紧，来设定悬架的软硬及性能。目前大部分车型的前悬架都采用麦弗逊式悬架。虽然麦弗逊式悬架技术含量并不高，但经久耐用，具有很强的道路适应能力。

2）双叉臂式悬架

双叉臂式悬架，又称为两连杆式悬架，也是一种常见的独立悬架（见图6.16）。它通过上下两个横臂与车身铰接，一般下横臂比上横臂长。很多运动型车和高级车双叉臂悬架拥有上下两个叉臂，横向力由两个叉臂同时吸收，支柱只承载车身质量，因此横向刚度大。双叉臂式悬架的上下两个 A 字形叉臂可精确地定位前轮的各种参数，前轮转弯时，上下两个叉臂能同时吸收轮胎所受的横向力，加上两叉臂的横向刚度较大，因此转弯的侧倾较小。

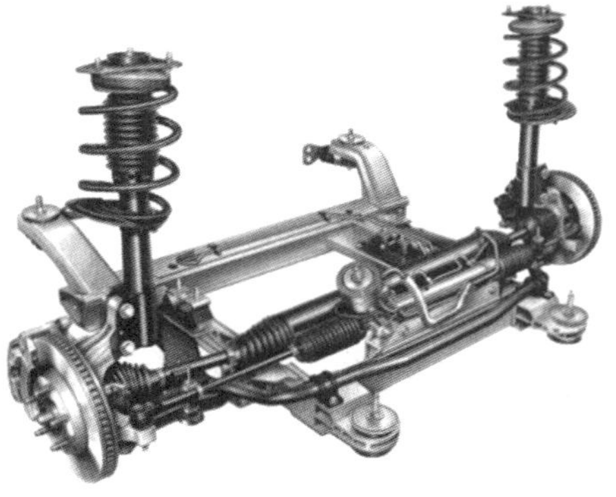

图 6.15　麦弗逊式悬架

图 6.16　双叉臂式悬架

3）多连杆悬架

多连杆悬架（见图6.17），通过各种连杆配置（通常有三连杆、四连杆、五连杆），首先能实现双叉臂悬挂的所有性能,然后在双叉臂的基础上通过连杆连接轴的约束作用使得轮胎在上下运动时前束角也能相应改变,这就意味着弯道适应性更好,如果用在前驱车的前悬架,可以在一定程度上缓解转向不足,给人带来精确转向的感觉;如果用在后悬架上,能在转向侧倾的作用下改变后轮的前束角,这就意味着后轮可以一定程度地随前轮一同转向,达到舒适操控两不误的目的。跟双叉臂一样,多连杆悬架同样需要占用较多的空间,而且多连杆悬架无论是制造成本还是研发成本都是最高的,因此常用在中高级车的后桥上。

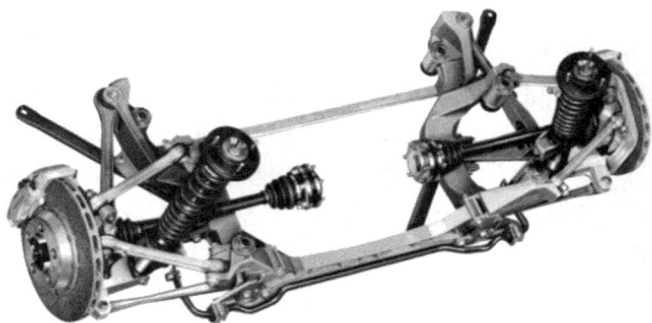

图 6.17　多连杆悬架

任务实施

实施要求

☞ 任务目标与要求

①小组成员分工协作,利用汽车维修手册及实训资料,依据任务工作单制订工作计划,并通过小组自评或互评检查工作计划。

②认识汽车悬架系统的整体结构,了解汽车是哪一种类型悬架,并确定主要部件安装位置。

③完成汽车悬架系统的拆装,并能正确使用悬架拆装相关专用工具。

☞ 注意事项

在任务实施过程中,严格遵守相关实验实训制度和规范的要求,注意职场健康与安全需求,做好废料的处理,并保持工作场所的整洁。

实施步骤

☞ 准备工作

①小组接受工作任务,准备实训车辆、拆装工具、扭力扳手、维修手册等配套器材,清理场地,做好实施准备工作。

②组长带领组内成员阅读任务工作单,查阅相关手册或指导书,合理分工,制订任务计划,并检查计划有效性。

实施步骤

①依照任务工作单的引导,观察认识所用汽车悬架系统的类型和组成,查找各主要部件

的安装位置,并填写任务工作单。

②合理选择工具,并正确使用各类工具完成汽车麦弗逊式悬架系统的拆装。具体拆装过程中,请参考实训车悬架的维修手册,严格按照相关技术标准和要求完成拆装任务。

拆卸步骤如下:

①拆开蓄电池负极接线,如装有空气弹簧,则拆下壳体及空气管路总成。

②拆下将悬架总成固定到车架上的螺栓。

③安全地举升并支承汽车,拆下轮胎及车轮总成。

④从制动钳处拆开制动软管,拔下制动软管固定夹,并将制动软管从减振器滑柱处拆去。

⑤拆下将减振器滑柱固定在支座上的螺栓,并拆下将减振滑柱支架固定在支座上的螺栓。

⑥在支座总成下方位置,小心地逐渐将悬架总成拔出。

⑦从汽车上拆去悬架总成。

安装步骤如下:

①将悬架总成安装在汽车上,并以38~50 N·m力矩拧紧悬架固定螺栓。

②将制动软管安装在制动钳上,并为制动系统放气。如装有空气弹簧,则安装空气管路总成。

③安装车轮及轮胎,放下汽车,连接蓄电池负极接线,并测试汽车运行情况。

☞ 评估总结

①回答指导教师提问,并接受指导教师相关考核。

②对本次任务完成过程及效果进行自我评价和小组互评,填写任务工作单。

③清洁工作场所,清点归还相关工具设备,完成本次任务。

任务工作单

项目	行驶系统结构认识与拆装		
任务	悬架结构认识与拆装	姓名	
班级		组号	日期
任务目的	①能正确识别汽车悬挂系统的类型 ②能正确认识汽车独立和非独立悬挂系统的总体结构 ③能对汽车悬挂系统的减振器、弹性元件等实施拆装		
环节	内　容		批注及备注
资讯	①记录所用悬架结构的信息 悬架形式　 ②请标出下图各零部件名称 		
工作任务	①认识汽车悬挂系统的类型 ②对汽车独立和非独立悬挂系统进行总体认识 ③实施汽车悬挂系统的减振器和弹性元件等部件拆装练习		
分析和计划	根据工作任务,确定所需工具、设备等,并制订小组工作计划: ①讨论确定所需仪器、工具及辅助资料 ②团队协作,组织及人员分工 ③明确拆装的悬架系统附件,制订拆装步骤及要求 ④操作安全、规范注意事项及技术标准		

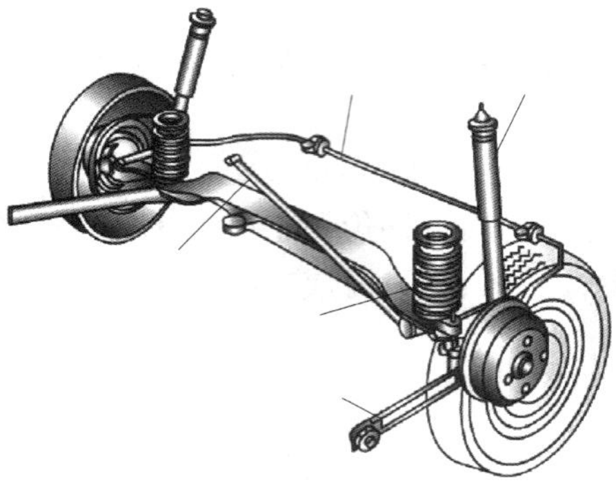

实施	①依照制订的拆装步骤完成各作业项目,并观察各部件,描述其名称,认识的部件打"√",不认识的打"×",同时指出该部件所属系统或机构 ②拆卸过程中明确技术标准,仔细观察各零部件的型号及其螺栓扭力大小 ③按正确顺序和技术标准完成装配任务 请依照以上要求完成下表:

序号	作业项目	部件	技术标准或要求	认识	所属机构或系统	考核
1						
2						
3						
4						
5						
6						
7						
8						
9						
10						
11						
12						
	除上述拆卸的部件外,请补充悬架系统内的其他部件					
13						

检查评估	自评项根据自己对任务的完成情况进行评估并提出改进意见;互评项由组内组外互相交流和评分;教师评估可纳入任务实施过程中或对照上表随机选取几个项目评估。总评采用合格和不合格两级评价

序号	评估项目	自评	互评	教师评估
1	工具选择和使用			
2	悬架系统组成及部件认识			
3	悬架系统拆装任务及技能			
4	职场安全及操作规范等			
5	总　评			

任务实施心得:

任务6.3　车轮与车桥结构认识与拆装

能力标准

学完本任务,你应获得以下能力:

①能正确识别车轮的型号及车桥的类型,并能依据具体型号、类型查阅相关技术资料,分析主要参数。

②能正确认识车桥及车轮总体结构。

③能对车桥及车轮实施拆装。

任务描述

请以下列任务为指导,完成相关知识的学习和实施练习:

①查找和记录车轮型号及车桥类型。

②对车桥及车轮进行总体认识。

③实施车桥及车轮拆装练习。

相关知识

车桥与车轮

(1)车桥

车桥(也称车轴)通过悬架与车架(或承载式车身)相连,两端安装汽车车轮。其功能是传递车架(或承载式车身)与车轮之间各方向作用力。

车桥可以是整体式的,两端通过悬架系统支承着车身,因此整体式车桥通常与非独立悬架配合;车桥也可以是断开式的,各自通过悬架系统支承车身,故断开式车桥与独立悬架配用。

根据驱动方式的不同,车桥也分成转向桥、驱动桥、转向驱动桥和支持桥4种。其中,转向桥和支持桥都属于从动桥。大多数汽车采用前置、后驱动(FR),因此前桥作为转向桥,后桥作为驱动桥;而前置、前驱动(FF)汽车则前桥成为转向驱动桥,后桥充当支持桥。本节主要叙述整体式转向桥及转向驱动桥。

1)转向桥

转向桥是指承担转向任务的车桥。一般汽车的前桥为转向桥,它利用车桥中的转向节使两端的车轮偏转一定的角度,以实现汽车的转向。转向桥除承担汽车的垂直载荷外,还承受纵向力和侧向力,以及这些力造成的力矩。

2)转向轮定位

为了保证汽车稳定的直线行驶,应使转向轮具有自动回正作用。就是当转向轮在偶遇外力(如碰到石块)作用发生偏转时,在外力消失后,应能立即自动回到直线行驶的位置。这种自动回正作用是由转向轮定位参数来保证实现的。这些定位参数有主销后倾角、主销内倾角、前轮外倾角及前轮前束。

在纵向平面内,主销上部向后倾斜一个 γ 角(见图 6.18),称为主销后倾角。在横向平面内,主销上部向内倾斜一个 β 角(见图 6.19),称为主销内倾角。前轮中心平面也不垂直于地面,而是向外倾斜一个角度 α 角(见图 6.19(a)),称为前轮外倾角。

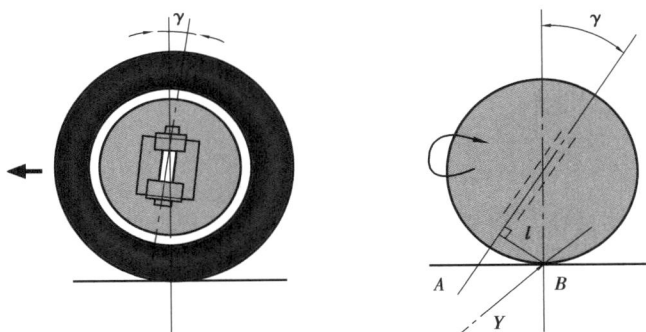

图 6.18 主销后倾角作用示意图

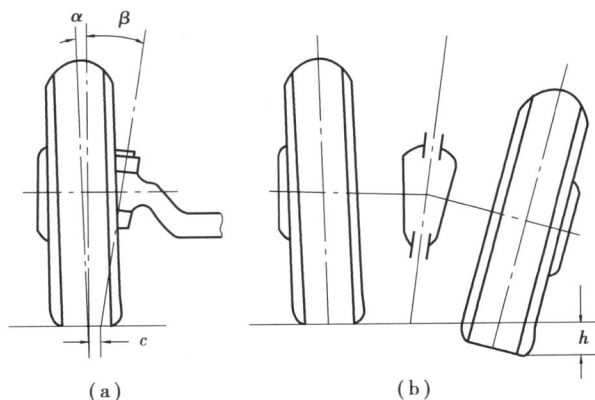

(a)　　　　　　　　　　　(b)

图 6.19 主销内倾角作用示意图

①主销后倾角

由于主销后倾 γ 角(见图 6.18)、主销(即转向轴线)与地面的交点 A 位于车轮接地点 B 的前面。这时,车轮因受到地面的阻力,总是被主销拖着前进。这样就能保持行驶方向的稳定。当汽车转弯时,由于离心力的作用,地面对车轮的侧向反力 Y 作用在主销的后面,反力 Y 对车轮形成绕主销轴线作用的力矩 Y_1,其方向正好与车轮偏转的方向相反,使车轮有自动回正的趋势。主销后倾角越大,如图 6.18 所示,力臂 l 越大,在 Y 力不变的情况下,自动回正力矩越大,方向稳定性越好,但转向越沉重。汽车主销后倾角一般不超过 30°,由前悬架在车架上的安装位置来保证。

主销后倾角影响汽车直线行驶的稳定性和转向轮的回正功能。正后倾角比较大,则前轮有沿直线行驶的趋势。一方面,如果正后倾角大小适当,则可以确保汽车的行驶稳定性,而且

269

使转向轮在转向后能够回正;另一方面,正后倾角增加了转向阻力。因此,如果汽车配置了动力转向系统,则所允许采用的正后倾角要比单纯的手动转向系统大许多。

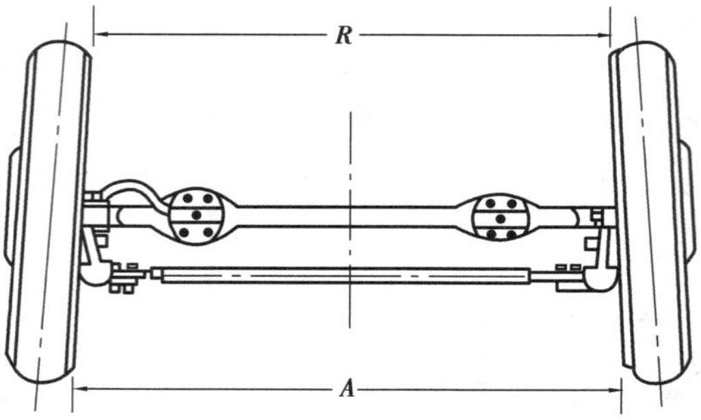

图 6.20　车轮前束(俯视图)

主销后倾角太小会使转向不稳定,并使车轮晃动。在极端的情况下,负后倾角与随之引起的车轮晃动会加剧前轮的杯状化磨损。如果主销后倾角左右不等,则汽车将会被拉向正后倾角较小(或更大的负后倾角)的一侧。在解决汽车跑偏方面的问题时,要特别注意这一点。

②主销内倾角

具体来说,从车前后方向看轮胎时,主销轴向车身内侧倾斜,该角度称为主销内倾角 β。如图 6.19 所示,当车轮以主销为中心回转时,车轮的最低点将陷入路面以下 h,但实际上车轮下边缘不可能陷入路面以下 h,而是将转向车轮连同整个汽车前部向上抬起一个相应的高度,这样汽车本身的重力有使转向车轮回复到原来中间位置的效应,因而方向盘复位容易。

此外,主销内倾角 β 还使得主销轴线与路面交点到车轮中心平面与地面交线的距离 c 减小,从而减小转向时驾驶员加在方向盘上的力,使转向操纵轻便,同时也可减少从转向轮传到方向盘上的冲击力。但主销内倾角也不宜过大,否则会加速轮胎的磨损。故一般主销内倾角 β 不大于 8°,距离 c 一般为 40~60 mm。

③前轮外倾角

除上述主销后倾和内倾两个角度保证汽车稳定直线行使外,前轮外倾角也具有定位作用。一方面,如果空车时车轮安装正好垂直路面,则满载时,车桥将因承载变形,而可能出现车轮内倾,这样将加速车轮偏磨;另一方面,有前倾角 α 可以减少轮毂外轴承及其锁紧螺母的载荷,增加了使用寿命,提高了安全性。一般前轮外倾角为 1°左右,但对于有高速、急转向要求的车辆,前轮外倾角可减小甚至为负值。

④前轮前束

车轮有了外倾角后,在滚动时就类似于滚锥,从而导致两侧车轮向外滚开。由于转向横拉杆和车桥的约束使车轮不可能向外滚开,车轮将在地面上出现边滚边滑的现象,从而增加了轮胎的磨损。为了消除车轮外倾带来的这种不良后果,如图 6.20 所示,在安装车轮时,使汽车两前轮的中心面不平行,两轮前边缘距离 R 小于后边缘距离 A,两者的距离之差即为前轮前束。

3）转向驱动桥

一般轿车的前桥除作为转向桥外，还兼驱动桥的作用，称为转向驱动桥。转向驱动桥与转向桥的区别在于：增加了驱动部分，在结构上既要有一般驱动桥所具有的主减速器、差速器和半轴，也有转向桥所具有的转向节和主销等，图 6.21 为上海桑塔纳轿车转向驱动桥。

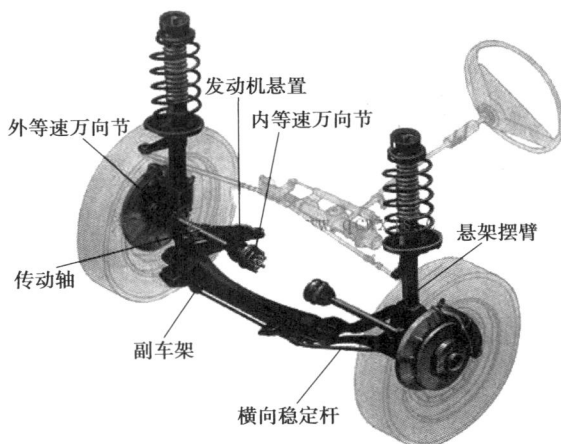

图 6.21　上海桑塔纳轿车转向驱动桥

（2）**车轮总成**

车轮是汽车的行走部件，安装在车架上。其作用：可以绕车轴转动并沿地面滚动；支承整车；缓和由路面传来的冲击；通过轮胎与路面间存在的附着作用产生驱动力和制动力；使汽车保持直线行驶方向；承担越障并提高通过性。

车轮总成主要由车轮、轮辋、轮胎及气门嘴等零件构成。

1）车轮

汽车车轮主要有两种主要形式：辐板式和辐条式。目前，汽车上主要使用辐板式的车轮。

①辐板式车轮

目前，普通轿车和轻、中型货车普遍采用辐板式车轮，这种车轮如图 6.22 所示。它由辐板孔、轮辋、辐板及气门嘴伸出口组成。车轮中用以连接轮毂和轮辋的钢质圆盘称为辐板，大多是冲压制成的，少数是与轮毂铸成一体，后者主要用于重型汽车。

②辐条式车轮

按辐条结构的不同，辐条式车轮可分为钢丝辐条式车轮和铸造辐条式车轮。如图 6.23(a)所示，钢丝辐条式车轮的结构与自行车车轮完全一样，由于其价格昂贵、维修安装不便，故仅用于赛车和某些高级轿车上；另外，辐条式车轮还不能与无

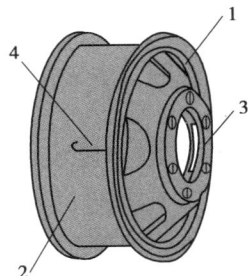

图 6.22　辐板式车轮
1—辐板孔；2—轮辋；3—辐板；
4—气门嘴伸出口

内胎轮胎组合使用。铸造辐条式车轮常用于重型货车上，如图 6.23(b)所示辐条与轮毂铸成一体，轮辋是用螺栓和特殊形状的衬块固定在辐条上，为了使轮辋和辐条很好地对中，在轮辋和辐条上都加工出配合锥面。

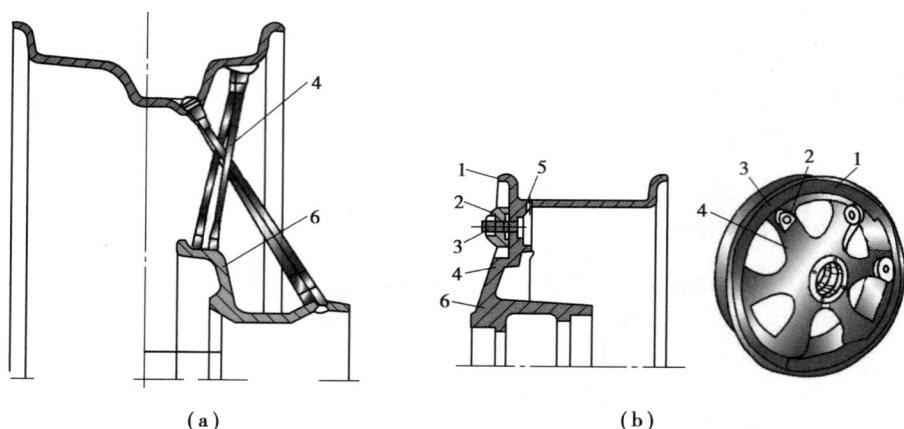

图 6.23　辐条式车轮

1—轮辋;2—衬块;3—螺栓;4—辐条;5—配合锥面;6—轮毂

2)轮辋

汽车轮辋常见的形式主要有深槽轮辋(见图6.24(a))、平底轮辋(见图6.24(b))和对开式轮辋(见图6.24(c))等。

(a)深槽轮辋　　　　**(b)平底轮辋**　　　　**(c)对开式轮辋**

图 6.24　轮辋断面

1、3—挡圈;2—锁圈

深槽轮辋结构简单、刚度大、质量较小,对于小尺寸弹性较大的轮胎最适宜。

平底轮辋是整体的,用开口弹性锁圈防止挡圈脱出。它用于尺寸较大、弹性较小的中型车辆。

如图6.24(c)所示的对开式轮辋由内外两部分组成,靠螺栓紧固在一起,内外两部分轮辋可以是等宽度,也可以是不等宽度,用于大中型车辆。

近年来,为了适应提高轮胎载荷能力的需要,开始采用宽轮辋,以提高轮胎的使用寿命,并改善汽车的通过性和行驶稳定性。

3)轮胎

轮胎在行驶时承受着各种变形、载荷、力以及高低温作用,因此必须具有较高的承载性能、牵引性能、缓冲性能。同时,还要求具备高耐磨性和耐屈挠性,以及低的滚动阻力与生热性。

①汽车轮胎按组成结构分类

汽车轮胎按组成结构不同,可分为有内胎和无内胎两种。有内胎轮胎通常由外胎、内胎和垫带3部分组成(见图6.25);也有不需要内胎的(见图6.26);其胎体内层有气密性好的橡胶层,且需配专用的轮辋。

图 6.25　有内胎轮胎

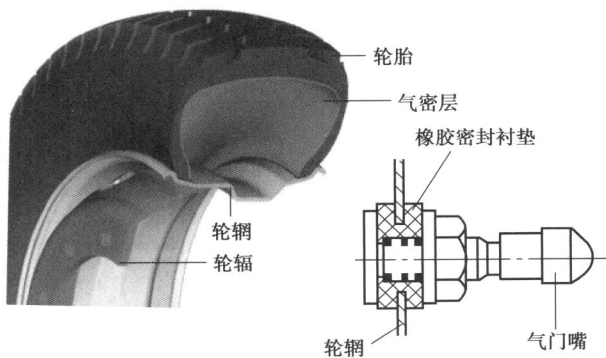

图 6.26　无内胎轮胎

②按胎体中帘线排列的方向分类

按胎体中帘线排列的方向不同划分为斜交线轮胎、子午线轮胎(见图 6.27)。子午线胎与斜交线胎的根本区别在于胎体。斜交线胎的胎体是斜线交叉的帘布层;而子午线胎的胎体是聚合物多层交叉材质,其顶层是数层由钢丝编成的钢带帘布,可减少轮胎被异物刺破的概率。

图 6.27　子午线轮胎结构图

③轮胎规格标记方法

充气轮胎尺寸代号如图 6.28 所示。其中,D 为轮胎外径,d 为轮胎内径,H 为轮胎断面高度,B 为轮胎断面宽度。目前,充气轮胎一般习惯用英制计量单位表示,但欧洲国家则常用米制表示法。个别国家也有用字母作代号来表示轮胎的规格尺寸。我国轮胎规格标记也采用英制计量单位。

汽车上常采用的是低压胎,其尺寸标记用 B-d 表示。其中,B 为轮胎断面宽度;d 为轮辋直径,单位均为 in;"-"表示低压胎。例如,载货汽车轮胎标记为 9.00-20,表示轮胎断面宽度9 in,轮辋直径 20 in 的低压胎。

如果是子午线轮胎,则用 9.00R20 标记,中间的字母"R"代表子午线胎。

例如,轿车轮胎规格标记为

$$183/60 \quad R \quad 13 \quad 80 \quad H$$

183：轮胎名义断面宽度   60：轮胎名义高宽比   R：子午线胎

13：轮辋名义直径   80：载荷指数   H：速度级别

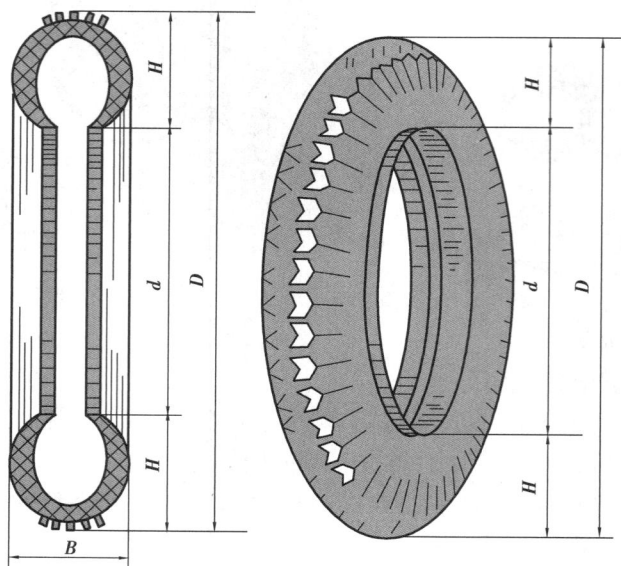

图 6.28   轮胎尺寸的标记

D—轮胎外径；*d*—轮胎内径；*H*—轮胎断面高度；*B*—轮胎断面宽度

任务实施

实施要求

☞ 任务目标与要求

①小组成员分工协作,利用汽车维修手册及实训资料,依据任务工作单制订工作计划,并通过小组自评或互评检查工作计划。

②认识汽车行驶系统车轮的整体结构,了解汽车轮胎表面标示字母、数字的具体含义。

③完成汽车车轮的拆装过程,并能正确拆装轮胎。

☞ 注意事项

在任务实施过程中,严格遵守相关实验实训制度和规范的要求,注意职场健康与安全需求,做好废料的处理,并保持工作场所的整洁。

实施步骤

☞ 准备工作

①小组接受工作任务,准备实训车辆、拆装工具、扭力扳手、维修手册等配套器材,清理场地,做好实施准备工作。

②组长带领组内成员阅读任务工作单,查阅相关手册或指导书,合理分工,制订任务计划,并检查计划有效性。

☞ 实施步骤

①依照任务工作单的引导,观察认识所用汽车车轮的组成,查找各主要部件的安装位置,并填写任务工作单。

②合理选择工具,并正确使用各类工具完成汽车车轮(无内胎)的拆装过程。拆装过程中,请参考维修手册,严格按照相关技术标准和要求完成拆装任务。

拆装步骤如下:

①拆下车轮装饰外罩。

②在车轮着地时,旋下轮毂传动轴紧固螺母(松螺母应保证对角拆卸)。

③用千斤顶(或举升机)顶(或举)起汽车脱离地面。

④从轮毂上取下车轮总成。

⑤轮胎的拆卸:

a.用气门芯拆装工具将气门芯拆卸下来放气。

b.将轮胎放置在轮胎拆装机的旁侧手柄操纵处,轻踩爪盘操纵踏板(轮胎拆装机最右边一个),使手柄扒开外胎与轮辋分离,正背双面各两次。

c.然后将车轮总成放置在轮胎拆装机正上面并轻踩爪盘操纵踏板(轮胎拆装机中间)将车轮总成锁紧在拆装机上,撬杠通过摘装头将外胎正面翘起,踩旋转爪盘操纵踏板(轮胎拆装机左边)使其顺时针旋转,轻抬轮胎使外胎正面脱出轮辋,然后撬杠通过摘装头将外胎背面翘起,重复上面步骤使外胎彻底脱出轮辋,拆下气门嘴,松开操纵踏板,取下轮辋。

⑥轮胎的装配:

a.检查轮辋表面有无划伤等,保证轮胎拆装机运转灵活。

b.将轮辋放置在爪盘上,轻踩爪盘操纵踏板(轮胎拆装机中间)将轮辋锁紧在拆装机上,同时安装气门嘴,然后将外胎按正确的方向放置在固定好的轮辋上,调整好轮胎拆装机导引头位置,手抓好外胎,踩旋转爪盘操纵踏板(轮胎拆装机左边)使其顺时针旋转,先将外胎背面通过轮胎拆装机导引头压入轮辋,同时重复前面步骤将轮胎正面压入轮辋,松开操纵踏板,取下车轮总成。

⑦轮胎充气。旋开气门帽将充气管卡在气门嘴上,打开充气阀同时观察气压变化,充气到气压为225~250 kPa关闭充气阀,拔下充气管卡并安装好气门帽。

⑧气密试验。将外胎与轮辋连接处以及气门嘴上滴入水观察有无气泡。无气泡,则正常;有气泡,则漏气,需要查找原因。

⑨将好的车轮总成装配到汽车轮毂上,按对角顺序拧紧螺母并用扭力扳手打好扭力,汽车车轮总成拆装完成。

☞ 评估总结

①回答指导教师提问,并接受指导教师相关考核。

②对本次任务完成过程及效果进行自我评价和小组互评,填写任务工作单。

③清洁工作场所,清点归还相关工具设备,完成本次任务。

任务工作单

项目	行驶系统结构认识与拆装		
任务	车轮与车桥结构认识与拆装		姓名
班级		组号	日期
任务目的	①能正确识别车轮的型号及车桥的类型,并能依据具体型号、类型查阅相关技术资料,分析主要参数 ②能正确认识车桥及车轮总体结构 ③能对车桥及车轮实施拆装		
环节	内　容		批注及备注
资讯	①记录所用车轮及车桥的信息 　车轮型号　　　　　车桥类型 ②利用下图认识车轮总成 		
工作任务	①查找和记录车轮型号及车桥类型 ②对车桥及车轮进行总体认识 ③实施车桥及车轮拆装练习		
分析和计划	根据工作任务,确定所需工具、设备等,并制订小组工作计划: ①讨论确定所需仪器、工具及辅助资料 ②团队协作,组织及人员分工 ③明确拆装的车桥及车轮,制订拆装步骤及要求 ④操作安全、规范注意事项及技术标准		

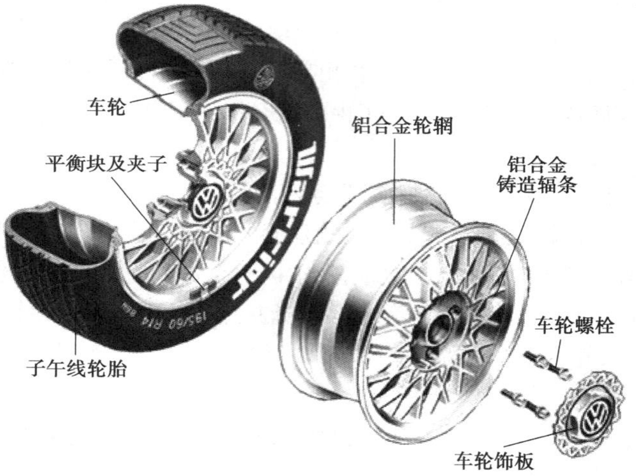

实施	①依照制订的拆装步骤完成各作业项目,并观察各部件,描述其名称,认识的部件打"√",不认识的打"×",同时指出该部件所属系统或机构 ②拆卸过程中明确技术标准,仔细观察各零部件的型号及其螺栓扭力大小 ③按正确顺序和技术标准完成装配任务 请依照以上要求完成下表: 序号/作业项目/部件/技术标准或要求/认识/所属机构或系统/考核

序号	作业项目	部件	技术标准或要求	认识	所属机构或系统	考核
1						
2						
3						
4						
5						
6						
7						
8						
9						
10						
11						
12						
	除上述拆卸的部件外,请补充车桥及车轮系统内的其他部件					
13						

检查评估

自评项根据自己对任务的完成情况进行评估并提出改进意见;互评项由组内组外互相交流和评分;教师评估可纳入任务实施过程中或对照上表随机选取几个项目评估。总评采用合格和不合格两级评价

序号	评估项目	自评	互评	教师评估
1	工具选择和使用			
2	车轮的组成及部件认识			
3	车桥的组成及部件认识			
4	车桥及车轮拆装任务及技能			
5	职场安全及操作规范等			
6	总 评			

任务实施心得:

知识拓展

电控悬架系统

（1）电子控制悬架系统的作用

如图 6.29 所示，电子控制悬架系统的基本目的是通过控制调节悬架的刚度和阻尼力，突破传统被动悬架的局限性，使汽车的悬架特性与道路状况和行驶状态相适应，从而保证汽车行驶的平顺性和操纵的稳定性要求都能得到满足。

车高调整：无论车辆的负载多少，都可以保持汽车高度一定，车身保持水平，从而使前大灯光束方向保持不变；当汽车在坏路面上行驶时，可以使车高升高，防止车桥与路面相碰；当汽车高速行驶时，又可以使车高降低，以便减少空气阻力，提高操纵稳定性。

减振器阻尼力控制：通过对减振器阻尼系数的调整，防止汽车急速起步或急加速时车尾下蹲；防止紧急制动时的车头下沉；防止汽车急转弯时车身横向摇动；防止汽车换挡时车身纵向摇动等，提高行驶平顺性和操纵稳定性。

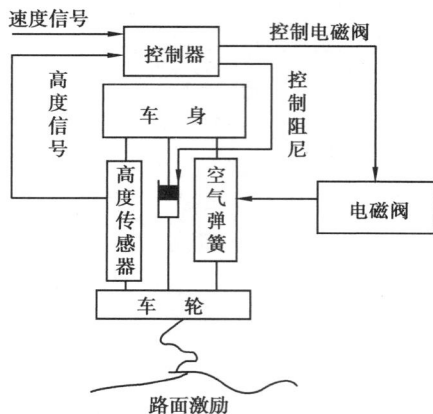

图 6.29 电控悬架系统结构原理示意图

弹簧刚度控制：与减振器一样在各种工况下，通过对弹簧弹性系数的调整，来改善汽车的乘坐舒适性与操纵稳定性。

（2）电子控制悬架系统的形式

电子控制悬架系统主要形式有以下 3 种：

①被动式悬架。车轮和车身状态只能被动地取决于路面及行驶状况以及汽车的弹性支承元件、减振器和导向机构。

②主动悬架。是根据行驶条件，随时对悬架系统的刚度、减振器的阻尼力以及车身的高度和姿态进行调节，使汽车的有关性能始终处于最佳状态。

③半主动悬架。仅对减振器的阻尼力进行调节，有些还对横向稳定器的刚度进行调节。

目前电控悬架的控制形式主要有两种：液压控制的形式和气压控制的形式。电控悬架的液压控制形式是较先进的形式，主动悬架就属于这一类形式。它采用一种有源方式来抑制路面对车身的冲击力及车身倾斜力。电控悬架的气压控制形式又称为自适应悬架，它通过在一定范围内的调整来应对路面的变化。不管是主动悬架还是自适应悬架，它们都有电子控制元件（ECU），有 ECU 就必然要有耳目做辅助，也就是要有传感器。传感器是电控悬架上重要的零部件，一旦失灵整个悬架系统工作就会不正常。

如图 6.30 所示 ECU、压缩机 5、阀门 3 和 4、空气弹性元件 1 和 2。电控悬架工作时，阀门的相互作用控制通向空气弹性元件的气流量。传感器检测出汽车的行驶状态并反馈至 ECU，ECU 综合这些反馈信息计算并输出指令控制空气弹性元件的电动机和阀门，从而使电控悬架随行驶及路面状态不同而变化。在一般行驶中,空气弹簧变软、阻尼变弱,获得舒适的乘坐感;在急转弯或者制动时,则迅速转换成硬的空气弹簧和较强的阻尼,以提高车身的稳定性。同时,该系统的电控减振器还能调整汽车高度,可以随车速的增加而降低车身高度(减小离地间隙),减少风阻以节省能源;在车速比较慢时车身高度又可恢复正常。

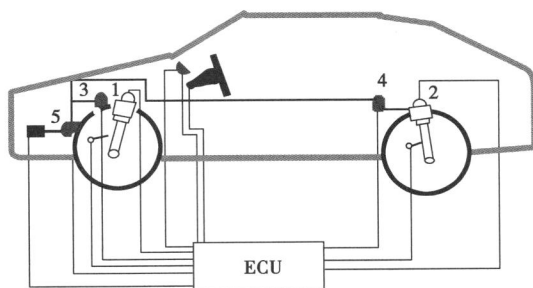

图 6.30　轿车用的电控悬架结构示意图

一般电控悬架传感器监视的汽车重要参数有高度、速度、制动力、转向角、惯性力等,因此对应的电控悬架系统传感器就有高度传感器、速度传感器、转向角传感器、惯性力传感器和声呐传感器等。

高度传感器是电控悬架上最常见的传感器,负责监测车底高度的变化。它可以是霍尔效应传感器,一种以磁场为工作媒体,将物体的运动参量转变为数字电压的形式输出,使 ECU 能精确地测算出行驶高度,补偿道路的变化,防止车底刮到路面的凸出物。也可以采用光电二极管和光敏三极管,将车辆乘坐高度变化的信号传送至 ECU。

速度传感器顾名思义是反映汽车行驶的速度,它多装配在变速器输出轴上,速度传感器有一齿轮与变速器输出轴啮合,传感器将齿轮转速变化信号传送至 ECU,ECU 据此作出调节悬架的信号。

转向角度传感器监测驾驶者转动方向盘的角度和速度,以便对急转弯进行调整。这种传感器一般装在转向柱上,利用光电二极管读取转向盘的角度和速度。

惯性力传感器用来监测某一确定方向的加速力,即监测垂直方向、侧面方向和前后方向的惯性力。它起到监测汽车运动的作用,如制动或加速。它将有关信号传递至 ECU,当汽车制动或者突然加速时电控系统会调整整个悬架以增大缓冲程度,减少冲击力对车身的影响。

声呐传感器是一种比较新的技术,它通过发射与接收声波,监测路面的不平整程度,将信号传递至 ECU,调节悬架以适应这些路面。声呐传感器装在汽车前下方,探测车前端路面,它能使 ECU 在汽车整体被冲击前已预知并作出调整,不是像一般悬架系统在冲击到来时才作出反应。

电控悬架的控制中心是 ECU,而辅助 ECU 工作的是各种传感器,它们向 ECU 输入各种数据帮助计算机对悬架设置进行调整。

能力鉴定表6

项目			行驶系统结构认识与拆装			
班级			姓名		组长	
学号			组号		日期	
序号	能力目标	鉴定内容		鉴定结果		
				合　格		不合格
1	专业技能	能否正确认识行驶系统总体结构		□		□
2		能否正确规范完成行驶系统各总成部件的拆装		□		□
3		能否正确规范使用拆装工具		□		□
4		任务实施能否达到6S要求		□		□
5	学习方法	是否主动进行任务实施		□		□
6		能否使用各种媒介完成任务		□		□
7		是否具备相应的信息收集能力		□		□
8	能力拓展	团队是否配合		□		□
9		调试方法是否具有创新		□		□
10		是否具有责任意识		□		□
11		是否具有沟通能力		□		□
12		总结与建议		□		□
鉴定结果	□合格　□不合格	教师意见			教师签字	
					日期	

注：①请根据结果在相关的方框"□"内打"√"。
　　②请指导教师重点对相关鉴定结果不合格的同学给予指导意见。

信息反馈表 6

项目：<u>行驶系统结构认识与拆装</u>　　　　组号：_____

姓名：_____　　　　　　日期：_____

请你在相应栏内打"√"	非常同意	同意	没有意见	不同意	非常不同意
①本项目充分提供了关于汽车行驶系统相关知识及拓展阅读					
②本项目为我提供了关于汽车行驶系统认识、各总成拆装等大量的实践操作机会					
③本项目配套的实验设备和器材充分齐全,能满足学习需要					
④本项目的内容选取合理,教学组织和安排有序					
⑤本项目的内容适合我的需求					
⑥本项目中组织了各种活动					
⑦本项目的不同单元融合得很好					
⑧学习中教师待人友善、愿意帮忙					
⑨通过本项目学习让我做好了参加鉴定的准备					
⑩本项目中所有的教学方法对我学习起到了帮助的作用					
⑪本项目提供的信息量适当					
⑫本项目鉴定是公平、适当的					
你对改善本科目的教学建议：					

思考题

一、选择题

1.采用非独立悬架的汽车,其车桥一般是(　　　　)。

　　A.断开式　　　　　　　　　B.整体式　　　　　　　　C.一体式

2.既可以作为弹性元件又起减振和导向机构作用的是(　　　　)。

　　A.螺旋弹簧　　　　　　　　B.钢板弹簧　　　　　　　C.空气弹簧

3.7.0—20(WFB)型轮辋的名义直径是(　　　　)。

　　A.7.0 mm　　　　　　　　B.20 mm　　　　　　　　C.20 in

4.现代小轿车常用的轮胎为(　　　　)。

　　A.低压胎　　　　　　　　　B.高压胎　　　　　　　　C.超低压胎

5.下面(　　　　)轮胎属于子午线轮胎。

　　A.9.00—20　　　　　　　B.9.00R20　　　　　　　C.9.00—20GZ

6.7.50—18 轮胎的名义宽度为(　　　　)。

　　A.7.50 mm　　　　　　　B.7.50 in　　　　　　　C.18 mm

7.车轮前束是为了调整(　　　　)所带来的不良后果而设置的。

　　A.主销后倾角　　　　　　　B.车轮外倾角　　　　　　C.车轮内倾角

8.(　　　　)具有保证车轮自动回正的作用。

　　A.主销后倾角　　　　　　　B.主销内倾角　　　　　　C.车轮外倾角

二、简答题

1.整体式车桥与断开式车桥各有何特点?为什么整体式车桥配用非独立悬架,而断开式车桥配用独立悬架?

2.转向轮定位参数有哪些?它们各起什么作用?为什么有些轿车的主销后倾角为负值?

3.轮胎的作用是什么?

转向系统结构认识与拆装

任务 7.1　转向系统总体结构认识

汽车转向系

能力标准

学完本任务,你应获得以下能力:
①能正确认识汽车转向系统的结构和组成。
②能找准汽车转向系统的各结构安装位置。

任务描述

请以下列任务为指导,完成相关知识的学习和实施练习:
找出和识别汽车转向系统的基本部件。

相关知识

📖 **转向系统概述**

(1)转向系统的功用

转向系统的功用:保证汽车按照驾驶员的需要改变行驶方向,而且还可以克服路面侧向干扰力使车轮自行产生的转向,恢复汽车原来的行驶方向。

(2)转向系统的类型和组成

汽车转向系统按转向能源的不同,可分为机械转向系统和动力转向系统两大类。

1)机械转向系统

机械转向系统以驾驶员的体力作为转向能源,又称为人力转向系统,其中所有传力件都是机械的。机械转向系统由转向操纵机构、转向器和转向传动机构 3 大部分组成,其结构如图 7.1 所示。

转向时,驾驶员对转向盘 1 施加转向力矩,该力矩通过转向轴 2 输入到机械转向器 5,经减速增矩后由转向摇臂 6 传到转向直拉杆 7,再传给转向节臂 8,使转向节 9 和它所支承的转向车轮偏转,同时经转向梯形机构带动另一侧的转向车轮偏转,实现汽车的转向。

2)动力转向系统

动力转向系统是兼用驾驶员体力和发动机动力为转向能源的转向系统。在正常情况下,

汽车转向所需能量,只有一小部分由驾驶员提供,而大部分是由发动机通过动力转向装置提供的。但在动力转向装置失效时,一般还应当能由驾驶员独立承担汽车转向任务。因此,动力转向系统是在机械转向系统的基础上加设一套动力转向装置而形成的,如图7.2所示。

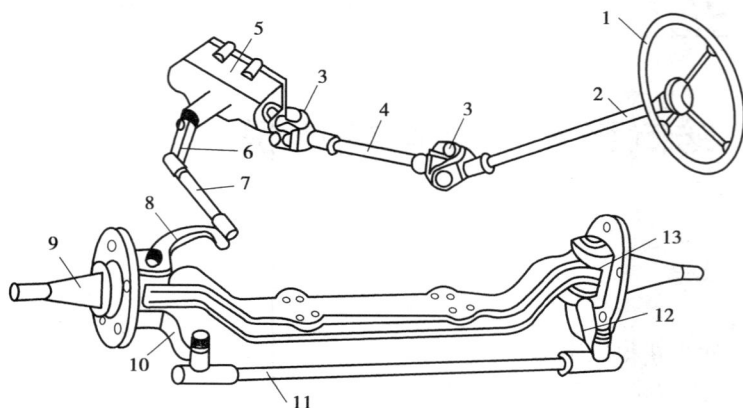

图 7.1　机械转向系统示意图
1—转向盘;2—转向轴;3—转向万向节;4—转向传动轴;
5—转向器;6—转向摇臂;7—转向直拉杆;8—转向节臂;
9—左转向节;10、12—梯形臂;11—转向横拉杆;13—右转向节

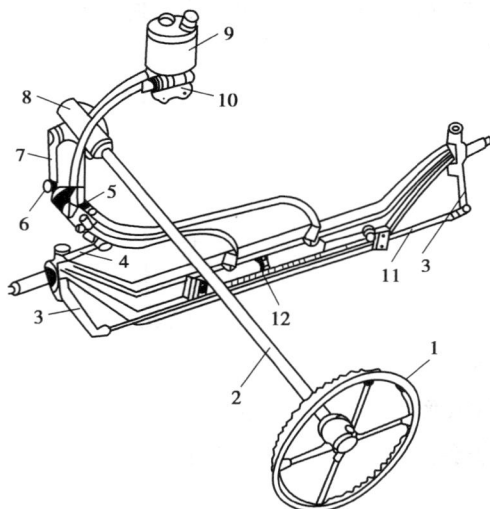

图 7.2　动力转向系统示意图
1—转向盘;2—转向轴;3—梯形臂;4—转向节臂;
5—转向控制阀;6—转向直拉杆;7—转向摇臂;
8—机械转向器;9—转向储油罐;10—转向油泵;
11—转向横拉杆;12—转向动力缸

图 7.2 中的转向储油罐 9、转向油泵 10、转向控制阀 5 及转向动力缸 12 属于转向加力装置。转向油泵 10 由发动机驱动,产生高压油液。当驾驶员逆时针转动方向盘 1 时,转向摇臂 7 推动转向直拉杆 6 后移。纵拉杆的推力作用于转向节臂 4,使左转向轮向左偏转,同时以此

传到梯形臂 3 和转向横拉杆 11,使右转向轮偏转一定的角度,汽车将向左转向。与此同时,转向直拉杆还带动转向动力缸 12 中滑阀,使转向动力缸 12 的右腔接通转向油泵 10 出油口,右腔接通液面压力为零的转向油罐,于是转向动力缸 12 的活塞所受向右的液压作用力便经推杆施加在转向横拉杆 11 上。这样,驾驶员需要加于方向盘上的转向力矩小得多,减轻了驾驶员的操纵力。

📖 转向系统几个主要概念

(1)转向系统角传动比

转向盘转角增量与同侧转向节相应转角增量之比为转向系统角传动比。转向系统角传动比越大,转向越轻便,但转向灵敏性差;越小,转向越沉重;因此,转向系统角传动比要合适。一般货车为 16~32,轿车的 12~20。

(2)转向时车轮的运动规律

汽车转向行驶时,为避免车轮相对地面滑动而产生附加阻力,减轻轮胎磨损,要求转向系统保证所有车轮均作纯滚动,即所有车轮轴线的延长线都要相交于一点,此交点 O 称为车轮的转向中心,如图 7.3 所示。此时内侧车轮偏转角 β 比外侧车轮偏转角 α 大。在车轮为刚体的假设条件下,内、外侧转向车轮偏转角的理想关系式为

$$\cot \alpha = \cot \beta + \frac{B}{L}$$

式中　B——为两侧主销轴线与地面交点之间的距离;

　　　L——为汽车轴距。

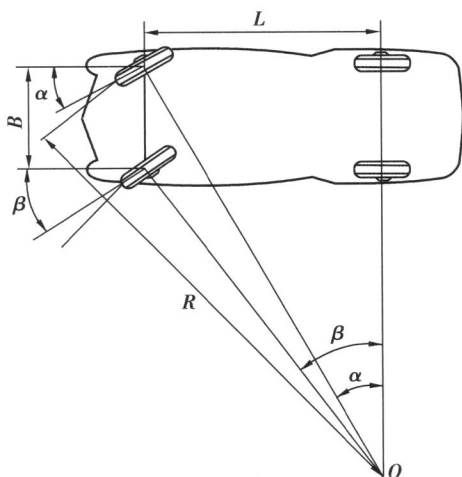

图 7.3　转向时车轮的运动规律

由转向中心 O 到外转向轮与地面接触点的距离称为汽车的转弯半径 R。转弯半径越小,则汽车转向所需的场地越小,机动性越好。当前外转向轮偏转角达到最大值 α_{max} 时,转弯半径 R 为最小值。

(3)转向盘自由行程

转向时,转向盘需转过一定的角度以消除转向系统中所有传动副间的间隙,此角度称为

转向盘的自由行程。转向盘自由行程对缓和路面冲击、避免驾驶员过度紧张有利,但不宜过大,以免影响转向灵敏性。一般认为转向盘从相当于汽车直线行驶的中间位置向任一方向的自由行程最好不超过 10°～15°。由于各传动件间的装配间隙随零件的磨损而增大,当转向盘自由行程超过 25°时,必须进行调整。

任务实施

实施要求

☞ 任务目标与要求

①小组成员分工协作,利用汽车维修手册及实训资料,依据任务工作单制订工作计划,并通过小组自评或互评检查工作计划。

②认识转向系统的整体结构,识别各机构及系统的组成,确定主要部件安装位置。

☞ 注意事项

在任务实施过程中,严格遵守相关实验实训制度和规范的要求,注意职场健康与安全需求,做好废料的处理,并保持工作场所的整洁。

实施步骤

☞ 准备工作

①小组接受工作任务,准备实训车辆、维修手册等配套器材,清理场地,做好实施准备工作。

②组长带领组内成员阅读任务工作单,查阅相关手册或指导书,合理分工,制订任务计划,并检查计划有效性。

☞ 实施步骤

依照任务工作单的引导,观察所用车辆的转向系统组成,查找各主要部件的安装位置,并填写任务工作单。

☞ 评估总结

①回答指导教师提问,并接受指导教师相关考核。

②对本次任务完成过程及效果进行自我评价和小组互评,填写任务工作单。

③清洁工作场所,清点归还相关工具设备,完成本次任务。

任务工作单

项目	转向系统结构认识与拆装				
任务	转向系统总体结构认识			姓名	
班级		组号		日期	
任务目的	①能正确认识汽车转向系统的结构和组成 ②能找准汽车转向系统各结构的安装位置				
环节	内　容			批注及备注	
资讯	1)根据图指认桑塔纳轿车机械转向系统部件的名称 ①＿＿＿＿＿　②＿＿＿＿＿　③＿＿＿＿＿ ④＿＿＿＿＿　⑤＿＿＿＿＿　⑥＿＿＿＿＿ 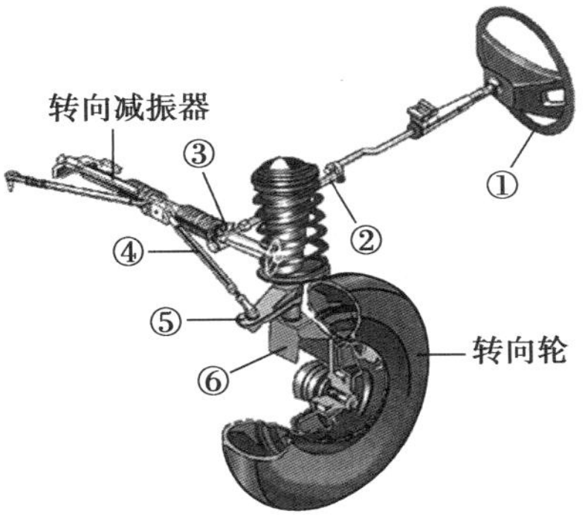 2)根据下图指认动力转向系统各部件名称 ①＿＿＿　②＿＿＿　③＿＿＿　④＿＿＿ ⑤＿＿＿　⑥＿＿＿　⑦＿＿＿　⑧＿＿＿ ⑨＿＿＿　⑩＿＿＿　⑪＿＿＿　⑫＿＿＿ 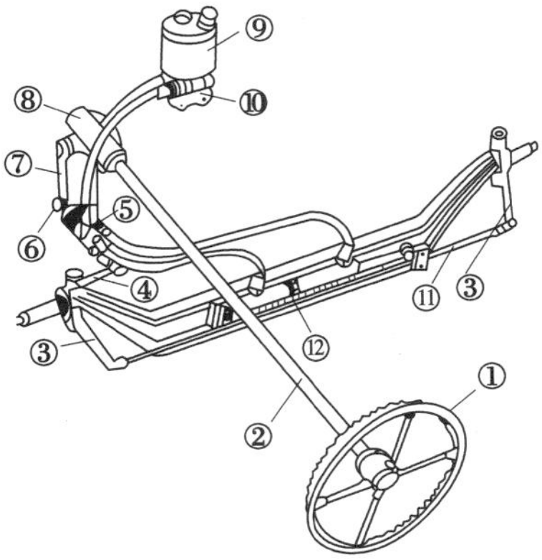 				
工作任务	根据实训车辆查找和认识汽车转向系统的基本构件				

分析和计划	根据工作任务,确定所需工具、设备等,并制订小组工作计划: ①讨论确定所需仪器、工具及辅助资料 ②团队协作,组织及人员分工 ③明确任务,制订实施步骤 ④操作安全、规范注意事项及技术标准				

实施

依照制订的实施步骤完成各作业项目,并观察各部件,描述其名称,认识的部件打"√",不认识的打"×",同时说出该部件的主要作用

请依照以上要求完成下表:

序号	部件名称	主要作用	认 识	考 核
1				
2				
3				
4				
5				
6				
7				
8				
9				
10				

检查评估

自评项根据自己对任务的完成情况进行评估并提出改进意见;互评项由组内组外互相交流和评分;教师评估可纳入任务实施过程中或对照上表随机选取几个项目评估。总评采用合格和不合格两级评价

序号	评估项目	自评	互评	教师评估
1	工具选择和使用			
2	汽车转向系统组成及部件认识			
3	职场安全及操作规范等			
4	总 评			

任务实施心得:

任务 7.2　转向器及转向操纵机构认识与拆装

能力标准

学完本任务,你应获得以下能力:
①能认识转向器及转向器操纵机构各主要部件。
②掌握解体与复装转向器的方法与步骤,能进行准确的拆装。

任务描述

请以下列任务为指导,完成相关知识的学习和实施练习:
①查找认识转向器及转向器操纵机构主要部件和安装位置。
②实施转向器拆装练习。

相关知识

转向器的概述

转向器是转向系统中减速增扭装置,其功能是增大转向盘传到转向节的力,并改变力的传递方向。

转向器的种类较多,按其结构形式可分为齿轮齿条式、循环球式和蜗杆曲柄指销式等。

转向器的结构及工作原理

(1)齿轮齿条式转向器

图 7.4 所示为齿轮齿条式转向器,传动副的主动件转向齿轮轴 8 通过轴承安装在转向器壳体 5 中,其上端通过花键与万向节叉 9 和转向轴连接;与转向齿轮啮合的转向齿条 4 水平布置,两端通过球头座 3 与转向横拉杆 1 相连;压紧弹簧 12 通过压块 10 将齿条压靠在齿轮上,保证无间隙啮合。弹簧的顶紧力可用调整螺母 13 调整。当转动方向盘时,转向齿轮轴 8 转动,使与之啮合的转向齿条 4 沿轴向移动,从而使左右横拉杆带动转向节左右转动,使转向车轮偏转,实现汽车转向。

采用齿轮齿条式转向器,齿轮齿条无间隙啮合,无须调整,而且逆传动效率很高,故多用于前轮为独立悬架的轿车和微型及轻型货车上。

(2)循环球式转向器

循环球式转向器一般有两级传动副,第 1 级是蜗杆螺母传动副,第 2 级是齿轮齿扇传动副。

循环球式转向器的结构如图 7.5 所示。转向螺杆 12 的轴颈支承在两个推力球轴承上。轴承紧度可用调整垫片 14 调整。转向螺母 3 的下平面上加工成齿条,与齿扇部分啮合。由此可知,转向螺母既是第 1 级传动副的从动件,又是第 2 级传动副的主动件。通过方向盘和转向轴转动转向螺杆时,转向螺母不能转动,只能轴向移动,并驱使齿扇及摇臂转动。

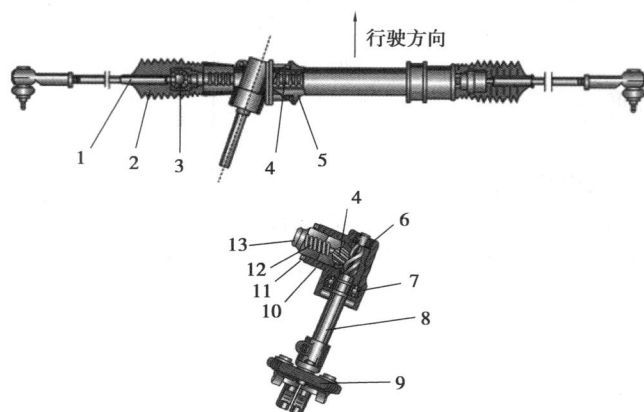

图 7.4　两端输出的齿轮齿条式转向器

1—转向横拉杆;2—防尘套;3—球头座;4—转向齿条;5—转向器壳体;6—滚针轴承;7—深沟球轴承;
8—转向齿轮轴;9—万向节叉;10—压块;11—锁紧螺母;12—压紧弹簧;13—调整螺母

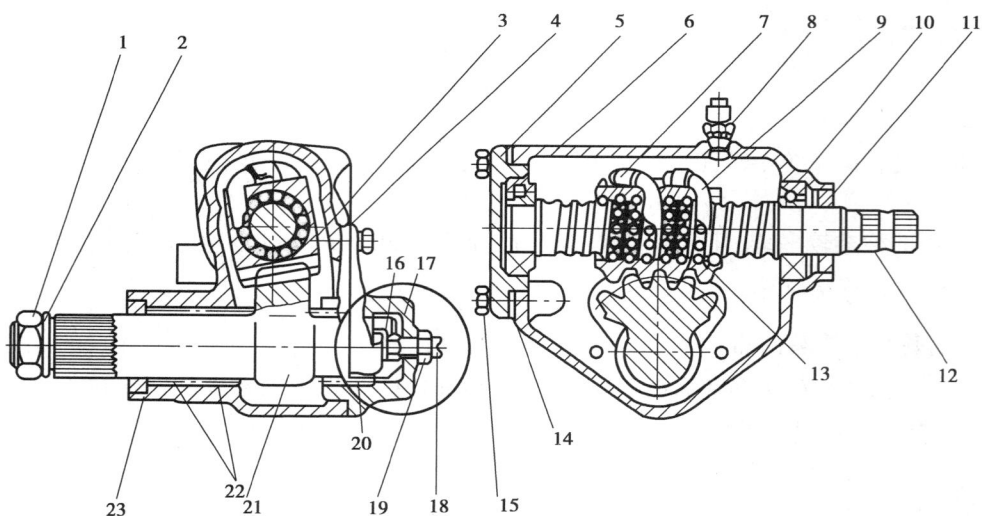

图 7.5　解放 CA1091 型汽车循环球式转向器的结构

1—螺母;2—弹簧垫圈;3—转向螺母;4—转向器壳体垫片;5—转向器壳体底盖;
6—转向器壳体;7—导管卡子;8—加油螺塞;9—钢球导管;10—球轴承;11、23—油封;
12—转向螺杆;13—钢球;14—调整垫片;15—螺栓;16—调整垫片;17—侧盖;
18—调整螺钉;19—锁紧螺母;20—滚针轴承;21—齿扇轴(摇臂轴);22—滚针轴承

转向螺母外有两根钢球导管,每根导管的两端分别插入螺母侧面的一对通孔中,导管内装满了钢球。这样,两根导管和螺母内的螺旋管状通道组合成两条各自独立封闭的钢球"流道"。

转向螺杆转动时,通过钢球将力传给螺母,螺母即沿轴向移动。同时,在螺杆与螺母两者和钢球间的摩擦力作用下,所有钢球便在螺旋管状通道内滚动,形成"球流"。循环球式转向器的正传动效率很高(最高可达 90% ~95%),故操纵轻便,使用寿命长,但其逆传动效率也很高,容易将路面冲击力传到方向盘。不过,对于较轻型的、前轴载质量不大而又经常在好路上行驶的汽车而言,这一缺点影响不大。因此,循环球式转向器广泛应用于各类各级汽车。

(3)蜗杆曲柄指销式转向器

蜗杆曲柄指销式转向器的传动副以转向蜗杆为主动件,其从动件是装在摇臂轴曲柄端部的指销。

图 7.6 所示为蜗杆曲柄双指销式转向器。蜗杆具有梯形螺纹,手指状的锥形指销用轴承支承在曲柄上,曲柄与转向摇臂轴制成一体。转向时,通过转向盘转动蜗杆,嵌于蜗杆螺旋槽中的锥形指销一边自转,一边绕转向摇臂轴作圆弧运动,从而带动曲柄和转向垂臂摆动,再通过转向传动机构使转向轮偏转。这种转向器通常用于转向力较大的载货汽车上。

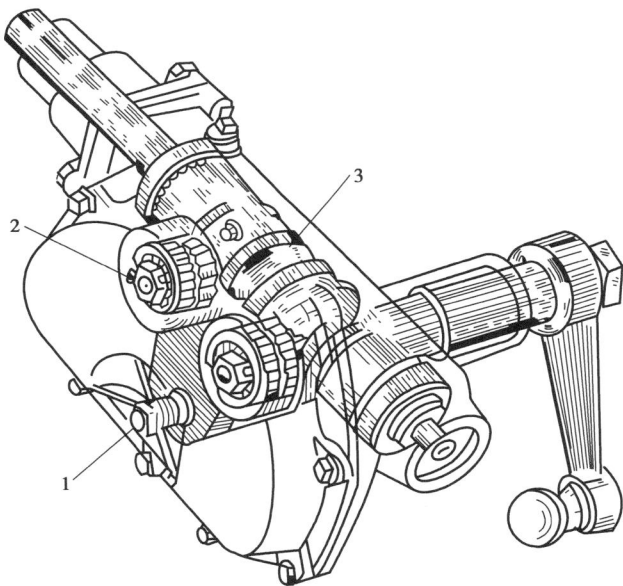

图 7.6 蜗杆曲柄指销式转向器
1—转向轴;2—指销;3—蜗杆

📖 **转向操纵机构**

转向操纵机构(见图 7.7)由方向盘、转向轴、转向柱管等组成。它的作用是将驾驶员转动方向盘的操纵力传给转向器。

(1)方向盘

方向盘一般用花键和螺母安装在转向轴的上端,其上装有扬声器的按钮。装有安全气囊的车型,还安装有安全气囊的一些部件。方向盘由轮缘、轮辐和轮毂组成,如图 7.8 所示。

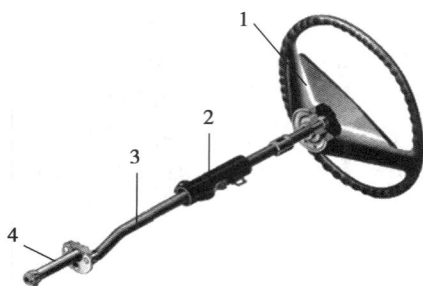

图 7.7　转向操纵机构
1—转向盘组件;2—转向柱管;3—上转向轴;4—下转向轴

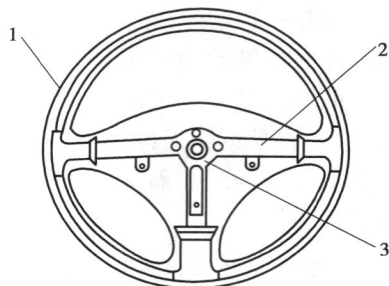

图 7.8　转向盘的结构
1—轮缘;2—轮辐;3—轮毂

（2）**转向轴、转向柱管及其吸能装置**

转向轴从转向柱套管中穿过,支承在柱管内的轴承和衬套上,连接转向盘和转向器,传递两者之间的转矩,转向轴分为普通式和能量吸收式,现代汽车多采用能量吸收式转向轴结构。

能量吸收式转向轴除具有转向轴常规的功能外,在汽车发生正面碰撞时,能有效地吸收碰撞能量,缓和转向盘对驾驶员的冲击,减轻驾驶员受到伤害的程度。其基本工作原理:当转向轴受到巨大冲击而产生轴向位移时,通过转向柱或支架产生塑性变形、转向轴错位等方式,吸收冲击能量。

图 7.9 所示为转向轴错位缓冲转向操纵机构,转向轴分上、下两段,当发生撞车时,上、下两段转向轴互相分离或滑动,从而避免在第一次冲击时转向盘随车身后移对驾驶员造成的伤害。

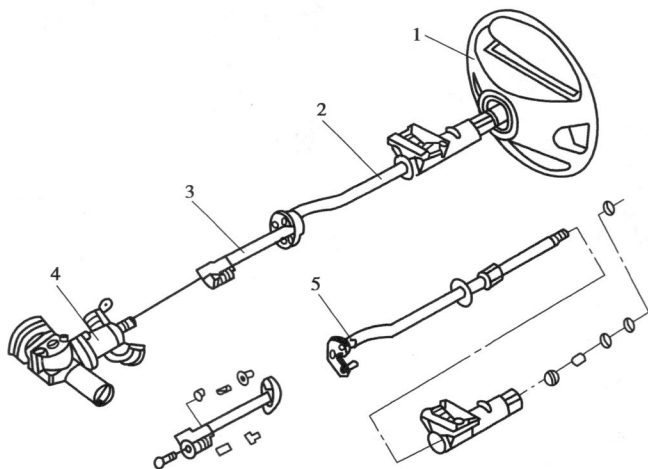

图 7.9　转向轴错位缓冲转向操纵结构
1—转向盘;2—上转向轴;3—下转向轴;4—转向器;5—销钉

图 7.10 所示为网状或波纹管式吸能装置,转向柱管的部分管壁制成网格状。当汽车发生正面碰撞时,网格部分或波纹管部分被压缩产生塑性变形,吸收能量。

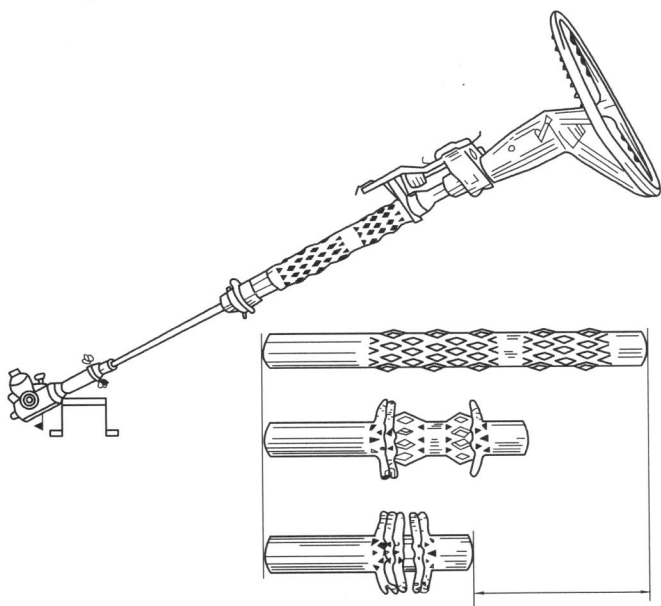

图 7.10 网格管轴式转向柱吸能装置示意图

任务实施

实施要求

☞ **任务目标与要求**

①小组成员分工协作,利用汽车维修手册及实训资料,依据任务工作单制订工作计划,并通过小组自评或互评检查工作计划。

②掌握解体与复装转向器的方法与步骤。

☞ **注意事项**

在任务实施过程中,严格遵守相关实验实训制度和规范的要求,注意职场健康与安全需求,做好废料的处理,并保持工作场所的整洁。

实施步骤

☞ **准备工作**

①小组接受工作任务,准备实训转向器(循环球式转向器)、拆装工具、维修手册等配套器材,清理场地,做好实施准备工作。

②组长带领组内成员阅读任务工作单,查阅相关手册或指导书,合理分工,制订任务计划,并检查计划有效性。

☞ **实施步骤**

①依照任务工作单的引导,按规定步骤解体循环球式转向器,检查各零部件的技术状况;清洗零部件,按照标准流程及技术要求复装转向器,对转向器啮合副啮合间隙进行调整。

②合理选择工具,并正确使用各类工具完成拆装。拆装过程中,请参考维修手册,严格按照相关技术标准和要求完成拆装任务。

(1)循环球式转向器的拆卸

①松开转向摇臂轴紧固螺母,在转向摇臂和摇臂轴间做好装配记号,然后用拉拔器从转向摇臂轴上拉下摇臂。

②拆下转向器固定螺栓,从车上取下转向器总成,清洗其外部。

③拆下放油螺塞,放出转向器内的润滑油。

④转动转向螺杆,使转向螺母位于转向螺杆的中间位置,然后拧下转向器侧盖上的紧固螺栓,用橡胶锤(或铜棒)轻轻敲击转向摇臂轴外端,拆下侧盖和转向摇臂轴总成(见图7.11)。

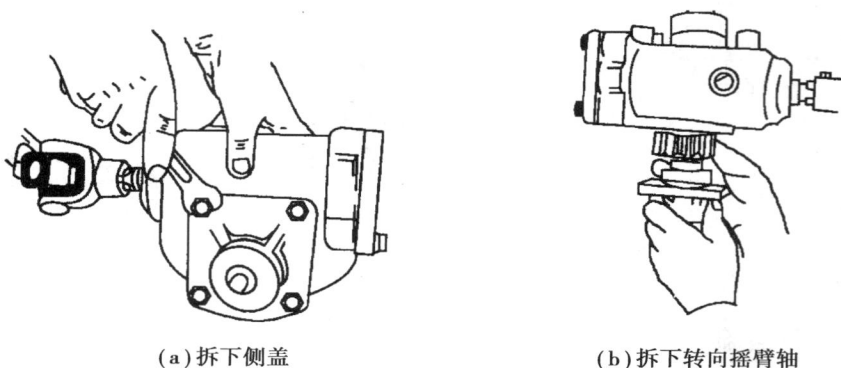

(a)拆下侧盖　　　　　　　　(b)拆下转向摇臂轴

图7.11　拆下侧盖和转向摇臂轴总成

⑤拧下转向器底盖上的紧固螺栓,用橡胶锤(或铜棒)轻轻敲击转向螺杆上端,拆下底盖和调整垫片(见图7.12)。

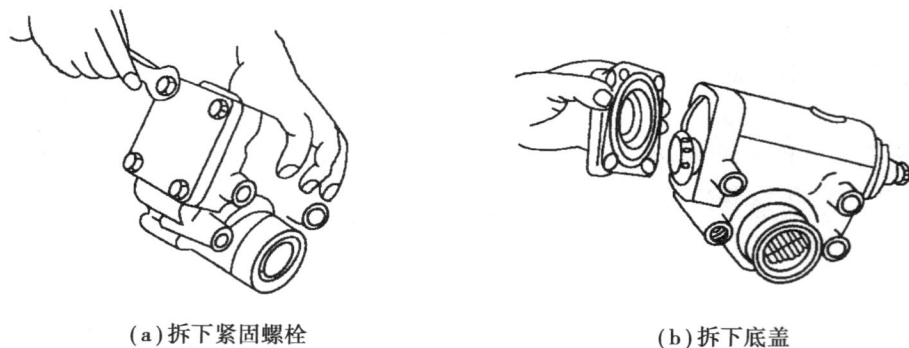

(a)拆下紧固螺栓　　　　　　　　(b)拆下底盖

图7.12　拆下转向器底盖

⑥从壳体中取出转向螺杆和转向螺母总成(见图7.13)。

⑦转向螺杆与转向螺母总成符合技术要求,无异常情况,则尽量不解体转向螺杆与转向螺母总成。如必须解体时,先拆下导管夹,取下钢球导管,最后握住螺母,慢慢地转动螺杆,取出全部钢球(见图7.14)。

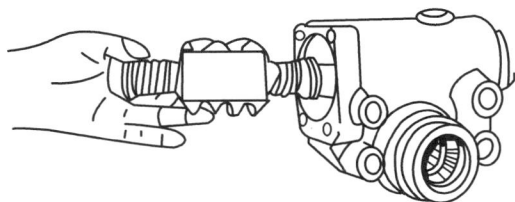

图 7.13　拆下转向螺杆及转向螺母总成

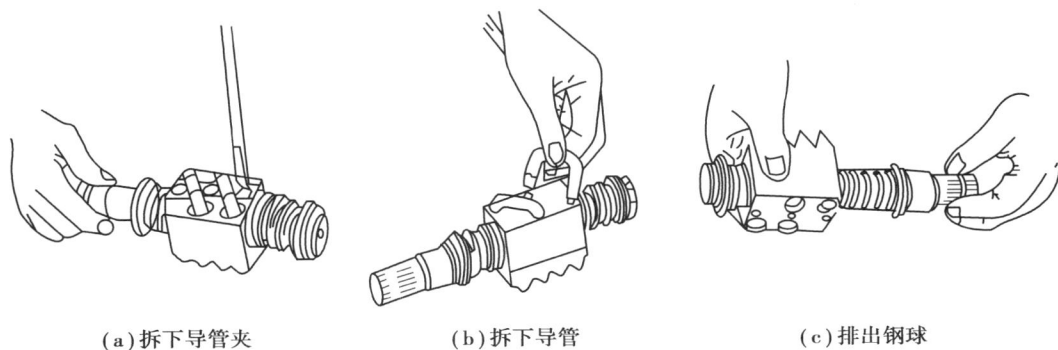

（a）拆下导管夹　　　　　（b）拆下导管　　　　　（c）排出钢球

图 7.14　螺杆及螺母总成的分解

（2）循环球式转向器的装复

装配的过程与拆卸的过程相反。

①将转向螺母套在螺杆上，并置于螺杆的一端。

②将钢球放入螺母的滚道孔中（见图 7.15），边转动螺杆边放入钢球。要求插入导管时，只能使用木锤敲打导管。

③用螺钉固定导管。检查螺母转动是否灵活。

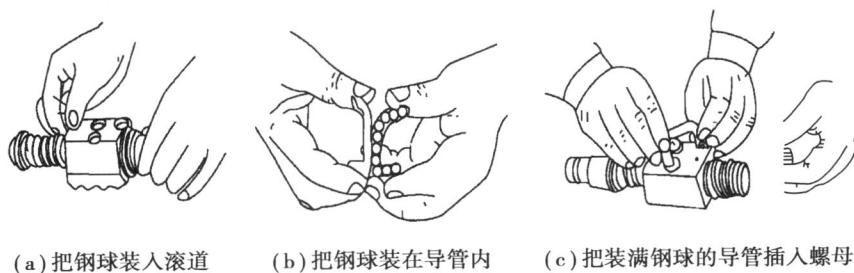

（a）把钢球装入滚道　　　（b）把钢球装在导管内　　　（c）把装满钢球的导管插入螺母

图 7.15　装复钢球

④将装有轴承内圈的转向螺杆及转向螺母总成放入装有轴承外圈的壳体中，再将底盖装到壳体上。

⑤检查并调整轴承预紧度。

⑥涂密封胶，固定底盖。

⑦将螺母转到中间位置，装入摇臂轴总成，并对称拧紧螺钉。

⑧用专用工具装入转向螺杆油封和转向摇臂轴油封(见图 7.16)。

⑨调整齿条和齿扇的啮合间隙(见图 7.17)。调整螺钉顺时针转动,啮合间隙减少;反之则增大。调整合适后,拧紧调整螺母的锁紧螺母。

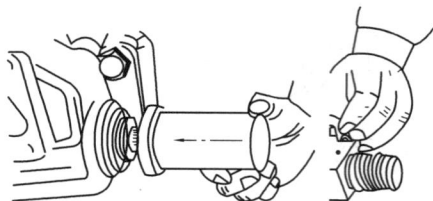

图 7.16　装配油封

图 7.17　齿扇与齿条的啮合情况

（3）**加油**

从加油孔加入 0.9 L 新的 80W/90 中等负荷齿轮油。

☞ 评估总结

①回答指导教师提问,并接受指导教师相关考核。

②对本次任务完成过程及效果进行自我评价和小组互评,填写任务工作单。

③清洁工作场所,清点归还相关工具设备,完成本次任务。

任务工作单

项目	转向系统结构认识与拆装				
任务	转向器及转向操纵机构认识与拆装			姓名	
班级		组号		日期	
任务目的	①能认识转向器及转向器操纵机构主要部件 ②掌握解体与复装转向器的方法与步骤,能进行正确的拆装				
环节	内　容			批注及备注	
资讯	①记录所用转向器的信息 　转向器的类型　｜　 　车型　｜　 ②写出循环球式转向器的两级传动副 第 1 级＿＿＿＿＿＿＿＿,第 2 级＿＿＿＿＿＿＿＿				
工作任务	①查找认识转向器及转向器操纵机构主要部件及安装位置 ②实施转向器拆装练习				
分析和计划	根据工作任务,确定所需工具、设备等,并制订小组工作计划: ①讨论确定所需仪器、工具及辅助资料 ②团队协作,组织及人员分工 ③明确拆装的循环球式转向器,制订拆装步骤及要求 ④操作安全、规范注意事项及技术标准				

实施	①依照制订的拆装步骤完成各作业项目,并观察各部件,描述其名称,认识的部件打"√",不认识的打"×",同时指出该部件所属系统或机构 ②拆卸过程中明确技术标准,仔细观察各零部件的型号及其螺栓扭力大小 ③按正确顺序和技术标准完成装配任务 请依照以上要求完成下表:

序号	作业项目	部件	技术标准或要求	认识	所属机构或系统	考核
1						
2						
3						
4						
5						
6						
7						
8						
9						
10						
11						
12						
13	除上述拆卸的部件外,请补充循环球式转向器的其他部件					

检查评估

自评项根据自己对任务的完成情况进行评估并提出改进意见;互评项由组内组外互相交流和评分;教师评估可纳入任务实施过程中或对照上表随机选取几个项目评估。总评采用合格和不合格两级评价

序号	评估项目	自评	互评	教师评估
1	工具选择和使用			
2	转向器及转向器操纵机构结构认识			
3	循环球式转向器的拆装			
4	职场安全及操作规范等			
5	总　评			

任务实施心得:

任务 7.3　转向传动机构认识与拆装

能力标准

学完本任务,你应获得以下能力:
①能识别转向传动机构主要部件及其安装位置。
②能正确完成转向传动机构的拆装。

任务描述

请以下列任务为指导,完成相关知识的学习和实施练习:
①查找及认识转向传动机构主要部件。
②实施转向传动机构拆装练习。

相关知识

转向传动机构的功能是将转向器输出的力和运动传到转向桥两侧的转向节,使两侧转向轮偏转,且使两转向轮偏转角按一定关系变化,以保证汽车转向时车轮与地面的相对滑动尽可能小。

📖 与非独立悬架配用的转向传动机构

与非独立悬架配用的转向传动机构主要包括转向摇臂、转向直拉杆、转向节臂及转向梯形机构,如图 7.18(a)所示。在发动机位置较低或转向桥兼作驱动桥的情况下,为避免运动干涉,往往将转向梯形机构布置在前桥之前,如图 7.18(b)所示。若转向摇臂不是在汽车纵向平面内前后摆动,而是在与道路平行的平面向左右摆动,则可将转向直拉杆 3 横置,并借球头销直接带动转向横拉杆 6,从而推使两侧梯形臂转动如图 7.18(c)所示。

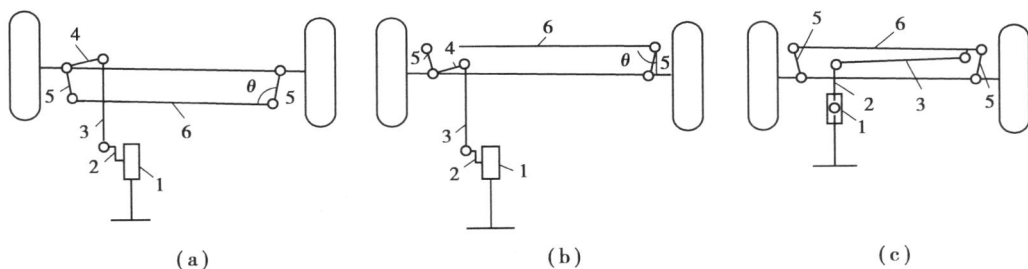

图 7.18　与非独立悬架配用的转向传动机构
1—转向器;2—转向摇臂;3—转向直拉杆;4—转向节臂;5—梯形臂;6—转向横拉杆

📖 与独立悬架配用的转向传动机构

当转向轮采用独立悬架时,由于每个转向轮都需要相对于车架(或车身)作独立运动,因此,转向桥必须是断开式的。与此同时,转向传动机构中的转向梯形机构也必须分成两段或三段。图7.19所示为几种独立悬架配用的转向传动机构示意图。其中,图7.19(a)、图7.19(b)所示的机构与循环球式转向器配用,图7.19(c)、图7.19(d)所示的机构与齿轮齿条转向器配用。

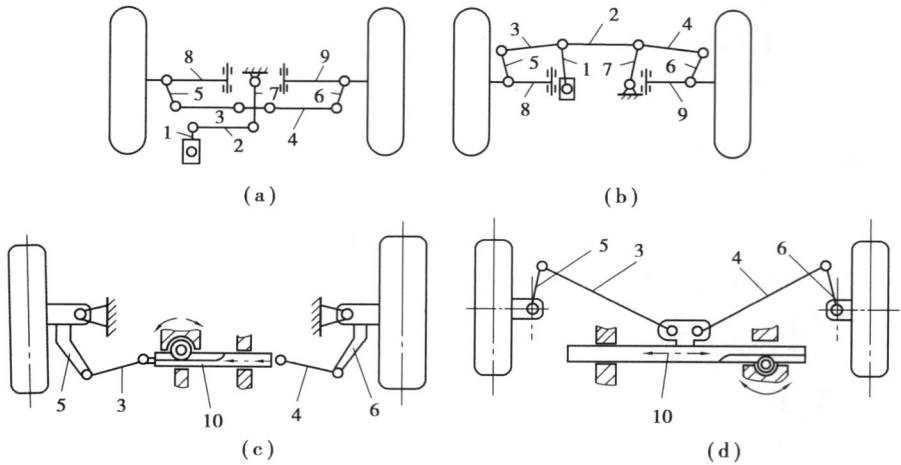

图7.19　与独立悬架配用的转向传动机构
1—转向摇臂;2—转向直拉杆;3—左转向横拉杆;4—右转向横拉杆;5—左梯形臂;
6—右梯形臂;7—摇臂;8—悬架左摆臂;9—悬架右摆臂;10—齿轮齿条式转向器

📖 转向摇臂

图7.20所示为常见转向摇臂的结构形式,其大端具有三角细花键锥形孔,与转向摇臂轴连接,并用螺母固定;其小端用锥形孔与球头销柄部连接,并用螺母固定。转向摇臂安装后,

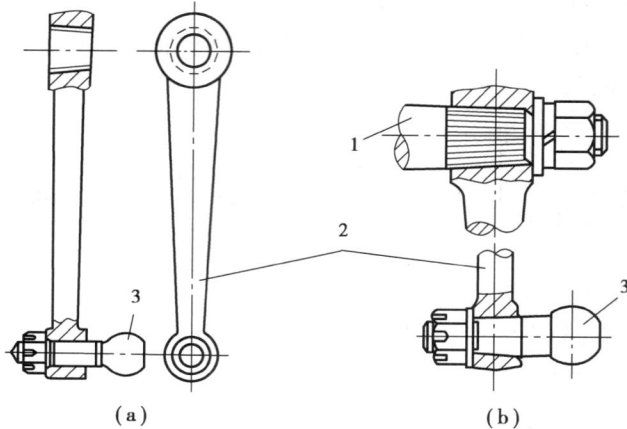

图7.20　转向摇臂
1—转向摇臂轴;2—转向摇臂;3—球头销

从中间位置向两边摆动的角度应大致相等,故在将转向摇臂安装到摇臂轴上时,两者相应的角度位置应正确。为此,常在摇臂大孔外端面上和摇臂轴的外端面上各刻有短线,或是在两者的花键部分上都少铣一个齿作为装配标记。装配时应将标记对齐。

📖 **转向直拉杆**

图 7.21 所示为解放 CA1092 型汽车的转向直拉杆,它是连接转向摇臂和转向节臂的杆件。

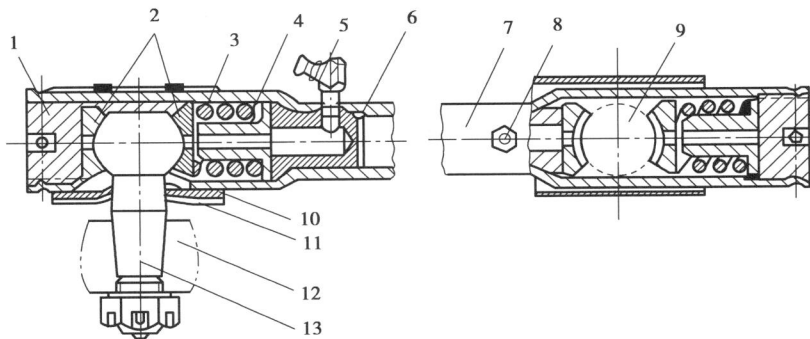

图 7.21　CA1092 型汽车转向直拉杆

1—端部螺塞;2—球头座;3—压缩弹簧;4—弹簧座;5、8—油嘴;6—座塞;7—直拉杆体;
9—转向节臂球头销;10—油封垫;11—油封垫护套;12—转向摇臂;13—球头销

直拉杆体由两端扩大的钢管制成,在扩大的端部里装有由球头销、球头座、弹簧座、压缩弹簧及螺塞等为组件的球铰链。球头销的锥形部分与转向摇臂连接,并用螺母固定;球头部分通过钢管上开有的圆孔伸入钢管内前、后两个球头座之间。在螺塞和弹簧的作用下,球头与球头座紧靠。在使用中,弹簧缓冲了转向轮传来的冲击和振动,同时也保证当球头和球头座磨损后自动消除间隙。另外,钢管上装有油嘴,用来加注润滑油。直拉杆两端的弹簧装在球头销的同一侧,是保证直拉杆在受到向前或向后的冲击力时,都有一段弹簧起作用。

📖 **转向横拉杆**

图 7.22 所示为转向横拉杆示意图,它由横拉杆体和两个旋装在两端的拉杆接头组成。横拉杆体用钢管制成,其两端加工有螺纹,一端为右旋,另一端为左旋,与横拉杆接头旋装连接。两端接头结构相同。旋转横拉杆体可使两端接头同时向里或向外移动而改变其长度,以调整前束值;接头的螺纹孔壁上开有轴向切口,故具有弹性,旋装到杆体上后可用螺栓夹紧。

🔧 **任务实施**

📖 **实施要求**

☞ 任务目标与要求

①小组成员分工协作,利用汽车维修手册及实训资料,依据任务工作单制订工作计划,并通过小组自评或互评检查工作计划。

301

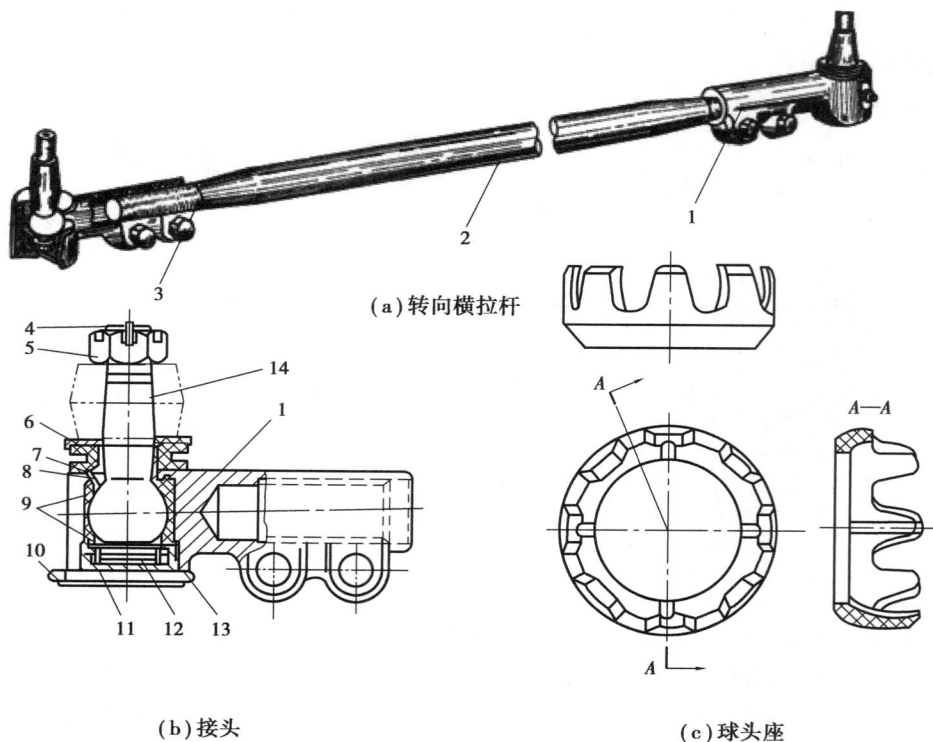

（a）转向横拉杆

（b）接头

（c）球头座

图 7.22　转向横拉杆示意图

1—横拉杆接头；2—横拉杆体；3—夹紧螺栓；4—开口销；5—槽形螺母；6—防尘垫座；
7—防尘垫；8—防尘罩；9—球头座；10—限位销；11—螺塞；12—弹簧；13—弹簧座；14—球头销

②识别转向传动机构主要部件，并确定主要部件安装位置。

③依照相应规范及正确方法完成转向传动机构的拆装。

☞ 注意事项

在任务实施过程中，严格遵守相关实验实训制度和规范的要求，注意职场健康与安全需求，做好废料的处理，并保持工作场所的整洁。

📖 实施步骤

☞ 准备工作

①小组接受工作任务，准备实训车辆、拆装工具、维修手册等配套器材，清理场地，做好实施准备工作。

②组长带领组内成员阅读任务工作单，查阅相关手册或指导书，合理分工，制订任务计划，并检查计划有效性。

☞ 实施步骤

①依照任务工作单的引导，观察认识所用车辆的转向传动机构组成，查找各主要部件的安装位置，并填写任务工作单。

②合理选择工具,并正确使用各类工具完成转向传动机构主要部件的拆装。拆装过程中,请参考维修手册,严格按照相关技术标准和要求完成拆装任务。

☞ 评估总结

①回答指导教师提问,并接受指导教师相关考核。

②对本次任务完成过程及效果进行自我评价和小组互评,填写任务工作单。

③清洁工作场所,清点归还相关工具设备,完成本次任务。

任务工作单

项目	转向系统结构认识与拆装				
任务	转向传动机构认识与拆装			姓名	
班级		组号		日期	
任务目的	①能识别转向传动机构主要部件及其安装位置 ②能正确完成转向传动机构的拆装				
环节	内　容				批注及备注
工作任务	①查找及认识转向传动机构主要部件 ②实施转向传动机构的拆装练习				
资讯	根据图指认转向传动机构部件的名称 ①_____　②_____　③_____ ④_____　⑤_____　⑥_____ 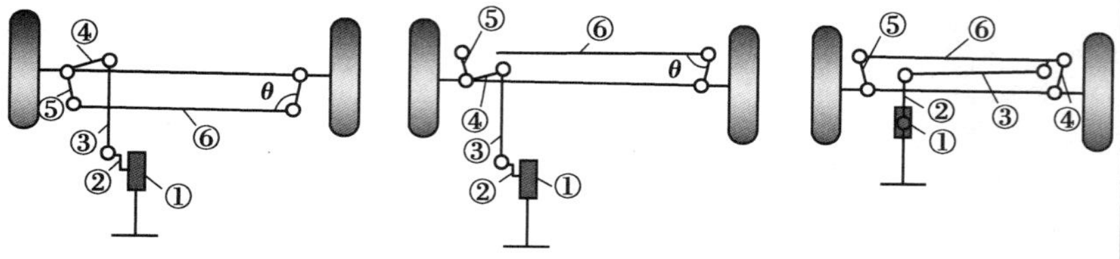 （a）　　　　（b）　　　　（c）				
分析和计划	根据工作任务,确定所需工具、设备等,并制订小组工作计划: ①讨论确定所需仪器、工具及辅助资料 ②团队协作,组织及人员分工 ③明确拆装的转向传动机构,制订拆装步骤及要求 ④装配转向传动机构总成注意事项及技术标准				

实施	①依照制订的拆装步骤完成各作业项目,并观察各部件,描述其名称,认识的部件打"√",不认识的打"×",同时指出该部件所属系统或机构 ②拆卸过程中明确技术标准,仔细观察各零部件的型号及其螺栓扭力大小 ③按正确顺序和技术标准完成装配任务 请依照以上要求完成下表:

序号	作业项目	部件	技术标准或要求	认识	所属机构或系统	考核
1						
2						
3						
4						
5						
6						

检查评估	自评项根据自己对任务的完成情况进行评估并提出改进意见;互评项由组内组外互相交流和评分;教师评估可纳入任务实施过程中或对照上表随机选取几个项目评估。总评采用合格和不合格两级评价

序号	评估项目	自评	互评	教师评估
1	工具选择和使用			
2	转向传动机构的组成及部件认识			
3	转向传动机构的拆装			
4	职场安全及操作规范等			
	总　评			

任务实施心得:

📖 知识拓展

📖 动力转向系统

动力转向系统是利用发动机输出的部分机械能转换为压力能,对转向器施加液压或气压作用力,以减小驾驶员转动方向盘的操纵力,减轻驾驶疲劳,尤其在低速或车辆原地转向时操纵更加轻便。

动力转向系统按传递动力介质的不同分为气压式、液压式和电动式3种。

①气压式动力转向系统主要用于采用气压制动系统的货车和客车。

②液压式动力转向系统按液流形式可以分为常流式和常压式。

③电动式动力转向系统是一种直接依靠电动机提供辅助转矩的电动动力式转向系统。该系统仅需要控制电动机电流的方向和幅值,不需要复杂的机械、液压机构。另外,该系统利用微机控制,为转向特性的设置提供了较高的自由度,因此,它有着非常广阔的开发和应用前景。

📖 动力转向系统的功能和分类

(1)常压式液压动力转向装置

图7.23所示为常压式液压动力转向装置的示意图。在汽车直线行驶,转向盘保持在中立位置时,转向控制阀经常处于关闭位置。转向油泵输出的压力油充入储能器。当储能器压力增加到规定值后,油泵即自动卸荷空转,从而使储能器压力得以限制在该规定值以下。驾驶员转动转向盘时,机械转向器通过转向摇臂等杆件使转向控制阀转入开启(工作)位置。此时,储能器中的压力油即流入转向动力缸。通过动力缸推杆输出的液压作用力,作用在转向传动机构上,以补充机械转向器输出力的不足。转向盘一停止运动,转向控制阀便随之恢复到关闭位置,于是转向加力作用终止。由此可知,无论转向盘处于中立位置还是转向位置,也

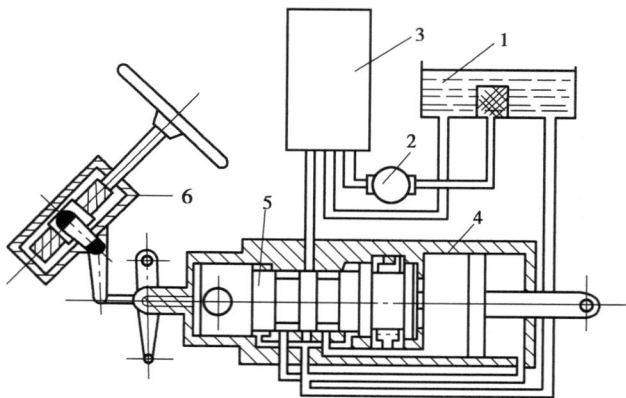

图7.23 常压式液压动力转向装置示意图
1—转向油罐;2—转向油泵;3—储能器;
4—转向动力缸;5—转向控制阀;6—机械转向器

无论转向盘保持静止还是运动状态,液压系统工作管路中总是保持高压。

(2)液压常流滑阀式动力转向装置

图 7.24 所示为常流式液压动力转向装置的示意图。不转向时,流量控制阀保持开启,转向动力缸由于活塞两边的工作腔都与低压回油管路相通而不起作用。转向油泵输出的油液流入转向控制阀,又由此流回转向油罐。因转向控制阀的节流阻力很小,故油泵输出压力也很低,油泵实际处于空转状态。当驾驶员转动转向盘,通过机械转向器使转向控制阀处于某一转弯方向相应的工作位置时,转向动力缸的相应工作腔与回油管路隔绝,转而与油泵输出管路相通,而动力缸的另一腔则仍然通回油管路。地面转向阻力经转向传动机构传到转向动力缸的推杆和活塞上,形成比转向控制阀节流阻力高得多的油泵输出管路阻力。于是转向油泵输出压力急剧升高,直到足以推动转向动力缸活塞为止。转向盘停止转动后,转向控制阀随即回复到中立位置,使动力缸停止工作。

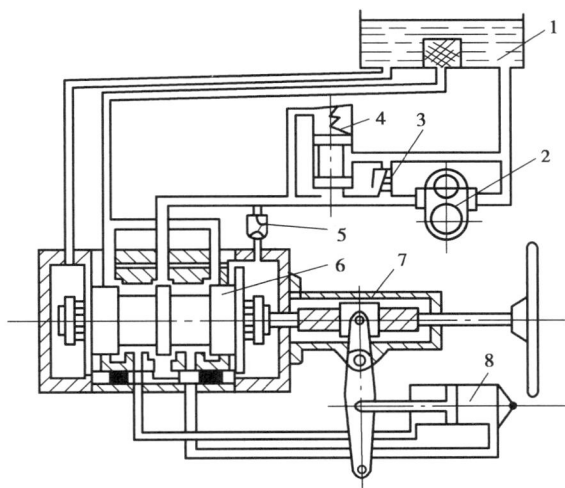

图 7.24 常流式液压动力转向装置示意图

1—转向油罐;2—转向油泵;3—安全阀;

4—流量控制阀;5—单向阀;

6—转向控制阀;7—机械转向器;8—转向动力缸

上述两种液压式动力转向装置相比,常压式的优点在于有储能器积蓄液压能,可以使用流量较小的转向油泵,而且还可在油泵不运转的情况下保持一定的转向加力能力,使汽车有可能持续行驶一定距离转向装置仍起作用,这一点对于重型汽车尤为重要。常流式的优点则是结构简单,油泵寿命较长,漏泄较少,消耗功率也较小。目前除少数重型汽车采用常压式动力转向装置外,其余多采用常流式动力转向装置。

(3)电动式电子控制动力转向系统

电动式电子控制动力转向系统的基本组成如图 7.25 所示。它主要由转矩传感器、转角传感器、车速传感器、电动机、电磁离合器、减速机构及电子控制单元(ECU)等组成。

电动式电子控制动力转向系统的基本原理是根据汽车行驶速度(车速传感器输出信号)、

转矩及转向角信号,由 ECU 控制电动机及减速机构产生助力转矩,使汽车在低、中、高速下都能获得最佳的转向效果。

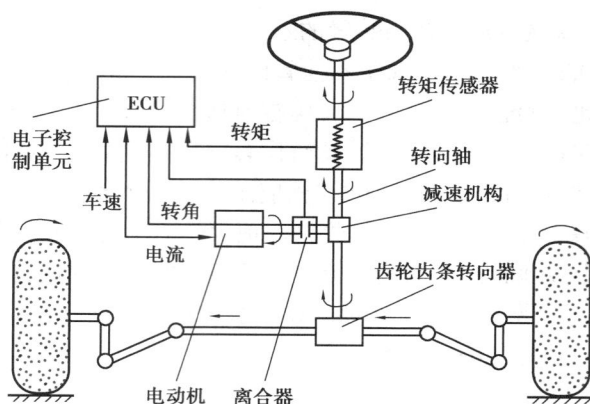

图 7.25　电动式电子控制动力转向系统的组成

电动机连同离合器和减速器齿轮一起,通过一个橡胶底座安装在左车架上。电动机的输出转矩由减速齿轮增大,并通过万向节、转向器中的助力小齿轮将输出转矩送至齿条,向转向轮提供转矩。

ECU 根据各传感器的信号确定助力转矩的幅值和方向,并且直接控制驱动电路,驱动电动机。

转矩传感器、转角传感器和汽车速度传感器为助力转矩的信号源。

(4)液压式电子控制动力转向系统

液压式电子控制动力转向系统是在传统的液压动力转向系统的基础上增设了电子控制装置而构成的。根据控制方式的不同,它可分为流量控制式、反力控制式和阀灵敏控制式 3 种形式。

这里以反力控制式动力转向系统为例,反力控制式动力转向系统主要由转向控制阀、电磁阀、分流阀、转向动力缸、转向油泵、储油罐、车速传感器及电子控制单元组成。

反力控制式动力转向系统是按照车速的变化,由电子控制油压反力,调整动力转向器,从而使汽车在各种条件下转向盘上所需的转向操纵力都达到最佳状态。有时也将这种动力转向系统称为渐进性动力转向系统(Progressive Power Steering,PPS)。

PPS 的结构如图 7.26 所示。在 PPS 的齿轮箱中,除了旧式动力转向装置中用来控制加力的主控制阀之外,又增设了反力油压控制阀和油压反力室。

经反力油压控制阀调整后的油压加到油压反力室内,扭杆与转向轴相连,当 PPS 根据油压反力的大小改变转向扭杆的扭曲量时,就可以控制转向时所要加的力。动力转向用的微处理器安装在 ECU 内,微处理器根据车速传感器的信号控制阀的输入电流;电磁阀设在反力控制阀上。

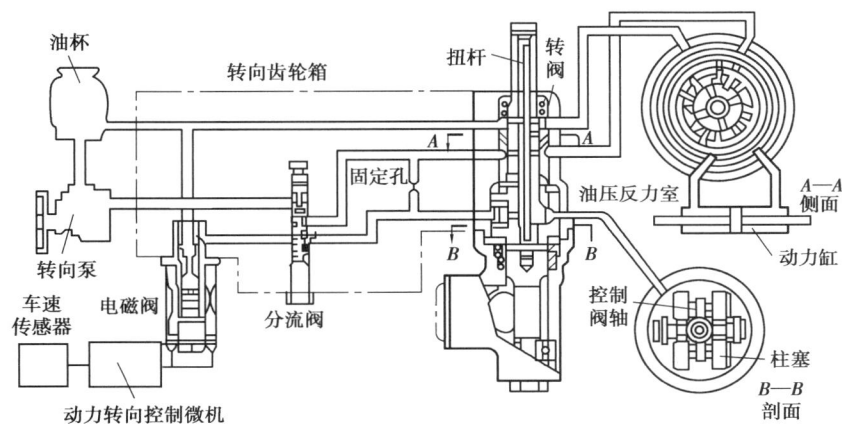

图 7.26 渐进性动力转向系统结构

能力鉴定表 7

项目		转向系统结构认识与拆装			
班级			姓名		组长	
学号			组号		日期	
序号	能力目标	鉴定内容	鉴定结果		
			合　格	不合格	
1	专业技能	能否正确认识转向系统的结构	□	□
2		能否正确规范完成转向系统各总成部件的拆装	□	□
3		能否正确规范使用拆装工具	□	□
4		任务实施能否达到 6S 要求	□	□
5	学习方法	是否主动进行任务实施	□	□
6		能否使用各种媒介完成任务	□	□
7		是否具备相应的信息收集能力	□	□
8	能力拓展	团队是否配合	□	□
9		调试方法是否具有创新	□	□
10		是否具有责任意识	□	□
11		是否具有沟通能力	□	□
12		总结与建议	□	□
鉴定结果	□合格　□不合格	教师意见		教师签字	
				日期	

注：①请根据结果在相关的方框"□"内打"√"。

　　②请指导教师重点对相关鉴定结果不合格的同学给予指导意见。

信息反馈表7

项目：<u>转向系统结构认识与拆装</u>　　　　组号：_____

姓名：_____　　日期：_____

请你在相应栏内打"√"	非常同意	同意	没有意见	不同意	非常不同意
①本项目充分提供了关于汽车转向系统相关知识及拓展阅读					
②本项目为我提供了关于转向系统结构认识、转向器拆装等大量的实践操作机会					
③本项目配套的实验设备和器材充分齐全,能满足学习需要					
④本项目的内容选取合理,教学组织和安排有序					
⑤本项目的内容适合我的需求					
⑥本项目中组织了各种活动					
⑦本项目的不同单元融合得很好					
⑧学习中教师待人友善、愿意帮忙					
⑨通过本项目学习让我做好了参加鉴定的准备					
⑩本项目中所有的教学方法对我学习起到了帮助的作用					
⑪本项目提供的信息量适当					
⑫本项目鉴定是公平、适当的					
你对改善本科目的教学建议：					

思考题

一、选择题

1.在动力转向系统中,转向所需的能源来源于(　　　)。

　　A.驾驶员的体能　　　　　　B.发动机动力　　　　　　C.A、B 项均有

2.循环球式转向器中的转向螺母可以(　　　)。

　　A.转动　　　　　　　　　　B.轴向移动　　　　　　　C.A、B 项均可

3.横拉杆两端螺纹旋向(　　　)。

　　A.都是左旋　　　　　　　　B.都是右旋　　　　　　　C.一个左旋,一个右旋

4.汽车转弯时,应具备(　　)转向中心。

　　A.1 个　　　　　　　　　　B.2 个　　　　　　　　　C.3 个

5.上海桑塔纳轿车具有(　　)横拉杆。

　　A.1 根　　　　　　　　　　B.2 根　　　　　　　　　C.3 根

6.汽车在行驶过程中,路面作用车轮的力,经过转向系统可大部分传递给方向盘,这种转向称为(　　　)。

　　A.可逆式　　　　　　　　　B.不可逆式　　　　　　　C.极限可逆式

7.汽车转向时,以下说法正确的是(　　　)。

　　A.内侧车轮的偏转角度大于外侧车轮

　　B.内侧车轮的偏转角度小于外侧车轮

　　C.以上说法都有可能

8.转向操纵机构不包括(　　　)。

　　A.转向盘　　　　　　　　　B.转向万向节　　　　　　C.转向节

二、简答题

1.何谓汽车转向系统? 绘简图说明机械转向系统的组成。

2.什么是转向梯形机构? 它有何作用?

3.目前在轻型及微型轿车上为什么大多数采用齿轮齿条式转向器?

4.为什么循环球式转向器广泛应用于各类汽车上?

5.转向操纵机构的组成是什么? 它有何作用?

6.转向传动机构的功用是什么?

项目 8 制动系统结构认识与拆装

任务 8.1 制动系统总体结构认识

能力标准

学完本任务,你应获得以下能力:
①能正确识别制动系统各部件及安装位置。
②能正确识别制动器类型。

任务描述

请以下列任务为指导,完成相关知识的学习和实施练习:
①识别制动系统各部件及安装位置。
②识别各类制动器。

相关知识

📖 制动系统总体结构认识

(1)制动系统的功用

汽车制动系统的功用是:①按照需要使汽车减速或在最短距离内停车;②下坡行驶时保持车速稳定;③使停驶的汽车可靠驻停。

(2)对制动系统的要求

为保证汽车能在安全的条件下发挥高速行驶的能力,制动系统必须满足以下要求:
①具有良好的制动效能。迅速减速直至停车的能力。
②操纵轻便。操纵制动系统所需的力不应过大。
③制动稳定性好。制动时,前后车轮制动力分配合理,左右车轮上的制动力矩基本相等,使汽车制动过程中不跑偏、不甩尾。
④制动平顺性好。制动力矩能迅速而平稳地增加,也能迅速而彻底地解除。
⑤散热性好。连续制动时,制动鼓和制动蹄上的摩擦片因高温引起的摩擦系数下降要小;打湿后恢复要快。
⑥对带有挂车的制动系统,还要求挂车的制动作用略早于主车,挂车自行脱挂时能自动

进行应急制动。

（3）制动系统的基本组成

制动系统按功能的不同，可分为行车制动系统、驻车制动系统，以及应急制动、安全制动和辅助制动系统。按照制动能源分类，汽车制动系统又可分为人力制动系统、动力制动系统和伺服制动系统。人力制动系统是以驾驶员的肌体作为唯一制动能源的制动系统；动力制动系统是完全靠由发动机的动力转化而成的气压或液压形式的势能进行制动的制动系统；伺服制动系统是兼用人力和发动机动力进行制动的制动系统。

1）行车制动系统

行车制动系统用于使行驶中的车辆减速或停车，制动器安装在全部的车轮上，通常由驾驶员用脚操纵。

2）驻车制动系统

驻车制动系统用于使停驶的汽车驻留原地，通常由驾驶员用手操纵。

3）应急制动、安全制动和辅助制动系统

应急制动装置是用独立的管路控制车轮的制动器作为备用系统，其作用是当行车制动装置失效的情况下保证汽车仍能实现减速或停车。

安全制动装置是当制动气压不足时起制动作用，使车辆无法行驶。

辅助制动装置是为了下长坡时减轻行车制动器的磨损而设，其中利用发动机排气制动应用最广。

（4）制动系统的组成及工作原理

行车制动系统由车轮制动器和液压传动机构两部分组成。图 8.1 所示为行车制动系统的基本组成。

车轮制动器的旋转部分是制动鼓 8，它固定于轮毂上，与车轮一起旋转。固定部分是制动蹄 10 和制动底板 11 等。制动蹄上铆有摩擦片，其下端套在支承销上，上端用复位弹簧拉紧压靠在制动轮缸 6 的活塞上。支承销和轮缸都固定在制动底板上，制动底板用螺钉与转向节凸缘（前桥）或桥壳凸缘（后桥）固定在一起。制动蹄靠液压轮缸使其张开。

不制动时，制动鼓的内圆柱面与摩擦片之间保留一定间隙，制动鼓可以随车轮一起旋转。

制动时，驾驶员踩下制动踏板，主缸推杆便推动制动主缸活塞 3 前移，迫使制动液经管路进入轮缸，推动轮缸活塞 7 向外移动，使制动蹄克服复位弹簧的拉力绕支承销转动而张开，消除制动蹄与制动鼓之间的间隙后压紧在制动鼓上。此时，不旋转的制动蹄摩擦片对旋转的制动鼓就产生一个摩擦矩，其方向与车轮的旋转方向相反。制动鼓将此力矩传到车轮后，由于车轮与路面的附着作用，车轮即对路面作用一个向前的圆周力 F_μ，与此相反，路面会给车轮一个向后的反作用力，这个力就是车轮受到的制动力 F_B。各车轮制动力的总和就是汽车受到的总的制动力。

放松制动踏板，在复位弹簧的作用下，制动蹄与制动鼓的间隙又得以恢复，从而解除制动。

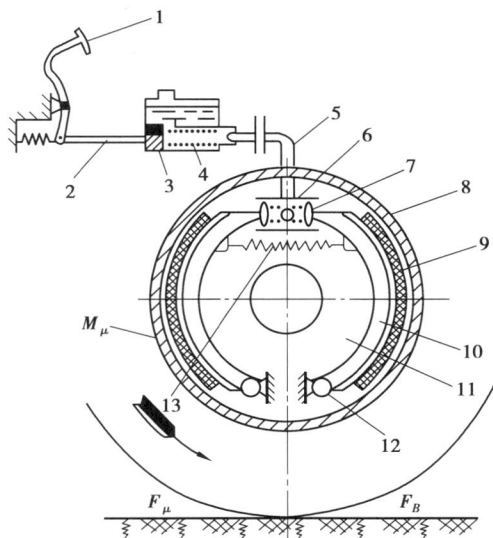

图 8.1　制动系统的组成及工作原理

1—制动踏板；2—主缸推杆；3—主缸活塞；4—制动主缸；5—油管；
6—制动轮缸；7—轮缸活塞；8—制动鼓；9—摩擦片；10—制动蹄；
11—制动底板；12—支承销；13—制动蹄复位弹簧

任务实施

实施要求

☞ 任务目标与要求

①小组成员分工协作,利用汽车维修手册及实训资料,依据任务工作单制订工作计划,并通过小组自评或互评检查工作计划。

②认识制动系统整体结构,识别各机构及系统的组成,确定主要部件安装位置。

☞ 注意事项

在任务实施过程中,严格遵守相关实验实训制度和规范的要求,注意职场健康与安全需求,做好废料的处理,并保持工作场所的整洁。

实施步骤

☞ 准备工作

①小组接受工作任务,准备实训车辆、实训模型、维修手册等配套器材,清理场地,做好实施准备工作。

②组长带领组内成员阅读任务工作单,查阅相关手册或指导书,合理分工,制订任务计划,并检查计划有效性。

☞ 实施步骤

①依照任务工作单的引导,查找和记录所用车辆的型号,分析制动器的类型,并填写任务

工作单。

②依照任务工作单的引导,观察认识所用制动器解剖模型的主要机构及系统组成,查找各主要部件的安装位置,并填写任务工作单。

☞ 评估总结

①回答指导教师提问,并接受指导教师相关考核。

②对本次任务完成过程及效果进行自我评价和小组互评,填写任务工作单。

③清洁工作场所,清点归还相关工具设备,完成本次任务。

任务工作单

项目	制动系统结构认识与拆装		
任务	制动系统总体结构认识	姓名	
班级	组号	日期	
任务目的	①能正确识别制动系统各部件及安装位置 ②能正确识别制动器类型		
环节	内　容		批注及备注
资讯	①记录所用车辆的信息 ②制动器的组成部件及功用 ③识别下图各部分名称		
工作任务	①识别制动系统各部件及安装位置 ②识别制动器类型		
分析和计划	根据工作任务,确定所需工具、设备等,并制订小组工作计划: ①讨论确定所需仪器、工具及辅助资料 ②团队协作,组织及人员分工 ③明确制动系统主要组成部件,制订计划 ④操作安全、规范注意事项及技术标准		

资讯环节内容:

车辆型号	
制动器类型	

序号	名称	序号	名称	序号	名称
1		5		9	
2		6		10	
3		7		11	
4		8		12	

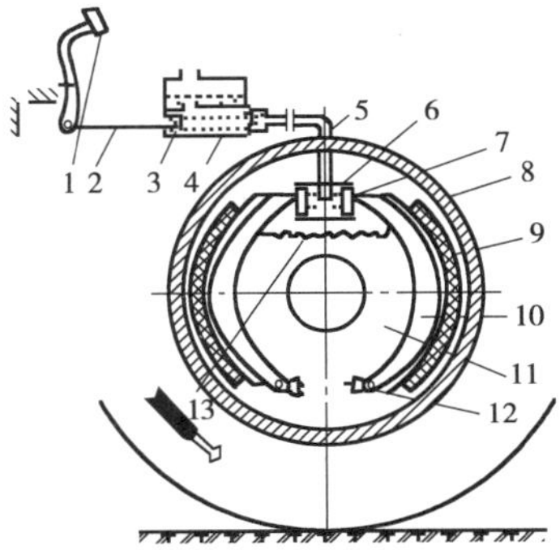

	依照制订的计划完成各作业项目,并观察各部件,描述其名称,认识的部件打"√",不认识的打"×",同时指出该部件所属系统或机构 请依照以上要求完成下表:

<table>
<tr><td rowspan="17">实施</td><td colspan="5">
</td></tr>
<tr><td>序号</td><td>部件名称</td><td>认识</td><td>所属机构或系统</td><td>考核</td></tr>
<tr><td>1</td><td></td><td></td><td></td><td></td></tr>
<tr><td>2</td><td></td><td></td><td></td><td></td></tr>
<tr><td>3</td><td></td><td></td><td></td><td></td></tr>
<tr><td>4</td><td></td><td></td><td></td><td></td></tr>
<tr><td>5</td><td></td><td></td><td></td><td></td></tr>
<tr><td>6</td><td></td><td></td><td></td><td></td></tr>
<tr><td>7</td><td></td><td></td><td></td><td></td></tr>
<tr><td>8</td><td></td><td></td><td></td><td></td></tr>
<tr><td>9</td><td></td><td></td><td></td><td></td></tr>
<tr><td>10</td><td></td><td></td><td></td><td></td></tr>
<tr><td>11</td><td></td><td></td><td></td><td></td></tr>
<tr><td>12</td><td></td><td></td><td></td><td></td></tr>
<tr><td>13</td><td></td><td></td><td></td><td></td></tr>
<tr><td>14</td><td></td><td></td><td></td><td></td></tr>
<tr><td>15</td><td></td><td></td><td></td><td></td></tr>
</table>

	自评项根据自己对任务的完成情况进行评估并提出改进意见;互评项由组内组外互相交流和评分;教师评估可纳入任务实施过程中或对照上表随机选取几个项目评估。总评采用合格和不合格两级评价

<table>
<tr><td rowspan="8">检查
评估</td><td colspan="5"></td></tr>
<tr><td>序号</td><td>评估项目</td><td>自评</td><td>互评</td><td>教师评估</td></tr>
<tr><td>1</td><td>工具选择和使用</td><td></td><td></td><td></td></tr>
<tr><td>2</td><td>制动系统组成及部件认识</td><td></td><td></td><td></td></tr>
<tr><td>3</td><td>制动器类型识别</td><td></td><td></td><td></td></tr>
<tr><td>4</td><td>职场安全及操作规范等</td><td></td><td></td><td></td></tr>
<tr><td>5</td><td>总评</td><td></td><td></td><td></td></tr>
<tr><td colspan="5">任务实施心得:</td></tr>
</table>

任务 8.2　制动器结构认识与拆装

车轮制动器

能力标准

学完本任务,你应获得以下能力:
①能正确认识制动器总体结构。
②能对制动器实施拆装。

任务描述

请以下列任务为指导,完成相关知识的学习和实施练习:
①对制动器进行总体认识,识别制动器各部件具体位置。
②实施制动器拆装练习。

相关知识

📖 车轮制动器

旋转元件固装在车轮或半轴上,将制动力矩直接分别作用于两侧车轮上的制动器称为车轮制动器。根据摩擦副中旋转元件的结构形式不同,汽车上所用的车轮制动器可分为鼓式和盘式两种。它们的区别在于前者的摩擦副中旋转元件为制动鼓,其工作表面为圆柱面;后者的旋转元件则为圆盘状的制动盘,以端面为工作表面,如图 8.2 所示。

(1)盘式车轮制动器

盘式制动器摩擦副中的旋转元件是以端面工作的金属圆盘,被称为制动盘。其固定元件则有着多种结构形式,大体上可分为两类:一类是工作面积不大的摩擦块与其金属背板组成的制动块,每个制动器中有 2~4 个。这些制动块及其促动装置都装在横跨制动盘两侧的夹钳形支架中,总称为制动钳。这种由制动盘和制动钳组成的制动器称为钳盘式制动器。另一类固定元件的金属背板和摩擦片也呈圆盘形,制动盘的全部工作面可同时与摩擦片接触,这种制

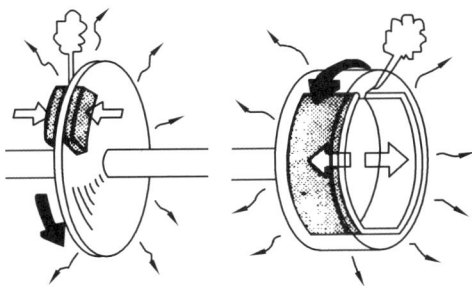

(a)盘式制动器　　**(b)鼓式制动器**

图 8.2　制动器的类型

动器称为全盘式制动器。全盘式制动器只有少数汽车(主要是重型汽车)采用为车轮制动器。这里只介绍钳盘式制动器。钳盘式制动器又可分为定钳盘式和浮钳盘式两类。

1)定钳盘式制动器

定钳盘式制动器的结构示意图如图 8.3 所示,跨置在制动盘上的制动钳体固定安装在车桥上,它既不能旋转也不能沿制动盘轴线方向移动,其内的两个活塞分别位于制动盘的两侧。制动时,制动油液由制动主缸(制动总泵)经进油口进入钳体中两个相通且相对的液压腔中(相当于制动轮缸),将两侧的制动块压向与车轮固定连接的制动盘,从而产生制动。

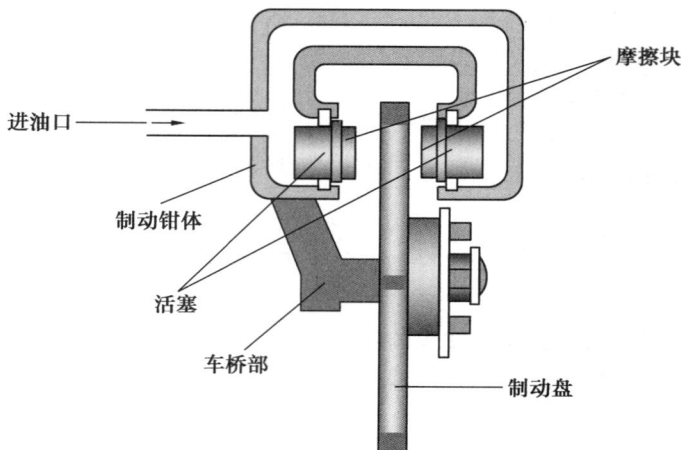

图 8.3　定钳盘式制动器的结构示意图

2)浮钳盘式制动器

浮钳盘式制动器的结构示意图如图 8.4 所示。制动时,来自制动主缸的制动液通过油道进入制动轮缸,推动活塞及其制动块向右移动,并压在制动盘上,于是制动盘给活塞一个向左的反作用力 p,使得活塞连同制动钳体沿导向销向左移动,直到制动盘右侧的制动块也压到制动盘上,此时,两侧的制动块都压在制动盘上,夹住制动盘使其制动。

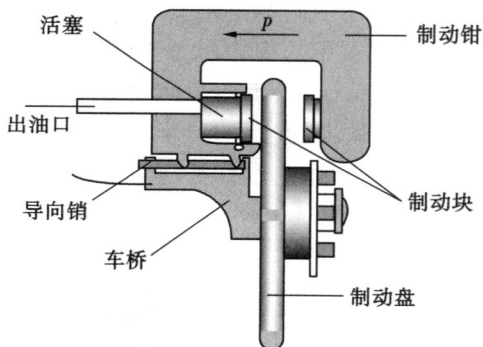

图 8.4　浮钳盘式制动器的结构示意图

与定钳盘式制动器相比较,浮钳盘式制动器的单侧轮缸结构不需要设置跨越制动盘的油道,故不仅轴向和径向尺寸较小,有可能布置得更接近车轮轮毂,而且制动液受热汽化的机会较少,浮钳盘式制动器现已基本取代了定钳盘式制动器。

3)典型盘式制动器

以桑塔纳轿车前轮制动器为例进行介绍。

图 8.5 所示为桑塔纳轿车的前轮盘式制动器,该制动器为浮钳盘式制动器。它由制动盘、内外摩擦块、制动钳壳体、制动钳支架及前制动轮缸等组成。

制动盘固定在轮毂上,夹在内外摩擦衬块中间,与前轮一起转动。制动钳通过螺栓(兼作导向销)与制动钳支架相连(支架固定于转向节凸缘上),钳体可沿螺栓相对于制动盘作轴向移动。轮缸布置在制动钳的内侧。固定支架上有导轨,通过两根特制弹簧安装内、外制动块,

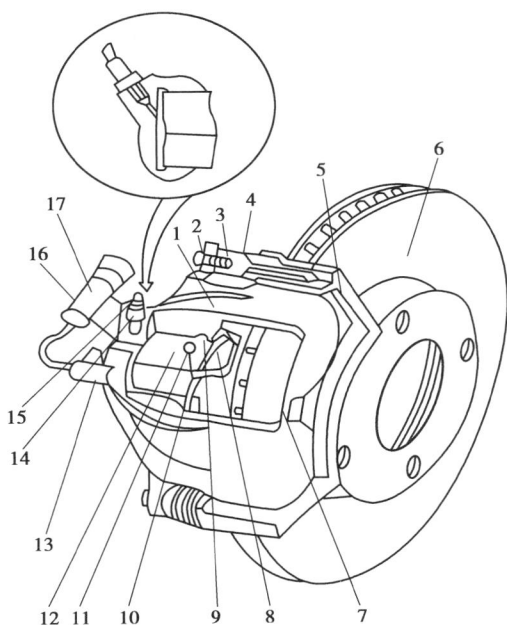

图 8.5　桑塔纳轿车前轮盘式制动器

1—制动钳体;2—紧固螺栓;3—导向销;4—防护套;5—制动钳支架;6—制动盘;

7—固定制动块;8—消声片;9—防尘套;10—活动制动块;11—密封圈;12—活塞;

13—电线导向夹;14—放气螺钉;15—放气螺钉帽;16—报警开关;17—电线夹

内、外制动块可沿导轨作轴向移动。

4)盘式制动器的特点

盘式制动器的优点如下:

①散热能力强,热稳定性好。受热后,制动盘只在径向膨胀,不会影响制动间隙。

②抗水衰退能力强。受水浸后,在离心力作用下被很快甩干,摩擦衬片上的剩水也由于压力高而容易挤出,一般仅需要 1~2 次制动后即可恢复正常。

③制动时的平顺性好。

④结构简单,维修方便。

⑤制动间隙小,便于自动调节。

盘式制动器的不足如下:

①制动时无助势作用,故要求管路液压较高。

②防污性差,制动衬片磨损较快。

(2)**鼓式车轮制动器**

1)鼓式车轮制动器的结构

简单的鼓式车轮制动器由旋转部分、固定部分、促动装置及定位调整机构组成。

①旋转部分

旋转部分多为制动鼓。制动鼓通常为浇铸件,对于受力小的制动鼓也可用钢板冲压而成,如图 8.6 所示。

②固定部分

固定部分是制动底板和制动蹄。制动底板固装在车桥的凸缘盘上,通过支承销与制动蹄相连。制动蹄常用钢板冲压后焊接而成或由铸铁或轻合金烧铸,采用 T 形截面,以增大刚度,摩擦片采用粘接或铆接的方式固定于制动蹄上。

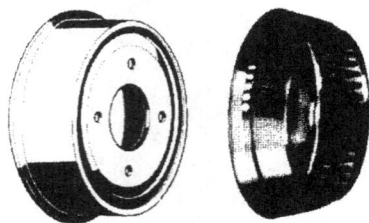

③促动装置

促动装置的作用是对制动蹄施加力使其向外张开。汽车车轮制动器常用的促动装置有制动凸轮和制动轮缸两种类型,如图 8.7 所示。

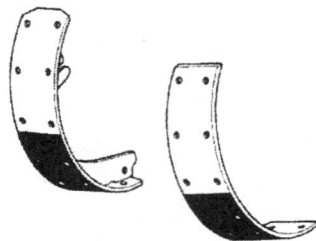

④定位调整装置

制动蹄在不工作时,其摩擦片与制动鼓之间应有合适的间隙,此间隙一般为 0.25~0.5 mm。间隙过小易造成制动解除不彻底;间隙过大又将使制动踏板行程过大,以致驾驶员操作不便,同时也会推迟制动器起作用的时刻。但

图 8.6　制动鼓和制动蹄

是在制动过程中,摩擦片的不断磨损必将导致此间隙逐渐增大。因此,各种形式的制动器均设有检查、调整此间隙的装置。

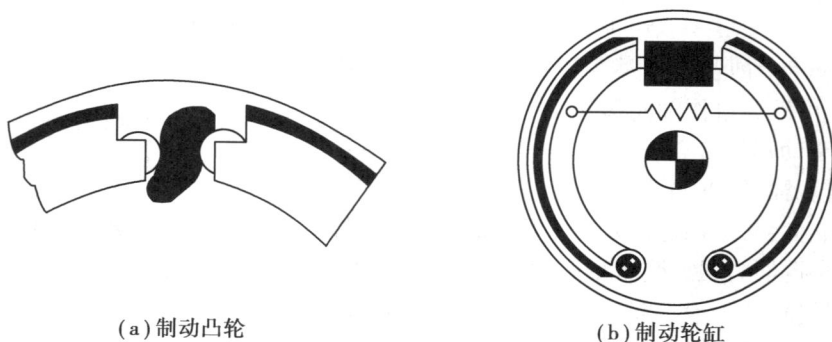

（a）制动凸轮　　　　　（b）制动轮缸

图 8.7　制动蹄的促动装置

定位调整装置的作用是保持和调整制动蹄和制动鼓间正确的相对位置。

2）鼓式制动器的工作原理

鼓式制动器工作原理见本项目任务 8.1 制动系统总体结构认识图 8.1 所述,这里不再赘述。

3）典型车轮制动器

以桑塔纳轿车后轮制动器为例。

①制动器的结构

桑塔纳轿车后轮制动器为鼓式车轮制动器。如图 8.8 所示,制动器的制动毂通过轴承支承在后桥支承短轴上,与车轮一起旋转。

制动器底板用螺栓固定在后桥轴端支承座上,制动轮缸用螺钉固定在制动底板上方,其形式为双活塞内张型液压轮缸。支架、止挡板用螺钉紧固在底板的下方。下复位弹簧使制动

蹄的下端嵌入固定板的切槽中。复位弹簧使两制动蹄的上端压靠到压力杆上,楔形件在其拉簧作用下,向下拉紧在制动蹄与压力杆之间。定位销、弹簧及弹簧座用以限制制动蹄的轴向移动,并保持蹄面与制动底板的垂直。

图 8.8 桑塔纳后车轮制动器

制动时,轮缸活塞在制动液压力的作用下向外推动制动蹄,制动力克服复位弹簧的弹力使制动蹄向外张开,压向制动鼓,产生制动力矩使汽车制动。

解除制动时,制动液压力消失,在复位弹簧的作用下制动蹄回位。

②制动器的调整

车轮制动器装配完毕后,为保证制动蹄衬片与制动鼓之间具有合适的间隙,应对其进行必要的调整。调整的方法有人工调整法和自动调整法。

桑塔纳轿车后轮制动器的间隙调整装置为在推力板上装楔杆的自调装置,其结构和工作情况如下。

如图 8.9 所示,楔杆的水平拉簧使楔杆与推力板间产生摩擦防止楔杆下移,垂直拉簧随时力图拉动楔杆下移。当蹄鼓间隙正常时,楔杆静止于相对应位置;当蹄鼓间隙大于规定值时,蹄片张开的行程被加大,垂直拉簧的力 F_2 增大,$F_2 > F_1$,楔杆下移,楔杆的下移使得水平拉簧的力也被加大,摩擦力 F_1 相应加大,则楔杆在新的位置静止。

图 8.9 在推力板上装楔杆的自调装置
1—楔杆;2—推力板;3—驻车制动杠杆;
4—浮式支承座;5—定位件;
F_1—水平拉簧的摩擦力;
F_2—楔形杆的垂直拉簧力

放松制动后,制动蹄在回位弹簧的作用下收拢。由于推力板已变长,只能被顶靠在新的位置,从而保持规定的制动间隙值。

此类自调装置属于一次性调准的结构,前进或倒车制动均能自调。

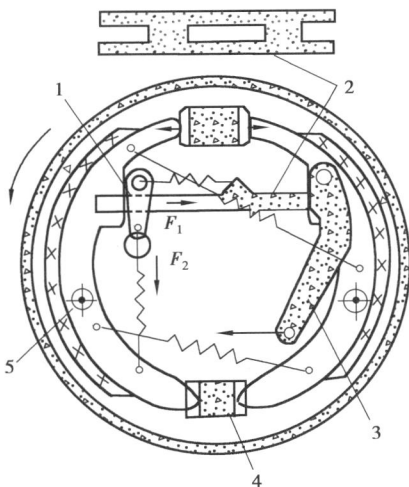

📖 驻车制动器

（1）驻车制动器的功用

驻车制动器的功用如下：

①车辆停驶后防止滑溜。

②使车辆在坡道上能顺利起步。

③行车制动系统失效后，临时使用或配合行车制动器进行紧急制动。

（2）驻车制动器的类型

驻车制动器按其安装位置可分为中央制动式和车轮制动式两种。中央制动式通常安装在变速器的后面，其制动力矩作用在传动轴上；车轮制动式通常与车轮制动器共用一个制动器总成，只是传动机构是相互独立的。

传统的驻车制动器为鼓式较常见。

（3）典型驻车制动器

以鼓式驻车制动装置为例分析说明。

1）制动装置的组成

鼓式驻车制动装置由驻车制动器和操纵机构组成。图8.10所示为集成在鼓式行车制动器中的驻车制动。驻车制动杠杆上端通过平头销与后制动蹄相连，中上部卡入驻车制动推杆右端的切槽中作为支点，下端与拉绳相连。前后制动蹄的腹板卡在驻车制动推杆两端的切槽中，并分别用一根复位弹簧与推杆相连。操纵机构包括传动机构和锁止机构，传动机构由驻车制动操纵杆、调整拉杆及制动拉绳等组成。锁止机构由按钮、弹簧及限位块、棘爪压杆、棘爪和扇形齿等组成。

图 8.10　驻车制动器

1—驻车制动杠杆；2—驻车制动推杆；3—制动蹄；4—拉绳

2）制动装置的工作原理（见图8.10）

驻车制动时，驾驶员拉起驻车制动操纵杆后，操纵力便通过调整拉杆、拉绳4传到车轮制动器内的驻车制动杠杆1上端，使之绕下端支点逆时针转动，驻车制动杠杆1转动过程中，其中间支点推驻车制动推杆2右移，使前制动蹄压向制动鼓。到前制动蹄压向制动鼓后，驻车制动推杆2停止运动，则驻车制动杠杆1的中间支点变成其继续转动的新支点。于是驻车制动杠杆1的下端左移使后制动蹄压靠到制动鼓上，施以驻车制动。此时，驻车制动操纵杆

324

上的棘爪与扇形齿啮合,驻车制动操纵杆处于锁止状态。

解除制动时,须先将驻车制动操纵杆向后搬动少许,再压下驻车制动操纵杆端头的按钮,通过棘爪压杆使棘爪与齿板脱开,然后将驻车制动操纵杆推到释放位置后松开按钮。与此同时,制动蹄在复位弹簧作用下回位。

任务实施

实施要求

☞ 任务目标与要求

①小组成员分工协作,利用汽车维修手册及实训资料,依据任务工作单制订工作计划,并通过小组自评或互评检查工作计划。

②认识制动器整体结构,识别各种类型制动器的组成,确定主要部件安装位置。

③完成制动器的拆装。

☞ 注意事项

在任务实施过程中,严格遵守相关实验实训制度和规范的要求,注意职场健康与安全需求,做好废料的处理,并保持工作场所的整洁。

实施步骤

☞ 准备工作

①小组接受工作任务,准备实训车辆、拆装工具、维修手册等配套器材,清理场地,做好实施准备工作。

②组长带领组内成员阅读任务工作单,查阅相关手册或指导书,合理分工,制订任务计划,并检查计划有效性。

☞ 实施步骤

①依照任务工作单的引导,观察认识制动器的主要机构及系统组成,查找各主要部件的安装位置,并填写任务工作单。

②合理选择工具,并正确使用各类工具完成制动器的拆装。拆装过程中,请参考维修手册,严格按照相关技术标准和要求完成拆装任务。

(1)前轮制动器的拆装

前轮制动器的分解如图 8.11 所示。

1)前轮制动器的拆卸

①松开车轮螺栓螺母(拧紧力矩 110 N·m)。

②松开制动钳壳体的紧固螺栓(拧紧力矩 70 N·m),前轮制动器即可与车轮轴承分离。

③拧松制动器罩的螺栓,制动器罩即可从转向节体上取下。

④松开制动软管接头。

2)制动摩擦片的拆卸和安装

①拆卸上、下定位螺栓(见图 8.12),用手卸下上、下定位弹簧。

②取下制动钳壳体,如图 8.13 所示。取下制动器底板上的制动摩擦片。

③将制动钳活塞压回制动钳壳体内,如图 8.14 所示。活塞回位前,先抽出制动液储液罐中的制动液,否则会引起制动液外溢,损坏表面油漆。制动液有毒,排放制动液时,只能使用专用容器存放。

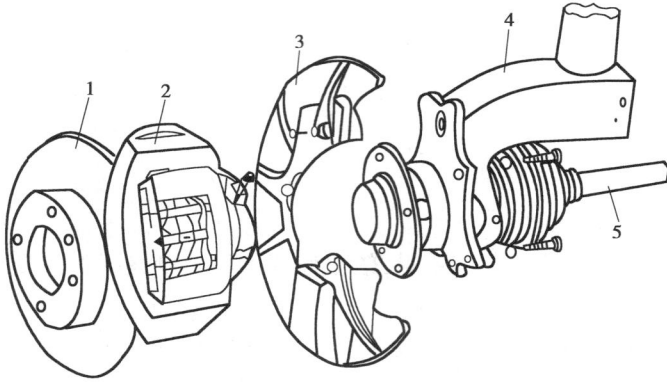

图 8.11　前轮制动器分解图
1—制动盘;2—制动钳;3—制动底板;
4—车轮支承壳总成;5—传动轴

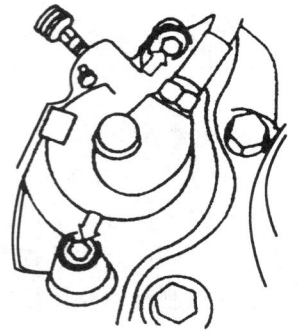

图 8.12　卸下上下定位螺栓

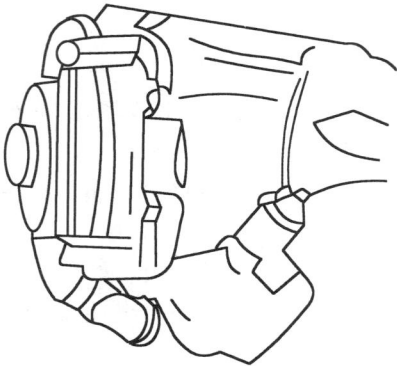

图 8.13　拆下制动钳壳体

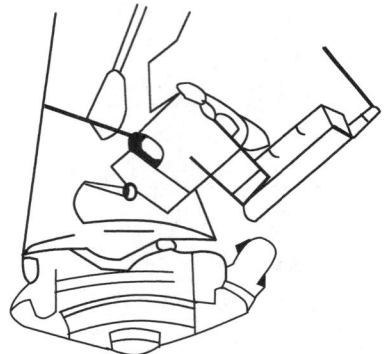

图 8.14　将活塞压回到制动钳壳体内

④装入新的摩擦片。安装制动钳壳体,用70 N·m的力矩紧固定位螺栓。

⑤安装上下定位弹簧,如图 8.15 所示。

⑥安装后,停车时用力将制动器踏板踩到底数次,以使制动摩擦片正确就位。

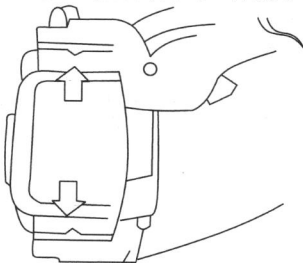

（2）后轮制动器的拆装

后轮制动器的分解如图 8.16 所示。

1）制动鼓和制动蹄的拆卸

①拧松车轮螺栓螺母(拧紧力矩 110 N·m),取下车轮。

②用专用工具 VW637/2 卸下轮毂盖,如图 8.17 所示。

③取下开口销,旋下后车轮轴承上的六角螺母,取出止推垫圈。

图 8.15　安装上下定位弹簧

④用螺丝刀通过制动鼓螺孔向上拨动楔形块(见图 8.18),使制动蹄与制动鼓放松。

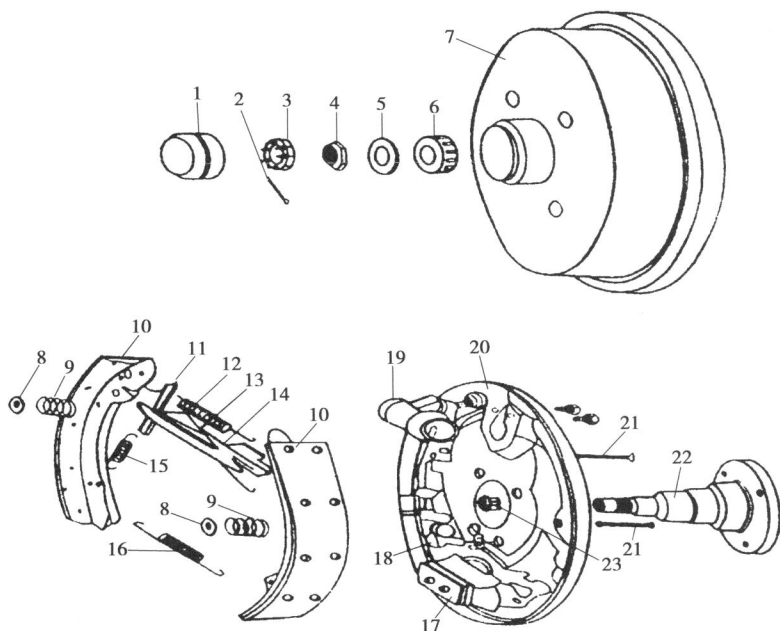

图 8.16　后轮制动器分解图

1—轮毂盖;2—开口销;3—开槽垫圈;4—调整螺母;5—止推垫圈;6—轴承;7—制动鼓;8—弹簧座;
9—弹簧;10—制动蹄;11—楔形件;12—回位弹簧;13—上回位弹簧;14—压力杆;
15—楔形件回位弹簧;16—下回位弹簧;17—固定板;18—螺栓(拧紧力矩 60 N·m);
19—后制动轮缸;20—制动底板;21—定位销;22—后桥车轮支承短轴;23—观察孔橡胶塞

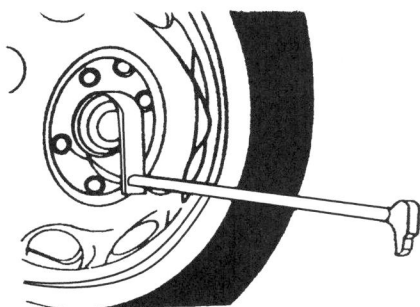

图 8.17　卸下轮毂盖

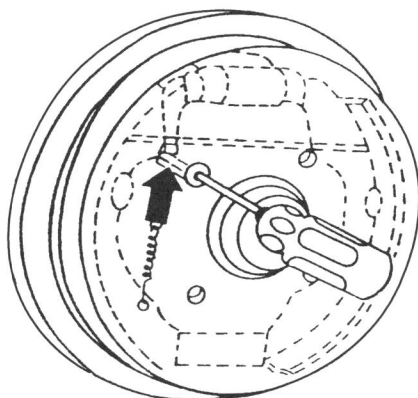

图 8.18　拨动楔形块

⑤用鲤鱼钳拆下压簧座圈。用手从下面的支架上提起制动蹄,取出下回位弹簧。

⑥取下制动杆上的驻车制动拉索。用鲤鱼钳取下楔形件回位弹簧和上回位弹簧。

⑦卸下制动蹄,如图 8.19 所示。

⑧将带压力杆的制动蹄卡紧在台虎钳上,拆下定位弹簧,取出制动蹄,如图 8.20 所示。

⑨如有必要,拆下制动轮缸并解体,如图 8.21 所示。

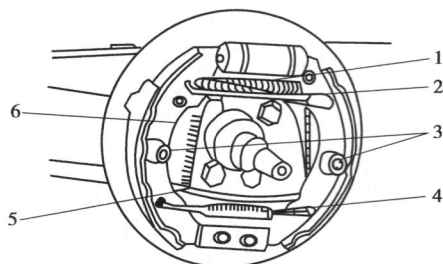

图 8.19 卸下制动蹄

1—上回位弹簧;2—压力杆;3—弹簧及座圈;4—下回位弹簧;

5—驻车制动拉索;6—楔形件回位弹簧

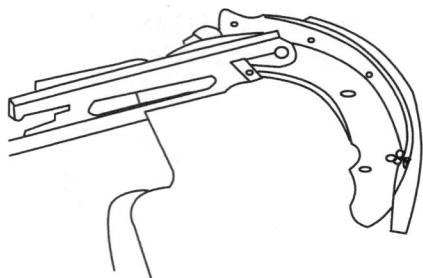

图 8.20 拆卸制动蹄定位弹簧

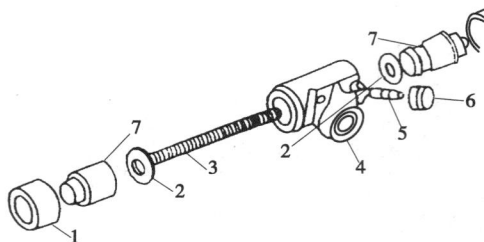

图 8.21 制动轮缸的解体

1—防尘罩;2—皮圈(安装时涂上制动液);

3—弹簧;4—车轮制动器轮缸外壳;5—放气阀;

6—防尘罩;7—活塞(安装时涂上制动液)

图 8.22 安装制动蹄回位弹簧

2)制动鼓和制动蹄的安装

①装上制动蹄回位弹簧,将制动蹄装在压力杆上,如图 8.22 所示。

②装上楔形件,凸块朝向制动器底板。

③将带有传动臂的制动蹄装在压力杆上,如图 8.23 所示。

④装入上回位弹簧;在传动臂上套上驻车制动拉索。

⑤将制动蹄装在车轮制动轮缸的活塞外槽上。

⑥装入下回位弹簧,并将制动蹄提起,装到下面的支座上。

⑦装楔形件回位弹簧。装压簧和弹簧座圈。

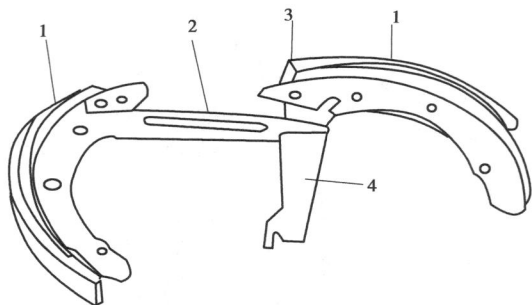

图 8.23 将制动蹄装在压力杆上

1—制动蹄;2—压力杆;3—销轴;4—制动杆

⑧装上制动鼓及后轮轴承,然后调整轮毂轴承的间隙。

⑨用力踩一下脚制动器,使后车轮制动蹄片正确就位,摩擦片与制动毂的间隙得到自动调整。

☞评估总结

①回答指导教师提问,并接受指导教师相关考核。

②对本次任务完成过程及效果进行自我评价和小组互评,填写任务工作单。

③清洁工作场所,清点归还相关工具设备,完成本次任务。

任务工作单

项目	制动系统结构认识与拆装				
任务	制动器结构认识与拆装			姓名	
班级		组号		日期	
任务目的	①能正确认识制动器整体结构 ②能对制动器实施拆装练习				
环节	内　容			批注及备注	
资讯	①制动器分为哪几类？各有什么特点 ②盘式制动器的优点是什么				
工作任务	①对制动器进行总体认识,识别制动器各部件具体位置 ②实施制动器拆装练习				
分析和计划	根据工作任务,确定所需工具、设备等,并制订小组工作计划: ①讨论确定所需仪器、工具及辅助资料 ②团队协作,组织及人员分工 ③明确拆装的制动器,制订拆装步骤及要求 ④操作安全、规范注意事项及技术标准				

实施	①依照制订的拆装步骤完成各作业项目,并观察各部件,描述其名称,认识的部件打"√",不认识的打"×",同时指出该部件所属系统或机构 ②拆卸过程中明确技术标准,仔细观察各零部件的型号及其螺栓扭力大小 ③按正确顺序和技术标准完成装配任务 请依照以上要求完成下表:

序号	作业项目	部件	技术标准或要求	认识	所属机构或系统	考核
1						
2						
3						
4						
5						
6						
7						
8						
9						
10						
11						
12						
13	除上述拆卸的部件外,请补充制动器的其他部件					

检查评估

自评项根据自己对任务的完成情况进行评估并提出改进意见;互评项由组内组外互相交流和评分;教师评估可纳入任务实施过程中或对照上表随机选取几个项目评估。总评采用合格和不合格两级评价

序号	评估项目	自评	互评	教师评估
1	工具选择和使用			
2	前轮、后轮制动器组成及部件认识			
3	制动器拆装任务及技能			
4	职场安全及操作规范等			
5	总　评			

任务实施心得:

任务 8.3　制动总泵及动力助力器结构认识与拆装

能力标准

学完本任务,你应获得以下能力:
①能正确认识制动总泵及动力助力器结构。
②能对制动总泵及动力助力器实施拆装。

任务描述

请以下列任务为指导,完成相关知识的学习和实施练习:
①对制动总泵及动力助力器进行总体认识,识别各部件具体位置。
②实施制动总泵及动力助力器拆装练习。

相关知识

📖 制动总泵

(1)制动总泵结构

制动总泵又称为制动主缸,它处于制动踏板与管路之间。其功用是将制动踏板输入的机械力转换成液压力。

如图 8.24 和图 8.25 所示,串联式双腔制动主缸主要由储液罐、制动主缸外壳、前活塞、后活塞及前后活塞弹簧、推杆、皮碗等组成。

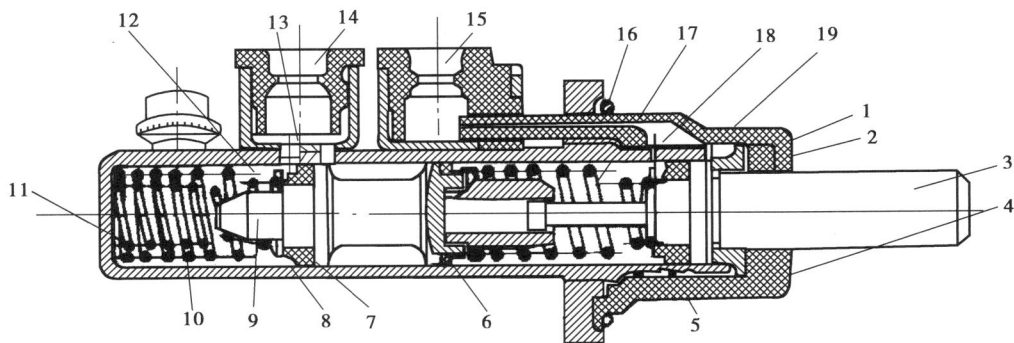

图 8.24　串联式双腔制动主缸

1—隔套;2—密封圈;3—后活塞(带推杆);4—防尘罩;5—防动圈;6、13—密封圈;
7—垫圈;8—皮碗护圈;9—前活塞;10—前活塞弹簧;11—缸体;12—前腔;
14、15—进油孔;16—定位圈;17—后腔;18—补偿孔;19—回油孔

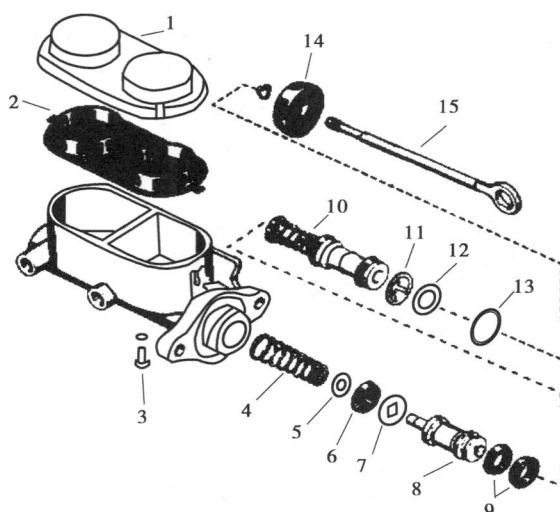

图 8.25 串联式双腔制动主缸的分解图

1—储液罐盖；2—膜片；3—限位螺钉；4—弹簧；5—皮碗护圈；

6—前皮碗；7—垫圈；8—前活塞；9—后皮碗；10—后活塞；

11—推杆座；12—垫圈；13—锁圈；14—防尘套；15—推杆

主缸的壳体内装有前活塞、后活塞及回位弹簧，前后活塞分别用皮碗密封，前活塞用限位螺钉保证其正确位置。储油罐分别与主缸的前、后腔相通，前出油口、后出油口分别与轮缸相通，前活塞靠后活塞的液力推动，而后活塞直接由推杆推动。

（2）制动总泵工作原理

不制动时，两活塞前部皮碗均遮挡不住其旁通孔，制动液由储液罐进入主缸。

正常状态下制动时，操纵制动踏板，经推杆推动后活塞左移，在其皮碗遮挡住旁通孔之后，后腔制动液压力升高，制动液一方面经出油阀流入制动管路，另一方面推动前活塞左移。在后腔液压和弹簧弹力的作用下，前活塞向左移动，前腔制动液压力也随之升高，制动液推开出油阀流入管路。于是两制动管路在等压下对汽车制动。

解除制动时，抬起制动踏板，活塞在弹簧作用下复位，高压制动液自制动管路流回制动主缸。如活塞复位过快，工作腔容积迅速增大，而制动管路中的制动液由于管路阻力的影响，来不及充分流回工作腔，使工作腔内油压快速下降，便形成一定的真空度，于是储液罐中的油液便经补偿孔和活塞上的轴向小孔推开垫片及皮碗进入工作腔。当活塞完全复位时，旁通孔开放，制动管路中流回工作腔的多余油液经补偿孔流回储液罐。

📖 **动力助力器**

汽车的真空伺服气室和控制阀组合成一个整体部件，称为真空助力器。

图 8.26（a）所示为上海桑塔纳型轿车和一汽奥迪 100 型轿车所用的真空助力器，图 8.26（b）、图 8.26（c）所示为其放大的控制阀。加力气室用导向螺栓 5 和螺栓 17 固定在车身的前围板上，并借调整叉 13 与制动踏板机构连接，加力气室前腔经真空单向阀通向发动机进气管。外界空气经过滤环 11 和毛毡过滤环 14 滤清后进入加力气室的后腔。塑料制加力气室膜片座 8

内有膜片复位弹簧 4 连通加力气室前腔和控制阀室;通道 B 连通加力气室后腔和制动阀。带有密封套的橡胶阀门 9 与在加力气室膜片座 8 上加工出来的阀座组成真空阀;又与控制阀柱塞 18 的大气阀座 10 组成大气阀。控制阀柱塞 18 借控制阀推杆 12 的球头铰接。

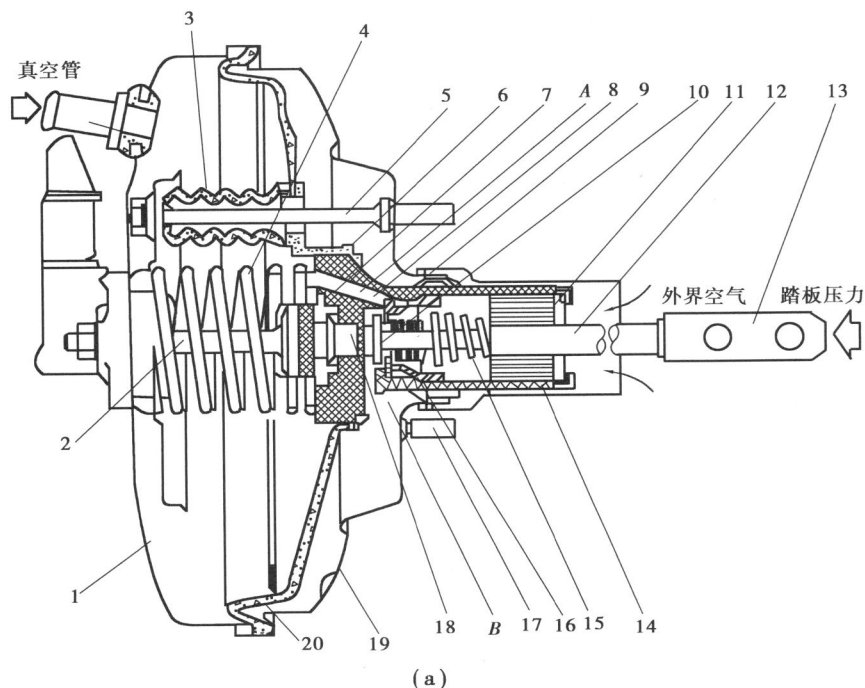

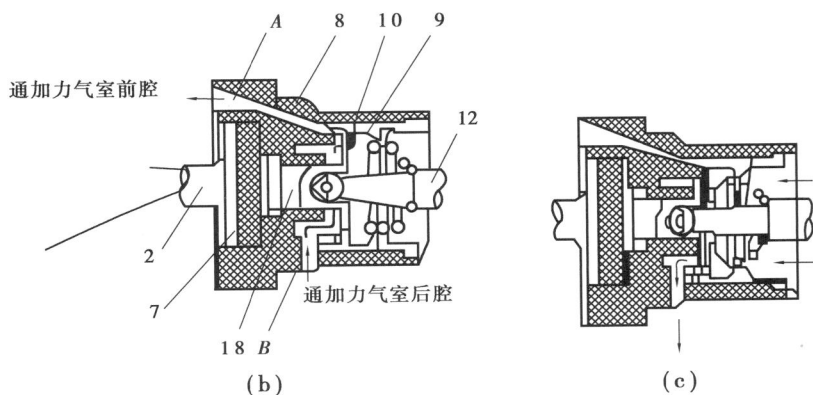

图 8.26　真空助力器示意图

1—加力气室前壳体;2—制动主缸推杆;3—导向螺栓密封套;4—膜片复位弹簧;5—导向螺栓;
6—控制阀;7—橡胶反作用盘;8—加力气室膜片座;9—橡胶阀门;10—大气阀座;11—过滤环;
12—控制阀推杆;13—调整叉;14—毛毡过滤环;15—控制阀推杆弹簧;16—阀门弹簧;17—螺栓;
18—控制阀柱塞;19—加力气室后壳体;20—加力气室膜片

制动踏板未踩下时(见图 8.26(b)),控制阀推杆弹簧 15 将控制阀推杆 12 连同控制阀柱塞 18 推至极限位置(即真空阀开启),橡胶阀门 9 则被阀门弹簧 16 压靠在大气阀座 10 上(即大气阀关闭位置）。加力气室前、后两腔经通道 A 处控制阀腔和通道 B 互相连通,并与大气隔绝。发动机运转后,真空单向阀被吸开,加力气室左右两腔内都有一定的真空度。制动踏板刚踩下时,加力气室尚未起作用,加力气室膜片座 8 固定不动,来自踏板机构的控制力可以推动控制阀推杆 12 和控制阀柱塞 18 相对于膜片座右移,当柱塞与橡胶反作用盘 7 之间的间隙消除后,控制力便经反作用盘传给制动主缸推杆 2(见图 8.26(c))。

橡胶反作用盘 7 装在由控制阀柱塞 18、压力气室膜片座 8 和制动主缸推杆 2 形成的密闭空间内。由于橡胶是体积不可压缩的柔性材料,故经橡胶反作用盘 7 的传动后,制动主缸推杆 2 从橡胶反作用盘 7 得到的力大于控制阀柱塞 18 加于橡胶反作用盘 7 的力,但制动主缸推杆 2 的位移却小于控制阀柱塞 18 的位移。此时,主缸内一定压力的制动液流入制动轮缸。与此同时,橡胶阀门 9 也在阀门弹簧 16 的作用下左移,直至与加力气室膜片座 8 上的真空阀接触,封闭通道 A 和 B,使它们隔绝。然后,控制阀推杆 12 继续推动控制阀柱塞 18 左移到其后端的大气阀座 10,离开橡胶阀门 9 一定距离。于是外界空气经过滤环 11、毛毡过滤环 14、控制阀腔和通道 B 充入加力气室的后腔,使其中的真空度降低,在加力气室前、后腔之间产生一个压力差。在此过程中,膜片与阀座也不断左移,直到阀门重新与大气阀座接触而达到平衡状态为止。因此,在任何一个平衡状态下,加力气室后腔中的稳定真空度均与踏板行程成递增函数关系,从而体现控制阀的随动作用。加力气室两腔真空度差值造成的作用力,除一部分用来平衡膜片复位弹簧 4 的力以外,其余部分都作用在反作用盘上。

因此,制动主缸推杆所受的力为加力气室膜片座 8 和控制阀柱塞 18 二者所施作用力之和。另经反作用盘反馈过来的力,使得驾驶员有一定的踏板感。

任务实施

实施要求

☞ 任务目标与要求

①小组成员分工协作,利用汽车维修手册及实训资料,依据任务工作单制订工作计划,并通过小组自评或互评检查工作计划。

②认识制动主缸及动力助力器结构,识别各机构及系统的组成,确定主要部件安装位置。

③完成制动主缸及动力助力器的拆装。

☞ 注意事项

在任务实施过程中,严格遵守相关实验实训制度和规范的要求,注意职场健康与安全需求,做好废料的处理,并保持工作场所的整洁。

实施步骤

☞ 准备工作

①小组接受工作任务,准备实训车辆、拆装工具、维修手册等配套器材,清理场地,做好实施准备工作。

②组长带领组内成员阅读任务工作单,查阅相关手册或指导书,合理分工,制订任务计划,并检查计划有效性。

☞ 实施步骤

①依照任务工作单的引导,认识制动主缸及动力助力器结构,识别各机构及系统的组成,确定主要部件安装位置,并填写任务工作单。

②合理选择工具,并正确使用各类工具完成制动主缸及动力助力器的拆装。拆装过程中,请参考维修手册,严格按照相关技术标准和要求完成拆装任务。

制动主缸和助力器的拆卸(见图8.27),步骤如下:

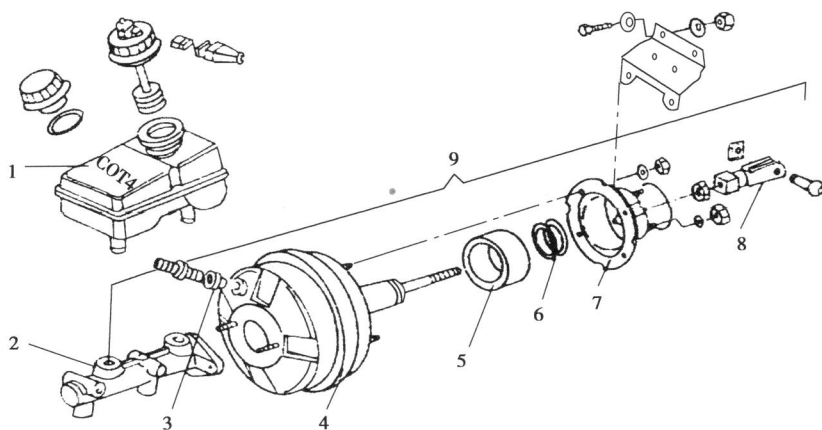

图 8.27　真空助力器和制动主缸分解图

1—储液罐;2—制动主缸;3—真空单向阀;4—真空助力器;5—密封垫圈;
6—支架密封圈;7—制动助力器安装支架;8—连接叉;9—制动主缸助力器总成

①松开主缸安装罩壳在支架上的紧固螺母(拧紧力矩15 N·m)。

②松开安装罩壳上的紧固螺母(拧紧力矩20 N·m)。

③松开制动主缸与助力器连接的两个紧固螺母(拧紧力矩20 N·m),使主缸和助力器分离。

④拧松真空橡皮管的卡箍和管接头,取下真空管。

制动主缸不能再拆散,也就是说制动主缸不需要修理。制动主缸是由不同厂商供货的,并不受他们的制约而可以相互通用。

☞评估总结

①回答指导教师提问,并接受指导教师相关考核。

②对本次任务完成过程及效果进行自我评价和小组互评,填写任务工作单。

③清洁工作场所,清点归还相关工具设备,完成本次任务。

任务工作单

项目	制动系统结构认识与拆装			
任务	制动总泵及动力助力器结构认识与拆装		姓名	
班级		组号	日期	
任务目的	①能正确认识制动主缸及动力助力器结构 ②能对制动总泵及动力助力器实施拆装			
环节	内　容			批注及备注
资讯	根据图写出相应零件名称 ①_____　②_____ ③_____　④_____ ⑤_____　⑥_____ ⑦_____　⑧_____ ⑨_____　⑩_____ 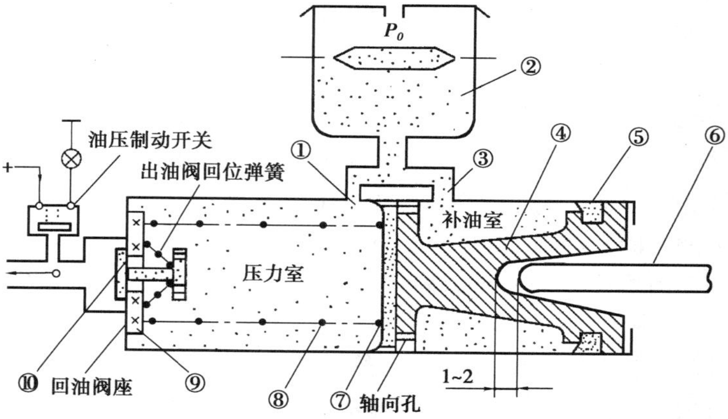 			
工作任务	①对制动主缸及动力助力器进行总体认识,识别各部件具体位置 ②实施制动总泵及动力助力器拆装练习			
分析和计划	根据工作任务,确定所需工具、设备等,并制订小组工作计划: ①讨论确定所需仪器、工具及辅助资料 ②团队协作,组织及人员分工 ③明确拆装制动主缸及动力助力器,制订拆装步骤及要求 ④操作安全、规范注意事项及技术标准			

	①依照制订的拆装步骤完成各作业项目,并观察各部件,描述其名称,认识的部件打"√",不认识的打"×",同时指出该部件所属系统或机构 ②拆卸过程中明确技术标准,仔细观察各零部件的型号及其螺栓扭力大小 ③按正确顺序和技术标准完成装配任务 请依照以上要求完成下表:

序号	作业项目	部件	技术标准或要求	认识	所属机构或系统	考核
1						
2						
3						
4						
5						
6						
7						
8						
9						
10						
11						
12						
13	除上述拆卸的部件外,请补充制动总泵及动力助力器的其他部件					

（实施）

检查评估

自评项根据自己对任务的完成情况进行评估并提出改进意见;互评项由组内组外互相交流和评分;教师评估可纳入任务实施过程中或对照上表随机选取几个项目评估。总评采用合格和不合格两级评价

序号	评估项目	自评	互评	教师评估
1	工具选择和使用			
2	制动总泵及动力助力器组成 及部件认识			
3	制动总泵及动力助力器拆装 任务及技能			
4	职场安全及操作规范等			
5	总　评			

任务实施心得:

任务 8.4　ABS 系统认识

能力标准

学完本任务,你应获得以下能力:

能正确认识 ABS 系统总体结构,了解 ABS 工作原理。

任务描述

请以下列任务为指导,完成相关知识的学习和实施练习:

对 ABS 系统进行总体认识,识别各部件具体位置。

相关知识

ABS 概述

(1) ABS 的功能

ABS 能根据路面状况,控制车轮的滑移率在某一范围内工作。在汽车制动过程中,自动调节车轮的制动力,防止车轮的制动抱死。即使在非常恶劣的路面条件下,ABS 也能够保证车辆:

①在制动时方向的稳定性。

②在制动时的转向操纵能力。

③获得较短的制动距离。

④无须点制动。

ABS 具有故障自诊断能力,在防抱死制动系统出现故障后,能自动停止工作,恢复普通制动装置的工作,并将故障以代码的形式显示出来。

(2) ABS 的组成

ABS 系统除原有的制动系统外,由传感器、电控单元(ECU)和执行器组成,增加的设备有液压调节器(带液压油泵)、车轮转速传感器、电控单元(ECU)及电路和报警灯等装置。

液压调节器也称制动压力调节装置,主要由调压电磁阀总成、电动泵总成和储液器组成。典型的 ABS 的组成如图 8.28 所示。

ABS 系统的工作原理

汽车在制动过程中,车轮转速传感器不断将各个车轮的转速信号及时输送给 ABS 电子控制单元(ECU),ECU 根据设定的控制逻辑对 4 个转速传感器输入的信号进行处理,计算汽车的参考车速、各车轮的速度和减速度,确定各车轮的滑移率。如果某个车轮的滑移率超过设定值,ECU 就发出指令控制液压控制单元,使该车轮制动轮缸中的制动压力减小;如果某个车

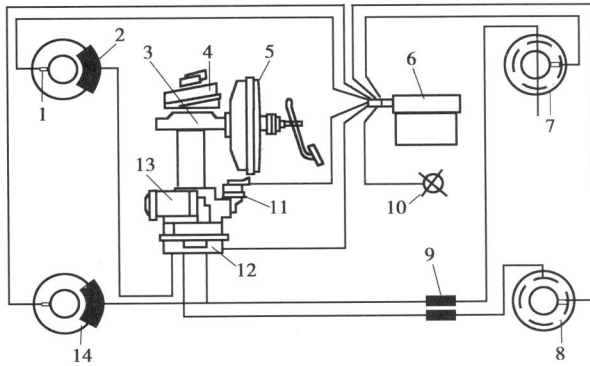

图 8.28　典型的 ABS 系统结构

1—车轮转速传感器；2—右前制动器；3—制动主缸；4—储液室；5—真空助力器；
6—电子控制装置(ECU)；7—右后制动器；8—左后制动器；9—比例阀；10—ABS 警示灯；
11—储液器；12—调压电磁阀总成；13—电动泵总成；14—左前制动器

轮的滑移率还没达到设定值,ECU 就控制液压控制单元,使该车轮的制动压力增大;如果某个车轮的滑移率接近于设定值,ECU 就控制液压控制单元,使该车轮制动压力保持一定。从而使各个车轮的滑移率保持在理想的范围之内,防止 4 个车轮完全抱死。此间可分成以下 4 个过程:

(1)常规制动阶段

在常规制动阶段,ABS 系统不起作用,调压电磁阀总成中的进液电磁阀、出液电磁阀均不通电,进液电磁阀处于开启状态,出液电磁阀则处于关闭状态;制动主缸至各制动轮缸的制动管路均处于沟通状态;电动油泵也不通电运转,制动轮缸至储液器的制动管路均处于封闭状态,各制动轮缸的制动压力将随制动主缸的输出压力而变化,此时的制动过程与常规制动系统的制动过程完全相同,如图 8.29 所示。

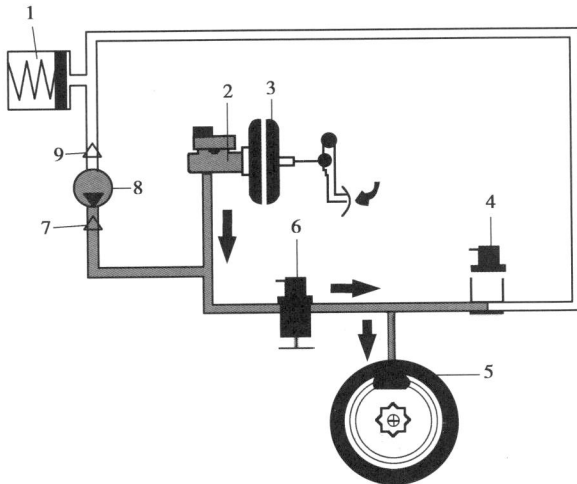

图 8.29　ABS 常规制动阶段示意图

1—低压蓄能器；2—总泵；3—助力器；4—常闭阀；5—车辆制动器；
6—常开阀；7—压力阀；8—液压阀；9—吸入阀

339

（2）制动压力保持阶段

在制动过程中，电子控制单元（ECU）根据车轮转速传感器输入的车轮转速信号判定有车轮趋于抱死时，ABS就进入防抱死制动压力调节过程。如电子控制单元（ECU）判定右前轮趋于抱死时，电子控制单元（ECU）就输出控制指令，使右前轮的进液电磁阀通电而转入关闭状态，制动主缸中的制动油液不再进入右前轮的制动轮缸。而右前轮出液电磁阀仍不通电而处于关闭状态，则右前轮制动主缸中的制动油液也不会流出。此时，右前轮制动轮缸的制动压力就保持一定，而其他未趋于抱死的车轮制动轮缸内的油液压力仍随制动主缸输出压力的增大而增大，如图8.30所示。

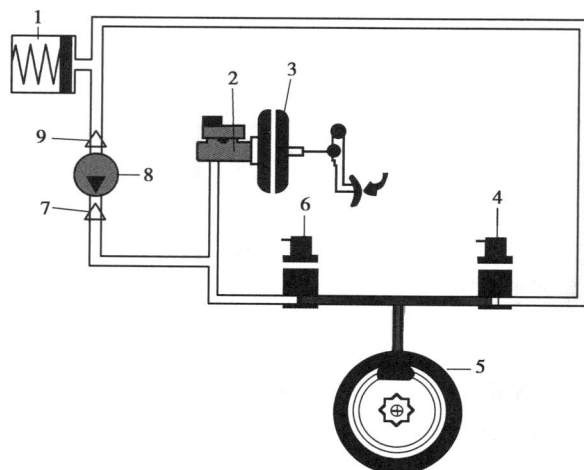

图8.30　ABS制动压力保持阶段示意图
1—低压蓄能器；2—总泵；3—助力器；4—常闭阀；5—车辆制动器；
6—常开阀；7—压力阀；8—液压阀；9—吸入阀

（3）制动压力减小阶段

当右前轮制动轮缸的制动压力保持一定时，若电子控制单元（ECU）判定右前轮仍然处于抱死，则输出控制指令，使右前轮出液电磁阀也通电而转入开启状态。右前轮制动轮缸中的部分制动液经开启的出液电磁阀流回储液器，制动轮缸内的制动压力减小，右前轮的抱死趋势开始消除，如图8.31所示。

（4）制动压力增大阶段

随着右前轮制动轮缸内制动压力的迅速减小，右前轮会在汽车惯性力的作用下逐渐加速。当电子控制单元（ECU）判定右前轮抱死趋势已完全消除时，就输入控制指令，使进液电磁阀和出液电磁阀均断电，则进液电磁阀恢复开启状态，出液电磁阀恢复关闭状态。同时也使电动油泵通电运转向制动轮缸泵送制动液。由制动主缸输出的制动液和电动泵泵送的制动液均经过开启的进液电磁阀进入右前轮制动轮缸，使右前轮制动轮缸内的制动压力迅速增大，右前轮又开始减速转动，如图8.32所示。

ABS控制系统通过使趋于抱死车轮的制动压力循环往复地经历"保持—减小—增大"的过程，而将趋于抱死车轮的滑移率控制在最大附着系数的范围内，直至汽车速度降低到很低或者制动主缸的压力不再使车轮趋于抱死时为止。在制动过程中,如果车轮没有抱死趋势,ABS 系统将不参与制动压力控制,此时制动过程与常规制动系统相同。如果 ABS 出现故障,电子控制单元将不再对液压单元进行控制,并将仪表板上的 ABS 故障警告灯点亮,向驾驶员发出警告信号,此时 ABS 不起作用,制动过程将与没有 ABS 的常规制动系统的工作相同。

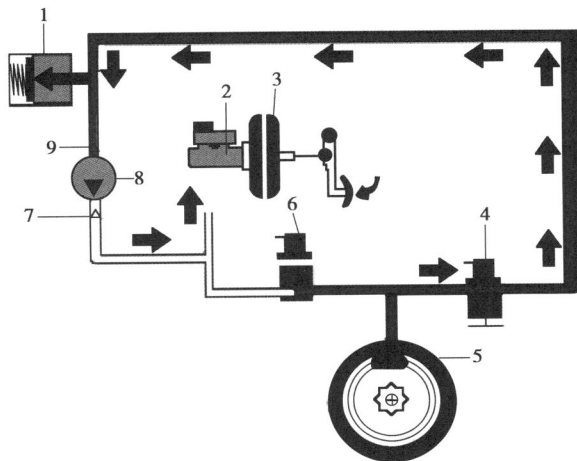

图 8.31　ABS 制动压力减小阶段示意图
1—低压蓄能器;2—总泵;3—助力器;4—常闭阀;5—车辆制动器;
6—常开阀;7—压力阀;8—液压阀;9—吸入阀

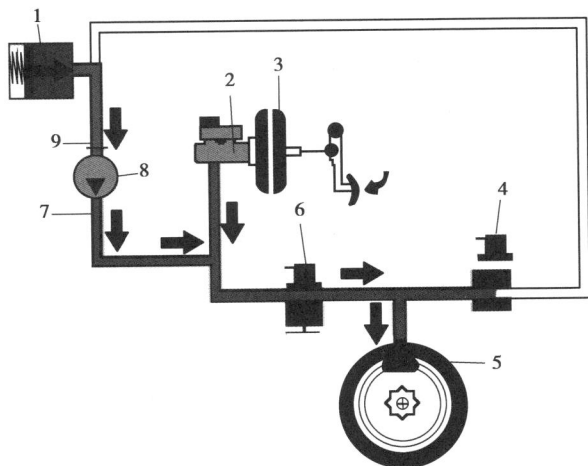

图 8.32　ABS 制动压力增大阶段示意图
1—低压蓄能器;2—总泵;3—助力器;4—常闭阀;5—车辆制动器;
6—常开阀;7—压力阀;8—液压阀;9—吸入阀

📖 **ABS 系统的控制**

（1）车轮转速传感器

车轮转速传感器的作用是检测车轮的速度,并将速度信号输入 ECU。目前,常用的车轮转速传感器有电磁感应式和霍尔式两种。

1）电磁感应式车轮转速传感器

电磁感应式车轮转速传感器是通过线圈的磁通变化,感应出脉冲电压信号的装置,由磁感应传感头和齿圈两部分组成。当齿圈随车轮旋转时,由于磁极及齿圈间的间隙发生变化（齿顶、齿根）,通过线圈的磁通发生变化,从而在线圈上感应出一交流电动势,其频率与车轮转速成正比,电动势的大小（振幅）也与转速成正比,如图 8.33 所示。

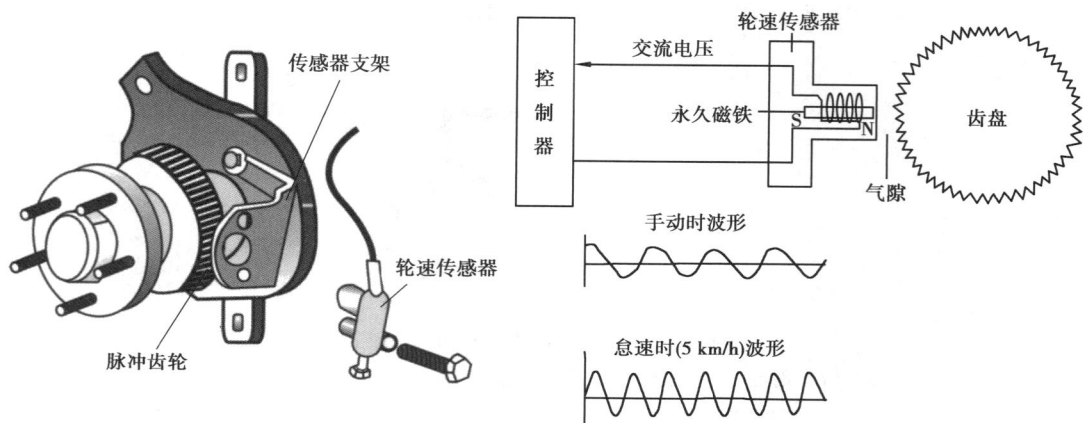

图 8.33　电磁感应式车轮转速传感器工作原理示意图

2）霍尔式车轮转速传感器

霍尔式车轮转速传感器由传感头和齿圈两部分构成。传感头由永久磁铁、霍尔元件和电子电路等组成,如图 8.34 所示。

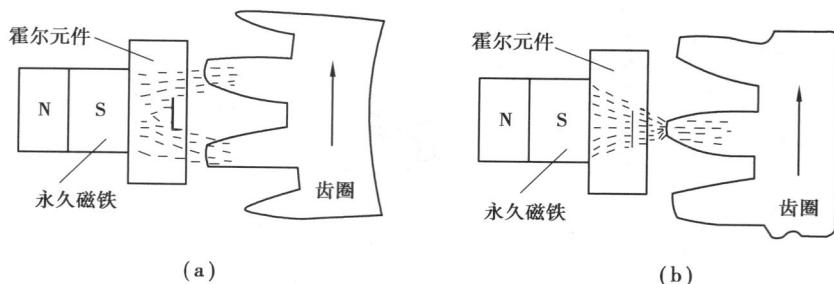

（a）　　　　　　　　　　　　　（b）

图 8.34　霍尔式车轮转速传感器磁路示意图

（2）制动压力调节器

1）制动压力调节器的作用

在制动时根据 ABS 电子控制单元（ECU）的控制指令,自动调节制动轮缸的制动压力大小,使车轮不被抱死,并处于理想滑移率的状态。

2) 典型的制动压力调节器的结构和工作过程

以桑塔纳 2000 轿车 ABS 系统为例,其制动压力调节器采用循环式调压。

桑塔纳 2000 轿车 ABS 制动压力调节器与 ABS 的电子控制单元(ECU)组合为一体后安装于制动主缸与制动轮缸之间,其外形如图 8.35 所示。压力调节器的基本组成包括电磁阀、液压泵及低压储液器。低压储液器与电动液压泵合为一体装于液控单元上,液控单元 N55 内包括 8 个电磁阀,每个回路一对,其中,一个是常开进油阀,一个是常闭出油阀。

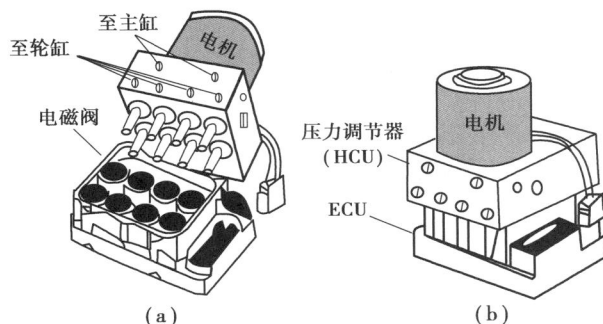

图 8.35　桑塔纳 2000 轿车 ABS 制动压力调节器

(3)电控单元

桑塔纳 2000 轿车 ABS 的 ECU 连续监测接受 4 个车轮转速传感器送来的脉冲信号,并进行测量比较、分析放大和判别处理,计算出车轮转速、车轮减速度以及制动滑移率,再进行逻辑比较分析 4 个车轮的制动情况,一旦判断出车轮将要抱死,就立刻进入防抱死控制状态,通过电子控制单元向液压单元发出指令,以控制制动轮缸油路上电磁阀的通断和液压泵的工作来调节制动压力,防止车轮抱死。ABS 的 ECU 还不断地对自身工作进行监控。由于 ABS 的 ECU 中有两个完全相同的微处理器,它们按照同样的程序对输入信号进行处理,并将其产生的中间结果与最终结果进行比较,一旦发现结果不一致,即判定自身存在故障,它会自动关闭 ABS 系统。此外,ABS 的 ECU 还不断监视 ABS 系统中其他部件的工作情况,一旦 ABS 系统出现故障,如车轮速度信号消失,液压压力降低等,ABS 的 ECU 就会发出指令而关闭 ABS 系统,并使常规制动系统工作,同时将故障信息存储记忆,并将仪表板上的 ABS 故障灯点亮,向驾驶员发出警示信号,此时应及时检查修理。

🔧 任务实施

📖 **实施要求**

☞ 任务目标与要求

①小组成员分工协作,利用汽车维修手册及实训资料,依据任务工作单制订工作计划,并通过小组自评或互评检查工作计划。

②掌握车轮制动防抱死装置的结构组成及工作原理。

☞ 注意事项

在任务实施过程中,严格遵守相关实验实训制度和规范的要求,注意职场健康与安全需求,做好废料的处理,并保持工作场所的整洁。

📖 实施步骤

☞ 准备工作

①小组接受工作任务,准备实训车辆、维修手册等配套器材,清理场地,做好实施准备工作。

②组长带领组内成员阅读任务工作单,查阅相关手册或指导书,合理分工,制订任务计划,并检查计划有效性。

☞ 实施步骤

依照任务工作单的引导,观察认识所用桑塔纳轿车制动防抱死系统组成,查找各主要部件的安装位置,并填写任务工作单。

☞评估总结

①回答指导教师提问,并接受指导教师相关考核。

②对本次任务完成过程及效果进行自我评价和小组互评,填写任务工作单。

③清洁工作场所,清点归还相关工具设备,完成本次任务。

任务工作单

项目	制动系统结构认识与拆装			
任务	ABS 系统认识		姓名	
班级		组号	日期	
任务目的	能正确认识 ABS 系统总体结构,了解其工作原理			
环节	内　容		批注及备注	
资讯	①试述制动防抱死系统的组成与工作原理 ②制动防抱死系统按照控制通道可分为哪几类? 各有什么特点 ③制动防抱死系统使用时,应注意哪些事项			
工作任务	对 ABS 系统进行总体认识,识别各部件具体位置			
分析和计划	根据工作任务,确定所需工具、设备等,并制订小组工作计划: ①讨论确定所需仪器、工具及辅助资料 ②团队协作,组织及人员分工 ③明确 ABS 系统组成,制订计划 ④操作安全、规范注意事项及技术标准			

	依照制订的计划完成各作业项目,并观察各部件,描述其名称,认识的部件打"√",不认识的打"×",同时指出该部件所属系统或机构 请依照以上要求完成下表:
实施	

序号	部件名称	认 识	所属机构或系统	考 核
1				
2				
3				
4				
5				
6				
7				
8				
9				
10				
11				
12				
13				
14				
15				

	自评项根据自己对任务的完成情况进行评估并提出改进意见;互评项由组内组外互相交流和评分;教师评估可纳入任务实施过程中或对照上表随机选取几个项目评估。总评采用合格和不合格两级评价
检查 评估	

序号	评估项目	自评	互评	教师评估
1	工具选择和使用			
2	ABS 系统组成及部件认识			
3	职场安全及操作规范等			
4	总 评			

任务实施心得:

▨ 知识拓展

📖 驱动防滑系统

汽车驱动防滑系统(Anti-Slip Regulation,ASR)也是一种主动安全装置,可根据车辆的行驶行为使车辆驱动轮在恶劣路面或复杂路面条件下得到最佳纵向驱动力,能够在驱动过程中,特别在起步、加速、转弯等过程中防止驱动车轮发生过分滑转,使得汽车在驱动过程中保持方向稳定性和转向操纵能力及提高加速性能等。

(1)ASR **系统常用控制方式**

1)发动机输出功率控制

在汽车起步、加速时,ASR 控制器输出控制信号,控制发动机输出功率,以抑制驱动轮滑转。常用方法有辅助节气门控制、燃油喷射量控制和延迟点火控制。

2)驱动轮制动控制

直接对发生空转的驱动轮加以控制,反应时间最短。普遍采用 ASR 与 ABS 组合的液压控制系统,在 ABS 系统中增加电磁阀和调节器,从而增加了驱动控制功能。

3)同时控制发动机输出功率和驱动轮制动力

控制信号同时启动 ASR 制动压力调节器和辅助节气门调节器,在对驱动车轮施加制动力的同时减小发动机的输出功率,以达到理想的控制效果。

4)防滑差速锁止(Limited-Slip-Differential,LSD)控制

LSD 能对差速器锁止装置进行控制,使锁止范围为 0 ~ 100%。当驱动轮单边滑转时,控制器输出控制信号,使差速锁止和制动压力调节器动作,控制车轮的滑移率。这时非滑转车轮还有正常的驱动力,从而提高汽车在滑溜路面的起步、加速能力及行驶方向的稳定性。在差速器向驱动轮输出驱动力的输出端,设置一个离合器,通过调节作用在离合器片上的液压压力,便可调节差速器的锁止程度。

5)差速锁止与发动机输出功率综合控制

差速锁止控制与发动机输出功率综合控制相结合的控制系统,可根据发动机的状况和车轮滑转的实际情况采取相应的控制,以达到最理想的控制效果。

(2)ASR **系统的结构与工作原理**

1)ASR 系统的基本组成与工作原理

①ASR 系统的基本组成

ECU:ASR 电控单元。

执行器:制动压力调节器、节气门驱动装置。

传感器:车轮轮速传感器、节气门开度传感器。

②ASR 系统的工作原理

车速传感器将行驶汽车驱动车轮转速及非驱动车轮转速转变为电信号,输送给电控单元 ECU。ECU 根据车速传感器的信号计算驱动车轮的滑转率,若滑转率超限,控制器再综合考虑节气门开度信号、发动机转速信号和转向信号等因素确定控制方式,输出控制信号,使相应

的执行器动作,使驱动车轮的滑转率控制在目标范围之内。

2)ASR 系统的传感器

①车轮轮速传感器。与 ABS 系统共享。

②节气门开度传感器。与发动机电控系统共享。

③ASR 系统选择开关。ASR 系统专用的信号输入装置。ASR 系统选择开关关闭时,ASR 系统不起作用。

3)ASR 系统的电子控制单元(ECU)

ASR 系统的 ECU 也是以微处理器为核心,配以输入输出电路及电源等组成。

ASR 系统与 ABS 系统的一些信号输入和处理是相同的,为减少电子器件的应用数量,ASR 控制器与 ABS 电子控制单元常组合在一起。ASR 电子控制单元组成如图 8.36 所示。

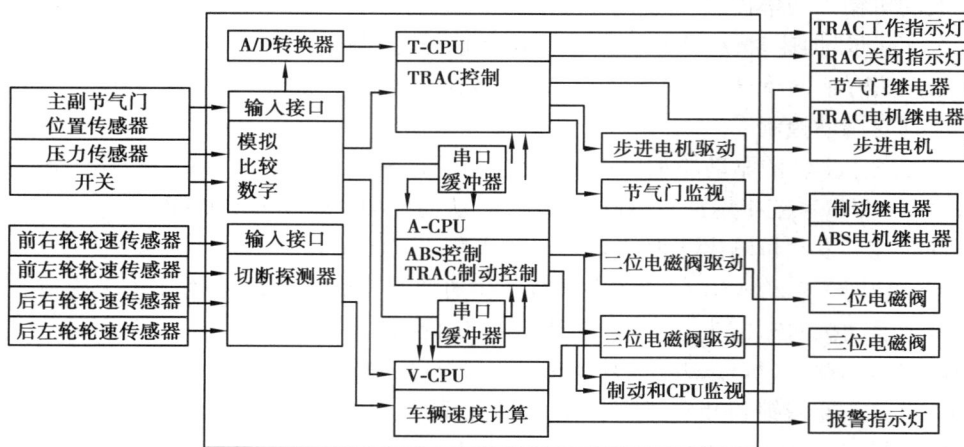

图 8.36 中的模块包括:A/D转换器；T-CPU、TRAC控制；主副节气门位置传感器、压力传感器、开关；输入接口（模拟、比较、数字）；串口缓冲器；输入接口、切断探测器；前右轮轮速传感器、前左轮轮速传感器、后右轮轮速传感器、后左轮轮速传感器；A-CPU、ABS控制、TRAC制动控制；串口缓冲器；V-CPU、车辆速度计算；步进电机驱动、节气门监视；二位电磁阀驱动、三位电磁阀驱动、制动和ICPU监视；TRAC工作指示灯、TRAC关闭指示灯、节气门继电器、TRAC电机继电器、步进电机；制动继电器、ABS电机继电器；二位电磁阀、三位电磁阀；报警指示灯。

图 8.36 ASR 系统的电子控制单元组成图

4)ASR 系统的执行器

①制动压力调节器

a.单独方式的 ASR 制动压力调节器与 ABS 制动压力调节器在结构上各自分开,ASR 的 ECU 通过电磁阀的控制实现对驱动轮制动力的控制。

b.组合方式的 ASR 制动压力调节器——ABS/ASR 组合压力调节器。ASR 不起作用时,电磁阀Ⅰ不通电,ABS 起制动作用并通过电磁阀Ⅱ和电磁阀Ⅲ来调节制动压力。驱动轮滑转时,ASR 控制器使电磁阀Ⅰ通电,阀移至右位,电磁阀Ⅱ和电磁阀Ⅲ不通电,阀仍在左位,于是,蓄压器的压力油通入驱动轮制动泵,制动压力增大。需要保持驱动轮制动压力时,ASR 控制器使电磁阀Ⅰ半通电,阀至中位,隔断蓄压器及制动总泵的通路,驱动轮制动分泵压力保持不变。需要减小驱动轮制动压力时,ASR 控制器使电磁阀Ⅱ和电磁阀Ⅲ通电,阀移至右位,接通驱动车轮制动分泵与储液室的通道,制动压力下降,如图 8.37 所示。

②节气门驱动装置

ASR 控制系统通过改变发动机辅助节气门的开度来控制发动机的输出功率。节气门驱动装置由步进电机和传动机构组成。步进电机根据 ASR 控制器输出的控制脉冲转动规定的转角,通过传动机构带动辅助节气门转动。控制过程如下:ASR 不起作用时,辅助节气门处于全开位置,当需要减少发动机驱动力来控制车轮滑转时,ASR 控制器输出信号,使辅助节气门驱动机构工作,改变辅助节气门开度,如图 8.38 所示。

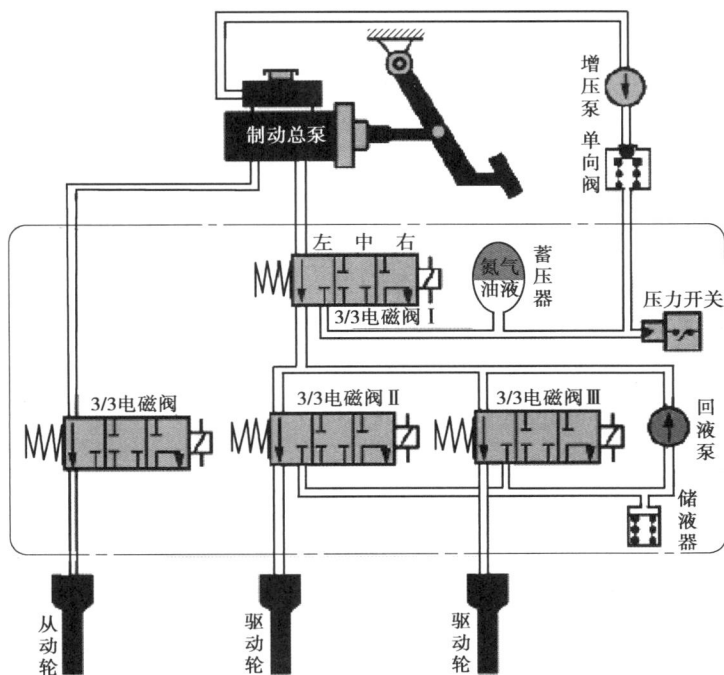

图 8.37　组合方式的 ASR 制动压力调节器

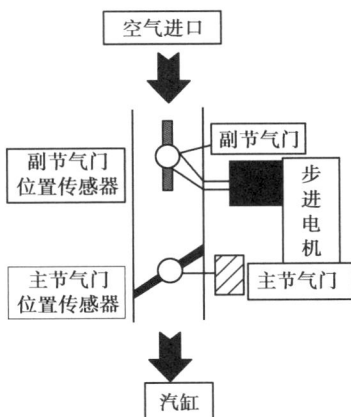

图 8.38　节气门驱动装置

能力鉴定表 8

项目			制动系统结构认识与拆装			
班级			姓名		组长	
学号			组号		日期	
序号	能力目标		鉴定内容		鉴定结果	
					合　格	不合格
1	专业技能		能否正确认识制动系统总体结构		□	□
2			能否正确规范完成制动系统各总成部件的拆装		□	□
3			能否正确规范使用拆装工具		□	□
4			任务实施能否达到 6S 要求		□	□
5	学习方法		是否主动进行任务实施		□	□
6			能否使用各种媒介完成任务		□	□
7			是否具备相应的信息收集能力		□	□
8	能力拓展		团队是否配合		□	□
9			调节方法是否具有创新		□	□
10			是否具有责任意识		□	□
11			是否具有沟通能力		□	□
12			总结与建议		□	□
鉴定结果	□合格　□不合格	教师意见			教师签字	
					日期	

注:①请根据结果在相关的方框"□"内打"√"。
　②请指导教师重点对相关鉴定结果不合格的同学给予指导意见。

信息反馈表 8

项目：<u>制动系统结构认识与拆装</u>　　　　组号：_____

姓名：_____　　　　　　日期：_____

请你在相应栏内打"√"	非常同意	同意	没有意见	不同意	非常不同意
①本项目充分提供了关于汽车制动系统相关知识及拓展阅读					
②本项目为我提供了关于制动系统结构认识、制动系统拆装等大量的实践操作机会					
③我现在对制动系统的结构和原理已经掌握					
④本项目配套的实验设备和器材充分齐全,能满足学习需要					
⑤本项目的内容选取合理,教学组织和安排有序					
⑥本项目的内容适合我的需求					
⑦本项目中组织了各种活动					
⑧本项目的不同单元融合得很好					
⑨学习中教师待人友善、愿意帮忙					
⑩通过本项目学习让我做好了参加鉴定的准备					
⑪本项目中所有的教学方法对我学习起到了帮助的作用					
⑫本项目提供的信息量适当					
⑬本项目鉴定是公平、适当的					
你对改善本科目的教学建议： 					

思考题

一、选择题

1.汽车制动时,制动力的大小取决于(　　　)。

　　A.汽车的载货质量　　　　　　　B.车速　　　　　　　　　　C.轮胎与地面的附着条件

2.国际标准化组织 ISO 规定(　　　)必须能实现渐进制动。

　　A.行车制动系统　　　　　　　　B.驻车制动系统　　　　　C.辅助制动系统

3.不工作时,鼓式制动器摩擦片与制动鼓之间就有(　　　)的间隙。

　　A.0.25~0.5 mm　　　　　　　　B.0.1~0.2 mm　　　　　　　C.0.5~1 mm

4.鼓式制动器的旋转部分是(　　　)。

　　A.制动盘　　　　　　　　　　　B.制动鼓　　　　　　　　　C.制动蹄

5.驻车制动器主要是制动(　　　)。

　　A.前车轮　　　　　　　　　　　B.后车轮　　　　　　　　　C.既是 A 项又是 B 项

6.盘制动器的旋转部分是(　　　)。

　　A.制动盘　　　　　　　　　　　B.制动钳　　　　　　　　　C.制动蹄

7.在汽车制动过程中,如果只是前轮制动到抱死滑移而后轮还在滚动,则汽车可能(　　　)。

　　A.失去转向性能　　　　　　　　B.甩尾　　　　　　　　　　C.调头

二、问答题

1.汽车制动系统由哪些部件组成?

2.对汽车制动系统有何要求?

3.钳盘式制动器分成哪几类? 它们各自的特点是什么?

4.盘式制动器与鼓式制动器比较有哪些优缺点?

5.简述 ABS 的功能。

汽车车身及主要附属设备认识

任务 9.1　汽车车身结构认识

汽车车身

能力标准

学完本任务,你应获得以下能力:
①能正确认识汽车车身的总体结构。
②了解轿车、货车和客车车身的布置特点。

任务描述

请以下列任务为指导,完成相关知识的学习和实施练习:
①对汽车车身进行总体认识,识别各个组成部分的位置。
②认识车身的种类和特点。

相关知识

车身的组成

(1)车身的功用

汽车车身是驾驶员的工作场所,也是容纳乘客和货物的场所。

车身应给驾驶员提供良好的操作条件,给乘客提供舒适的乘坐条件,使他们能够抵御汽车行驶时的振动、噪声、废气的侵袭以及外界恶劣气候的影响。

车身应保证汽车具有合理的形状,在汽车行驶时能有效地引导周围的气流,减小阻力以及提高汽车的动力性和燃料经济性,还应保证汽车行驶稳定性和改善发动机的冷却条件,并使室内通风良好。

(2)车身的结构

轿车、客车的车身一般是整体结构,货车车身一般是由驾驶室和货箱两部分组成。

汽车车身结构主要包括车身壳体(白车身)、车门、车窗、车前钣制件,车身内外装饰件和车身附件、座椅,以及通风、暖气、冷气、空气调节装置等。在货车和专用汽车上,还包括车厢和其他装备。

①车身壳体(白车身)。其是一切车身部件的安装基础,通常是指纵、横梁和支柱等主要

承力部件以及与它们相连接的钣制件共同组成的刚性空间结构。客车车身多数具有明显的骨架,而轿车车身和货车驾驶室则没有明显的骨架。车身壳体通常还包括在其上敷设的隔音、隔热、防振、防腐、密封等材料及涂层。

②车门。通过铰链安装在车身壳体上,其结构较复杂,是保证车身的使用性能的重要部件。这些钣制件形成了容纳发动机、车轮等部件的空间。

③车身外部装饰件。主要是指装饰条、车轮装饰罩、标志和浮雕式文字等。散热器面罩、保险杠、灯具以及后视镜等附件也有明显的装饰性。

④车内部装饰件。包括仪表板、顶篷、侧壁、座椅等表面覆饰物以及窗帘和地毯。在轿车上广泛采用天然纤维或合成纤维的纺织品、人造革或多层复合材料、连皮泡沫塑料等表面覆饰材料;在客车上则大量采用纤维板、纸板、工程塑料板、铝板、花纹橡胶板以及复合装饰板等覆饰材料。

⑤车身附件。门锁、门铰链、玻璃升降器、各种密封件、风窗刮水器、风窗洗涤器、遮阳板、后视镜、拉手、点烟器和烟灰盒等。在现代汽车上,通常装有无线电收放音机和杆式天线,在有的汽车车身上还装有无线电话机、电视机或加热食品的微波炉和小型电冰箱等附属设备。

⑥车身内部的通风、暖气、冷气以及空气调节装置。它们是维持车内正常环境、保证驾驶员和乘客安全舒适的重要装置。

⑦其他。为保证行车安全,在现代汽车上广泛采用对乘员施加约束的安全带、头枕、气囊以及汽车碰撞时防止乘员受伤的各种缓冲和包垫装置。

📖 车身壳体及门窗结构

(1)轿车车身

轿车车身壳体的主要部件如图9.1所示。

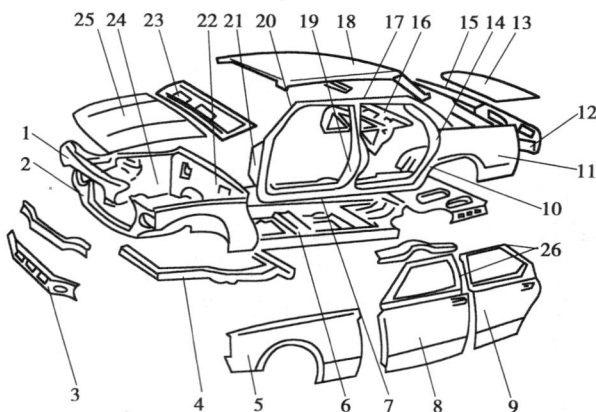

图 9.1　轿车车身主要零部件

1—发动机罩前支承板;2—水箱固定框架;3—前裙板;4—前框架;5—前翼子板;
6—地板总成;7—门槛;8—前门;9—后门;10—车轮挡泥板;11—后翼子板;
12—后围板;13—行李箱盖;14—后立柱(C柱);15—后围上盖板;16—后窗台板;
17—上边梁;18—车顶盖;19—中立柱(B柱);20—前立柱(A柱);21—前围侧板;
22—前围板;23—前围板上盖板;24—前挡泥板;25—发动机罩;26—门框架

1) 发动机盖

发动机盖(又称"发动机罩"),如图 9.1 所示的件 25。其结构一般是由外板和内板组成,中间夹以隔热材料,内板起增强发动机盖刚度的作用,基本上是骨架形式。发动机盖打开时一般是向后翻转,也有小部分是向前翻转。向后翻转的发动机盖打开至预定角度,不应与前挡风玻璃接触,应有一个约为 10 mm 的最小间距。为防止在行驶中发动机盖由于震动自行打开,发动机盖前端有保险锁钩锁止装置,锁止装置开关设置在车厢仪表板下面,当车门锁住时发动机盖也应同时锁住。对发动机盖的要求是隔热、隔音、质量小、刚性好。

2) 车顶盖

车顶盖是车厢顶部的盖板,如图 9.1 所示的件 18。对于轿车车身的总体刚度而言,顶盖不是很重要的部件,这也是允许在车顶盖上开设天窗的理由。从设计角度来讲,重要的是它如何与前、后窗框及与支柱交界点平顺过渡,以求得最好的视觉感和最小的空气阻力。为了安全车顶盖还应有一定的强度和刚度,一般在顶盖下增加一定数量的加强梁,顶盖内层敷设绝热衬垫材料,以阻止外界温度的传导及减少振动时噪声的传递。

3) 行李箱盖

行李箱盖要求有良好的刚性,如图 9.1 所示的件 13。其结构基本与发动机盖相似,也有外板和内板,内板有加强筋。一些被称为"二厢半"的轿车,其行李箱向上延伸,包括后挡风玻璃在内,使打开后面积增加,形成一个门,因此又称为"背门",这样既保持一种三厢车形状又能够方便存放物品。如果采用背门形式,背门内板侧要嵌装橡胶密封条,围绕一圈以防水防尘。行李箱盖开启的支承件一般用钩形铰链及四连杆铰链,铰链装有平衡弹簧,使启闭箱盖省力,并可自动固定在打开位置,便于提取物品。

4) 翼子板

翼子板是遮盖车轮的车身外板,因旧式车身该部件其形状及位置似鸟翼而得名,如图 9.1 所示的前翼子板 5、后翼子板 11。按照安装位置不同又分为前翼子板和后翼子板,前翼子板安装在前轮处,因此必须要保证前轮转动及跳动时的最大极限空间,因此,设计者会根据选定的轮胎型号尺寸用"车轮跳动图"来验证翼子板的设计尺寸。后翼子板无车轮转动碰擦的问题,但出于空气动力学的考虑,后翼子板略显拱形弧线向外凸出。现在有些轿车翼子板已与车身本体成为一个整体,一气呵成。但也有轿车的翼子板是独立的,尤其是前翼子板,因为前翼子板碰撞机会比较多,独立装配容易整件更换。有些车的前翼子板用有一定弹性的塑性材料(如塑料)制成。塑性材料具有缓冲性,比较安全。

5) 前围板

前围板是发动机舱与车厢之间的隔板,其位置在制动器、离合器踏板后面,仪表台下面,如图 9.1 所示的件 22。前围板上有许多孔口,作为操纵用的拉线、拉杆、管路以及电器线束通过之用,同时还要配合踏板等部件安装位置。为防止发动机舱里的废气、高温、噪声窜入车厢,前围板上要有密封措施和隔热装置。在发生意外事故时,它应具有足够的强度和刚度。对比车身其他部件而言,前围板装配最重要的工艺技术是密封和隔热。

6) 地板

汽车的地板是由前地板和后地板组成,如图 9.1 所示的件 6。前地板,即"前座"和"后座"放脚的地方下面最大的板。后地板,即"行李箱"和"后座"之间冲出备用胎凹坑的板。

7)轿车车身的三大立柱

一般轿车车身有 3 个立柱,从前往后依次为前立柱(A 柱)、中立柱(B 柱)、后立柱(C柱),如图 9.1 中后立柱 14(C 柱)、中立柱 19(B 柱)、前立柱 20(A 柱)。对于轿车而言,立柱除了支承作用外,也起到门框的作用。

立柱的刚度很大程度上决定了车身的整体刚度,因此在整个车身结构中,立柱是关键件,它要有很高的刚度。

(2)车门

车门是整个车身中结构复杂又相对独立的一个总成。它主要由车门骨架及盖板、车门护面、门窗、车门玻璃及玻璃升降器、门锁及其手柄、车门铰链、车门密封条和车门开关机构组成。其附件数目繁多,结构复杂。按其开启方法可分为顺开式、逆开式、水平滑移式、上掀式、折叠式及外摆式等。图 9.2 所示为车门的 6 种形式。

图 9.2　车门的形式

1—逆开式;2—顺开式;3—上掀式;4—水平滑移式;5—折叠式;6—外摆式

顺开式车门即使在汽车行驶时仍可借气流的压力关上,比较安全,故被广泛采用。逆开式车门在汽车行驶时若关闭不严就可能被迎面气流冲开,因而很少采用。水平滑移式车门的优点是车身侧壁与障碍物距离很小时仍能全部开启。上掀式车门广泛用于轿车及轻型客车的背门,有时也用于低矮的汽车。折叠式和外摆式车门广泛应用于大、中型客车。在有些大型客车上,还备有加速乘客撤离事故现场以及便于救援人员进入的安全门。

任务实施

实施要求

☞ 任务目标与要求

①小组成员分工协作,利用提供的实训车辆,依据任务工作单制订工作计划,并通过小组自评或互评检查工作计划。

②认识实训车辆的车身结构以及它们的特点。

☞ 注意事项

在任务实施过程中,严格遵守相关实验实训制度和规范的要求,注意职场健康与安全需求,做好废料的处理,并保持工作场所的整洁。

实施步骤

☞ 准备工作

①小组接受工作任务,准备实训车辆,清理场地,做好实施准备工作。

②组长带领组内成员阅读任务工作单,查阅相关手册或指导书,合理分工,制订任务计划,并检查计划有效性。

☞ 实施步骤

①依照任务工作单的引导,查找和记录所用车辆的车身结构特点和位置,并填写任务工作单。

②依照任务工作单的引导,观察认识各实训车辆车身结构的不同,并说出它们的功用。

☞ 评估总结

①回答指导教师提问,并接受指导教师相关考核。

②对本次任务完成过程及效果进行自我评价和小组互评,填写任务工作单。

③清洁工作场所,清点归还相关工具设备,完成本次任务。

任务工作单

项目	汽车车身及主要附属设备认识			
任务	汽车车身结构认识		姓名	
班级		组号	日期	
任务目的	①能正确识别汽车车身的种类 ②能正确认识汽车车身的总体结构和特点			
环节	内　容		批注及备注	
资讯	①记录所用车辆的信息 　车辆型号　／　排量　 ②轿车车身壳体由哪些部件组成 ③承载式车身与非承载式车身的优缺点以及适用范围是什么			
工作任务	①对车身壳体进行总体认识,并能识别它们的位置 ②观察各实训车辆车身的区别和特点			
分析和计划	根据工作任务,确定所需工具、设备等,并制订小组工作计划: ①讨论确定所需仪器、工具及辅助资料 ②团队协作,组织及人员分工 ③操作安全、规范注意事项及技术标准			

	车型：＿＿＿＿＿＿＿＿＿＿＿＿＿＿＿＿＿＿＿			

车身类型：＿＿＿＿＿＿＿＿＿＿＿＿＿＿＿＿

依照制订的实施步骤完成各作业项目,并观察各部件,描述其名称,认识的部件打"√",不认识的打"×",同时说出该部件的作用

请依照以上要求完成下表：

实施

序号	部件名称	主要作用	认　识	考　核
1				
2				
3				
4				
5				
6				
7				
8				
9				
10				

检查评估

自评项根据自己对任务的完成情况进行评估并提出改进意见;互评项由组内组外互相交流和评分;教师评估可纳入任务实施过程中或对照上表随机选取几个项目评估。总评采用合格和不合格两级评价

序号	评估项目	自评	互评	教师评估
1	汽车车身结构及部件认识			
2	职场安全及操作规范等			
3	总　评			

任务实施心得：

任务 9.2　安全防护装置认识

能力标准

学完本任务,你应获得以下能力:
①能正确认识汽车安全防护装置的结构和位置。
②能正确使用安全带、车门锁以及头枕等安全装置。

任务描述

请以下列任务为指导,完成相关知识的学习和实施练习:
①查找和记录汽车配置的安全防护装置,并说出其功用。
②会使用汽车安全带以及车门锁进行安全防护。
③培养汽车安全操作习惯。

相关知识

安全防护装置的基本功能和要求

发生汽车碰撞事故时,运动急剧停止、缺乏缓冲距离以及人体与尖硬物接触都会导致严重伤亡。因此,汽车安全防护装置的基本功能和结构原理可归纳如下:

①对乘员施加约束使之避免在汽车碰撞时与车内物体撞击或被甩出车外。

②产生软缓冲作用,也即构件以适当的变形距离吸收撞击能量,或者说使速度逐渐下降而避免出现较大的减速度和碰撞力。

③加大人体与汽车构件的接触面积,避免产生点接触从而使碰撞造成的单位面积挤压力减少或使碰撞力转移到人体非要害部位。

车内防护装置

汽车碰撞时,其速度迅速下降,而车内乘员的身体由于惯性的作用仍以较大的速度向前冲,就有可能撞到前面的转向盘、仪表板、风窗玻璃上,造成二次伤害。车内的安全防护装置的作用是减缓或避免乘员在汽车碰撞过程中与车内构件的二次碰撞,从而减轻乘员所受到的伤害。安全带和安全气囊系统是避免人体与车内构件相撞的两种常用的防护装置。

（1）**安全带**

车用安全带的应用是防止和减少交通事故损伤及死亡最有效的方法之一。

图 9.3 所示为最常用的三点式安全带的各个组成部分。带子由结实的合成纤维织成,包括斜跨前胸的肩带 3,绕过人体胯部的腰带 5。在座椅外侧和内侧地板上各有一个固定点 7

和 8,第三个固定点 1 位于座椅外侧支柱上方。带子绕过上方固定点的环状导向板 2,伸入车身立柱内腔并卷在立柱下部的收卷器 6 内。乘员胯部内侧附近有一个插扣,由插板 10(松套在带子上)和锁扣 9(与内侧地板固定点相连)两部分组成。该两部分插合后即可将乘员约束在座椅上。按下插扣上的红色按钮就可解除约束。收卷器有几种结构形式,功能较完备的是紧急锁止式收卷器(ELR)。该种结构在正常情况下,安全带对人体上部并不起约束作用。当乘员向前弯腰时,带子可从收卷器 6 经由上方固定点的导向板 2 被拉出;而当乘员恢复正常坐姿时,收卷器又会自动将多余的带子收起,使带子随时保持与人体贴合。但在紧急情况下,即汽车减速度超过0.7 g 或车身侧倾角超过 12°时,收卷器会将带子卡住从而对乘员产生有效的约束。

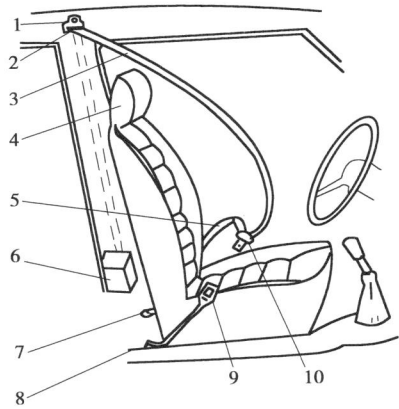

图 9.3　三点式安全带及头枕
1—外侧上方固定点;2—导向板;3—肩带;
4—头枕;5—腰带;6—收卷器;
7—外侧地板固定点;8—内侧地板固定点;
9—锁扣;10—插板

（2）**安全气囊系统**

安全气囊也称辅助乘员保护系统(Supplemental Restraint System,SRS)。SRS 通过碰撞传感器监测汽车是否发生碰撞和碰撞的程度。当汽车遭到碰撞时,SRS 控制器根据其传感器的信号判断碰撞的程度,当碰撞强度达到或超过其设定的值时,就立刻输出控制信号,点燃安全气囊点火剂,使气囊迅速充气膨胀,形成一个缓冲垫,以保护车内乘员不致碰撞车内硬物。安全气囊系统如图 9.4 所示,包括几个传感器 1、2、3 组成的传感器判断系统、气体发生器 5 和气

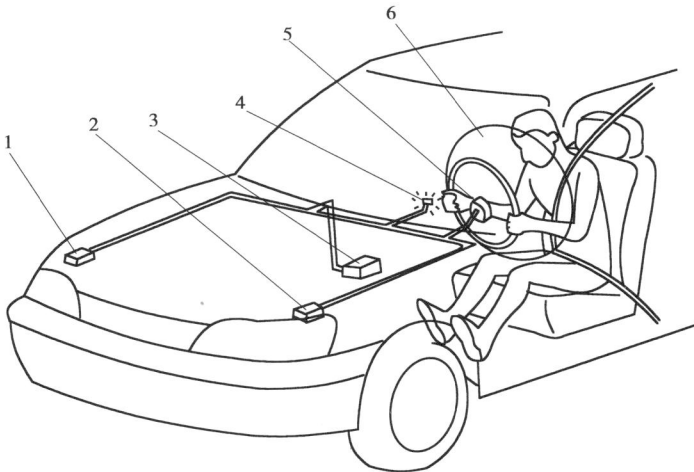

图 9.4　气囊系统
1—右前方传感器;2—左前方传感器;3—中央传感器总成;
4—气囊指示灯;5—气体发生器;6—气囊

囊 6 等部件。气囊 6 平时折叠在转向盘毂内（或仪表板内），必要时可在极短时间内（0.05 s）充满气体呈球形，以对人体起缓冲作用。气囊采用氮气，由气体发生剂燃烧产生，气体发生剂常用叠氮化钠 NaN_3，NaN_3 是一种剧毒物质，现在有被新型无毒的气体发生剂代替的趋势。气体发生器 5 如盒状，直接装在气囊下方，其中心装有引燃器和点火剂，周围是填充气体发生剂的燃烧室，燃烧产生的大量气体由冷却层降温，继而经由过滤层控制流动，进入气囊。一些轿车不仅在驾驶员和副驾驶座前安装气囊，在后排、前排侧面、顶部也都装有气囊，全方位地避免或减少汽车碰撞对车内人员所造成的损伤。

（3）后视镜

后视镜是汽车必有的安全部件之一。驾驶员在行车过程中，通过后视镜来获取汽车后方、侧方和下方的外部信息。后视镜按安装位置不同，可分为外后视镜、下后视镜和内后视镜。外后视镜一般装在车门或者前立柱附近，用于驾驶员观察道路两侧后方情况。下视镜安装在车身外部的前部或车后部位，用于驾驶员观察车前或车后视线盲区的情况。内后视镜一般装在驾驶室内的前上方，用于驾驶员观察车内部情况或者透过后车窗观察后车厢或者道路状况。

（4）头枕

头枕是在汽车后部受撞击时限制人的头部向后运动的安全装置，这样可避免颈椎受伤。

（5）安全玻璃

汽车正面或侧面受撞时，乘员头部往往撞击风窗玻璃或侧窗玻璃而受伤，并且玻璃碎片还会使脸部或眼睛受伤。

目前，在汽车上广泛应用的安全玻璃有钢化玻璃和夹层玻璃两种。钢化玻璃是在炽热状态下使其表面骤冷收缩，从而产生预应力的强度较高的玻璃（其落球冲击强度是普通玻璃的 6~9 倍）。普通夹层玻璃有 3 层，总厚度约 4 mm。其中间层厚度为 0.38 mm。汽车用的夹层玻璃中间层则加厚 1 倍，达 0.76 mm，具有较高的冲击强度，称为高抗穿透（HPR）夹层玻璃。国产的车用夹层玻璃中间层材料通常用韧性较好的聚乙烯醇缩丁醛。

钢化玻璃受冲击损坏时，整块玻璃出现网状裂纹，脱落后分成许多无锐边的碎片。HPR 夹层玻璃受冲击损坏时，内、外层玻璃碎片仍黏附在中间层上。中间层韧性较好，在承受撞击时拱起从而吸收一部分冲击能量，起缓冲作用。大量事故调查表明，HPR 夹层玻璃的安全性优于钢化玻璃，故现代汽车的前风窗应尽量采用这种玻璃。

（6）门锁与门铰链

现代汽车的门锁与门铰链应有足够的强度，能同时承受纵、横两个方向的冲击载荷而不致使车门开启，避免了乘员被甩出车外而受重伤或死亡的危险。此外，在事故后，门锁应不失效而使车门仍能被打开。旧式的舌簧式、钩簧式、齿轮转子式等门锁不能承受纵向载荷，已被淘汰，而能同时承受纵、横向载荷的转子卡板式门锁则被广泛采用。

（7）室内其他构件

车身内部一切可能受人体撞击的构件都不应有尖角、凸棱或小圆弧过渡的形状，而且车身室内广泛采用软材料包垫。车身室内软化不仅是为了满足舒适性的要求，更重要的还是为了满足安全性的要求。

📖 **车外防护装置**

(1)车身壳体结构的防护措施

根据碰撞安全要求,车身壳体的正确结构应是使乘客舱具有较大的刚度以便在碰撞时尽量减小变形,同时使车身的头部、尾部等其他离乘员较远的刚度相对较小,在碰撞时产生较大的变形而吸收撞击能量。显然,若车身乘客舱按照汽车行驶时的载荷来设计,其刚度就显得不足,还需要按碰撞安全性的要求进行局部加强。乘客舱较易加固的是地板、前围板、后围板等宽大的部件。门、窗孔洞的周边则是薄弱环节,但风窗立柱和中立柱的截面尺寸又不宜过大,只能在其内部焊上或铆上较厚的加强板。在汽车碰撞时,为避免整个乘客舱的构架产生剪切变形而坍塌,最重要的是加固门、窗框周边拐角部分,可在其上焊上或铆上加强板或加大拐角的过渡圆角。

要使乘客舱获得必要的刚度,不能仅靠局部补强的办法,而应就整个车身结构全面考虑。众所周知,杆件或梁在弯曲时变形较大而在拉伸或压缩时变形较小。因此,车身客舱构件应合理布置,使之尽量不受弯曲载荷。在汽车头部或尾部受碰撞时可通过倾斜构件将主要的碰撞力传向车身纵向构件,使之承受拉伸或压缩载荷。

为了使车身头部和尾部刚度较小,可以在粗大的构件上开孔或开槽来削弱它,或者使构件在汽车碰撞时承受弯曲载荷,即有意设计成折弯形或Z字形产生变形以吸收冲击能量。

为使乘客舱侧面较强固以便承受较大的撞击力,车身门槛应较粗大,并用地板横梁将左右两根门槛连接起来共同受力。此外在车门内腔还设有防撞杆。

(2)保险杠及护条

汽车最前端和最后端都有保险杠,许多轿车左右两侧还有纵贯前后的护条。保险杠和护条的安装高度应符合规定,以便汽车相撞时两车的保险杠或护条能首先接触。

保险杠的防护结构应包括两部分:首先是减少行人受伤的保险杠软表层,由弹性较大的泡沫塑料制成,其次是可吸收一部分撞击能量的装置,有金属构架、全塑料装置、半硬质橡胶缓冲结构、液压或气压装置等。

车身侧面的护条以防止汽车相互刮擦为主,与行人接触的概率较小,一般由半硬质塑料或橡胶制成。

(3)汽车其他外部构件

根据事故统计资料,除了保险杠外,经常使行人受伤的构件主要有前翼板、前照灯、发动机罩、前轮、风窗玻璃等。这些构件不应尖锐而坚硬,最好是平整光滑又富有弹性。某些轿车的整个正面都用大块聚氨酯泡沫塑料制成,并将发动机罩顶面用软材料包垫,以提高安全性。

🔧 **任务实施**

📖 **实施要求**

☞ **任务目标与要求**

①小组成员分工协作,利用实训资料,依据任务工作单制订工作计划,并通过小组自评或

互评检查工作计划。

②认识车上安全防护装置的结构和位置,并了解它们的功用。

③能正确使用安全防护装置,如安全带、车门锁、头枕等。

☞ 注意事项

在任务实施过程中,严格遵守相关实验实训制度和规范的要求,注意职场健康与安全需求,做好废料的处理,并保持工作场所的整洁。

📖 实施步骤

☞ 准备工作

①小组接受工作任务,准备实训车辆,清理场地,做好实施准备工作。

②组长带领组内成员阅读任务工作单,查阅相关手册或指导书,合理分工,制订任务计划,并检查计划有效性。

☞ 实施步骤

①依照任务工作单的引导,观察认识所用实训车辆各安全防护装置的位置,并写出其功用,填写任务工作单。

②依照任务工作单的引导,正确操作安全带及车门锁,并填写任务工作单。

安全带虽然简单,但也有不少驾乘人员不能正确使用,以致酿成事故。在使用座椅安全带时,应注意以下4点:

①经常检查座椅安全带的状态,如有损坏及时更换。座椅旁边地板上所有固定座椅安全带的螺栓都应按规定拧紧,螺栓周围应涂上密封胶。

②三点式腰部安全带应系得尽可能低些,系在髋部,不要系在腰部;肩部安全带不能放在胳膊下面,应斜挂胸前。安全带只能一个人使用,严禁双人共用。不要将安全带扭曲使用。

③不要让安全带压在坚硬的或易碎的物体上,如衣服里的眼镜、钢笔或钥匙等;也不要让安全带与锋利的刃器摩擦,以免损伤安全带;不要让座椅靠背过于倾斜,否则安全带将不能正确地伸长和收卷;座椅上无人时,要将安全带送回卷收器中,以免在紧急制动时扣舌撞击在其他物体上。

④安全带必须与座椅配套安装,不得随意拆卸。如果安全带在使用中曾承受过一次强拉伸负荷,即使未损坏,也应更换,不得继续使用。

☞评估总结

①回答指导教师提问,并接受指导教师相关考核。

②对本次任务完成过程及效果进行自我评价和小组互评,填写任务工作单。

③清洁工作场所,清点归还相关工具设备,完成本次任务。

任务工作单

项目	汽车车身及主要附属设备认识		
任务	安全防护装置认识	姓名	
班级		组号	日期
任务目的	①能识别汽车所有安全防护装置位置,并写出它们的功用 ②能正确使用和操作安全带以及车门锁		
环节	内　　容	批注及备注	
资讯	①常用的汽车安全防护装置有哪些? 它们的作用是什么 ②使用安全带的注意事项是什么		
工作任务	①认识汽车安全防护装置的结构和位置,并写出其功用 ②正确操作安全带以及车门锁,熟悉它们的防护功能		
分析和计划	根据工作任务,确定所需工具、设备等,并制订小组工作计划: ①讨论确定所需仪器、工具及辅助资料 ②团队协作,组织及人员分工 ③明确任务,制订实施步骤 ④操作安全、规范注意事项及技术标准		

实施	①依照制订的实施步骤完成各作业项目,并观察各部件,描述其名称,认识的部件打"√",不认识的打"×",同时说出该部件的作用 请依照以上要求完成下表:	

序号	部件名称	主要作用	认 识	考 核
1				
2				
3				
4				
5				
6				
7				
8				
9				
10				

②安全带的操作和功用

③车门锁的操作和功用

检查评估

自评项根据自己对任务的完成情况进行评估并提出改进意见;互评项由组内组外互相交流和评分;教师评估可纳入任务实施过程中或对照上表随机选取几个项目评估。总评采用合格和不合格两级评价

序号	评估项目	自评	互评	教师评估
1	汽车安全防护装置部件认识			
2	汽车安全带的使用			
3	汽车门锁的使用			
4	职场安全及操作规范等			
5	总 评			

任务实施心得:

任务 9.3　汽车附属设备认识

能力标准

学完本任务,你应获得以下能力:
①能正确识别汽车附属设备,并清楚它们的作用。
②能正确使用汽车空调,并进行汽车座椅调整。

任务描述

请以下列任务为指导,完成相关知识的学习和实施练习:
①查找和记录汽车附属设备的结构和安装位置。
②熟练操作汽车空调开关,并了解其功能。
③熟练调整汽车座椅位置。

相关知识

汽车附属设备

(1)通风、暖气、冷气联合装置

现代汽车都装有通风、暖气、冷气联合装置,或称四季空调系统。图 9.5 所示为捷达轿车的四季空调系统。其工作原理:在风机 10 的作用下,车外空气经外部空气进口 1 进入系统,经由空气过滤进口 8,流经制冷装置的蒸发器 12 和暖气装置的热交换器 17。系统的控制器根据温度指令控制分配箱 13 内部的各个活门的开度,分别调节经由蒸发器 12 和热交换器 17 的空气流量,然后将冷、热空气混合,以获得温度适宜的气流,再经由出右、中、左风口 11、14、15 导入车内,在寒冷季节还可将热空气经由除霜热空气出口 16 导向风窗除霜。暖气装置的热交换器 17 与发动机水冷却系统的管道连接,可将通过的新鲜空气加热。

冷气装置的工作原理如下:在空气压缩机 4 的作用下,制冷剂由储液罐 2 流出,经高压管道 5 流至膨胀阀 7,经过膨胀阀后制冷剂压力下降,在蒸发器 12 内蒸发,吸收周围环境的热量,使周围环境温度下降;流出蒸发器 12 的气态制冷剂再由吸入管道 6 进入压缩机 4 而使其压力增加,体积缩小,再经由冷凝器 3 降温,变为液态,回到储液罐 2。

(2)座椅

座椅由骨架、坐垫、靠背、靠枕、悬挂及调节机构等部分组成。

图 9.6 所示为驾驶员座椅结构图。行程调节装置可使座椅在左右两根滑轨 4 与 6 上前后移动。拉起行程调节手柄 5 可使移动的卡爪与固定的齿条脱开;手柄放松时,卡爪在复位弹簧作用下重新与齿条某个齿扣紧。靠背角度调节器 9 的内部有发条状弹簧、齿轮、卡爪等。

发条状弹簧两端分别与坐垫和靠背相连,力图使靠背向前倾翻,装在靠背上的齿轮便随之翻转过相同的角度。扳动调节角度手柄 8 就可操纵装在坐垫上的卡爪扣住齿轮某个齿从而使靠背定位。

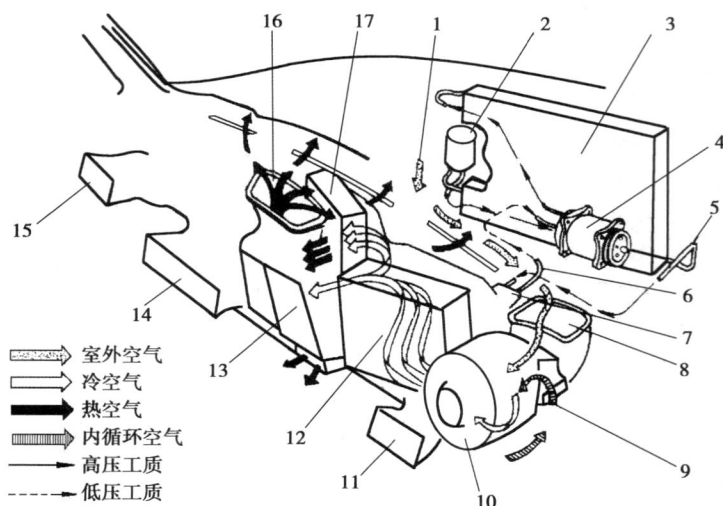

图 9.5 捷达轿车的四季空调系统

1—外部空气进口;2—储液罐;3—冷凝器;4—压缩机;5—高压管道;6—吸入管道;7—膨胀阀;
8—空气过滤进口;9—内部循环空气进口;10—风机;11—右出风口;12—蒸发器;13—分配箱;
14—中出风口;15—左出风口;16—除霜热空气出口;17—热交换器

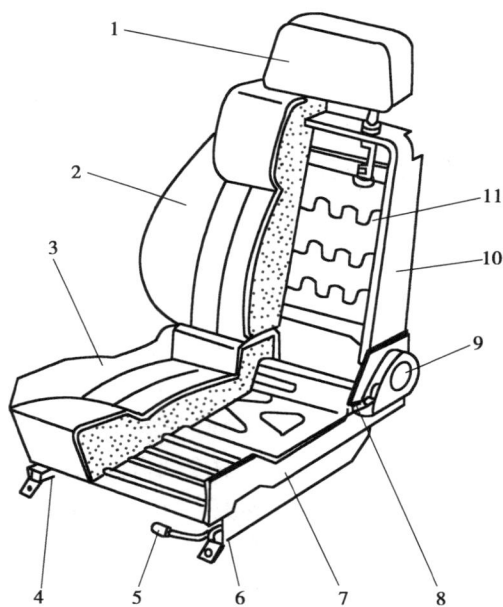

图 9.6 驾驶员座椅

1—头枕;2—靠背芯子及蒙皮;3—坐垫芯子及蒙皮;4—右滑轨;5—行程调节手柄;
6—左滑轨;7—膨胀阀;8—调节角度手柄;9—靠背角度调节器;10—靠背骨架;11—S 型弹簧

现代轿车的驾驶者座椅和前部乘员座椅多是电动可调的电动座椅,其调节机构由控制器、可逆性直流电动机和传动部件组成,是电动座椅中最复杂和最关键的部分,可逆性直流电动机必须体积小,负荷能力要大;而机械传动部件在运行时要求有良好的平稳性,噪声要低。用微型电机驱动,有 10 多种行程和角度调节方式(其中也包括调节转向盘倾角与后视镜倾角)。这种机构有调节按钮并有电子记忆装置,可记忆 3 个驾驶员所需的调节方式。驾驶员就座后,开动记忆装置就可操纵微型电机按预先设定的位置迅速完成 10 多项调节。

任务实施

实施要求

☞ 任务目标与要求

①小组成员分工协作,利用实训资料,依据任务工作单制订工作计划,并通过小组自评或互评检查工作计划。

②认识汽车附属设备的结构,识别各组成部分,确定各部分的安装位置,并说明各部分的功用。

③能正确操作汽车空调及汽车座椅。

☞ 注意事项

在任务实施过程中,严格遵守相关实验实训制度和规范的要求,注意职场健康与安全需求,做好废料的处理,并保持工作场所的整洁。

实施步骤

☞ 准备工作

①小组接受工作任务,准备实训车辆,清理场地,做好实施准备工作。

②组长带领组内成员阅读任务工作单,查阅相关手册或指导书,合理分工,制订任务计划,并检查计划有效性。

☞ 实施步骤

①依照任务工作单的引导,观察认识所用实训车辆附属设备结构和位置,并填写任务工作单。

②依照任务工作单的引导,正确操作汽车空调和汽车座椅,并填写任务工作单。

☞评估总结

①回答指导教师提问,并接受指导教师相关考核。

②对本次任务完成过程及效果进行自我评价和小组互评,填写任务工作单。

③清洁工作场所,清点归还相关工具设备,完成本次任务。

任务工作单

项目	汽车车身及主要附属设备认识				
任务	汽车附属设备认识			姓名	
班级		组号		日期	
任务目的	①能正确认识汽车主要附属设备结构,识别其各组成部分,并说明它们的功用 ②能正确操作汽车空调和汽车座椅				
环节	内　容			批注及备注	
资讯	①汽车空调的组成部件有哪些 ②汽车座椅的调整方法是什么				
工作任务	①认识汽车附属设备总体结构,识别其组成部分 ②正确操作汽车空调,正确调整汽车座椅位置				
分析和计划	根据工作任务,确定所需工具、设备等,并制订小组工作计划: ①讨论确定所需仪器、工具及辅助资料 ②团队协作,组织及人员分工 ③明确任务,制订实施步骤 ④操作安全、规范注意事项及技术标准				

实施	①依照制订的实施步骤完成各作业项目,并观察各部件,描述其名称,认识的部件打"√",不认识的打"×",同时说出该部件的作用 请依照以上要求完成下表: ②汽车空调的正确操作 ③汽车座椅的正确调整

序号	部件名称	主要作用	认　识	考　核
1				
2				
3				
4				
5				
6				
7				
8				
9				
10				

检查评估	自评项根据自己对任务的完成情况进行评估并提出改进意见;互评项由组内组外互相交流和评分;教师评估可纳入任务实施过程中或对照上表随机选取几个项目评估。总评采用合格和不合格两级评价

序号	评估项目	自评	互评	教师评估
1	汽车附属设备认识			
2	汽车空调的操作			
3	汽车座椅的位置调整			
4	职场安全及操作规范等			
5	总　评			

任务实施心得:

📑 **知识拓展**

📖 **汽车车身的发展**

伴随技术进步,制造车身的材料已经不仅仅是钢铁了,越来越多的新材料被应用到车身的制造中,其中包括铝合金、碳纤维、塑料及高分子复合材料等。

汽车的轻量化,不仅包括减轻车身的质量,还涉及对车身结构的整合,重新设计,达到最佳的轻量效果。在保证汽车的强度和安全性能的前提下,尽可能地降低汽车的整车质量,从而提高汽车的动力性,减少燃料消耗,降低排气污染。实验证明,若汽车整车质量降低10%,燃油效率可提高6%~8%;汽车整车质量每减少100 kg,百公里油耗可降低0.3~0.6 L;汽车质量降低1%,油耗可降低0.7%。轻量化的车身设计,要求车身结构更加合理,车内空间也会更大。轻量化的汽车还可以节省物料的使用,应用新型材料在车身变轻以后使车辆行驶更加快速和节能。

(1)碳纤维材质汽车车身

碳纤维具有绝佳的韧性和抗拉强度,且质量只有钢的1/4。轻量、高强的特性正是高性能车所需的,目前法拉利、兰博基尼等超级跑车的车身均由碳纤维制成。

碳纤维一体式车身,早期用在飞机火箭上,后来被F1赛车成功推广,被称为单体壳,至此在跑车界蔓延开来。碳纤维的承载式车身能承受更大的拉应力,在目前的极速范围内,这个封闭的座舱,能够在车身高速冲撞,车体彻底肢解后,保证驾驶者的绝对安全。

如图9.7所示,这款兰博基尼旗舰款超级跑车颇具未来风格,车舱完全以碳纤维制造而成,并配以硬壳式结构。其承载结构则为"单壳体"设计,在构造上可作为单一部件发挥作用,从而充分利用碳纤维强化材料的超强刚度。

图9.7 兰博基尼 AventadorLP700-4 碳纤维一体车身

从图9.8中可知,左边的金属车身和右边的碳纤维车身差别明显,碳纤维车身不能使用焊接或者铆接技术,因为材料的抗疲劳性能差,只能用于黏合,所看到的碳纤维车身都像盒子一样,与普通的承载式车身的区别还是很大。

虽然一体式碳纤维车身很坚韧,但有受力向度的问题,即整体中的某些部位不太能受力。

每辆车都根据自己整体的情况特别设计车身,如 F50 的车架将后悬架直接连接在发动机及变速器上,再将整个发动机悬架结构嵌入车体内,其车架质量只有 102 kg,而抗扭度高达 3 550 kgm/degree。这种设计可以营造极轻量的悬架质量,但同时会有较大的发动机振荡传入车厢。

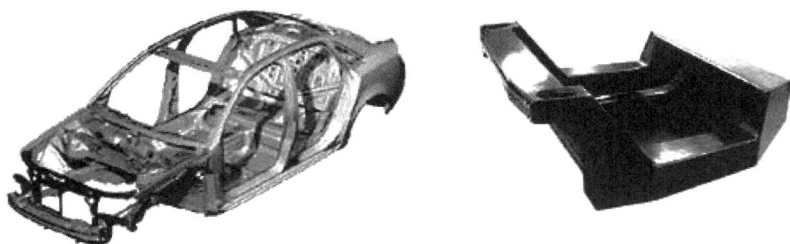

图 9.8　金属车身和碳纤维车身的比较

但是碳纤维不适合制作越野车车架,因为越野车车架通常都需要允许非常大的变形和扭动等。目前的碳纤维太过于脆,没有良好的韧性。碳纤维缺乏延展性是其缺点,在受到超出极限的冲击时碳纤维结构会如同玻璃一样破碎。而且碳纤维与其他材料的连接也是个问题,使用传统的栓接,连接孔周围很容易产生裂纹。碳纤维材料的制造成本居高不下也是限制其应用的一个方面,即使是在航空领域碳纤维的应用也比较有限。

(2)铝合金材质汽车车身

铝合金优异的延展性、只有钢材一半的密度和良好的耐腐蚀性都成为车身轻量化结构的首选材料。在很多人的印象中,铝代表的是柔软易变形,而实际航空级铝合金的机械性能甚至要超过钢铁,以比较常见的 7075 铝合金为例,它的抗拉强度是 560 MPa,不比前面提到的钢材强度低。

而同样质量的钢和铝,铝体积更大,可以在不增加质量的前提下增加结构强度。而且目前的铝制车身(见图 9.9)多采用厚壁锻铝梁焊接而成,就结构强度和刚度而言要比冲压薄钢更有优势,且机构的整体稳定性更好,在非设计受力方向受力时有更大的冗余度。此外,铝合金在大气环境下几乎不被腐蚀,可以无涂装使用,不过出于美观的考虑,铝制车身依然会涂装上不同颜色的涂料。

图 9.9　铝合金车身

铝制车身的缺点是自身造价较高,成型和焊接工艺都比较复杂,且变形后不能通过钣金修复,只能更换变形部件,维修成本居高不下。但铝制的轻量化且高强度的车身比传统钢制车身更坚固,且不用担心腐蚀造成的强度降低。另外,铝制车身的结构设计布局更合理,承力结构与非承力结构几乎独立。轻质铝合金车身的前景值得期待。

能力鉴定表9

项目		汽车车身及主要附属设备认识			
班级			姓名		组长	
学号			组号		日期	

序号	能力目标	鉴定内容	鉴定结果	
			合　格	不合格
1	专业技能	能否正确认识汽车主要附属设备	□	□
2		能否正确使用车门锁、安全带	□	□
3		能否正确操作汽车空调	□	□
4		能否正确操作汽车后视镜	□	□
5	学习方法	是否主动进行任务实施	□	□
6		能否使用各种媒介完成任务	□	□
7		是否具备相应的信息收集能力	□	□
8	能力拓展	团队是否配合	□	□
9		操作方法是否具有创新	□	□
10		是否具有责任意识	□	□
11		是否具有沟通能力	□	□
12		总结与建议	□	□
鉴定结果	□合格 □不合格	教师意见		教师签字	
				日期	

注:①请根据结果在相关的方框"□"内打"√"。
　②请指导教师重点对相关鉴定结果不合格的同学给予指导意见。

信息反馈表9

项目：　汽车车身及主要附属设备认识　　　　组号：＿＿＿＿＿＿＿＿
姓名：＿＿＿＿＿＿＿＿＿＿＿＿＿＿＿　　　　日期：＿＿＿＿＿＿＿＿

请你在相应栏内打"√"	非常同意	同意	没有意见	不同意	非常不同意
①本项目充分提供了关于汽车车身及主要附属设备认识的相关知识及拓展阅读					
②本项目为我提供了正确操作汽车各主要附属设备的机会					
③我现在对正确说出汽车各附属设备名称和使用方法充满信心					
④本项目配套的实验设备和器材充分齐全,能满足学习需要					
⑤本项目的内容选取合理,教学组织和安排有序					
⑥本项目的内容适合我的需求					
⑦本项目中组织了各种活动					
⑧本项目的不同单元融合得很好					
⑨学习中教师待人友善、愿意帮忙					
⑩通过本项目学习让我做好了参加鉴定的准备					
⑪本项目中所有的教学方法对我学习起到了帮助的作用					
⑫本项目提供的信息量适当					
⑬本项目鉴定是公平、适当的					
你对改善本科目的教学建议：					

思考题

一、选择题

1.(　　　)车身的汽车没有刚性车架,具有较大的抗弯曲和抗扭转的刚度,质量小,高度低,汽车质心低,装配简单,调整行驶稳定性较好,大多数轿车常用。

A.承载式　　　　　　　B.半承载式　　　　　　　C.非承载式

2.(　　　)的应用是防止和减少交通事故操作及死亡最有效的方法之一。

A.车用安全带　　　　　B.头枕　　　　　　　　　C.电动天窗

3.SRS 表示的是(　　　)。

A.儿童安全座椅　　　　B.安全气囊系统　　　　　C.电动后视镜

二、简答题

1.使用安全带的注意事项有哪些?

2.简述汽车空调的工作原理。

参考文献

［1］关文达.汽车构造［M］.4 版.北京:机械工业出版社,2016.

［2］杨萌萌.汽车发动机构造与拆装［M］.重庆:重庆大学出版社,2019.

［3］蒋勇,冷水森.汽车底盘构造与拆装［M］.北京:中国铁道出版社,2016.

［4］王世震.汽车构造［M］.北京:机械工业出版社,2012.

［5］黄俊平.汽车发动机维修实训［M］.2 版.北京:机械工业出版社,2016.

［6］史文库.汽车构造:上册［M］.6 版.北京:人民邮电出版社,2013.

［7］仇雅莉.汽车发动机构造与维修［M］.3 版.北京:机械工业出版社,2016.

［8］刘建华.汽车底盘构造与维修［M］.3 版.北京:机械工业出版社,2017.

［9］孔令来.汽车底盘构造与维修［M］.北京:机械工业出版社,2016.

［10］陈家瑞.汽车构造［M］.3 版.北京:机械工业出版社,2013.

［11］李春明.汽车构造［M］.2 版.北京:机械工业出版社,2018.

［12］贺大松.汽车底盘构造与维修［M］.2 版.北京:机械工业出版社,2018.